Internationale Berufsbildungsforschung

Reihe herausgegeben von

Dietmar Frommberger, University of Osnabrück null, Osnabrück, Deutschland

Michael Gessler, Institut Technik und Bildung, Universität Bremen, Bremen, Bremen, Deutschland

Matthias Pilz, Wirtschaftspaedagogik, University of Cologne, Köln, Nordrhein-Westfalen, Deutschland

Die Reihe ‚Internationale Berufsbildungsforschung' bietet einen Publikationsort für Veröffentlichungen von Wissenschaftlern und Wissenschaftlerinnen aus den Bereichen Berufsbildungsforschung, vergleichender Erziehungswissenschaften, Soziologie, Politologie und Ökonomie. Die Herausgeber vertreten einen weiten Fokus, der berufliche Bildung als ein kultur-, lebensphasen-, domänen- sowie institutionenübergreifendes Phänomen versteht. Die gemeinsame Schnittmenge sowie die Herausforderung besteht dabei in der Aufklärung der Wechselwirkungen zwischen Arbeit, Bildung und Gesellschaft. Entsprechend dieser Ausrichtung umfasst das thematische Potenzial die Spannbreite von Mikroforschung (z. B. Unterrichtsforschung) bis Makroforschung (z. B. Bildungstransfer) und von hoch formalisierten sowie institutionalisierten Bildungsangeboten (z. B. schulische Berufsbildung) bis informellen arbeitsgebundenen Bildungsangeboten (z. B. Lernen im Arbeitsprozess). Die Monografien und Sammelbände der Reihe erscheinen in deutscher oder englischer Sprache.

Beirat der Reihe / Editorial Advisory Board
Prof. Dr. Philip Gonon, Universität Zürich, Schweiz
Dr. Jim Hordern, University of Bath, England
Prof. Dr. Sabine Pfeiffer, Friedrich-Alexander-Universität Erlangen-Nürnberg, Deutschland
Prof. Dr. Dr. h.c. Thomas Schröder, Technische Universität Dortmund, Deutschland
Prof. Dr. Zhiqun Zhao, Beijing Normal University Peking, China

Weitere Bände in der Reihe http://www.springer.com/series/15816

Lea J. B. Zenner-Höffkes

Das Klagelied vom schlechten Bewerber

Historische Wurzeln und aktuelle Bezüge der Diskussion um mangelnde Ausbildungsreife in Deutschland und England im Vergleich

Lea J. B. Zenner-Höffkes
Dinslaken, Deutschland

Dissertation Universität zu Köln
Referent: Prof. Dr. Matthias Pilz
Koreferent: Prof. Dr. Dr. h.c. Thomas Deißinger
Tag der Promotion: 25.05.2020

Internationale Berufsbildungsforschung
ISBN 978-3-658-31516-0   ISBN 978-3-658-31517-7 (eBook)
https://doi.org/10.1007/978-3-658-31517-7

Die Deutsche Nationalbibliothek verzeichnet diese Publikation in der Deutschen Nationalbibliografie; detaillierte bibliografische Daten sind im Internet über http://dnb.d-nb.de abrufbar.

© Der/die Herausgeber bzw. der/die Autor(en), exklusiv lizenziert durch Springer Fachmedien Wiesbaden GmbH, ein Teil von Springer Nature 2020
Das Werk einschließlich aller seiner Teile ist urheberrechtlich geschützt. Jede Verwertung, die nicht ausdrücklich vom Urheberrechtsgesetz zugelassen ist, bedarf der vorherigen Zustimmung des Verlags. Das gilt insbesondere für Vervielfältigungen, Bearbeitungen, Übersetzungen, Mikroverfilmungen und die Einspeicherung und Verarbeitung in elektronischen Systemen.
Die Wiedergabe von allgemein beschreibenden Bezeichnungen, Marken, Unternehmensnamen etc. in diesem Werk bedeutet nicht, dass diese frei durch jedermann benutzt werden dürfen. Die Berechtigung zur Benutzung unterliegt, auch ohne gesonderten Hinweis hierzu, den Regeln des Markenrechts. Die Rechte des jeweiligen Zeicheninhabers sind zu beachten.
Der Verlag, die Autoren und die Herausgeber gehen davon aus, dass die Angaben und Informationen in diesem Werk zum Zeitpunkt der Veröffentlichung vollständig und korrekt sind. Weder der Verlag, noch die Autoren oder die Herausgeber übernehmen, ausdrücklich oder implizit, Gewähr für den Inhalt des Werkes, etwaige Fehler oder Äußerungen. Der Verlag bleibt im Hinblick auf geografische Zuordnungen und Gebietsbezeichnungen in veröffentlichten Karten und Institutionsadressen neutral.

Planung/Lektorat: Stefanie Eggert
Springer VS ist ein Imprint der eingetragenen Gesellschaft Springer Fachmedien Wiesbaden GmbH und ist ein Teil von Springer Nature.
Die Anschrift der Gesellschaft ist: Abraham-Lincoln-Str. 46, 65189 Wiesbaden, Germany

Herausgebervorwort

Die von Frau Zenner-Höffkes vorgelegte Untersuchung beschäftigt sich mit dem international und insbesondere auch in Deutschland bisher wissenschaftlich nur rudimentär behandelten Aspekt der Ausbildungsreife von Jugendlichen. Konkret wird hier die Thematik in Deutschland und England fokussiert.

Als zentrale Fragestellung, die in der Studie weiter ausdifferenziert wird, definiert die Autorin: Besteht ein Zusammenhang zwischen der Situation am Ausbildungsmarkt und der interessenpolitischen Verwendung des Arguments der mangelnden Ausbildungsreife Jugendlicher im politischen Diskurs?

Die Autorin skizziert den Stand der Forschung zur Thematik. Dazu werden eingangs verschiedene Definitionsansätze aus dem deutschen und englischen Raum rezipiert. Die Einbettung u. a. in Diskurse der Akteursforschung, des politischen Agenda-Settings und der Attributionsforschung sowie der Übergangsforschung wird dabei vorgenommen. Die Ausführungen münden durch den Rückbezug auf einen Policy-Cycle-Ansatz in einem Analyserahmen, der die Elemente interessenpolitisch genutzter attributionstheoretisch eingeordneter Argumentationen abbildet.

Zentraler Bezugspunkt für die methodische Bearbeitung der Thematik ist die Diskursanalyse. Diese wird ausführlich erklärt und die Anwendung im eigenen Forschungsprojekt dargelegt. Aspekte der Planung, Durchführung sowie Auswertung von Experteninterviews werden ebenso erläutert, wie die Auswahl und Analyse der schriftlichen Dokumente. Umfassend wird die für die Dissertationsschrift zentrale, durch zeitliche Perioden strukturierte, Positionsanalyse der Argumentationsstränge der Schlüsselakteure dargestellt und begründet.

Als Zwischenfazit für Deutschland kommt die Autorin mit Rückbezug auf die (Sub-) Forschungsfragen zu dem Schluss, dass die Arbeitnehmerseite stark nachfrageorientiert (i. S. der Nachfrage nach Auszubildenden) argumentiert, während die Arbeitgeber den Diskurs stärker angebotsorientiert führen. Insbesondere in Zeiten des Nachfrageüberhangs werde von diesem Akteur kolportiert, dass die Jugendlichen nicht ausgebildet werden könnten, da ihnen die notwendige Ausbildungsreife fehlen würde.

Als zentrales Ergebnis für England wird festgestellt, dass das Verständnis über das Konstrukt der Employability über die Zeit sowie auch zwischen den Akteuren relativ konstant sei und gleichfalls keine spezifische Kontextabhängigkeit bezüglich der Intensität des Diskurses identifiziert werden könne. Die Arbeitnehmerseite beteilige sich tendenziell nur in Zeiten hoher Arbeitslosigkeit am Diskurs; dabei nähme diese primär eine volkswirtschaftlich-arbeitsmarktbezogene Perspektive ein. Die Arbeitgeberseite argumentiere hingegen aus einer pädagogisch-bildungswissenschaftlichen Perspektive, wobei als Problem identifiziert wird, dass die Schulabgänger die Erwartungen der Arbeitgeber nicht erfüllen würden.

Anschließend erfolgt ein Vergleich der beiden Länderbefunde. Dazu wird ein Vergleich auf Basis von vorab definierten Vergleichskriterien vorgenommen, um die Kontextfaktoren (wirtschaftlich, gesellschaftlich und bildungspolitisch) und deren länderspezifische Einflüsse komparativ herauszuarbeiten. Hier stellt die Autorin fest, dass länderübergreifende Trends wie die Veränderung der Arbeitswelt sowie demografische Veränderungen das vornehmlich durch die Arbeitgeberseite gesungene Klagelied vom schlechten Bewerber positiv verstärken würden. Die inhaltliche Ausgestaltung der Diskurse hänge jedoch stark von nationalen Rahmenbedingungen ab. Dennoch münden die Analysen dann final in der Schlussfolgerung, dass trotz des „most-different" Designs der Studie große Parallelen zwischen den Ländern deutlich werden.

Das von Frau Zenner-Höffkes gewählte Forschungsthema hat höchste Relevanz, sowohl hinsichtlich der wissenschaftlichen Domäne als auch bezüglich der bildungspolitischen Implikationen in den beiden Ländern. Insofern wurde eine ausgesprochen aktuelle und wichtige Thematik aufgegriffen. Die Lokalisation und strukturierte Analyse eines umfangreichen Quellenmaterials sowie die Durchführung und Auswertung von Experteninterviews in zwei Ländern stellen eine besondere Leistung dar. Auch wird die Arbeit von einer umfangreichen und sehr reflektiert ausgewählten Literaturbasis flankiert.

Als Fazit kann festgehalten werden: Mit der vorgelegten Untersuchung hat Frau Zenner-Höffkes einen theoriegestützten und mit umfangreichen Daten abgesicherten Beitrag zur komparativen Forschung im Bereich der beruflichen Bildung vorgelegt.

Köln   Matthias Pilz
im Juli 2020

Vorwort

Es erfüllt mich mit Stolz, dieses Buch geschrieben zu haben. Die Arbeit an diesem Werk war oft spannend und freudvoll. Es gab aber auch Zeiten des Zweifelns und solche, in denen mein Durchhaltevermögen herausgefordert wurde. Einige Menschen haben mich in dieser Zeit sehr unterstützt, denen ich an dieser Stelle ausdrücklich danken will.

Zuvorderst möchte ich meinem Doktorvater Professor Dr. Matthias Pilz danken. Er hat mich während der gesamten Zeit mit fachlichen Hinweisen, kritischen Diskussionen sowie bei allen weiteren Herausforderungen – insbesondere in der Phase der Datenerhebung – unterstützt.

Daneben gilt mein Dank meinem Koreferenten Professor Dr. Dr. h.c. Thomas Deißinger sowie Professor Dr. Detlef Buschfeld als Mitglied der Prüfungskommission. Der gesamten Prüfungskommission möchte ich für die wertschätzende Atmosphäre und spannende Diskussion während meiner Disputation danken.

Ohne Professor Emeritus Dr. Paul Ryan, Professor Emerita Dr. Lorna Unwin und Professor Dr. Alison Fuller wären meine Forschungsaufenthalte in England nicht möglich gewesen. An dieser Stelle möchte ich mich bei Ihnen für die interessanten Gespräche und die organisatorische Unterstützung bei der Interviewdurchführung sowie der Literaturrecherche bedanken.

Für die kollegiale Unterstützung meiner ehemaligen Kolleginnen und Kollegen am Institut für Berufs-, Wirtschafts- und Sozialpädagogik möchte ich mich ebenfalls herzlich bedanken. Mein Dank gilt insbesondere Dr. Junmin Li, Dr. Kristina Wiemann, Antje Wessels, Christian Hofmeister und Sebastian Schneider. Unsere Diskussionsrunden haben manche Denkblockade gelöst. Die persönlichen Gespräche haben zu dem nötigen Mut und der nötigen Motivation beigetragen, um dieses Buch fertig zu stellen.

Im besonderen Maße bedanken möchte ich mich bei meinem Vater Christoph Zenner, der mir während meiner gesamten Ausbildungs- und Promotionszeit mit Rat und Tat zur Seite stand und immer an mich geglaubt hat. Mein großer Dank gilt auch meiner Mutter Monika Vogt-Zenner, die mir immer den Rücken gestärkt hat und beständig für mich da war.

Auch danken möchte ich meiner Schwiegermutter Anne Höffkes, die mir seit der Geburt meiner Tochter durch Babysitten die Stunden geschenkt hat, die für die Fertigstellung dieses Buches notwendig waren.

Zuletzt möchte ich den wichtigsten Menschen in meinem Leben danken, meinem Mann Jan Höffkes und meiner Tochter Ida. Meine Tochter hat mit ihrer Lebensfreude für den notwendigen Ausgleich in der Endphase der Promotion gesorgt. Mein Mann stand mir während der gesamten Promotionszeit zur Seite, gewährte mir den notwendigen Freiraum für die Fertigstellung und fand in jeder Lage die richtigen Worte.

Dinslaken
im Juli 2020

Lea J. B. Zenner-Höffkes

Inhaltsverzeichnis

1	**Einleitung**	1
1.1	Problemstellung und Herleitung der Forschungsfrage	1
1.2	Aufbau der Studie	3
2	**Stand der Forschung und theoretischer Zugang**	7
2.1	Ausbildungsreife, Berufsreife und Employability – Einordnung der grundlegenden Begrifflichkeiten	7
2.1.1	Notwendige Voraussetzungen Jugendlicher bei dem Übergang von der Schule in den Arbeitsmarkt – Einordnung der grundlegenden Konzepte in Deutschland	7
2.1.2	Employability als englisches Konzept beim Übergang von der allgemeinbildenden Schule in die Ausbildung bzw. den Arbeitsmarkt	16
2.1.3	Zusammenfassung	22
2.2	Interessenpolitik, politisches Agenda-Setting und Kontextdimensionen des Diskurses um Ausbildungsreife	22
2.2.1	Interessenverbände als interessenpolitische Akteure	23
2.2.2	Interessenverbände im politischen Entscheidungsprozess	24
2.3	Erkenntnisse der Attributionsforschung als Erklärungsansatz der Argumentationsmuster der interessenpolitischen Akteure	30
2.4	Betrachtungsperspektiven des Diskurses um mangelnde Voraussetzungen jugendlicher Schulabgänger beim Übergang von der Schule in den Ausbildungs- und Arbeitsmarkt	32

	2.4.1	Die pädagogisch-bildungswissenschaftliche Perspektive	34
	2.4.2	Die gesellschaftlich-sozialpolitische Perspektive	36
	2.4.3	Die psychologische Perspektive	37
	2.4.4	Die volkswirtschaftlich-arbeitsmarktbezogene Perspektive	38
2.5		Zusammenführung der Konzepte als Analyserahmen für die Diskursanalyse	40

3 System und Kontextdarstellung – struktureller Überblick und zentrale Aspekte der Berufsbildungssysteme ... 45
   3.1 Überblick und zentrale Aspekte des deutschen (Berufs-)Bildungssystems ... 45
      3.1.1 Historische Entwicklung und aktuelle Ausgestaltung der allgemeinen Bildung ... 45
      3.1.2 Das Duale System der Berufsausbildung in Deutschland ... 48
   3.2 Überblick und zentrale Aspekte des englischen (Berufs-)Bildungssystems ... 50
      3.2.1 Allgemeine Bildung ... 50
      3.2.2 Berufliche Bildung ... 53

4 Internationale vergleichende Berufsbildungsforschung als übergeordneter Rahmen ... 61
   4.1 Erkenntnisinteresse, Funktionen und Typen international vergleichender Berufsbildungsforschung ... 62
   4.2 Herausforderungen und Probleme in der vergleichenden Berufsbildungsforschung ... 63
      4.2.1 Die Herausforderung der Vergleichbarkeit ... 65
      4.2.2 Die Herausforderung der Maßstäbe, Normen und ethnozentrischen Sichtweise, die zur Wertung herangezogen werden ... 68
      4.2.3 Die Herausforderung der sprachlichen Erfassung von Bedeutungsgehalten im Vergleich ... 69
      4.2.4 Die Herausforderung divergierender Datenlagen und die Verfügbarkeit der Daten ... 69
   4.3 Begründung der Wahl Englands als Vergleichsland ... 70
   4.4 Zwischenfazit ... 74

5	**Methodenteil**		77
	5.1	Diskurs – theoretische Klärung und definitorische Eingrenzung	77
	5.2	Diskursanalyse – methodisches Vorgehen	81
		5.2.1 Sondierung des Untersuchungsfeldes	81
		5.2.2 Auswahl der Literatur und Bildung des Datenkorpus	90
		5.2.3 Dimensionen für die Analyse der Daten	93
		5.2.4 Methodisches Vorgehen bei der Feinanalyse der Daten	97
		5.2.5 Positionierung der Argumentationsstränge der Schlüsselakteure anhand der Positionsanalyse	98
	5.3	Triangulation durch Experteninterviews	99
		5.3.1 Durchführung der Experteninterviews	100
		5.3.2 Entwicklung des Interviewleitfadens	101
		5.3.3 Auswertung der Experteninterviews	104
6	**Befunde – der deutsche Diskurs**		107
	6.1	Der deutsche Diskurs im Zeitverlauf	107
		6.1.1 Erste Periode ca. 1970 bis 1978	111
		6.1.2 Zweite Periode 1979 bis 1981	121
		6.1.3 Dritte Periode 1982 bis 1986	127
		6.1.4 Vierte Periode 1987 bis 1995	136
		6.1.5 Fünfte Periode 1996 bis 1999	150
		6.1.6 Sechste Periode 2000 bis 2001	161
		6.1.7 Siebte Periode 2002 bis 2007	170
		6.1.8 Achte Periode 2008 bis 2017	183
	6.2	Triangulation der deutschen Ergebnisse durch Experteninterviews	204
		6.2.1 Deutungsmuster: Verständnis von Ausbildungsreife	204
		6.2.2 Phänomenstruktur: Argumentationsmuster und Diskussion um Ausbildungsreife	208
		6.2.3 Zwischenfazit	217
	6.3	Historische Entwicklung und Schlussfolgerung für den deutschen Diskurs	219
		6.3.1 Mangelnde Ausbildungsreife als interessenpolitisch genutztes Argument	220
		6.3.2 Zwischenfazit	227
		6.3.3 Einzug von Ausbildungsreife auf die politische Agenda	228

7 Befunde – der englische Diskurs ... 233
7.1 Ergebnisse der sondierenden Experteninterviews in England 233
7.1.1 Verständnis und Schlagwörter relevanter englischer Konstrukte ... 233
7.1.2 Relevanz der Diskussion und involvierte Akteure im englischen Kontext ... 236
7.1.3 Erkenntnisse der sondierenden Experteninterviews für die Diskursanalyse ... 240
7.2 Der englische Diskurs im Zeitverlauf ... 241
7.2.1 Erste Periode 1971–1980 ... 243
7.2.2 Zweite Periode 1981–1997 ... 249
7.2.3 Dritte Periode 1998–2008 ... 260
7.2.4 Vierte Periode 2009 bis 2013 ... 266
7.2.5 Fünfte Periode 2014 bis 2017 ... 278
7.3 Triangulation der englischen Ergebnisse durch Experteninterviews ... 287
7.3.1 Deutungsmuster: Verständnis der Akteure von employability ... 287
7.3.2 Phänomenstruktur: Argumentationsmuster und Diskussion um employability ... 289
7.4 Historische Entwicklung und Schlussfolgerung für den englischen Diskurs ... 296
7.4.1 Mangelnde Employability als interessenpolitisch genutztes Argument ... 296
7.4.2 Zwischenfazit ... 301

8 Vergleichende Betrachtung ... 303
8.1 Vergleich der Kontextfaktoren ... 305
8.1.1 Wirtschaftlicher Kontext ... 305
8.1.2 Gesellschaftlicher Kontext ... 306
8.1.3 Bildungspolitischer Kontext ... 308
8.1.4 Zwischenfazit ... 309
8.2 Vergleich des Deutungsmusters ... 310
8.3 Vergleich der Argumentationsmuster ... 316
8.4 Einfluss der länderspezifischen Besonderheiten der Berufsbildungssysteme auf den Diskurs ... 322
8.5 Schlussfolgerung aus dem Vergleich ... 328

9	**Schlussbetrachtung**	333
	9.1 Limitationen	338
	9.2 Ausblick	339
Literaturverzeichnis		341

Abkürzungsverzeichnis

A-level	Advanced-Level
ANR	Angebots-Nachfrage-Relation
BA	Bundesagentur für Arbeit
BBiG	Berufsbildungsgesetz
BCC	British Chambers of Commerce
BDA	Bundesvereinigung der Deutschen Arbeitgeberverbände
BIBB	Bundesinstitut für Berufsbildung
BIS	Department for Business, Innovation and Skills
BMBF	Bundesministerium für Bildung und Forschung
BMWi	Bundesministerium für Wirtschaft und Technologie
CBI	Confederation of British Industry
CDU	Christlich Demokratische Union Deutschland
CME	Coordinated Market Economy
CSE	Certificate of Secondary Education
DfE	Department for Education
DGB	Deutscher Gewerkschaftsbund
DIHK	Deutscher Industrie- und Handelskammertag
DIHT	Deutscher Industrie- und Handelstag
FE	Further Education
GCE	General Certificate of Education
GCSE	General Certificate of Secondary Education
HwO	Handwerksordnung
IG BCE	Industriegewerkschaft Bergbau, Chemie, Energie
IG Metall	Industriegewerkschaft Metall
IiE	Industry in Education
ITB	Industrial Training Board

IW	Institut der deutschen Wirtschaft
KMK	Kultusministerkonferenz
KW	Kuratorium der deutschen Wirtschaft
LCCI	London Chamber of Commerce and Industry
LME	Liberal Market Economy
LSC	Learning and Skills Council
MSC	Manpower Services Commission
NDPB	Non-departmental public bodies
NTO	National Training Organisation
NVQ	National Vocational Qualification
O-level	Ordinary Level
PISA	Programme for International Student Assessment
SPD	Sozialdemokratische Partei Deutschlands
SSC	Sector Skills Council
TUC	Trade Unions Congress
UKCES	UK Commission for Employment and Skills
VBBF	Vergleichende Berufsbildungsforschung
ver.di	Vereinte Dienstleistungsgewerkschaft
VET	Vocational Education and Training
VoC	Varieties of Capitalism
YT	Youth Training
YTS	Youth Training Scheme
ZDH	Zentralverband des deutschen Handwerks

Abbildungsverzeichnis

Abbildung 2.1	Verortung des Analyserahmens im Policy-Cycle	40
Abbildung 2.2	Elemente interessenpolitisch genutzter attributionstheoretischer Argumentation	41
Abbildung 3.1	NVQ-Rahmen mit Niveaustufen (Hyland 2007)	59
Abbildung 4.1	Generierung und Anwendung des Tertium Comparationis	67
Abbildung 4.2	Matrix Ausbildungssysteme im internationalen Vergleich (Busemeyer 2013, S. 7)	73
Abbildung 5.1	Übersicht Forschungsdesign	78
Abbildung 5.2	Beispiel einer Positionsanalyse	100
Abbildung 6.1	Angebots-Nachfrage-Entwicklung in Bezug auf Ausbildungsplätze	109
Abbildung 6.2	Positionsanalyse erste Periode	119
Abbildung 6.3	Positionsanalyse zweite Periode	125
Abbildung 6.4	Positionsanalyse dritte Periode	135
Abbildung 6.5	Positionsanalyse vierte Periode	148
Abbildung 6.6	Positionsanalyse fünfte Periode	160
Abbildung 6.7	Positionsanalyse sechste Periode	168
Abbildung 6.8	Positionsanalyse siebte Periode	181
Abbildung 6.9	Positionsanalyse achte Periode	202
Abbildung 6.10	Primäre Positionierung der Akteure im deutschen Diskurs	222
Abbildung 6.11	Einzug von Ausbildungsreife auf die politische Agenda und begünstigende externe Faktoren	231
Abbildung 7.1	Arbeitslosenrate und Jugendarbeitslosenrate England, 1971–2016	242

Abbildung 7.2	Positionsanalyse England erste Periode	248
Abbildung 7.3	Positionsanalyse England zweite Periode	259
Abbildung 7.4	Positionsanalyse England dritte Periode	265
Abbildung 7.5	Positionsanalyse England vierte Periode	276
Abbildung 7.6	Positionsanalyse England fünfte Periode	285
Abbildung 7.7	Primäre Positionierung der Akteure im englischen Diskurs	299
Abbildung 8.1	Nationale und länderübergreifende Einflüsse auf die Diskurse	330

Tabellenverzeichnis

Tabelle 2.1	Kriterienkatalog zur Ausbildungsreife – Beschreibung und Merkmale	9
Tabelle 2.2	Employability Framework	18
Tabelle 5.1	Untersuchte Akteure in England	93
Tabelle 8.1	Struktur des Vergleichs	304
Tabelle 8.2	Definition und Deutungsmuster von Ausbildungsreife und employability	311
Tabelle 8.3	Vergleich der Argumentationsmuster	317

Einleitung

1.1 Problemstellung und Herleitung der Forschungsfrage

Seit Jahrtausenden singen ältere Generationen das „Klagelied vom schlechten Schüler" (Keller 1989). Das heißt, ältere Generationen betrachten die heranreifenden jüngeren Generationen und ihre Leistungen in den Kulturtechniken sowie im sozialen Umgang und persönlichen Verhalten kritisch (Keller 1989). Obwohl Deutschland und England mit Hinblick auf die Entwicklung ihrer Berufsbildungssysteme als „Gegenstücke" (Deißinger 2010, S. 59) bezeichnet werden können, lassen sich Klagen betreffs der unzureichenden Voraussetzungen jugendlicher Schulabgänger beim Übergang von der Schule in den Ausbildungs- bzw. Arbeitsmarkt – sowohl in Deutschland als auch in England – weit zurückverfolgen und besitzen gleichzeitig ein hohes Maß an Aktualität (siehe u. a. Granato 2016; Hilke 2008; Müller 1983; Lanzerath 1966b; Haasler 2013; Kraus 2006; Hillage und Pollard 1998; BCC 1979).

Gleichzeitig wird von einigen Stellen angemerkt, dass das *Klagelied vom schlechten Bewerber*[1] immer dann besonders laut gesungen wird, wenn die Nachfrage nach Ausbildungsplätzen das Angebot derselben übersteigt und viele Jugendliche ohne Ausbildungsvertrag verbleiben (Ratschinski 2013; Jahn und Brünner 2012; Hilke 2008, S. 109; Brosi 2004). Nach Ratschinki hat sich

> *„der Begriff ‚Ausbildungsreife' […] in der politischen Rhetorik etabliert. Er dient den Vertretern der Wirtschaft immer wieder als Argument dafür, nicht ausreichend*

---

[1] Der Titel lehnt sich an den Titel der von Keller 1989 veröffentlichten Monografie „Das Klagelied vom schlechten Schüler" an.

Aufgrund einer besseren Lesbarkeit wird in der vorliegenden Arbeit die männliche Form verwendet, welche alle anderen Geschlechter mit einschließt.

viele Ausbildungsplätze bereitzustellen. Aus ihrer Sicht waren und sind nicht die fehlende Ausbildungsbereitschaft und -fähigkeit der Betriebe das Problem, sondern die fehlenden Voraussetzungen der Jugendlichen" (Ratschinski 2013, S. 14, Auslassung durch die Autorin).

Damit erhält das *Klagelied vom schlechten Bewerber* – das in Deutschland hauptsächlich unter dem Schlagwort der *Ausbildungsreife* und in England unter dem Schlagwort der *employability* gesungen wird – politische Relevanz. Im deutschen Kontext wird der Vorwurf der Verwendung des Arguments der Ausbildungsreife durch Arbeitgebervertreter zur Reduzierung der Anzahl der zu versorgenden Jugendlichen durch verschiedene Wissenschaftler aufgegriffen und in Teilen bereits empirisch unterfüttert (Dobischat et al. 2012; Dobischat und Schurgatz 2015; Frommberger 2010; Großkopf 2005; Eberhard 2006; Schurgatz 2017; Ulrich 2004). Dabei wird immer wieder darauf verwiesen, dass sowohl die Arbeitgeber- als auch die Arbeitnehmerseite über starre und konträr ausgebildete Argumentationsmuster verfügen (Ulrich 2004; Eberhard 2006). Auch der Zusammenhang zwischen der Verwendung des Arguments der mangelnden Ausbildungsreife sowie der Versorgungssituation auf dem (Ausbildungs-)Stellenmarkt wird durch die Wissenschaftler auf theoretischer sowie empirischer Ebene hergestellt (Großkopf 2005; Jahn und Brünner 2012; Schurgatz 2017).

In England ist der interessenpolitische Einsatz des Arguments fehlender *employability* bisher weniger umfangreich untersucht worden. Eine fehlende employability wird jedoch an verschiedenen Stellen als Argument für die ausbleibende Besetzung offener Stellen – trotz hoher Jugendarbeitslosigkeit – durch Schulabgänger aufgeführt (Newton et al. 2005; LSC 2008b; BCC 2011b).

Die Berufsbildungssysteme von England und Deutschland weisen große Unterschiede auf („*most-different-systems*" (Georg 2005)). Wenn die historische sowie die aktuelle argumentative Einbettung der Klagen vom schlechten Bewerber Gemeinsamkeiten aufweisen, kann davon ausgegangen werden, dass die nationalen Unterschiede wenig Auswirkungen auf den Diskurs besitzen. In diesem Fall kommen z. B. internationale Entwicklungen als Grundlage für die Klagen in Betracht. Sind die Diskurse dagegen unterschiedlich, kann dies auf den unterschiedlichen systemischen wie politischen Kontext zurückgeführt werden. Empirische Studien, welche die historische wie die aktuelle argumentative Einbettung der Klagen vom schlechten Bewerber im internationalen Vergleich betrachten, liegen bisher noch nicht vor. Insofern besteht ein Forschungsdesiderat. Mithilfe einer Diskursanalyse historischer sowie aktueller durch die verschiedenen Akteure (Arbeitgebervertreter, Arbeitnehmervertreter sowie staatliche Akteure) veröffentlichten Dokumente wird der Frage nachgegangen, ob es sich bei dem

Argument der mangelnden Ausbildungsreife bzw. employability um ein auf politischer Ebene eingesetztes interessenpolitisches Konstrukt handelt, das speziell in Zeiten hoher Jugendarbeitslosigkeit als Argument im politischen Diskurs verwendet wird. Daraus leitet sich die zentrale forschungsleitende Fragestellung ab:

Besteht ein Zusammenhang zwischen der Situation am Ausbildungsmarkt und der interessenpolitischen Verwendung des Arguments der mangelnden Ausbildungsreife Jugendlicher im politischen Diskurs?

Die forschungsleitende Fragestellung wird durch die folgenden Forschungsfragen konkretisiert:

1. *(Wie) hat sich das Verständnis, wann ein Jugendlicher die notwendigen Voraussetzungen für eine Ausbildung bzw. den Eintritt in den Arbeitsmarkt mitbringt, im Zeitverlauf verändert? Unterscheidet sich das Verständnis zwischen den bildungspolitischen Akteuren?*
2. *Unter welchen gesellschaftlichen, ökonomischen und bildungspolitischen Rahmenbedingungen (Kontext) wurde bzw. wird das „Klagelied vom schlechten Bewerber" besonders intensiv diskutiert?*
3. *Welche Argumente hinsichtlich der Ausbildungsreife bringen welche bildungspolitischen Akteure unter welchen Rahmenbedingungen hervor? Sind bzw. waren bestimmte Interessengruppen wortführend? Haben sich die Argumentationsstränge im Zeitverlauf verändert?*
4. *Existieren länderspezifische Unterschiede und/oder Gemeinsamkeiten im Hinblick auf die ersten drei Forschungsfragen? Wenn ja, wie sind sie ausgeformt und wie lassen sie sich begründen?*

1.2 Aufbau der Studie

Die Studie gliedert sich in neun Teile. Im zweiten Teil wird auf die fundamentalen theoretischen Grundlagen sowie den jeweiligen Stand der Forschung eingegangen. Dazu werden in Abschnitt 2.1 zunächst die grundlegenden Begrifflichkeiten und Konzepte am Übergang von der Schule in den Ausbildungs- bzw. Stellenmarkt – im Besonderen die Begriffe Ausbildungsreife, Berufsreife und employability – eingeordnet. Anschließend wird in Abschnitt 2.2 auf die Interessenverbände als Akteure im politischen Entscheidungsprozess eingegangen und die Ausbildungsreife (bzw. für den englischen Kontext employability) in demselben verortet. Abschnitt 2.3 befasst sich schließlich mit theoretischen Zugängen für die Analyse der Argumentationsmuster und trägt Erkenntnisse der Attributionsforschung vor. In Abschnitt 2.4 werden schließlich die mangelnden Voraussetzungen Jugendlicher beim Übergang von der Schule in den Ausbildungs- und Arbeitsmarkt in einem weiteren Kontext aus verschiedenen Perspektiven eingeordnet, um einen möglichst umfassenden Zugang zu der Thematik zu gewährleisten. Schließlich werden in Abschnitt 2.5 die theoretischen Konzepte zu einem Analyserahmen für die Diskursanalyse zusammengeführt.

Wie in Abschnitt 1.1 deutlich wurde, handelt es sich bei der vorliegenden Studie um eine international vergleichend ausgerichtete Arbeit. Daher wird in Kapitel 3 ein kurzer Überblick über die zentralen Aspekte des deutschen und des englischen Berufsbildungssystems bereitgestellt, um anschließend in Kapitel 4 die vorliegende Arbeit in das übergeordnete Feld der international vergleichenden Berufsbildungsforschung einzuordnen. In diesem Kapitel wird zudem begründet, warum England als Vergleichsland hinzugezogen wird.

In Kapitel 5 wird schließlich die Diskursanalyse als zentrales Analyseinstrument methodisch, methodologisch und theoretisch eingeordnet. Dazu wird zunächst das der Arbeit zugrunde liegende Diskursverständnis hergeleitet. Anschließend wird die Diskursanalyse als Untersuchungsprogramm operationalisiert. Zentrale Elemente bilden hier die Durchführung sondierender (Abschnitt 5.2.1) und triangulierender (Abschnitt 5.3) Experteninterviews sowie die Auswahl der Dokumente für das Datenkorpus (Abschnitt 5.2.2). In Abschnitt 5.2.3 werden die Dimensionen für die Analyse der Daten hergeleitet. In diesem Kapitel erfolgt die theoretisch-analytische Zusammenführung des in Abschnitt 2.5 erarbeiteten Analyserahmens und den einer Diskursanalyse im hier vorliegenden Verständnis zugrunde liegenden Auswertungsebenen. In Abschnitt 5.2.5 geschieht schließlich die Einführung der Positionsanalyse als Instrument für die Darstellung der Positionen der Akteure im Diskurs.

Kapitel 6 und 7 bilden schließlich die zentralen Kapitel der vorliegenden Arbeit. In ihnen werden die Ergebnisse der Diskursanalyse für Deutschland (Kapitel 6) und England (Kapitel 7) erörtert, interpretiert und analysiert. Die Darstellung vollzieht sich chronologisch und, um den qualitativen Gütekriterien der Verfahrensdokumentation und der argumentativen Interpretationsabsicherung (Mayring 2002, S. 149 ff.) nachzukommen, ausführlich. Durch die Ausführlichkeit der Beschreibung der in den Dokumenten als relevant identifizierten Aussagen soll dem Leser die Nachvollziehbarkeit der Interpretation und Einordnung der durch die unterschiedlichen Akteure eingenommenen Positionen ermöglicht werden. Im Anschluss an die Dokumentenanalyse wird für England und Deutschland eine Triangulation der Ergebnisse durch Experteninterviews

1.2 Aufbau der Studie

vorgenommen. Anschließend wird für jedes Land separat die historische Entwicklung analysiert und es werden die ersten drei Forschungsfragen beantwortet (Abschnitt 6.3 für Deutschland und 7.4 für England).

In Kapitel 8 vollzieht sich schließlich die vergleichende Betrachtung der deutschen und englischen Ergebnisse. Hier werden in Anlehnung an die ersten drei Forschungsfragen der Kontext (Abschnitt 8.1), das Verständnis (Abschnitt 8.2), sowie die durch die Interessenverbände genutzten Argumentationsmuster (Abschnitt 8.3) vergleichend gegenübergestellt. Anschließend werden in Abschnitt 8.4 die Einflüsse der Systeme auf die Diskurse skizziert. In Abschnitt 8.5 kann abschließend auf dem Sockel der vorangegangenen Kapitel die forschungsleitende Fragestellung (siehe Abschnitt 1.1) für Deutschland und England begründet beantwortet werden.

Im letzten Kapitel wird eine Schlussbetrachtung präsentiert. Hier wird zuvorderst auf die zentralen Erkenntnisse der Studie sowie zugrunde liegenden Limitationen eingegangen und ein Ausblick auf sich aus der Arbeit abzuleitende Forschungsdesiderate gegeben.

Stand der Forschung und theoretischer Zugang 2

2.1 Ausbildungsreife, Berufsreife und Employability – Einordnung der grundlegenden Begrifflichkeiten

Im Folgenden sollen die grundlegenden Konzepte zu den Voraussetzungen, die Jugendliche beim Übergang von der Schule in den Arbeitsmarkt mitbringen, in gebündelter Form vorgestellt werden, da diese Konzepte den Kern des Gegenstandes der Diskursanalyse bilden. Hierbei handelt es sich um eine rein deskriptive Vorstellung der existierenden Definitionen der verschiedenen Akteure, um dem Leser aus der Überschau den Untersuchungsstand zu vermitteln.

2.1.1 Notwendige Voraussetzungen Jugendlicher bei dem Übergang von der Schule in den Arbeitsmarkt – Einordnung der grundlegenden Konzepte in Deutschland

2.1.1.1 Ausbildungsreife – Versuch einer begrifflichen Einordnung und Operationalisierung

Trotz der kontrovers und intensiv geführten Diskussion um die mangelnde Ausbildungsreife Jugendlicher in Deutschland existiert keine allgemeingültig anerkannte Operationalisierung des Konstruktes. Bereits 1966 konstatierten Hellbrügge und Rutenfranz, *„dass eine einheitliche und zeitunabhängige Definition des Begriffes der Berufsreife nicht mehr möglich ist. […] der Grad der geforderten Reife [wird] im Wesentlichen von der gegebenen durchschnittlichen Berufsanforderung bestimmt"* (Hellbrügge und Rutenfranz 1966, S. 1183). Heute herrscht laut Ehrenthal et al. (2005) in der deutschen Literatur prinzipiell Einigkeit darüber, dass Ausbildungsreife allgemein die Voraussetzung darstellt, die ein Jugendlicher mitbringen muss, um eine Berufsausbildung – egal ob besonders oder weniger anspruchsvoll – aufzunehmen und erfolgreich zu beenden. Diese Arbeitstugenden und Fähigkeiten müssen zudem bereits bei Antritt der Ausbildung vorhanden sein (Ehrenthal et al. 2005). Ausbildungsreife ist somit ein Konzept, dass die Jugendlichen betrifft, die vor der ersten Schwelle zwischen Schule und Beruf, d. h. vor dem Übergang von der allgemeinbildenden Schule in die berufliche Ausbildung stehen (Pilz 2004, S. 176). Im Verlauf der Diskussion wurden durch die unterschiedlichen Akteure Definitions- und Operationalisierungsvorschläge vorgenommen. Die verschiedenen Vorschläge sollen im Folgenden kurz skizziert werden.

Kriterienkatalog zur Ausbildungsreife der Bundesagentur für Arbeit
Eine viel zitierte und diskutierte (u. a. Dobashi et al. 2008; Schlemmer 2008; Hilke 2008; Jung 2008; Marsal et al. 2009; Frommberger 2010; Klein und Schöpper-Grabe 2012) Definition und Operationalisierung wird im Rahmen des Nationalen Paktes für Ausbildung und Fachkräftenachwuchs in Deutschland innerhalb des Kriterienkatalogs zur Ausbildungsreife der Bundesagentur für Arbeit (BA) (Bundesagentur für Arbeit 2009) vorgenommen. Der Nationale Pakt für Ausbildung und Fachkräftenachwuchs ist durch die Bundesregierung und die Spitzenverbände der Wirtschaft im Juni 2004 für drei Jahre beschlossen worden (Bundesagentur für Arbeit 2009, S. 6). Arbeitnehmervertreter waren demnach nicht an der Definition beteiligt. Ziel des Paktes ist, „jedem ausbildungswilligen und ausbildungsfähigen Jugendlichen ein Angebot auf eine Berufsausbildung oder anderweitige Qualifizierung zu machen" (Bundesagentur für Arbeit 2009, S. 6). Ausbildungsreife ist im Kriterienkatalog wie folgt definiert:

„Eine Person kann als ausbildungsreif bezeichnet werden, wenn sie die allgemeinen Merkmale der Bildungs- und Arbeitsfähigkeit erfüllt und die Mindestvoraussetzungen für den Einstieg in die berufliche Ausbildung mitbringt. Dabei wird von den spezifischen Anforderungen einzelner Berufe abgesehen, die zur Beurteilung der Eignung für den jeweiligen Beruf herangezogen werden (Berufseignung). Fehlende Ausbildungsreife zu einem gegebenen Zeitpunkt schließt nicht aus, dass diese zu einem späteren Zeitpunkt erreicht werden kann" (Bundesagentur für Arbeit 2009, S. 13).

Die Merkmale werden im Kriterienkatalog fünf Basisbereichen zugeordnet (Bundesagentur für Arbeit 2009, S. 17 ff.). Dabei handelt es sich um normativ gesetzte und nicht empirisch überprüfte Merkmale (Klein und Schöpper-Grabe 2012, S. 19) (Tabelle 2.1).

2.1 Ausbildungsreife, Berufsreife und Employability ...

Tabelle 2.1 Kriterienkatalog zur Ausbildungsreife – Beschreibung und Merkmale (Bundesagentur für Arbeit 2009, S. 20 f.)

Merkmalsbereich	Merkmale
Schulische Basiskenntnisse	→ (Recht)Schreiben → Lesen – mit Texten und Medien umgehen → Sprechen und Zuhören → mathematische Grundkenntnisse → wirtschaftliche Grundkenntnisse
Psychologische Leistungsmerkmale	→ Sprachbeherrschung → rechnerisches Denken → logisches Denken → räumliches Vorstellungsvermögen → Merkfähigkeit → Bearbeitungsgeschwindigkeit → Befähigung zu Daueraufmerksamkeit
Physische Merkmale	→ altersgerechter Entwicklungsstand und gesundheitliche Voraussetzungen
Psychologische Merkmale des Arbeitsverhaltens und der Persönlichkeit	→ Durchhaltevermögen und Frustrationstoleranz → Kommunikationsfähigkeit → Konfliktfähigkeit → Kritikfähigkeit → Leistungsbereitschaft → Selbstorganisation/Selbstständigkeit → Sorgfalt → Teamfähigkeit → Umgangsformen → Verantwortungsbewusstsein → Zuverlässigkeit
Berufswahlreife	→ Selbsteinschätzungs- und Informationskompetenz

Der Kriterienkatalog ist in erster Linie ein Diagnoseinstrument. Anhand der Kriterien diagnostiziert die BA, ob ein Jugendlicher ausbildungsreif ist, und somit für die Vermittlung aufgenommen werden kann (Hilke 2008, S. 127). Da der Kriterienkatalog Mindeststandards definiert, die für jeden Ausbildungsberuf relevant sind, haben sich die Experten bei der Erstellung an den Anforderungen einfacher Ausbildungsberufe orientiert (Hilke 2008, S. 126 f.).

Die BA kategorisiert zwischen der Ausbildungsreife, der Berufseignung und der Vermittelbarkeit (Bundesagentur für Arbeit 2009, S. 12 ff.). Die Ausbildungsreife verkörpert die grundlegende Voraussetzung für die Aufnahme einer Ausbildung. Die Berufseignung bezieht sich auf die Leistungsanforderungen und die damit einhergehenden Voraussetzungen eines bestimmten Berufes. Das heißt, ein Jugendlicher kann für einen Beruf durchaus geeignet sein, auch wenn ihm für einen anderen Beruf die Eignung fehlt. Ist eine Person ausbildungsreif und besitzt die notwendige Berufseignung, ist sie nicht zwangsläufig auch vermittelbar. Die Vermittelbarkeit bezieht sich auf marktabhängige, betriebs- bzw. branchenbezogene oder personenabhängige Einschränkungen, die eine Vermittlung in eine entsprechende Ausbildung erschweren oder verhindern.

Die Ausbildungsreife beachtet die Entwicklungsdynamik Jugendlicher. Zukünftige Lern- und Entwicklungsprozesse der Jugendlichen werden berücksichtigt und nicht ausbildungsreife Jugendliche können durch z. B. berufsvorbereitende Maßnahmen an die Ausbildungsreife herangeführt werden (Müller-Kohlenberg et al. 2005).

Institut der deutschen Wirtschaft Köln: Grundbildung von Schulabsolventen aus Unternehmenssicht

Das Institut der deutschen Wirtschaft (IW) Köln hat Mindestanforderungen an die Ausbildungsreife formuliert (hierzu und im Folgenden Klein und Schöpper-Grabe 2013, 2012). In einer quantitativ angelegten Untersuchung hat das IW über 1.000 Unternehmen (davon über 900 ausbildungsaktiv) zu den von Schulabgängern erwarteten Mindestkompetenzen im Sinne der Ausbildungsreife befragt. Im Zuge dessen sind folgende Bereiche abgefragt worden, die jeweils noch durch Teil-Items untergliedert wurden:

- Deutsch (Lese- und Schreibkompetenz, Sprechen, Hören);
- Mathematik (Arithmetik und Funktionen, Prozent und Zinsrechnung, Geometrie);
- Informationstechnologie (IT);
- Naturwissenschaften (Physik, Chemie, Biologie) und Technik;
- Wirtschaft;
- Englisch (Lese- und Hörverstehen, Schreiben, Sprechen);
- Politik, Gesellschaft und Kultur;
- soziale, personale und analytische Kompetenzen.

Die wesentlichen Bestandteile von Grundbildung, über die ein Bewerber um einen Ausbildungsplatz nach Meinung von mehr als neun von zehn Unternehmen verfügen sollte, sind: „mündliche Sprachbeherrschung/Kommunikation, das Beherrschen der Grundrechenarten, das Verstehen von einfachen Texten, korrekte Orthografie, die schriftliche Ausdrucksfähigkeit, Dreisatz- und Prozentrechnung, aber auch Sozial-/Selbstkompetenz (zum Beispiel Teamfähigkeit, Umgangsformen, Leistungs-/Lernbereitschaft) sowie Methoden-/Lernkompetenz" (Klein und Schöpper-Grabe 2012, S. 43).

Ausbildungsreife aus Sicht eines Großunternehmens
Klaus Kiepe war bis 2001 Leiter des Psychologischen Dienstes der BASF-AG und hat verschiedene Publikationen zu dem Thema Ausbildungsreife veröffentlicht (Kiepe 2001, 1998, 2002). Aus Sicht eines Großunternehmens (der BASF-AG) sieht Kiepe drei Voraussetzungen, die ein Jugendlicher für die erfolgreiche Aufnahme einer Berufsausbildung erfüllen muss (Kiepe 2001, S. 227 ff.):

1) *Elementares Grundwissen in den wichtigsten Lern- und Lebensbereichen*
   Jeder Jugendliche, der eine Ausbildung beginnt, sollte über elementares Grundwissen verfügen, an das in der Berufsausbildung angeknüpft werden kann. Gemäß Kiepe sind Grundlagen, auf die zu Beginn einer Ausbildung nicht verzichtet werden kann:
   - Beherrschung der deutschen Sprache in Wort und Schrift
     (einfach Sachverhalte formulieren, fehlerfreies Schreiben einfacher Texte);
   - Solide Kenntnis elementarer Rechentechniken
     (Beherrschung der vier Grundrechenarten, Grundkenntnisse von Flächen- und Volumenberechnungen, Maßeinheiten und Geometrie);
   - Kenntnis allgemeiner Grundlagen
     (elementare Kenntnisse in den Naturwissenschaften, Computerkenntnisse und Kenntnisse über grundlegende wirtschaftliche und gesellschaftliche Zusammenhänge).
2) *Verfügen über persönliche und soziale Kompetenz*
   In der heutigen Arbeitswelt ist eine Erfüllung der Aufgaben ohne Rückbindung an andere nicht mehr möglich. Daher müssen Fachkenntnisse in Verhaltensweisen eingebettet sein, die eine verantwortungsvolle Zusammenarbeit mit Kollegen, Kunden und weiteren Geschäftspartnern ermöglichen. Folgende Kompetenzen sieht Kiepe daher als Voraussetzung an:
   - Persönliche Kompetenz
     (Verlässlichkeit, Selbstständiges Arbeiten, Eigeninitiative, Verantwortungsbewusstsein, Fähigkeit zur objektiven, konstruktiv-kritischen Reflexion des eigenen Verhaltens (Selbstkritik) oder des Verhaltens anderer Personen (Fremdkritik) sowie von Sachverhalten, Neugierde und Lernbereitschaft);
   - Soziale Kompetenz
     (Kommunikationsfähigkeit, Höflichkeit/Freundlichkeit und Konfliktfähigkeit).

3) *Grundlegende Kenntnis der Berufswelt/des Berufslebens*
"*Notwendige Bedingung für eine erfolgreiche Berufsausbildung ist die frühzeitige Kenntnis davon, welche Inhalte und Strukturen den jeweiligen Beruf prägen und welche Fertigkeiten und Fähigkeiten hierzu Voraussetzung sind beziehungsweise im Verlauf der Ausbildung erworben werden müssen*" (Kiepe 2001, S. 229).

Daher sind grundlegende Kenntnisse der verschiedenen Berufsfelder und ihrer Anforderungen sowie eine entsprechende Berufswahl für Kiepe essenzielle Voraussetzungen für die Aufnahme einer Ausbildung.

Ausbildungsreife aus Sicht der Gewerkschaften
Der Deutsche Gewerkschaftsbund (DGB) spricht sich in seiner Handreichung zur Ausbildungsreife (Deutscher Gewerkschaftsbund Bundesvorstand 2006) gegen eine Operationalisierung der Ausbildungsreife in Form eines „starre[n] Kriterienkorsett[s]" (Deutscher Gewerkschaftsbund Bundesvorstand 2006, S. 3) aus. Er sieht Ausbildungsreife als das Ergebnis eines entwicklungspsychologischen Prozesses an, der durch das familiäre und schulische Umfeld der Jugendlichen mitbestimmt wird und geformt werden kann. Damit stimmt der DGB mit der Idee der Reife als ein dynamisches Konstrukt überein. Eine Hinführung zur Ausbildungsreife von nicht ausbildungsreifen Jugendlichen sieht der DGB damit ebenfalls als möglich an. Zudem betrachtet der DGB Ausbildungsreife, anders als es andere Definitionen tun, in Abhängigkeit vom jeweiligen Beruf und Betrieb. Eine Unterscheidung zwischen Ausbildungsreife, Berufseignung und Vermittelbarkeit erachtet der DGB demnach nicht für gerechtfertigt.[1]

Der DGB nimmt keine eigene Operationalisierung des Konstruktes vor, sondern bezieht sich auf die Ergebnisse des Expertenmonitors des Bundesinstituts für Berufsbildung (BiBB) (s. u.).

Ausbildungsreife im Licht der Wissenschaft – Expertenmonitor des Bundesinstituts für Berufsbildung
Das BiBB hat im Rahmen des Expertenmonitors 482 Fachleute der beruflichen Bildung befragt (hierzu und im Folgenden Ehrenthal et al. 2005). Die Experten setzen sich aus Vertretern von Betrieben, Berufsschulen, überbetrieblichen Bildungsstätten, Kammern, Wirtschaftsverbänden, Gewerkschaften, staatlicher

---

[1] Hierzu ist anzumerken, dass die Handreichung in einem zeitlich relativ kurzen Abstand zu dem Kriterienkatalog der BA veröffentlicht worden ist. Die Unterscheidung zwischen Ausbildungsreife, Berufseignung und Vermittelbarkeit, die in dem Kriterienkatalog getroffen worden ist, ist jedoch auch in früheren Publikationen bereits thematisiert worden (z. B. Müller-Kohlenberg et al. 2005; Hilke 2004).

2.1 Ausbildungsreife, Berufsreife und Employability ...

Bildungsverwaltung, Hochschulen und Forschungseinrichtungen zusammen. Sie repräsentieren demnach ein breites Spektrum aller für die berufliche Bildung relevanten Akteure. Die Ergebnisse zeichnen ein anderes Bild als die des IW[2]. Während dort insbesondere die schulischen Basiskenntnisse im Sinne einer Grundbildung im Vordergrund gestanden haben, denken die Fachleute, die im Rahmen des Expertenmonitors befragt worden sind, vor allem an allgemeine Arbeits-, Leistungs- und Sozialtugenden.

Über 80 % der befragten Experten zählen zu den konkreten Fähigkeiten, Fertigkeiten und Tugenden, die ein Jugendlicher für den Antritt einer Ausbildung vorweisen muss: Zuverlässigkeit, die Bereitschaft, zu lernen, die Bereitschaft, Leistung zu zeigen, Verantwortungsbewusstsein, Konzentrationsfähigkeit, Durchhaltevermögen, Beherrschung der Grundrechenarten, einfaches Kopfrechnen, Sorgfalt, Rücksichtnahme, Höflichkeit, Toleranz, die Fähigkeit zur Selbstkritik, Konfliktfähigkeit, Anpassungsfähigkeit und die Bereitschaft, sich in die betriebliche Hierarchie einzuordnen.

Das Konzept der Ausbildungsreife nach Verena Eberhard
Eberhard (2006, 58 ff., 89 ff.) nimmt auf dem Unterbau von Expertenbefragungen (350 als politisch neutral zu betrachtende Berufsbildungsexperten) eine Realdefinition von Ausbildungsreife vor. Als konzeptioneller Sockel fungieren die durch Hilke (2004) vorgenommene Trennung von Ausbildungsreife und Berufseignung (die ebenfalls Grundlage des Konzeptes der BA darstellt). Für die Befragung legt Eberhard 38 Merkmale zugrunde, die hauptsächlich auf einem Anforderungskatalog des DIHK basieren und durch sechs Ausbildungsreife-Experten überarbeitet worden sind. Es ist darauf hingewiesen worden, dass nur die Merkmale ausgewählt werden sollen, die zwingend zu Beginn der Ausbildung vorhanden sein müssen. In die Realdefinition gehen neun Merkmale ein, die über 90 % der Berufsbildungsexperten als unverzichtbar für den Beginn einer Ausbildung ansehen:

- Zuverlässigkeit (97 %);
- Bereitschaft, zu lernen (97 %);
- Höflichkeit (97 %);
- Bereitschaft, Leistung zu zeigen (95 %);
- Verantwortungsbewusstsein (94 %);

---

[2]An dieser Stelle ist anzumerken, dass der Fragebogen des IW bereits eine Vorauswahl impliziert hat und der Fokus auf die schulischen Basiskenntnisse dadurch bereits gelegt wurde.

- Konzentrationsfähigkeit (91 %);
- Beherrschung der Grundrechenarten (91 %);
- Durchhaltevermögen (91 %);
- einfaches Kopfrechnen (90 %).

Auffällig ist, dass motivationale, personale und soziale Merkmale für die Berufsbildungsexperten eine bedeutsamere Rolle spielen als schulische Basiskompetenzen. Diese werden eher der Eignung für bestimmte Berufe zugeschrieben denn als Merkmal der Ausbildungsreife wahrgenommen. Aspekte der Berufswahlreife werden nicht aufgeführt, sind mit dem Merkmal „Wissen über Ausbildungsberufe und Bewerbungsstrategien" jedoch abgefragt worden.

2.1.1.2 Historische Konzepte und Definitionen – Berufs- und Lehrreife

In seiner ursprünglichen Bedeutung steht der Begriff Ausbildungsfähigkeit laut der Ausbildereignungsverordnung aus dem Jahr 1969 für „die zertifizierte Fähigkeit eines ausbildenden Betriebs" (Bundesinstitut für Berufsbildung 2019; siehe auch Großkopf 2005, S. 6; Dobischat et al. 2012, S. 16). Aber auch in der Vergangenheit sind bereits Konstrukte diskutiert worden, die dem heutigen, der Ausbildungsreife zugrunde liegendem Verständnis, ähneln. Beispielsweise unter dem Begriff der Berufsreife. Für Huth (1953) ist ein Jugendlicher berufsreif, wenn er die für den gewählten Beruf entsprechende Vorbildung, die erforderliche körperliche Entwicklung sowie die notwendigen geistigen und seelischen Fähigkeiten besitzt. Wefelmeyer und Wefelmeyer (1959, S. 67) definieren Berufsreife als „körperliche[n], geistige[n] und charakterliche[n] Zustand, der es dem Jugendlichen ermöglicht, mit Aussicht auf Erfolg in die Berufsarbeit und Berufsausbildung einzutreten." Parallelen zu der oben gezeichneten Definition von Ausbildungsreife sind erkennbar. Die Berufsreife beschreibt demnach desgleichen allgemein die Voraussetzungen, die ein Jugendlicher aufweisen muss, um eine Berufsausbildung zu beginnen und erfolgreich abzuschließen.

Bornemann (1960) ist bestrebt, anknüpfend an die oben genannten Definitionen eine Operationalisierung vorzunehmen. Der Autor (Bornemann 1960, S. 3) teilt die Anforderungen ein nach

- der *körperlichen Reife*, diese sieht Bornemann altersabhängig. Während sich 14-jährige Jugendliche noch in einer „körperlichen Umbruchsphase" befinden, sind ältere Jugendliche bereits körperlich gereift;

2.1 Ausbildungsreife, Berufsreife und Employability ...

- dem *intellektuellen Bildungsgrad:* hiernach kann von den Jugendlichen erwartet werden, dass mindestens „alle spezifischen Begabungsfunktionen ausgereift sind. Zudem sollte der Jugendliche sein Begabungsprofil kennen. Des Weiteren sind je nach Beruf *schulische Vorkenntnisse* von Bedeutung: „[B]esondere Fähigkeiten im schriftlichen Ausdruck, in der Rechtschreibung, im Rechnen (Bruchrechnen, Prozentrechnen), Wissen um physikalische, technische und wirtschaftliche Zusammenhänge; weiterhin auch in unterschiedlichem Grade Kenntnisse in Geometrie" (1960, 3 f.);
- der *charakterlichen Reife,* diese ist Bornemann zufolge die „weitaus wichtigste Voraussetzung für erfolgreiche Berufsausübung", da ein Jugendlicher, der die charakterlichen Verpflichtungen in sich trägt, [...] meist wohlwollende Hilfe bei Lehrherren und Mitarbeitern finden [wird], auch wenn er in seinen körperlichen und geistigen Fähigkeiten noch nicht in vollem Maße den Berufsanforderungen entspricht" (1960, S. 4). Hierunter zählt er eine sachliche Arbeitshaltung und konkretisiert sie mit den Termini Mühegabe, Ausdauer und Arbeitskonzentration, die auch ohne „unmittelbare Betätigungsfreude" (1960, S. 4) gegeben sind. Neben der sachlichen Arbeitshaltung ist die ethische Einstellung (Verantwortungsgefühl, gewissenhaftes Bemühen zur korrekten Auftragsdurchführung, Verständnis für sittliche Verpflichtungen) relevant;
- dem *sittlichen und sozialen Verhalten,* hierunter fallen konkrete Eigenschaften des sozialen Verhaltens. Bornemann nennt Umsicht, Selbständigkeit, Initiative und sicheres Auftreten des Lehrlings, ohne dabei unhöflich, taktlos, frech und arrogant zu werden;
- der Fähigkeit, die *Wahl des Berufes* und gegebenenfalls des Betriebes „mit innerer Einsicht zu vollziehen, d. h. unter der Erkenntnis der eigenen Fähigkeiten, Neigungen, Stärken und Schwächen, ebenfalls aber auch unter der Kenntnis wirtschaftlicher Zusammenhänge und dem Bewußtsein [sic] der Verschiedenartigkeit der Berufsanforderungen" (1960, S. 3). Die Berufswahlreife ist von besonderer Bedeutung, da die richtige Berufswahl die sachlichen Arbeitsanforderungen positiv beeinflusst.

Hagmüller et al. (1975, 29 ff.) merken fünfzehn Jahre später an, dass diesen Definitionen die Operationalisierung fehlt, da die „nominalen Definitionen erst durch Umsetzung in operationale Anweisungen für praktische Belange nutzbar gemacht werden können" (Hagmüller et al. 1975, S. 30). Sie werten verschiedene Beiträge zur Berufsreife aus und formulieren anhand einer Sekundäranalyse einen Kriterienkatalog zu ebendieser. Parallel zu der Definition der Ausbildungsreife stellen sie heraus, dass Berufsreife nicht „einem statischen, sondern einem dynamischen Konzept verpflichtet ist" (Hagmüller et al. 1975, S. 75).

Ein weiteres ähnliches Konstrukt ist das der Lehrreife (Lanzerath 1966a, 1966b). Lanzerath (1966b, S. 2 ff.) beschreibt die Lehrreife als eine Zwischenstation zwischen der Berufswahlreife sowie der Berufsreife. Nach seiner Definition setzt die Berufsreife eine abgeschlossene Berufsausbildung (Lehre) voraus, während die Berufswahlreife vor der Aufnahme der Lehre steht. Der durch Lanzerath verwendete Begriff der Berufsreife weicht demnach von dem durch die o. g. Autoren ab. Die Lehrreife ist in Abgrenzung zu dem Begriff der Berufseignung zu sehen. Dieser richtet sich, analog zu der heutigen Diskussion auf die Eignung zur Ausübung eines bestimmten Berufes und nicht, wie hier diskutiert, eines Berufes prinzipiell (Lanzerath 1966b, S. 11 ff.; Bundesagentur für Arbeit 2009, S. 15 f.).

2.1.2 Employability als englisches Konzept beim Übergang von der allgemeinbildenden Schule in die Ausbildung bzw. den Arbeitsmarkt

In England bildet employability das zentrale Konstrukt, das die Merkmale charakterisiert, die Jugendliche beim Übergang von der Schule in den Arbeitsmarkt aufweisen sollten. Employability ist ein in England sowohl in der Politik, bei Arbeitgebervertretern und Arbeitnehmervertretern als auch in der Wissenschaft viel diskutiertes Konstrukt. Der Schwerpunkt der Diskussion liegt, wie der Name bereits andeutet, auf der Arbeitsfähigkeit von (jungen) Erwachsenen. Ähnlich wie in Deutschland existieren innerhalb der englischen Diskussion um employability keine einheitlichen Definitionen (Miller et al. 2013, S. 173). Die Schwerpunktsetzung sowie die Definition der Employability Skills variieren je nach Kontext und angesprochener Zielgruppe (Sung et al. 2013, S. 176 f.). Es sind Ansätze entfaltet worden, die sich im Speziellen mit der employability von Hochschulabsolventen befassen (z. B. Miller et al. 2013, S. 173; in Teilen Sung et al. 2013). Andere Ansätze widmen sich nicht allein jungen Erwachsenen bzw. Arbeitnehmern, die Arbeit suchen, sondern mit den Individuen, die bereits eine Arbeit aufgenommen haben und diese aus verschiedenen Gründen wechseln wollen (McQuaid und Lindsay 2005, S. 199). Insgesamt ist die employability-Definition demnach weiter gefasst als die der Ausbildungsreife.

Der Term „employability" lässt sich in der Vergangenheit weit zurückverfolgen. Während er heute im Kontext von Absolventen des Bildungssystems genutzt wird, wurde er in der Vergangenheit in erster Linie im Zusammenhang mit benachteiligten Personengruppen gebraucht (Feintuch 1955; van Deventer und Scanlon 1951).

2.1 Ausbildungsreife, Berufsreife und Employability ...

Eine viel zitierte Definition (u. a. Pool und Sewell 2007; McQuaid und Lindsay 2005; Rothwell und Arnold 2004) haben Hillage und Pollard (1998, S. 12) formuliert. Sie definieren employability wie folgt:

> *"Employability is the capability to move self-sufficiently within the labour market to realize potential through sustainable employment. For the individual, employability depends on the knowledge, skills and attitudes they possess, the way they use those assets and present them to employers and the context (e. g. personal circumstances and labour market environment) within which they seek work."*

Ein Schwerpunkt der „employability"-Diskussion liegt aufgrund der anhaltenden Übergangsproblematik auf dem Eintritt in den Arbeitsmarkt (to gain initial work) in England und fokussiert Jugendliche, die auf einem niedrigen bis mittleren Qualifikationsniveau in den Arbeitsmarkt eintreten (Hillage und Pollard 1998, S. 23). Im Mittelpunkt der employability steht die Angebotsseite, d. h. die Frage, „was bringen Jugendliche mit" und weniger die Frage „was erwarten die Arbeitgeber" (Haasler 2013, S. 234 f.). Employability Skills in England "are defined as generic in nature and clearly distinctive from vocational, technical or job-specific skills. Moreover, they are cross-cutting in terms of being universal rather than specific to any occupational field, industry or job level" (Haasler 2013, S. 235).

Hillage und Pollard sehen employability als das Kapital (assets) des Individuums beim Eintritt in den Arbeitsmarkt. Dieses Kapital gliedern sie auf der Grundlage einer Literaturanalyse in drei Merkmalsgruppen (1998, S. 12):

- „knowledge – what you know
- skills – how you use what you know
- attitudes – the way you use what you know."

Als weiteren, die employability beeinflussenden Faktor sehen Hillage und Pollard die externen Rahmenbedingungen, die im persönlichen Umfeld des Individuums oder dem externen sozioökonomischen Faktoren, wie der Situation auf dem Arbeitsmarkt, verankert sein können (1998, S. 19 ff.). Eine konkrete Operationalisierung bleibt aus.

Nach McQuaid und Lindsay (2005) ist das Konzept von Hillage und Pollard das vielleicht umfassendste Konzept, dennoch kritisieren sie eine zu geringe Einbindung externer Rahmenbedingungen. Sie nehmen neben den Fähigkeiten und Eigenschaften der Personen auch die externen Faktoren des Arbeitsmarktes sowie der persönlichen Rahmenbedingungen in ihren Merkmalskatalog auf und wagen aufbauend auf der Arbeit von Hillage und Pollard den Versuch einer Operationalisierung (Tabelle 2.2).

Tabelle 2.2 Employability Framework (McQuaid und Lindsay 2005, S. 209 f.)

Individual factors	Personal circumstances	External factors
• **Employability skills and attributes** *Essential attributes* Basic social skills: honestly and integrity; basic personal presentation; reliability; willingness to work; understanding of actions and consequences; positive attitude to work; responsibility; self-discipline *Personal competencies* Proactivity; diligence; self-motivation; judgement; initiative; assertiveness; confidence; act autonomously *Basic transferable skills* Prose and document literacy; writing; numeracy; verbal presentation *Key transferable skills* Reasoning; problem-solving; adaptability; work-process management; team working; personal task and time management; functional mobility; basic ICT skills; basic interpersonal and communication skills; emotional and aesthetic customer service skills	• **Household circumstances** *Direct caring responsibilities* Caring for children, elderly relatives, etc. *Other family and caring responsibilities* Financial commitments to children or other family members outside the individual's household: emotional and/or time commitments to family members or others *Other household circumstances* The ability to access safe, secure, affordable and appropriate housing • **Work culture** The existence of a culture in which work is encouraged and supported within the family, among peers or other personal relationships and the wider community • **Access to resources** *Access to transport* Access to own or readily available private transport; ability to walk appropriate distance	• **Demand factors** *Labour market factors* Level of local and regional or other demand; nature and changes of local and regional demand (required skill levels; occupational structure of vacancies; sectors where demand is concentrated); location, centrality/remoteness of local labour markets in relation to centres of industry/employment; level of competition for jobs; actions of employer' competitors; changing customer preferences, etc. *Macroeconomic factors* Macroeconomic stability; medium- to long-term business confidence; level and nature of labour demand within the national economy *Vacancy characteristics* Remuneration; conditions of work; working hours and prevalence of shift work; opportunities for progression; extent of part-time, temporary and casual work availability of 'entry-level' positions

(Fortsetzung)

Tabelle 2.2 (Fortsetzung)

Individual factors	Personal circumstances	External factors
High level transferable skills Team working; business thinking; commercial awareness; continuous learning; vision; job-specific skills; enterprise skills *Qualifications* Formal academic and vocational qualifications *Work knowledge base* Work experience; general work skills and personal aptitudes; commonly valued transferable skills (such as driving); occupational specific skills *Labour market attachment* Current unemployment/employment duration; number and length of spells of unemployment/inactivity; 'balance' of work history • **Demographic characteristics** Age, gender, etc. • **Health and well-being** *Health* Current physical health; current mental health; medical history; psychological well-being *Disability* Nature and extent of: physical disability; mental disability; learning disability	*Access to financial capital* Level of household income; extent and duration of any financial hardship; access to formal and informal sources of financial support; management of income and dept *Access to social capital* Access to personal and family support networks; access to formal and informal community support networks; number, range and status of informal social network contacts	*Recruitment factors* Employers' formal recruitment and selection procedures; employers' general selection preferences (for example, for recent experience); employers' search channels (methods of searching for staff when recruiting); discrimination (fro example, on the basis of age, gender, race, area of residence, disability, unemployment duration); form and extent of employers' use of informal networks; demanding only appropriate qualifications or credentials • **Enabling support factors** *Employment policy factors* Accessibility of public services and job-matching technology (such as job search/counselling); penetration of public services (for example, use and credibility among employers/job seekers); incentives within tax-benefits system; existence of 'welfare to work'/activation and pressure to accept jobs; accessibility and limitations on training; extent of local/regional development policies; measures to case the school-work transition and address employability issues at school and university

(Fortsetzung)

Tabelle 2.2 (Fortsetzung)

Individual factors	Personal circumstances	External factors
• **Job seeking** Effective use of formal search services/information resources (including ICT); awareness and effective use of informal social networks; ability to complete CVs/application forms; interview skills/presentation; access to references; awareness of strengths and weaknesses; awareness of location and type of opportunities in the labour market; realistic approach to job targeting • **Adaptability and mobility** Geographical mobility; wage flexibility and reservation wage; occupational flexibility (working hours, occupations, sectors)		*Other enabling policy factors* Accessibility and affordability of public transport, child care and other support services

Employability aus Sicht der Arbeitgeber – Confederation of British Industrie

Arbeitgeber sehen employability in erster Linie als Eigenschaft des Individuums. Die Confederation of Britisch Industry (CBI) definiert employability solcherart:

> „A set of attributes, skills and knowledge that all labour market participants should possess to ensure they have the capability of being effective in the workplace – to the benefit of themselves, their employer and the wider economy" (CBI 2007, S. 19).

Die Verwertbarkeit des Individuums bei Arbeitsantritt steht somit im Mittelpunkt der Arbeitgeberdefinition. Als zentralen Punkt sieht die CBI eine positive Einstellung des Jugendlichen gegenüber der Arbeit und dem Arbeitgeber. Teilkomponenten der employability nach der CBI tragen zu dieser positiven Einstellung bei. Im Einzelnen konkretisiert die CBI nachstehende sieben Unterpunkte:

- **Selbstmanagement**: Die Bereitschaft, Verantwortung zu übernehmen, Flexibilität, Belastbarkeit, Zeitmanagement, angemessenes Durchsetzungsvermögen, Eigenmotivation, die Fähigkeit und Bereitschaft, konstruktive Kritik anzunehmen und auf dieser Grundlage das eigene Arbeitsverhalten zu verbessern.
- **Teamwork**: Andere respektieren, Kooperation, Verhandlungsgeschick, Beitrag zu Diskussionen, das Bewusstsein von Interdependenzen mit anderen.
- **Unternehmens- und Kundenbewusstsein**: Ein grundlegendes Verständnis der wesentlichen Treiber für den Unternehmenserfolg und der Notwendigkeit für Kundenzufriedenheit und Kundenloyalität.
- **Problemlösekompetenz**: Analyse von Fakten und Situationen und der Anwendung von kreativem Denken, um angemessene Lösungen zu kreieren.
- **Kommunikation und Alphabetisierung**: Die Fähigkeit, zu lesen und zu schreiben, die Fähigkeit, klar strukturierte Texte zu verfassen, mündliche Ausdrucksfähigkeit inklusive der Fähigkeit, zuzuhören.
- **Grundlegende mathematische Kenntnisse**: Die Anwendung von Zahlen, allgemeines mathematisches Bewusstsein und seine Anwendung im praktischen Kontext (zum Beispiel: messen, wiegen, schätzen und Formeln anwenden).
- **Anwendung grundlegender Computerkenntnisse**: Grundlegende Computerkenntnisse (Office-Kenntnisse, Umgang mit Internet-Suchmaschinen).

2.1.3 Zusammenfassung

Die in diesem Kapitel vorgestellten Konzepte weisen neben vielen Unterschieden auch Gemeinsamkeiten auf. Für kein Konzept existiert eine allgemeingültig anerkannte Definition, aber allen ist gemein, dass sie die Merkmale beschreiben, die ein Individuum aus Sicht der Arbeitgeber beim Eintritt in den Arbeitsmarkt aufweisen sollte. Diese Merkmale variieren je nach Definition und Operationalisierung. Sämtliche Autoren sind sich jedoch einig, dass aus Arbeitgebersicht Merkmale aus drei Bereichen beim Eintritt in den Arbeitsmarkt von Relevanz sind. Aus dem Bereich des Wissens (mathematische Grundfertigkeiten sowie Lese- und Rechtschreibkenntnisse), aus dem Segment der Verhaltensweisen (attitudes) (z. B. Verantwortungsbewusstsein, Zuverlässigkeit) sowie aus dem Bereich des Arbeitsverhaltens (Anwendung des Wissens). Dieses Feld umfasst auch die sozialen Aspekte, etwa Teamfähigkeit und Kommunikationsfähigkeit.

Darüber hinaus weisen einige Definitionen weitere Merkmale, wie die körperliche Entwicklung oder die Berufswahlreife, auf.

Sogar die Zielgruppe der Konzepte variiert zwischen benachteiligten Personengruppen und allgemein Individuen an der Schwelle zum Eintritt in den Arbeitsmarkt. Während die englischen Definitionen zudem klare verwertungsbezogene Ansätze aufzeigen („to ensure they have the capability of being effective in the workplace" (CBI 2007, S. 19)), sind diese im deutschen Kontext weniger deutlich erkennbar. Des Weiteren differiert die Operationalisierung je nach Akteur. Im deutschen Kontext wird dies bei den Gewerkschaften besonders deutlich, da sie sich gegen eine Operationalisierung aussprechen und sich dadurch klar von allen anderen Akteuren abgrenzen.

Diese Vielfältigkeit der Verständnisse und Definitionen veranschaulicht die Vielschichtigkeit des Untersuchungsgegenstandes. Die Einordnung und Interpretation der Definitionen ist Bestandteil der Diskursanalyse; sie kann und soll daher an dieser Stelle noch nicht vorgenommen werden.

2.2 Interessenpolitik, politisches Agenda-Setting und Kontextdimensionen des Diskurses um Ausbildungsreife

Im Zentrum steht die Frage, ob die Diskussion um die Ausbildungsreife interessenpolitisch motiviert ist. Um eine interessenpolitische Motivation zu untersuchen, werden Akteure betrachtet, die traditionell verschiedenartige Interessen vertreten: Die Arbeitgebervertretungen und die Gewerkschaften sowie die Politik als eigenständiger Akteur und Adressat der interessenpolitisch motivierten Arbeit (z. B. Eberhard 2006).

2.2.1 Interessenverbände als interessenpolitische Akteure

Arbeitgebervertretungen und Gewerkschaften sind Interessenvertretungen. Kammern sind ebenfalls Vertreter von Unternehmen und Selbstständigen und werden hier zu den Arbeitgeberverbänden gezählt. In Deutschland fällt den Kammern eine Sonderrolle zu, da sie als eine öffentliche Institution mit öffentlich definierten Aufgaben anzusehen sind. Eine dieser Aufgaben ist die Kontrolle der Berufsbildung und die Abnahme berufsqualifizierender Prüfungen. Die Mitgliedschaft ist für jedes Unternehmen in Deutschland verpflichtend (Rudzio 2015, S. 72). Als Verbände lassen sie sich als „frei gebildete, primär dem Zweck der Interessenvertretung nach außen dienende Organisationen verstehen" (Rudzio 2015, S. 67). Wie der Name Interessenvertretung bereits suggeriert, versteht man darunter Verbände, die bestimmte Interessen verfolgen. Sie intendieren in erster Linie, Träger der öffentlichen Gewalt und hier zuvorderst Ministerien und Bundesämter als Instanzen, die für die Gruppe relevante Entscheidungen treffen, gemäß ihrer Interessen zu beeinflussen (Fischer 2011, S. 49). Durch den Fokus auf den Regierungsbereich trachten die Interessenvertretungen, „auf den Inhalt künftiger Gesetze und Verordnungen bereits im Entstehungsstadium, dem‚Referentenstadium', einzuwirken, d. h. wenn die zuständigen Ministerialbeamten an ersten Entwürfen arbeiten und diese noch relativ leicht veränderbar sind" (Rudzio 2015, S. 83).

Interessenverbände werden in der Literatur und Öffentlichkeit häufig als „Lobbys" tituliert. Der Begriff geht auf das englische Wort „lobbyism" zurück, welches die „ständige, gezielte Bestrebung der Vertreter von Interessengruppen, Einfluss auf Gesetzgebung und Regierungspolitik zu nehmen" (Busse et al. 1994, S. 842) meint. Ursprünglich stammt der Begriff von dem Wort „lobia" ab, welches die Wandelhalle vor dem Plenarsaal des Parlaments beschreibt. Dort sind Vertreter von Interessensorganisationen auf Parlamentarier getroffen, mit dem Ziel, diese in ihrem Sinne zu beeinflussen (Fischer 2011, S. 50; Lösche 2007, S. 20; Olberding 2013, S. 20).

Ausgangspunkt des Lobbyismus sind auf der einen Seite „Interessengruppen, die durch gezielte Informationsvermittlung den Versuch unternehmen, die politischen Entscheidungsträger und deren Mitarbeiter zu beeinflussen" (Olberding 2013, S. 21). Auf der anderen Seite verfügen die Verbände über Expertenwissen über die gesellschaftliche oder ökonomische Realität, welches durch die Entscheidungsträger nachgefragt wird (Olberding 2013, S. 21). Nach Lösche (2007,

S. 61) liegt ein „Tauschgeschäft" vor. Olberding (2013, S. 44) fasst zusammen: „Die Interessenvertreter verfolgen unterschiedliche Strategien, um ihre Forderungen durchzusetzen. Sie nehmen auf mannigfache Art und Weise Einfluss auf die Entscheidungen von Abgeordneten. Grundsätzlich kann festgehalten werden, dass Kern der Arbeit von Lobbyisten die Informationsvermittlung ist, die auf sachlicher Kompetenz beruht und in den letzten Jahrzehnten zunehmend professionalisiert worden ist." Demnach tauschen die Verbände Expertenwissen gegen politische Einflussnahme.

2.2.2 Interessenverbände im politischen Entscheidungsprozess

2.2.2.1 Der Policy-Cycle als Erklärungsmodell

Der Policy-Cycle ist ein Modell, das visualisiert, wann sich Interessengruppen in den politischen Entscheidungsprozess einbringen (Knodt und Quittkat 2005, S. 119; Riemer 2012, S. 37; siehe auch Buonanno und Nugent 2013, S. 101 ff.). Er unterscheidet verschiedene Phasen des Politikbildungsprozesses: Problemwahrnehmung, Agenda-Setting, Politikformulierung, Politikimplementierung und Politikevaluierung (Jann und Wegrich 2014, S. 97 ff.; Blum und Schubert 2011, S. 25 ff.).

Kingdon (2011) hat den Einfluss von Akteuren im Prozess des Agenda-Setting und der Maßnahmenformulierung empirisch untersucht.[3] Kingdon unterscheidet explizit zwischen dem Einfluss auf die Problemwahrnehmung und das Agenda-Setting sowie die Definition der Maßnahmen im Rahmen der Politikformulierung („Alternatives").

> *„The agenda, as I conceive of it, is the list of subjects or problems to which governmental officials, and people outside of government closely associated with those officials, are paying some serious attention at any given time" (Kingdon 2011, S. 3). „Apart from the set of subjects or problems that are on the agenda, a set of alternatives for governmental action is seriously considered by governmental officials and those closely associated with them" (Kingdon 2011, S. 4).*

---

[3]Zwar bezieht sich Kingdon in seinem Buch „Agendas, Alternatives and Public Policies" auf den Agenda-Setting-Prozess in den Vereinigten Staaten, seine Theorien zu dem Agenda-Setting-Prozess werden von verschiedenen Wissenschaftlern aber auch auf internationaler Ebene aufgegriffen (z. B. Zarnaq et al. 2016; Holmén 2012). Sie können und werden als auf andere Demokratien, unter Berücksichtigung des nationalen Kontextes, übertragbar angesehen.

Politisches Handeln setzt demnach immer die Wahrnehmung eines Problems voraus (Jann und Wegrich 2014, 107 ff.). Dieses Problem muss zunächst artikuliert und der Politik als solches bewusst gemacht werden, bevor es im Rahmen des Agenda-Settings auf die politische Agenda gesetzt werden kann.

> *„Problem recognition is critical to agenda setting. The chance of a given proposal or subject rising on an agenda are markedly enhanced if it is connected to an important problem. Some problems are seen as so pressing that they set agendas all by themselves"* (Kingdon 2011, S. 198).

Der Einfluss von Interessengruppen auf die politische Agenda ist hoch und wird umso bedeutender, je stärker die Diskussion angeheizt wird: „Generally speaking, the louder they squawk, the higher it gets" (Kingdon 2011, S. 49). Wenn eine Interessengruppe ein Thema auf die Agenda gesetzt hat, bedeutet dies nicht zwangsläufig, dass sie die Debatte und die sich daraus entwickelnden Alternativen leitet. Manche Interessengruppen sind bestrebt, die Themen, die durch andere auf die Agenda gesetzt wurden, im Prozess der Formulierung von Maßnahmen zu ihren Gunsten zu beeinflussen (Kingdon 2011, S. 50).

Es sind verschiedene Möglichkeiten entfaltet worden, die politische Agenda zu beeinflussen. Eine der Optionen ist der politische und/oder öffentliche Diskurs (Gerhards 1992). Hierzu nutzen die (kollektiven) Akteure Argumente und Interpretationen des Gegenstandes, um andere von der Dringlichkeit des Problems sowie der eigenen Position und möglichen Lösungswegen zu überzeugen (Gerhards 1992).

Bevor ein Problem als solches wahrgenommen werden und damit Einfluss auf die politische Agenda erhalten kann, muss es zunächst als Thema definiert werden um es in einem zweiten Schritt als Problem zu identifizieren, dessen sich das politische System annehmen sollte (Gerhards 1992). Für die Definition des Themas benötigt man zunächst einen Begriff, der für die Bezeichnung des Themas gut geeignet ist (z. B. Berufsreife, Ausbildungsreife, Employability). Durch empirische Evidenz erhöht sich die Glaubwürdigkeit des Themas und damit auch die Relevanz für die politische Agenda. Ist keine empirische Evidenz verfügbar, kann sie durch die Akteure konstruiert werden (Gerhards 1992).

2.2.2.2 Einflussmöglichkeiten der Interessenvertretungen im Policy-Cycle

Die Funktionen und Einflussmöglichkeiten, die die Interessenvertretungen im Politikzyklus in Deutschland und England einnehmen, unterscheiden sich nach dem traditionellen Rollenverständnis der Interessenverbände. Die Verbände in

Deutschland werden in die Gestaltung des Politikprozesses einbezogen. Wirtschaftsverbände und Gewerkschaften, zwischen denen ein relatives Kräftegleichgewicht besteht, fungieren als Partner des Staates bei der Politikformulierung und Implementation (Knodt und Quittkat 2005, S. 119). In **England** besteht der Konsens darin, dass das „Gemeinwohl Ergebnis der politischen Auseinandersetzung konkurrierender Interessen mit gleichberechtigten Zugang zu politischen Entscheidungsträgern ist" (Knodt und Quittkat 2005, S. 119). Neben der Confederation of British Industrie (CBI) und der British Chambers of Commerce (BCC), die den Anspruch haben die Wirtschaft gegenüber der Regierung als Ganzes zu vertreten, gibt es zahlreiche kleine, weniger gut ausgestattete Interessenverbände, die einzelne Sektoren repräsentieren (Schmedes 2008, S. 222 f.) Die Rolle der Verbände ist dabei beratender Natur (Cuddy und Leney 2005, S. 24). Dem britischen Verbandssystem wird einerseits eine relevante Rolle im politischen System des Vereinten Königreichs zugeschrieben, andererseits ist das Verbandswesen durch die Vielzahl kleiner Verbände sehr fragmentiert und kompetitiv organisiert. Nichtsdestotrotz können individuelle Verbände durchaus starke Stellungen einnehmen (Schmedes 2008, S. 220). In beiden betrachteten Ländern haben die Interessenverbände demnach Einfluss auf die verschiedenen Stadien des Policy-Cycles. Im Bereich der Berufsbildung kommt den Arbeitgeber- und Arbeitnehmervertretungen in Deutschland noch ein Sonderstatus zu: Zum einen sind die Kammern als zuständige Stellen aktiv in die Organisation der Berufsausbildung einbezogen (BBiG 23.03.2005, § 71 ff.). Zum anderen bilden Vertreter der Arbeitgeber und Arbeitnehmer mit beratender Unterstützung von Lehrkräften an berufsbildenden Schulen den Berufsbildungsbildungsausschuss. Dieser ist in wichtigen Angelegenheiten, die die Entwicklung der Qualität der beruflichen Bildung betreffen, anzuhören und zu unterrichten (BBiG 23.03.2005, § 79). Damit ist der Einfluss der Sozialpartner in Deutschland gesetzlich manifestiert (Busemeyer 2009, 79 ff.). In England ist die Position der Interessenverbände dagegen nicht institutionalisiert (Menz 2007, S. 25). Die Sozialpartner sind freiwillige Ratgeber, die gehört werden können, aber nicht müssen. Während die Arbeitgebervertreter in England einen relativ hohen Einfluss haben, sind die Gewerkschaften in England schwach und weisen keine ausgeprägte Beziehung zur englischen Regierung auf (Menz 2007, S. 26).

2.2.2.3 Stand der Forschung zum Zusammenhang der Einflussnahme der Interessengruppen im Policy-Cycle und der Diskussion um Ausbildungsreife

Im deutschen Kontext wird die jüngere Diskussion um eine mangelnde Ausbildungsreife mit der regelmäßig in Zeiten des Nachfrageüberhangs wiederkehrenden Diskussion um die Ausbildungsplatzabgabe in Zusammenhang gebracht. Anders als in der volkswirtschaftlichen Disziplin wird unter Nachfrage die Nachfrage nach Ausbildungsplätzen durch Jugendliche und unter Angebot das Angebot derselben durch die Betriebe verstanden (Pilz 2004, S. 180). So beleuchtet Riemer (2012) die Diskussion um die Ausbildungsreife und die Rolle der Interessenverbände in den einzelne Phasen des Policy-Cycles (siehe weiterführend und im Folgenden Riemer 2012, S. 40 ff.). Das *Problem* um die Ausbildungsreife in der bis heute anhaltenden Debatte ist um das Jahr 2002 *wahrgenommen* worden. Aufgrund des Konjunktureinbruchs im Jahr 2001 ist es zu einem Rückgang neu abgeschlossener Ausbildungsverträge von 6,8 % im Jahr 2002 gegenüber dem Vorjahr gekommen. Das Ziel eines ausgeglichenen Verhältnisses zwischen Angebot und Nachfrage ist verfehlt worden und das Erreichen des Zieles ist auch nicht absehbar gewesen. In einer Erklärung vor dem Deutschen Bundestag (auch bekannt als „Agenda 2010-Rede") erklärt der damalige Bundeskanzler Gerhard Schröder:

> *„Jeder, der einen Ausbildungsplatz sucht und ausbildungsfähig ist, muss einen Ausbildungsplatz bekommen! Davon können wir nicht abweichen. […] Jeder weiß, ich bin kein Freund der **Ausbildungsabgabe**. Aber ohne eine nachhaltige Verbesserung der Ausbildungsbereitschaft und ohne die Übernahme der zugesagten Verantwortung für diesen Bereich ist die Bundesregierung zum Handeln verpflichtet und sie wird das auch tun"* (Deutscher Bundestag Freitag, den 14.03.2003, S. 2488).

Riemer resümiert:

> *„Der deutschen Wirtschaft ist es mit der Zusage zum Ausbildungspakt gelungen, das Thema aus der gesetzlichen Regulierung herauszuhalten und in die gesellschaftliche Selbstverantwortung zurückzuführen. Mit der Thematisierung der von den Ausbildungsbetrieben beklagten Ausbildungsreife ist es zudem der Arbeitgeberseite gelungen, das Thema Vermittlungshemmnisse im Übergang von der Schule in den Beruf dauerhaft auf die Agenda zu setzen. Als Verlierer dieses Prozesses können die deutschen Gewerkschaften gelten, die sich mit ihrer Forderung nach einer Ausbildungsabgabe politisch nicht durchsetzen konnten und durch ihre Weigerung zur Teilnahme am Ausbildungspakt auch strategisch geschwächt aus der Debatte hervorgingen"* (Riemer 2012, 47 f.).

Demnach haben die Arbeitgebervertreter durch die Teilnahme am Ausbildungspakt eine gesetzlich regulierte Ausbildungsabgabe abgewendet und somit erfolgreich das Agenda Setting sowie die Politikformulierung beeinflusst. Zudem ist die Verantwortung für den Nachfrageüberhang durch die Thematisierung der mangelnden Ausbildungsreife von den Arbeitgebern auf die Jugendlichen beziehungsweise die allgemeinbildenden Schulen gelenkt worden. Es ist den Arbeitgebervertretungen gelungen, das Thema der mangelnden Ausbildungsreife Jugendlicher dauerhaft auf die politische Agenda zu setzten.

Obwohl die Platzierung auf der politischen Agenda erreicht worden ist, sieht Riemer (2012, S. 48) die politische Wirkung im Hinblick auf die Maßnahmen bzw. die Durchsetzung des Kriterienkatalogs als politisches Instrument als gering an, da die Verbindlichkeit und die Durchsetzungskraft fehlen.

Einen analogen Zusammenhang zwischen der in Zeiten des Nachfrageüberhangs immer wieder aufkommenden Diskussion um die Ausbildungsplatzabgabe sowie der Präsenz von Ausbildungsreife in der öffentlichen Berichterstattung weisen Jahn und Brünner (2012) nach. Sie legen ihrer Analyse das Agenda-Setting als theoretischen Bezugsrahmen zugrunde. Sie untersuchen jedoch nicht die politischen Akteure, sondern die öffentliche Berichterstattung als Bezugsgröße. Die Ergebnisse der quantitativ angelegten Untersuchung der drei auflagenstärksten Tageszeitungen (Süddeutsche Zeitung, Frankfurter Allgemeine Zeitung und Die Welt) hat ergeben, dass die Sichtbarkeit des Themas Ausbildungsreife mit der Angebots-Nachfrage-Relation (ANR) korreliert. Die Sichtbarkeit des Themas ist umso höher, je schlechter die Chancen der Schulabgänger auf einen Ausbildungsplatz in Zeiten des Nachfrageüberhangs sind. Im Jahr 2010 nimmt die Berichterstattung trotz – aus Sicht der Jugendlichen – verbesserter ANR zu. Jahn und Brünner (2012, S. 56) vermuten eine inhaltliche Neuausrichtung der Diskussion weg von fehlenden Ausbildungsplätzen hin zu einem verstärkten Zusammenhang mit einem Bewerber- und Fachkräftemangel. Ein weiterer Zusammenhang wird zwischen der Sichtbarkeit der Diskussion um die Ausbildungsreife mit bildungspolitischen Themen und hier insbesondere der Ausbildungsplatzabgabe sowie dem Ausbildungspakt deutlich.

Die Ergebnisse der vorgestellten Analysen zeigen, dass für den deutschen Kontext in der jüngeren Geschichte ein eindeutiger Zusammenhang zwischen der ANR und dem Aufkommen der sowohl öffentlichen als auch interessenpolitisch motivierten Diskussion um Ausbildungsreife zu erkennen ist. Des Weiteren wirken sich bildungspolitische Forderung und Entscheidungen, wie beispielsweise die Forderung nach einer Ausbildungsplatzabgabe, auf die Intensität der Diskussion aus.

Ferner deutet die Analyse von Jahn und Brünner (2012) an, dass sich das Narrativ der Diskussion je nach Kontextbedingungen verändert. Eine genaue qualitative Analyse der Narrative ist im Rahmen der Analyse jedoch (noch) nicht durchgeführt worden (Jahn und Brünner 2012, S. 57).

Schurgatz (2017) hat die Legitimation des bildungspolitischen Schlagwortes Ausbildungsreife in der Tagespresse der Jahre 2003 bis 2007 betrachtet und hat in diesem Zusammenhang auch die interessengeleitete Verwendung des Begriffes durch die verschiedenen Akteure (im Fokus stehen auf Arbeitgeberseite der Deutsche Industrie- und Handelskammertag (DIHK), die Bundesvereinigung der Deutschen Arbeitgeberverbände (BDA), der Zentralverband des deutschen Handwerks (ZDH), die Christlich Demokratische Union Deutschland (CDU) und auf Arbeitnehmerseite die Sozialdemokratische Partei Deutschlands (SPD) und der Deutsche Gewerkschaftsbund (DGB)) in der Tagespresse mithilfe einer linguistischen Diskursanalyse beleuchtet. Damit hat er die Analyse von Jahn und Brünner (2012) ergänzt. Einesteils kann Schurgatz den durch Jahn und Brünner aufgedeckten quantitativen Zusammenhang zwischen der im Rahmen der Diskussion um Ausbildungsreife genutzten Defizitzuschreibung und der Versorgungslage auf dem Ausbildungsmarkt bestätigen (Schurgatz 2017, S. 262 ff.). Darüber hinaus deckt Schurgatz ein Zusammenspiel zwischen der Berichterstattung zum Thema und bildungspolitischen Ereignissen, wie der Diskussion um eine Ausbildungsplatzabgabe und der Einführung des Ausbildungspaktes, auf (Schurgatz 2017, S. 224 ff.). Anderenteils hat Schurgatz die argumentative Positionierung in der Debatte um die Versorgungsprobleme auf dem Lehrstellenmarkt berücksichtigt. Im Ergebnis kann er aufdecken, dass die Arbeitgebervertreter das Argument der mangelnden Ausbildungsreife als Defizitzuschreibung der Jugendlichen dominierend verwenden, während die Arbeitnehmerseite mit einer geringen Ausbildungsbereitschaft der Unternehmen als Ursache für die Übergangsprobleme der Jugendlichen argumentiert. Insgesamt dominiert die Arbeitgeberseite den Diskurs in quantitativer Sicht (Schurgatz 2017, S. 231 ff.).

Inwiefern dieser Zusammenhang auch vor dem Jahr 2000 beobachtet werden kann und welche Rolle die Arbeitgebervertretungen sowie Gewerkschaften spielen, soll im Folgenden beantwortet werden. Zudem wird eine genauere Analyse der Argumentationsmuster durchgeführt, um mögliche Veränderungen in den Narrativen aufzudecken.

Die Literaturrecherche hat keine vergleichbaren wissenschaftlichen Analysen für den englischen Kontext zutage gefördert. Demnach besteht ein Forschungsdesiderat, ob im englischen Kontext ebenfalls das „Klagelied über den schlechten Bewerber" bzw. die fehlende employability der Schulabgänger im interessenpolitischen Kontext eingesetzt wird.

2.3 Erkenntnisse der Attributionsforschung als Erklärungsansatz der Argumentationsmuster der interessenpolitischen Akteure

Attribution bedeutet Ursachenzuschreibung. Im Kern betrachtet die Attributionsforschung die Prozesse von Individuen bei der Suche nach Ursachen und den daraus abgeleiteten Handlungsoptionen. Die Attributionstheorie geht im Kern auf Heiders (1958) „naive Psychologie" zurück. Im Mittelpunkt seines Ansatz stehen die Verhaltenseinschätzung anderer Personen und die Bewertung alltäglicher Situationen (Heider 1958, S. 5).

Im Bereich der Bewertung von Ursachen geht die Attributionstheorie davon aus, dass eine Person das Verhalten, in Situationen, in denen sie als Handelnder (actor) agiert, anders erklärt als das Verhalten ihres Gegenüber, wenn sie lediglich Beobachter (observer) ist (hierzu und im Folgenden Jones und Nisbett 1972, S. 79 f.; Ulrich 1996; 2004; Stiensmeier-Pelster und Heckhausen 2010, S. 394 ff.). Es besteht eine Perspektivendiskrepanz der Selbst- und Fremdwahrnehmung. Das eigene Verhalten wird i. d. R. *situativ (external-variabel)* erklärt. Das heißt, es werden äußere Rahmenbedingungen für das eigene Verhalten verantwortlich gemacht. Beispiel: „*Aufgrund der schlechten wirtschaftlichen Lage (situatives Merkmal, external-variabel) können wir nicht mehr Ausbildungsplätze anbieten (Verhalten).*" Gleichzeitig wird das Handeln eines anderen in der Funktion des Beobachters *personenbezogen (internal-stabil)* beurteilt. Hier wird das Verhalten des Gegenübers demnach nicht situativ erklärt, sondern die Persönlichkeit des Gegenübers wird für die Erklärung herangezogen. Beispiel: „*Viele Jugendliche finden keinen Ausbildungsplatz (Verhalten), da sie nicht ausbildungsreif sind (personenbezogenes Merkmal).*" Wir neigen bei Problemen dazu, „den Schlüssel zur Lösung nicht bei uns, sondern bei anderen zu suchen" (Vollmer 1991, S. 37). Diese Art der Ursachenzuschreibung beeinflusst demnach das Erleben von Verantwortlichkeit und Schuld (Stiensmeier-Pelster und Heckhausen 2010, S. 412 f.). Liegt der (empfundene) Schlüssel für die Lösung eines Problems nicht bei uns, sind wir auch nicht für die Lösung verantwortlich. Die Verantwortungsübernahme bildet die Voraussetzung für die Handlung (Dalbert 1980, S. 12).

Auch im öffentlich-politischen Diskurs beim Agenda-Setting wird die Kausalattribution angewandt, um Ursache und Verursacher des definierten Problems zu identifizieren. Um die Relevanz eines definierten Problems (siehe Abschnitt 2.2) auf die politische Agenda zu setzen, muss die Ursache des Problems auf einen kollektiven Akteur attribuiert werden. Denn wenn individualisiertes Versagen als Problemursache identifiziert wird, wird das Problem wahrscheinlich eher nicht als

2.3 Erkenntnisse der Attributionsforschung ...

gesellschaftlich angesehen (Gerhards 1992). Damit erhält es keinen Einzug in die politische Agenda.

Gerhards (1992, S. 312) fasst die Logik der Kausalattribution im Agenda-Setting-Prozess wie folgt zusammen:

> *„Akteure versuchen, wollen sie öffentliche Meinung zu einem Problem mobilisieren, Ursachen für die Entstehung des definierten Problems zu externalisieren und eine Attribuierung von Ursachen auf kollektive Akteure durchzusetzen. Die Mobilisierung öffentlicher Meinung lässt sich steigern, wenn es neben einer Definition von Ursachen gelingt,* **Verursacher** *in Form von konkreten Personen ausfindig zu machen. Damit erhalten die Ursachen eine Versinnbildlichung, sie werden zu Verursachern und damit konkret und angreifbar. Gelingt es über eine Personalisierung hinaus dem Verursacher, eine intendierte Absicht für seine Handlungen zu unterstellen (Intentionalisierung), wird sich die Mobilisierungskraft der Deutung nochmals erhöhen. Intentionalisierung meint, daß [sic] das Problem willentlich vom Verursacher geschaffen wurde. Intentionalisierung erhält eine besondere Zuspitzung, wenn die Intention des Handelns des Verursachers in der Befriedigung eines* **partikularen Interesses** *besteht, wenn die Absicht des Verursachers z. B. in einer persönlichen Bereicherung besteht und damit dem Kollektivinteresse entgegengesetzt ist"* (Hervorhebung im Original).

Verursacher kann dabei sowohl eine Einzelperson im klassischen Sinne als auch ein kollektiver Akteur sein. Folgt die Argumentation der interessenpolitischen Akteure den Mustern der Kausalattribution und erfolgt zusätzlich eine Intentionalisierung des Problems, erhöhen sich die Chancen der Aktivierung der öffentlichen sowie politischen Meinung und damit auch der Problemwahrnehmung und dem Setzen des Problems auf die politische Agenda (Gerhards 1992).

Ulrich (1996, 2004) und Eberhard (2006) haben die Ansätze aus der Attributionsforschung auf die kollektive, interessenpolitisch geleiteten Akteure übertragen und nutzen die Attributionstheorie für die Erklärung der starren Konfliktlinie zwischen den Vertretern der Arbeitgeber und den Vertretern der Arbeitnehmer in der Diskussion um Ausbildungsreife in Deutschland. Indem die Arbeitgeberverbände als Ursache für rückläufige Angebote und die Nichtbesetzung von Ausbildungsplätzen die mangelnde Ausbildungsreife Jugendlicher anführten, attribuierten sie die Ursache und damit die Verantwortung für die Handlung auf die Jugendlichen (Eberhard 2006, S. 45 ff.). Die Arbeitnehmervertreter wiederum attribuieren die Ursache für den misslungenen Übergang von der Schule in den Ausbildungs- und Arbeitsmarkt auf die Arbeitgebervertreter, indem sie hervorbringen, das Argument der mangelnde Ausbildungsreife Jugendlicher nutzen die Arbeitgeber nur zum Schein, um von schwierigen Lehrstellensituationen abzulenken (Eberhard 2006, S. 45 ff.). Wegen dieser zwischen den Konfliktparteien abweichenden

Bewertung von Ereignissen ist eine Konsensbildung problembehaftet, da die Verantwortung und damit auch die Handlungsaufforderung für das Ereignis der jeweils anderen Seite zugeschrieben wird (Ulrich 2004; Dalbert 1980, S. 12). In einer quantitativ angelegten Befragung von Bildungsexperten mit unterschiedlicher Organisationszugehörigkeit (Gewerkschaften, Arbeitgebervertreter sowie unabhängige Experten) in Deutschland hat Eberhard (2006) eruiert, dass Arbeitgebervertreter das Konzept der Ausbildungsreife systematisch anders bewerten als Arbeitnehmervertreter.

Im interessenpolitisch motivierten Prozess des Agenda-Settings nutzten die Akteure folglich die kausalattributorische Argumentation, um die Problemwahrnehmung sowie das Agenda-Setting in ihrem Sinne zu unterstützen. Liegt eine interessenpolitisch motivierte Diskussion um Ausbildungsreife in Deutschland beziehungsweise um Employability in England vor, so ist davon auszugehen, dass in der Argumentation der Akteure kausalattributorische Elemente enthalten sind.

2.4 Betrachtungsperspektiven des Diskurses um mangelnde Voraussetzungen jugendlicher Schulabgänger beim Übergang von der Schule in den Ausbildungs- und Arbeitsmarkt

Um eine ganzheitliche Analyse des Diskurses über das *Klagelied vom schlechten Bewerber* respektive der Ausbildungsreife oder employability vornehmen zu können, wird der Problemkontext erweitert und eine Analyse der Argumente am Übergang von der Schule in den Arbeitsmarkt vorgenommen. Geschähe dies nicht, würde z. B. die Argumentation der Gewerkschaftsseite unberücksichtigt bleiben, aber gerade aus der Analyse der aus unterschiedlichen Perspektiven vorgenommenen Problem- und Ursachenbeschreibung kann die Frage nach dem Einsatz von Ausbildungsreife oder employability als interessenpolitisches Argument erst beantwortet werden.

Die Diskussion um die Ausbildungsreife Jugendlicher adressiert ein Phänomen beim Übergang von der Schule in den Ausbildungs- bzw. Arbeitsmarkt.

> *„Ausbildungsfähigkeit erweist sich als ein* **Begriff des Übergangs***; er ist intersystemisch, interstrukturell angesiedelt zwischen dem Allgemeinen und Beruflichen Bildungssystem, zwischen Schule und Arbeitswelt. Er impliziert eine* **fachliche und normative Erwartung bezüglich der Kompetenzen von Schulabgängern** *und deren Bewährung in der Beruflichen Bildung"* (Schlemmer 2008, S. 22; Hervorhebung durch die Autorin).

2.4 Betrachtungsperspektiven des Diskurses ...

Der Übergang von der Schule in die duale Ausbildung bzw. in ein Apprenticeship oder in den Arbeitsmarkt erfolgt sowohl in England als auch in Deutschland überwiegend marktgesteuert, also auf dem Unterbau von Angebot und Nachfrage auf dem (Ausbildungs-)Stellenmarkt. Es existieren keine formalen Zugangsvoraussetzungen für den Eintritt in den Arbeits- oder Ausbildungsstellenmarkt. Die Betriebe sind die Bestimmungsgrößen, die durch die Einstellung oder die Nichteinstellung der Bewerber darüber entscheiden, ob der Übergang gelingt. Die Einstellungsentscheidungen der rekrutierenden Betriebe folgen einzelbetrieblichen Personalentwicklungszielen und Unternehmensstrategien (Frommberger 2010, S. 2). Für Deutschland argumentieren Dobischat et al. (2012, S. 12):

"Per se als ‚ausbildungsreif' gelten heute diejenigen, die ohne größere Probleme beim Übergang von der Schule in die Arbeitswelt zeitnah zum erworbenen schulischen Abschluss einen betrieblichen Ausbildungsplatz im Dualen System der Berufsbildung erhalten."

Folgt man dieser Argumentation, entscheiden mithin die einstellenden Betriebe darüber, welcher Jugendliche ausbildungsreif ist und welchem die notwendige Ausbildungsreife für den Übergang in die Berufsausbildung abgesprochen wird. Diese Perspektive der Diskussion ist demnach der Blick der Wirtschaft auf die von den jugendlichen Schulabgängern mitgebrachte Merkmalskombination und ihre Verwertbarkeit vor dem Hintergrund einzelbetrieblicher Personalentscheidungen.

Betrachtet man die Probleme Jugendlicher beim Übergang von der Schule in den Ausbildungs- bzw. Arbeitsmarkt und deren Ursachen im erweiterten Kontext, wird augenscheinlich, dass die mangelnden Voraussetzungen Jugendlicher als Problemursache nicht die einzige Perspektive ist, aus der die Probleme beim Übergang diskutiert werden können und werden. So nimmt Anderson 1981 eine Literaturanalyse von fast 500 Veröffentlichungen zu dem Thema „Übergang von der Schule in die Arbeitswelt" vor. Sein Fokus liegt auf Australien, er schließt andere Industrienationen aber nicht aus. Anderson stellt fest, dass das Thema hauptsächlich aus vier Perspektiven bearbeitet wird: der erziehungswissenschaftlich-pädagogischen, der psychologischen, der gesellschaftlich-sozialpolitischen und der volkswirtschaftlich-arbeitsmarktbezogenen Perspektive. Schlemmer (2008) nimmt eine anschlussfähige Einordnung der basalen Einflussfaktoren für die Diskussion um Ausbildungsfähigkeit vor. Demzufolge entfalte sich „im Übergang von der Schule in die Arbeitswelt das Potenzial der allgemeinen Bildung und die in der Schule erworbenen Kompetenzen" (Schlemmer 2008, S. 13) vor dem Hintergrund der basalen Einflussfaktoren. Die basalen Einflussfaktoren beeinflussen allerdings die Wahrnehmung und Bewertung von Ausbildungsreife. Die basalen Einflussfaktoren sind laut Schlemmer (2008, S. 13; siehe für eine ähnliche Definition der externen Rahmenbedingungen auch McQuaid und Lindsay 2005):

1. Schulart und Didaktik;
2. gesellschaftliche Rahmenbedingungen sowie Geschlecht, soziale und nationale Herkunft;
3. individuelle Interessen, Motivation und Leistungsfähigkeit sowie
4. Nachfrage bzw. Akzeptanz von Ausbildungsplatzbewerbern aufgrund betrieblicher Anforderungen.

Die aus der Forschung erwachsenden praktischen bildungs- und arbeitsmarktpolitischen Forderungen teilt Anderson disziplinunabhängig in zwei Kategorien:

1. *Angebot*: Eine bessere Vorbereitung der jungen Menschen erhöht ihre Ausbildungsreife/Arbeitsfähigkeit und schafft dadurch ggf. Arbeitsplätze;
2. *Nachfrage*: Die Schaffung von Arbeitsplätzen im öffentlichen oder privaten Sektor oder mittels anderer Arbeitsmarktprogramme evoziert eine erhöhte Nachfrage nach Arbeitskräften.

Führt man die Erkenntnisse von Anderson und Schlemmer zusammen, können die Diskussion und Forschung am Übergang von der Schule in den Arbeits- bzw. Ausbildungsmarkt und die zugrunde liegenden basalen Einflussfaktoren auf die Diskussion um Ausbildungsreife aus vier Perspektiven betrachtet werden:

1. pädagogisch-bildungswissenschaftliche Perspektive;
2. gesellschaftlich-sozialpolitische Perspektive;
3. psychologische Perspektive;
4. volkswirtschaftlich-arbeitsmarktbezogene Perspektive

Im Folgenden wird auf die vier Perspektiven im Einzelnen eingegangen.

2.4.1 Die pädagogisch-bildungswissenschaftliche Perspektive

Die pädagogisch-bildungswissenschaftliche Perspektive umfasst das Argument der mangelnden Ausbildungsreife bzw. employability als Ursache für einen misslungenen Übergang von der Schule in die Arbeitswelt im engeren Sinne.

2.4 Betrachtungsperspektiven des Diskurses ...

Die in den meisten von Anderson (1981) untersuchten Studien anzutreffende Schlussfolgerung in der aus der pädagogischen Perspektive angesiedelten Übergangsforschung ist demnach,

> *"that students are **poorly prepared by their schools** for the work roles which they will enter. In particular, students need to **know more about the careers** which are available to them and about opportunities in post-secondary education [...]. Students were found **to lack the skills and attitudes** which would make them of immediate use to employers [...] and **the ability to read, write, calculate and learn new skills rapidly**"* (Anderson 1981, S. 49, Hervorhebung durch L.Z.).

Schlemmer (2008) hebt desgleichen den aus der pädagogisch-bildungswissenschaftlichen Perspektive genutzten defizitären Narrativ hervor. Am Übergang von der Schule in den Ausbildungs- bzw. Arbeitsmarkt zeige sich erst die Anerkennung der in der Schule erworbenen und zertifizierten Leistungen durch den Arbeitsmarkt, das heißt die Anschlussfähigkeit von formalen Bildungsprozessen. Die Verwertbarkeit allgemeiner Bildung auf dem Arbeitsmarkt tritt zunehmend in den Vordergrund.

Schlemmer (2008, S. 19) geht – wie Anderson (1981, S. 49) – davon aus, *„dass die geringe Vernetzung von Sekundarstufe I und II den Übergang Schule/Arbeitswelt für die Schülerschaft aufgrund daraus resultierender Erfahrungs- und Informationsdefizite erschwert."*

Daneben merkt Schlemmer (2008, S. 15) an: „*Ökonomische Wandlungstendenzen wie Globalisierung, Flexibilisierung, Mobilität tangieren Ausbildungsfähigkeit von der gesellschaftlichen Makroebene aus.*" Der Wandel betreffe einerseits die Berufsorientierung der Jugendlichen, andererseits die durch den Arbeitsmarkt benötigten Merkmalsbündel. Schlemmer sieht einen direkten Zusammenhang zwischen der Anschlussfähigkeit der formal erworbenen schulischen Kompetenzen und den durch die Globalisierung und die technologische Entwicklungen veränderten Anforderungen an die Schulabgänger. Die durch diesen Wandel verschobene Passung zwischen Schule und Arbeitswelt habe sich zu Ungunsten der Schulabgänger verschoben. Diese Entwicklung wirkt sich gemäß Schlemmer insbesondere auf bildungsferne Schichten aus. Durch diese Aussage verknüpft Schlemmer die pädagogisch-bildungswissenschaftliche Perspektive mit der gesellschaftlich-sozialpolitischen Perspektive.

Diese Perspektive führt nach Schlemmer wie nach Anderson zu einem Anpassungsdruck auf Schule und Schüler, ohne den ökonomischen Wandel oder ökonomische Konjunkturen als Ursachen mit einzubeziehen. Damit bliebe die Interdependenz zwischen der pädagogisch-bildungswissenschaftlichen sowie der volkswirtschaftlich-arbeitsmarktbezogenen Perspektive unberücksichtigt.

Als Einschränkung dieser Perspektive wird die didaktische Frage aufgeworfen: Ist das Merkmalsbündel, das Ausbildungsreife beschreibt, durch formale Bildung schulbar bzw. erlernbar? (Schlemmer 2008, S. 27). Also: Ist Ausbildungsreife ein curricularer Begriff oder sind die darunter verstandenen Kompetenzen, Fähigkeiten, Fertigkeiten und Kenntnisse non-formal und interdisziplinär verankert? Diese Frage spielt in die Frage der Verantwortung für die Förderung bzw. das Erreichen der Ausbildungsreife Jugendlicher hinein, denn wenn Ausbildungsreife nicht durch die Schule gefördert werden kann, kann diese auch nicht hierfür zur Verantwortung gezogen werden. Zentrales Element für die Beantwortung der Schulbarkeit von Ausbildungsreife ist die Definition derselben. Während diese Frage für die grundlegenden schulischen Basiskenntnisse bejaht werden kann, muss eine Antwort im Bereich der motivationalen, personalen und sozialen Merkmale differenzierter betrachtet werden, die einen zentralen Aspekt der Definition verkörpern (siehe Abschnitt 2.1.1).

2.4.2 Die gesellschaftlich-sozialpolitische Perspektive

Die Soziologie beschäftigt sich in den von Anderson analysierten Veröffentlichungen in erster Linie mit den sozialpolitischen Fragen der Übergangsforschung. Hierzu zählen z. B. die Verbindung des sozialen Hintergrunds, des Bildungsstatus der Eltern, der Art der besuchten Schule und dem Arbeitsmarkt bzw. der Arbeitslosigkeit (Anderson 1981, S. 52).

Es gibt bestimmte Gruppen von Jugendlichen, deren Chancen auf einen Arbeitsplatz als gering eingeschätzt werden. Diese Gruppen finden zumeist lediglich einen Job im geringqualifizierten Sektor (Anderson 1981, S. 52). Die beschriebene Gruppen bestehen hauptsächlich aus Schulabbrechern sowie Schülern mit schlechten Leistungen. Die Wahrscheinlichkeit, dass die Eltern einen ähnlichen Hintergrund aufweisen, ist vergleichsweise hoch (Anderson 1981, S. 52).

Die Ursachen für die Jugendarbeitslosigkeit sind demnach in der sozialen Struktur zu verorten, die zu einer fehlenden Bildungs- und Chancengerechtigkeit und damit zu schlechteren Beschäftigungsaussichten für die benachteiligten Jugendlichen führt. Die Vorschläge, die von dieser Gruppe gemacht werden, adressieren in der Regel Interventionen, die eine soziale Benachteiligung ausgleichen sollen (Anderson 1981, S. 52).

Gemäß Schlemmer (2008, S. 17) steht die Ausbildungsfähigkeit in einer empirischen Abhängigkeit zur sozialen Herkunft. Die Chancenungleichheit beim

Übergang von der Schule in den Arbeitsmarkt betreffe insbesondere Hauptschulabsolventen, Frauen und Migranten. Es wird vermutet, dass steigende berufliche Anforderungen diesen Effekt verstärken und einen Anstieg der Chancenungleichheit nach sich ziehen. Mangels empirischer Evidenz ist der Zusammenhang jedoch noch nicht belegt (Protsch 2013; Kleinert und Jacob 2012).

2.4.3 Die psychologische Perspektive

Die psychologische Perspektive fokussiert den Lernenden selbst mit seinen Interessen und Neigungen, Stärken und Schwächen und deren Auswirkungen auf die Berufswahl- und Laufbahnentscheidung (Schlemmer 2008, S. 23; Anderson 1981, S. 50). Die Entscheidung für einen Beruf bzw. eine Laufbahn ist nicht allein an die Fähigkeiten und Interessen einer Person geknüpft, sondern reflektiert überdies ihre Persönlichkeit und ihre emotionalen Bedürfnisse (Anderson 1981, S. 50 f.).

Die bildungspolitische Implikation dieser Perspektive auf den Übergang von der Schule in den Ausbildungs- und Arbeitsmarkt sind bereits in der allgemeinbildenden Schule lancierte Unterstützungsangebote, die den Jugendlichen bei der Entscheidung über den zu wählenden Beruf unterstützen (Anderson 1981, S. 51). Die Angebote sind dabei umso effektiver, je näher sie an der Arbeitsmarktseite des Übergangs liegen (Reubens 1979). Erkenntnisse aus der Berufswahlforschung erbringen jedoch den Nachweis, dass die Berufswahlprozesse weniger durch die Interventionen der Berufsorientierung, sondern vielmehr maßgeblich durch Eltern und Peergroups beeinflusst werden. Die Berufswahlprozesse sind damit von dem sozialen Milieu, in dem sich der Jugendliche bewegt, abhängig (Eckert 2008, S. 150).

Die Berufsorientierung muss nicht nur die Interessen und Neigungen der Jugendlichen, sondern auch die Verfügbarkeit von Ausbildungs- und Arbeitsplätzen berücksichtigen (Anderson 1981, S. 51; s. auch Eckert 2008, S. 150). Die Berufswahlfreiheit ist im deutschen Grundgesetz manifestiert: „Alle Deutschen haben das Recht, Beruf, Arbeitsstätte und Ausbildungsstätte frei zu wählen" (Artikel 12), dennoch ist insbesondere in Zeiten der Knappheit von Lehrstellen und Arbeitsplätzen sowie regionalen Passungsproblemen von Angebot und Nachfrage die Verwirklichung der individuellen Berufswünsche nicht immer möglich. Die *„Abstimmung von individuellen Wünschen, realisierbaren Möglichkeiten und tatsächlichen Anforderungen ist eine Grundvoraussetzung für eine* *erfolgreiche Bewältigung des Einstiegs in eine Ausbildung oder in Beschäftigung"* (Eckert 2008, S. 150). Damit werden die Schnittstellen der pädagogisch-bildungswissenschaftlichen, volkswirtschaftlich und arbeitsmarktbezogenen sowie der psychologischen Perspektive deutlich.

2.4.4 Die volkswirtschaftlich-arbeitsmarktbezogene Perspektive

In diesem Bereich unterscheidet Anderson (1981, S. 53 f.) eine quantitativ und qualitativ geprägte Ausrichtung.

2.4.4.1 Quantitative Ausrichtung

Die erste Richtung erklärt die hohe Jugendarbeitslosigkeit und damit den nicht gelungenen Übergang von der Schule in den Arbeitsmarkt durch quantitativ fehlende Ausbildungsstellen. Gründe hierfür können z. B. eine schlechte, gesamtwirtschaftliche Situation, konkret eine Rezession sein oder aber auch eine verstärkte Nachfrage nach Ausbildungsplätzen aufgrund geburtenstarker Jahrgänge. Diese wirken sich auf das quantitative Verhältnis zwischen Angebot an Ausbildungsstellen und Arbeitsplätzen sowie der Nachfrage nach denselben aus. Ersteres reicht nicht mehr aus, die Gesamtzahl der Abgänger aus dem allgemeinbildenden Schulwesen mit beruflichen Ausbildungsmöglichkeiten zu versorgen. Aufgrund des daraus folgenden Nachfrageüberhangs (hier verstanden als eine höhere Nachfrage nach Plätzen als bestehenden Angebot) käme es zu unversorgten Bewerbern, die entweder in die Jugendarbeitslosigkeit oder das Übergangssystem einträten (siehe auch Mertens 1976, S. 73; Pilz 2004).

Dies hat wiederum Einfluss auf die Entwicklungen der gesellschaftlich-sozialpolitischen Perspektive, da sich bei einem Angebotsüberhang (d. h., es gibt mehr angebotene Ausbildungsplätze als nachfragende Bewerber) die Chancen auf einen problemlosen Übergang von der Schule in die Ausbildung erhöhen. Dies gilt vorwiegend für Personengruppen, die durch die Ausbildungsbetriebe bei einem Nachfrageüberhang nicht bevorzugt eingestellt werden (Hillmert 2001b, S. 9 ff.). Im Umkehrschluss bedeutet dies, dass die Chancenungleichheit in Zeiten des Nachfrageüberhangs zunimmt.

Als Anknüpfungspunkt für bildungspolitische Implikationen werden hier nach der Denkrichtung von J. M. Keynes durch den Staat initiierte Investitionsprogramme gefordert oder finanzielle Anreize für Arbeitgeber, mehr Jugendliche einzustellen. Laut Anderson gehen andere Autoren davon aus, dass eine hohe

Jugendarbeitslosigkeit als ein endemisches Problem von Industriestaaten zu bewerten ist (Anderson 1981, S. 53).

2.4.4.2 Qualitative Ausrichtung

Eine andere Gruppe von Forschern vertritt laut Anderson die Anschauung, dass Jugendliche mit anderen arbeitssuchenden Personen konkurrieren. Dies können z. B. Mütter sein, die nach der Elternzeit wieder in den Arbeitsmarkt eintreten wollen (Anderson 1981, S. 53). Ein weiteres Beispiel aus der jüngeren Geschichte sind Menschen mit Migrationshintergrund, die ggf. ebenfalls um ähnliche Stellen konkurrieren. Jugendliche sind gegenüber diesen Gruppen benachteiligt, da sie im geringeren Maße über die durch Arbeitgeber geforderten Voraussetzungen verfügten als die konkurrierenden Gruppen (Anderson 1981, S. 53; siehe auch Mertens 1976, S. 75 f.). Dieser Gruppe von Jugendlichen wird eine Höherqualifizierung als Strategie gegen die Arbeitslosigkeit entgegengebracht (Mertens 1984, S. 439). Diese Argumentation führt wieder zu der pädagogisch-bildungswissenschaftlichen Problematik und resultiert in einer Reihe von Handlungsaufforderungen, die eine verstärkte Orientierung und Implementierung beruflicher Inhalte, aber auch berufsübergreifender Kompetenzen (siehe auch Mertens 1974, S. 37; 1976, S. 87) in den Curricula der Sekundarstufe fordern. Nach der durch Anderson (1981) analysierten Literatur ist dies das Argument, welches die Regierung Australiens am stärksten fokussiert, da es leichter ist, Änderungen an der Schule vorzunehmen denn am Arbeitsmarkt.

Ein zusätzlicher Aspekt sind die steigenden beruflichen Anforderungen und damit einhergehend die steigenden Erwartungen der Arbeitgeber, die in vielen Ausbildungsberufen propagiert werden. Protsch (2013) hat in einer Analyse der Lehrpläne ausgewählter Ausbildungsberufe der letzten fünfzig Jahren festgestellt, dass sich das Anforderungsprofil vieler Berufe merklich verändert hat. So haben soziale Kompetenzen und auch Fremdsprachenkenntnisse im Vergleich zu früher an Relevanz gewonnen (Protsch 2013, S. 19 ff.). Diese, auch auf internationaler Ebene zu beobachtende (World Bank 2019), Entwicklung beeinflusst wiederum die gesellschaftlich-sozialpolitische Perspektive, da es die Übergänge in die Ausbildung für Personengruppen, die die höheren Anforderungen nicht erfüllen, erschwert (siehe Abschnitt 2.4.2).

2.5 Zusammenführung der Konzepte als Analyserahmen für die Diskursanalyse

Die Forschungsfrage der vorliegenden Arbeit zielt darauf ab, ob Ausbildungsreife ein interessenpolitisch genutztes Konstrukt darstellt. Im Falle einer Bejahung würde die Argumentation der Akteursgruppen kausalattributionstheoretische Merkmale aufweisen, die dazu dienen, das identifizierte Problem in ihrem Sinne auf die politische Agenda zu setzen (siehe Abschnitt 2.2; Abbildung 2.2). Es wird daher angenommen, dass wenn die Argumentation der Akteure kausalattributorischen Merkmale aufweist, von einer interessenpolitischen Argumentation ausgegangen werden kann. Die Verankerung dieser rhetorischen Elemente liegt in den Phasen der Problemwahrnehmung sowie dem Agenda Setting-Prozess des Policy-Cycle (Abbildung 2.1).

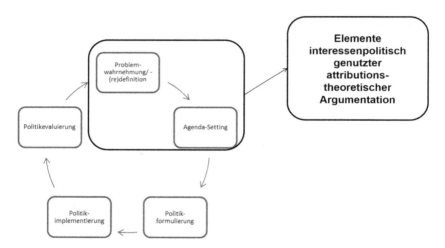

Abbildung 2.1 Verortung des Analyserahmens im Policy-Cycle (eigene Darstellung in Anlehnung an Jann und Wegrich 2014, S. 97 ff.)

Aufbauend auf den vorausgehend vorgestellten Konzepten fußt die Analyse der in dem Diskurs verwendeten Argumentationsmuster auf folgendem Analyserahmen kausalattributionstheoretischer Argumentation (Abbildung 2.2).

Das übergreifende Thema bzw. Problem des analysierten Diskurses stellt Schwierigkeiten beim Übergang von der allgemeinbildenden Schule in den

2.5 Zusammenführung der Konzepte ... 41

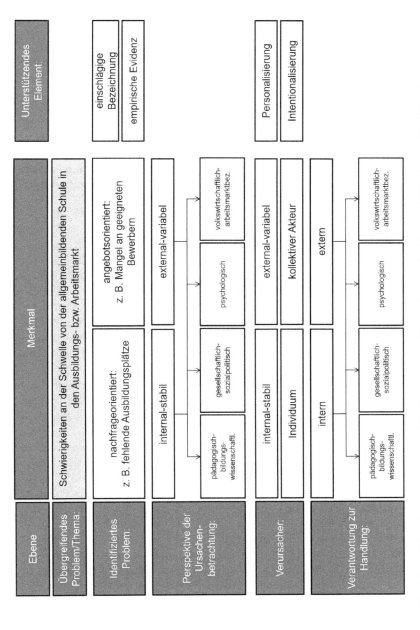

Abbildung 2.2 Elemente interessenpolitisch genutzter attributionstheoretischer Argumentation (eigene Darstellung)

Ausbildungs- oder Arbeitsmarkt dar. Hierauf aufbauend identifizieren die Akteure ein (Teil-)Problem des Diskurses, welches sie auf die politische Agenda setzen möchten. Dies kann das übergreifende Problem, die Schwierigkeiten beim Übergang von der Schule in den Ausbildungs- oder Arbeitsmarkt nachfrage- oder angebotsorientiert betrachten (Anderson 1981; siehe auch Abschnitt 2.4). Es wird davon ausgegangen, dass die Gewerkschaftsseite das Problem eher quantitativ betrachtet, d. h. ein zu geringes Angebot an Ausbildungs- bzw. Arbeitsplätzen für die Schwierigkeiten beim Übergang von der Schule in den Ausbildungs- und Arbeitsmarkt verantwortlich macht. Dagegen wird angenommen, dass die Arbeitgeberseite die Problemlage eher qualitativ betrachten wird, d. h., hier wird der Mangel an geeigneten Bewerbern in den Vordergrund gestellt, aufgrund dessen weniger Stellen angeboten werden bzw. vakante Stellen nicht besetzt werden können.

Ist das Problem identifiziert und definiert, muss eine Ursache für dieses beschrieben werden. Die Ursachenzuschreibung kann internal-stabil oder external-variabel erfolgen. Im Rahmen der kausalattributorischen Argumentation wird davon ausgegangen, dass die Ursache als external-variabel beschrieben wird, um diese und damit auch die Verantwortung zur Handlung auf andere zu übertragen. Inhaltlich kann die Ursache im Zuge dessen aus vier Perspektiven betrachtet werden (siehe Abschnitt 2.4). Es wird angenommen, dass die Arbeitgeber die Ursache eher im pädagogisch-bildungswissenschaftlichen Bereich sehen, während die Arbeitnehmer voraussichtlich eher die volkswirtschaftlich-arbeitsmarktbezogene Perspektive im Sinne der external-variablen Ursachenzuschreibung nutzen werden.

Der Verursacher wiederum sollte, um die Problemwahrnehmung und das Agenda-Setting zu begünstigen, ein kollektiver Akteur sein. Damit ist es vorteilhafter, beispielsweise das Schulsystem im Gegensatz zum einzelnen Individuum als Verursacher zu identifizieren.

Die Handlungsverantwortung wird aus der Ursachenbeschreibung sowie dem identifizierten Verursacher abgeleitet und kann wiederum intern (der argumentierende Akteur ist selber für die Lösung des Problems verantwortlich) oder extern (ein anderer als der argumentierende Akteur zeichnet für die Lösung des Problems verantwortlich) erfolgen. Die vorgeschlagenen Lösungen können wiederum den vier Perspektiven folgen.

Um die Argumentation zu verstärken und die Wahrscheinlichkeit der Problemwahrnehmung sowie des Agenda Settings zu erhöhen, können unterschiedliche unterstützende Elemente genutzt werden (Gerhards 1992; siehe auch Abschnitt 2.2 und 3). Im Rahmen der Problemidentifizierung und -definition sind dies eine einschlägige Problembezeichnung (z. B. mangelnde Ausbildungsreife) sowie, möglichst extern erhobene, empirische Daten. Im Rahmen der Definition des Verursachers sind dies die Personalisierung sowie die Intentionalisierung.

Liegen die beschriebenen Elemente vor, ist von einer interessenpolitisch motivierten, kausalattributionstheoretischen Argumentation auszugehen, die innerhalb der Problemwahrnehmung sowie des Agenda-Settings eingesetzt wird.

3 System und Kontextdarstellung – struktureller Überblick und zentrale Aspekte der Berufsbildungssysteme

Intention des folgenden Kapitels ist es, eine Übersicht über das deutsche und englische Berufsbildungssystem zu geben. Im Mittelpunkt der Erörterung stehen die zentralen, den Übergang von der Schule in den Ausbildungs- bzw. Arbeitsmarkt betreffenden Aspekte.

3.1 Überblick und zentrale Aspekte des deutschen (Berufs-) Bildungssystems

3.1.1 Historische Entwicklung und aktuelle Ausgestaltung der allgemeinen Bildung

Sowohl das allgemeinbildende als auch das berufliche Bildungssystem zeichnen sich in Deutschland seit der Nachkriegszeit durch eine hohe Kontinuität aus (Hillmert 2001a, S. 67 ff.).

Das allgemeinbildende Schulsystem in Deutschland[1] ist durch seine Dreigliedrigkeit gekennzeichnet, deren Wurzeln bis in das 18. Jahrhundert zurückreichen (Döbert 2017, S. 158). Es hat die in Deutschland bestehende Drei-Klassen-Gesellschaft widergespiegelt (Döbert 2017, S. 158 f.). Obliegenheit der Volksschule (später der Hauptschule) ist gewesen, die Elementartechniken (Lesen, Rechnen, Schreiben) als Grundlage für Handwerks-, aber auch Handelsberufe zu vermitteln. Die Klosterschulen, die als Vorläufer des Gymnasiums gelten, sind Personen vorbehalten gewesen, die eine akademische Laufbahn anstreben. Gegen

---

[1] Unter Deutschland wird die Bundesrepublik Deutschland verstanden. Es werden Besonderheiten in der Entwicklung vor dem Hintergrund der Trennung Deutschlands in die Bundesrepublik und die Deutsche Demokratische Republik nicht berücksichtigt.

Ende des 18. Jahrhunderts – mit dem verstärkten Aufkommen des Bürgertums – ist die Realschule entstanden. Sie hat damals diejenigen Personen als Zielgruppe, die keine akademische Laufbahn ins Auge fassen, aber eine über die Volksschule hinausgehende Bildung erhalten wollen (Döbert 2017, S. 158 f.). Anfang der 1960er-Jahre wird ergänzend die Gesamtschule eingeführt (Döbert 2017, S. 160; Hillmert 2001a, S. 68 f.).

Nach dem gemeinsamen Besuch der i. d. R. vierjährigen[2] Grundschule verteilen sich die Schüler je nach Bundesland auf die drei Schularten oder besuchen eine Gesamtschule. In jüngerer Geschichte geriet diese Leitlinie der Dreigliedrigkeit als Grundprinzip des deutschen Schulsystems immer mehr in Kritik und wurde als Folge in einigen Bundesländern aufgebrochen. Es wurden vermehrt Gemeinschaftsschulen eingeführt, welche i. d. R. die bisher getrennten Bildungsgänge der Haupt- und Realschulen zusammenfassen (siehe weiterführend Jungmann 2008).

Entsprechend der historischen Dreigliedrigkeit des Schulsystems existieren in Deutschland drei Abschlussarten: der Hauptschulabschluss, der Mittlere Abschluss (auch Realschulabschluss oder Mittlere Reife genannt) sowie die (Fach-)Hochschulreife (auch Abitur genannt) (Döbert 2017, S. 171 f.). Nach wie vor ist die Zuordnung der Schüler zu einer Schulart jedoch von ihrer sozialen Herkunft beeinflusst (Döbert 2017, S. 162). Der Grundgedanke, dass die unterschiedlichen Schulformen auf verschiedene Karrieren vorbereiten, ist lange beibehalten worden. Absolventen der Hauptschulen haben traditionell meistens eine Lehre im Handwerk angetreten, Realschulabsolventen sind für kaufmännische Berufe rekrutiert worden und Abiturienten haben ein Studium begonnen (Bosch 2010, S. 38).

Die Steuerung sowie die Finanzierung des Bildungswesens obliegen in dem föderalistisch organisierten Deutschland den Kultusministerien der einzelnen Bundesländer. Diese erlassen Landesschulgesetze und Schulordnungen (Döbert 2017, S. 164 f.). Die Kultusministerkonferenz (KMK) fungiert als Abstimmungsorgan zwischen den Ländern. Die erworbenen Abschlüsse gelten prinzipiell als bundesweit vergleichbar und werden auch bundesweit anerkannt (Hillmert 2001a, S. 68 f.).

Die Schulpflicht beginnt in Deutschland grundsätzlich mit sechs und endet mit 18 Jahren und teilt sich in eine allgemeine (Vollzeit-)Schulpflicht sowie die berufliche Schulpflicht auf. Die Dauer der Vollzeitschulpflicht variiert zwischen den

---

[2]In Berlin und Brandenburg beträgt die Grundschulzeit sechs Jahre.

3.1 Überblick und zentrale Aspekte des deutschen (Berufs-) Bildungssystems

Bundesländern. Sämtliche in Deutschland lebenden Jugendlichen müssen mindestens neun, in manchen Bundesländern[3] zehn Jahre die allgemeinbildende Schule besuchen. Daran schließt für alle Jugendlichen, die keine höheren Klassen der allgemeinbildenden Schule durchlaufen, eine berufliche Schulpflicht an. Sie müssen entweder im Rahmen einer Ausbildung im dualen System an zwei Tagen in der Woche die Berufsschule oder einen mindestens einjährigen vollzeitschulischen Bildungsgang an einer beruflichen Schule wahrnehmen (Döbert 2017, S. 169 f.; Hillmert 2001a, S. 68 f.).

Die allgemeine Bildung in Deutschland war in den letzten zwei Jahrzehnten von zwei Entwicklungstendenzen geprägt: der stetigen Expansion zu höheren Bildungsabschlüssen sowie einer Tendenz zum Wandel von einer Input- zu einer Output-Steuerung (Döbert 2017, S. 178; Hillmert 2001a, S. 68 f.).

Die Bildungsexpansion drückt sich einesteils durch den Anstieg der Schülerzahlen an Gymnasien aus. Anderenteils ist die Nachfrage nach Hauptschulen in den letzten zwanzig Jahren kontinuierlich und gravierend gesunken. Die Hauptschulen entwickeln sich von einer weithin akzeptierten Schulform zunehmend zu einem durch problematische Lernkontexte geprägten Lernort (Döbert 2017, S. 178; Autorengruppe Bildungsberichterstattung 2014, S. 29). Die traditionellen, durch die allgemeinbildende Schulform vorgezeichneten Berufswege werden durch diese Entwicklung aufgebrochen. Jugendliche mit unterschiedlichem Bildungsabschluss konkurrieren zunehmend um Ausbildungsplätze. So gibt es Ausbildungsberufe, für die das Abitur eine faktische Zugangsvoraussetzung bildet (Bosch 2010, S. 39).

Die zweite Entwicklungstendenz bildet eine zunehmende outputorientierte Steuerung. Als Reaktion auf den „PISA[4]-Schock" aus dem Jahr 2001 (Huisken 2005) hat die KMK im Dezember 2003 nationale Bildungsstandards in den Kernfächern für die Klassenstufen 4 sowie für den mittleren Abschluss in Klasse 10 und den Hauptschulabschluss in Klasse 9 bundesweit verbindlich eingeführt. Damit sollten definierte Bildungsziele und -inhalte stärker mit den Lernergebnissen verbunden werden (Döbert 2017, S. 179).

Mit dem Ende der Sekundarstufe I können die Jugendlichen u. a. die folgenden Wege einschlagen:

- Unter der Voraussetzung der Zugangsberechtigung:
  – Besuch einer weiterführenden allgemeinbildenden Schule mit Erwerb der Hochschulzugangsberechtigung,

---

[3]Berlin, Brandenburg, Bremen, Nordrhein-Westfalen und Sachsen-Anhalt.
[4]Programme for International Student Assessment (PISA)

- Besuch einer vollzeitschulischen beruflichen Schule mit Erwerb eines höheren allgemeinbildenden Abschlusses und beruflicher Qualifikation,
- Eintritt in eine vollzeitschulische Ausbildung (i. d. R. verbunden mit dem Erwerb eines höheren allgemeinbildenden Schulabschlusses)
• Ohne formale Zugangsvoraussetzung:
  - Eintritt in eine duale Ausbildung nach dem Berufsbildungsgesetz (BBiG) oder der Handwerksordnung (HwO),
  - Eintritt in den Arbeitsmarkt (sofern die Schulpflicht erfüllt ist).

Bis zum Jahr 2011 hat der Großteil einer Alterskohorte eine Ausbildung im Dualen System begonnen. Bis dahin liegen die Anfängerzahlen weit über den Zahlen der Studienanfänger. Für das Duale System beliefen sich die Anfängerzahlen im Jahr 2005 noch auf rund 517.000 Jugendliche – im Gegensatz zu ca. 366.000 Personen, die ein Studium antraten. Sechs Jahre später waren die Anfängerzahlen für die Ausbildung im Dualen System und für ein Studium mit jeweils ca. 523.000 Individuen annähernd gleichauf. Im Jahr 2017 begannen nun mit ca. 515.000 im Vergleich zu ca. 490.000 Personen weitaus mehr Personen ein Studium (BMBF 2018, S. 51). Nichtsdestotrotz bildet die duale Berufsausbildung quantitativ einen sehr bedeutsamen Bildungsweg für Jugendliche im Anschluss an die allgemeinbildende Schule und ist das „Kernstück" der beruflichen Bildung (Hillmert 2001a, S. 69; siehe auch Münch 2006, S. 487). Aus diesem Grund soll bei den folgenden Ausführungen der Fokus auf das Duale System der Berufsausbildung gelegt werden[5].

3.1.2 Das Duale System der Berufsausbildung in Deutschland

Die Wurzeln der dualen Berufsausbildung in Deutschland reichen bis in das Mittelalter zurück (Fürstenau et al. 2014, S. 429). Bis im Jahr 1969 das Berufsbildungsgesetz (BBiG) erlassen worden ist, definiert das bis dahin geltende Ausbildungsrecht die Berufsausbildung vornehmlich als Angelegenheit der Wirtschaft. Als Folge ist die berufliche Bildung weitestgehend der Interessenpolitik und den Interessenvertretern der Arbeitgeber unterworfen gewesen (Greinert 2006, S. 505). Erst mit Inkrafttreten des BBiG kann von dem *Dualen System* der Berufsausbildung nach heutigem Verständnis gesprochen werden (Greinert 2006, S. 504). Seit der Inaugurierung des BBiG ist die duale Berufsausbildung durch

---

[5]Siehe für weitere Informationen zum Schulberufssystem Dobischat (2010) sowie zum Übergangssystem Lex und Geier (2010).

eine Normierung und Standardisierung der Ordnungsmittel, ihnen zugeordneten Zertifikaten und Berechtigungen sowie im stützenden institutionellen System durch ein hohes Maß an Kontinuität der Akteurskonstellationen gekennzeichnet (Deißinger 2010, S. 56 f.).

Das BBiG beschränkt das traditionelle Verfügungsrecht der Kammern respektive Arbeitgeber und löst es durch ein System differenzierter Verantwortung aus Bund, Ländern, Gewerkschaften, Kammern und in eingeschränktem Maße Lehrkräften beruflicher Schulen ab (Greinert 2006, S. 505). Der Einführung des BBiG können mithin zwei Effekte zugesprochen werden. Es erfolgt eine stärkere staatliche Steuerung der Berufsausbildung bei gleichzeitiger Instrumentalisierung der Sozialpartner für die Neugestaltung (und Weiterentwicklung) des Berufsbildungssystems. Dadurch gibt der Staat Teile seiner Souveränität ab, erwartet jedoch eine wirkungsvollere Durchsetzung seiner Politik. Durch die Expertise der Sozialpartner erweitern sich seine Informationsquellen, sodass Probleme bei der Implementation politischer Programme im Idealfall bereits im Vorfeld überwunden werden. Die Verbände profitieren im Gegenzug durch die Einbindung in politische Entscheidungsprozesse. Nach dem Entscheidungsprozess sind die Verbände allerdings zum Mittragen des Beschlusses verpflichtet (Riemer 2012, S. 32 f.).

Als Kernmerkmal des Dualen Systems[6] ist die Kombination der Lernorte Betrieb und Schule zu werten. Während Ersterer für die Vermittlung der praktischen Inhalte verantwortlich ist, werden in Letzterer die theoretischen Hintergründe sowie die weiterführende Allgemeinbildung vermittelt (Fürstenau et al. 2014, S. 432 ff.). Anders als der allgemeinbildende Bereich unterliegen die beiden Lernorte des Dualen Systems unterschiedlichen Zuständigkeiten. Während die schulische Seite unter die Kompetenz der Kultusministerien der Länder fällt, ist für die betriebliche Seite das für die Bildung autorisierte Bundesministerium verantwortlich (Zedler 2004).

Grundlage der dualen Ausbildung ist ein gültiger Ausbildungsvertrag mit einem Ausbildungsbetrieb. Den Unternehmen obliegt die Entscheidungshoheit darüber, wen sie als Auszubildenden verpflichten. Der Einstieg in eine duale Ausbildung unterliegt keinen weiteren formalen Zugangsvoraussetzungen als der Vollendung der allgemeinen Schulpflicht nach neun oder zehn Schuljahren sowie dem Vorhandensein eines Ausbildungsvertrages mit dem Ausbildungsbetrieb (Fürstenau et al. 2014, S. 433). Die Berufsschulen nehmen den Auszubildenden mit vorliegendem Ausbildungsvertrages automatisch auf. Aus diesem Grund sind

---

[6]Siehe für weiterführende Informationen zur dualen Ausbildung z. B. Fürstenau et al. (2014).

die Erwartungen der einstellenden Betriebe hinsichtlich ihrer zukünftigen Auszubildenden von besonderer Relevanz, denn sie entscheiden über die Einstellung oder Nichteinstellung.

Selbst die Finanzierung der dualen Ausbildung kann in den schulischen sowie den betrieblichen Teil gegliedert werden. Während die Finanzierung der staatlichen Schulen aus öffentlichen Haushalten erfolgt, kommen die Betriebe durch eine Ausbildungsvergütung sowie die Bereitstellung einer Lernumgebung für die Kosten des betrieblichen Teils auf (Kell 2006, S. 475 ff.). Die Auszubildenden müssen sich nicht an der Finanzierung beteiligen.

Wie in Abschnitt 3.1.1 ausgeführt, ist eine Ausbildung im Dualen System sogar für Personen mit Hochschulzugangsberechtigung interessant und spiegelt das historisch gewachsene Selbstverständnis wider, mit dem sowohl die Eltern und Betriebe als auch die jungen Personen selbst eine duale Ausbildung als Karriereweg betrachten, auch wenn mit dem Trend zum Studium und dem Rückgang der Ausbildungsbeteiligung der Betriebe dieses Selbstverständnis abnimmt (Edeling und Pilz 2017; Edeling 2016; Münch 2006, S. 487). Dennoch reflektiert dieses Selbstverständnis das grundsätzlich hohe Ansehen der dualen Ausbildung in Deutschland.

3.2 Überblick und zentrale Aspekte des englischen (Berufs-)Bildungssystems

3.2.1 Allgemeine Bildung

Das englische Bildungswesen wird zentral gesteuert, inklusive der Finanzierung und Steuerung der Institutionen sowie der Gestaltung und Umsetzung der Curricula. Die Verfügungsgewalt obliegt der Regierung. Das Bildungsministerium (Department for Education (DfE)) sowie das Wirtschaftsministerium (Department for Business, Innovation and Skills (BIS)) sind die zuständigen Ministerien im Bildungsbereich. Daneben sind weitere nachgelagerte Behörden eingerichtet worden, die für die Qualitätsprüfung und Finanzierung verantwortlich sind. Sie handeln weitgehend autonom, jedoch verfügt der Bildungsminister über Erlass- und Verordnungsbefugnisse, die auch per Gesetz durchgesetzt werden können. Für die Finanzierung der nicht akademischen Bildung im Sekundär- und Tertiärbereich ist die Skills Funding Agency zuständig (siehe für den Absatz Harris und Gorard 2017, S. 851; Cuddy und Leney 2005, S. 23).

Gesetze und Regierungsstatuten bilden die zentralen Instrumente für die Steuerung und Reform des Bildungswesens. Insbesondere in jüngerer Zeit verkörpern

Reformen auf Grundlage von Gesetzesänderungen, Verordnungen oder Ministerialerlassen ein wesentliches Instrument der Bildungspolitik, wodurch sich die rechtliche Grundlage im Bildungswesen zusehends verkompliziert hat (Harris und Gorard 2017, S. 852).

Die heutige Struktur des englischen[7] Bildungswesens baut auf zwei Gesetzen auf, den Education Act von 1944 sowie den Education Reform Act von 1988 (Harris und Gorard 2017, S. 844 ff.; Hillmert 2001a, S. 59 ff.).

Ziel des Education Act von 1944 (Ministry of Education 1944) war die Ausweitung und Verlängerung der formalen Schulausbildung auf eine Mehrzahl der Kinder. In der ersten Hälfte des zwanzigsten Jahrhunderts verließen viele Jugendliche die allgemeinbildende Schule mit 14 Jahren oder früher. Im Rahmen des Bildungsgesetzes von 1944 wurden die Gebühren für die allgemeinbildenden Schulen abgeschafft und es wurde eine Schulpflicht von fünf bis fünfzehn Jahren eingeführt (Harris und Gorard 2017, S. 842). Trotz dieser Maßnahmen besuchten nur wenige Schüler über das fünfzehnte Lebensjahr hinaus die allgemeinbildende Schule. Viele traten ohne formale Ausbildung direkt ins Erwerbsleben ein (Harris und Gorard 2017, S. 843).

Die Dreigliedrigkeit des englischen Sekundarschulsystems wurde in besagtem Gesetz zwar nicht definiert, die damalige Regierung sah diese jedoch vor. Nach der Grundschule (primary school) gab es die Möglichkeit eine technische Schule (technical school), die Sekundarschule (secondary modern school) oder das Gymnasium (grammar school) zu besuchen (Harris und Gorard 2017, S. 842 f.). Die technical school sollte auf nicht akademische Berufe im Handwerk und Handel vorbereiten. Quantitativ hat dieser Schultyp jedoch nur eine geringe Rolle gespielt, sodass sich nur wenige Schulen auf Dauer haben halten können. Praktisch hat sich mithin ein zweigliedriges Schulsystem aus den auf die akademische Laufbahn vorbereitende grammar schools sowie den secondary-modern schools entwickelt. Letztere waren für die Schüler vorgesehen gewesen, die mit dem Ende der Pflichtzeit die Schule verließen und in den Arbeitsmarkt oder eine Ausbildung eintraten. Inhaltlich setzte sich das Curriculum dementsprechend aus wissenschaftlichen, allgemeinbildenden und berufsorientierten Inhalten zusammen (Harris und Gorard 2017, S. 843; Hillmert 2001a, S. 59 ff.). Die Sekundarschulen endeten mit differenzierten Abschlussprüfungen, das General Certificate of Education (GCE) Ordinary- oder Advanced-Level (O-level oder

---

[7]Es wird keine Differenzierung vorgenommen, welche Regelungen für Großbritannien (England, Schottland, Wales und Nordirland) gelten und welche spezifisch für England. Sämtliche Regelungen, die zwar andere Teile Großbritanniens betreffen, jedoch nicht für England gelten, werden nicht berücksichtigt.

A-level) ist 1951 etabliert worden, 1965 ist das einfachere Certificate of Secondary Education (CSE) als Ergänzung für leistungsschwächere Schüler eingeführt worden (Hillmert 2001a, S. 60).

In den 1960er-Jahren wurde das dreigliedrige Schulsystem in ein überwiegend aus Gesamtschulen (comprehensive schools) bestehendes Schulsystem transformiert. Die staatlichen[8] Gesamtschulen machen einen Großteil der heute existierenden Schulformen aus. Daneben gibt es weiterhin die sehr selektiv aufnehmenden grammar schools sowie die praktisch ausgerichteten secondary modern schools (Harris und Gorard 2017, S. 844; Hillmert 2001a, S. 60). Die GCE sowie CSE wurden 1986 zu dem General Certificate of Secondary Education (GCSE) zusammengefasst (Harris und Gorard 2017, S. 844).

Der Education Reform Act von 1988 reformierte das Schulwesen auf inhaltlicher Ebene. Im Rahmen der Bildungsreform wurde das flexible, breit angelegte und ausgewogene nationale Curriculum mit vier Lernstufen (key stages) für die Lebensjahre 5–7, 7–11, 11–14 und 14–16 eingeführt (Education Reform Act 1988). Am Ende jeder key stage sind Tests vorgesehen (standard aptitute tests, SATs). Am Ende der key stage 4 erfolgen schließlich die GCSE–Prüfungen. Mit erfolgreichem Bestehen der GCSE-Prüfungen kann nach dem weiterführenden Besuch der zweijährigen Oberstufe die Hochschulreife (A-level) erworben werden (Cuddy und Leney 2005, S. 29; Harris und Gorard 2017, S. 845; Pilz und Deißinger 2001, S. 443)).

Das Office for Standards in Education, Children's Services and Skills (Ofsted) ist die zentrale Aufsichtsbehörde, die im Rahmen von regelmäßigen Schulinspektionen die Leistung der Schulen in Augenschein nimmt. Schulen mit unterdurchschnittlicher Leistung werden ggf. geschlossen (Harris und Gorard 2017, S. 845).

Die Schulpflicht in England reicht seit 1972 von fünf bis 16 Jahren (Harris und Gorard 2009, S. 13 ff.; Cuddy und Leney 2005, S. 29 ff.; Pilz und Deißinger 2001, S. 443 ff.). Im Jahr 2013 erweitert das Department for Education and Skills die Schulpflicht bis zum 17., ab 2015 bis zum 18. Lebensjahr (Abusland 2013, S. 10; Deißinger 2016, S. 10). Als Begründung führt das Ministerium eine bessere Vorbereitung auf den Arbeitsmarkt an, die durch die längere Anwesenheit im Bildungssystem bewirkt wird. Die Schüler müssen bis zur Vollendung der Schulpflicht nicht im allgemeinen Bildungssystem bleiben, sondern können auch berufliche Schulen besuchen oder Apprenticeships absolvieren (Harris und Gorard

---

[8] In England gibt es neben dem staatlichen Schulwesen einen verhältnismäßig bedeutsamen Bereich an Privatschulen, der hier nicht weiter thematisiert werden soll.

2017, S. 856). Nach Abschluss der Schulpflicht können die Jugendlichen zwischen nachstehend aufgeführten Bildungs- und Ausbildungswegen wählen (Cuddy und Leney 2005, S. 35):

- Verbleib in einer Schule (i. d. R. Sixth-Form-Schule oder Sixth-Form-College) oder, zum Teil spezialisierte, weiterführende Bildungseinrichtung
- Übergang in ein betriebliches Ausbildungsprogramm (i. d. R. ein Apprenticeship)
- Eintritt in das Arbeitsleben

Verbleiben die Jugendlichen in einer Schule oder in einer weiterführenden Bildungseinrichtung, absolvieren sie in der Regel die zweijährige Oberstufe an der Secondary School oder an einem Sixth Form College. Sie können zwischen allgemeinbildenden und beruflichen Kursen wählen und in diesen die entsprechenden A-Level Examen der Stufe 3 des GCE ablegen (Cuddy und Leney 2005, S. 29). Dies ist der wichtigste Abschluss auf Stufe 3, den die Jugendlichen erreichen können (Cuddy und Leney 2005, S. 36).

Eine andere Möglichkeit im Anschluss an die secondary school bildet der Besuch eines Further Education College (FE-College). Further Education ist im Education Act von 1996 definiert als „full-time and part-time education for people over compulsory school age which is not secondary education (essentially, education in a school) or higher education" (Harris und Gorard 2009, S. 19; siehe auch Pilz und Deißinger 2001, S. 445). FE-Colleges sind dem schulischen berufsbildenden Bereich zuzuordnen. Sie sind in Teilen stark spezialisiert. Fernerhin besteht die Option, in eine Lehre (z. B. ein Apprenticeship) oder direkt in den Arbeitsmarkt einzutreten (Cuddy und Leney 2005, S. 29).

3.2.2 Berufliche Bildung

3.2.2.1 Historische Entwicklung

Grundstock für die berufliche Bildung in England sowie im gesamten Königreich bildet nicht ein Gesetz. Die Verwaltung und die Entwicklung des Berufsbildungssystems unterliegen vielmehr einer Reihe von Gesetzen und Verordnungen, die jeweils einzelne Teilsegment regeln (Cuddy und Leney 2005, S. 24). Wie im Bereich der allgemeinen Bildung ist das zuständige Ministerium auch in der Domäne der beruflichen Bildung befugt, Reformen durch Gesetzesänderungen voranzutreiben, dergestalt Programme einzuführen und an geänderte Anforderungen anzupassen (Fuller und Unwin 2003, S. 8). Ryan und Unwin (2001, S. 104) sprechen in diesem Zusammenhang von „leaflet laws". Da historisch von dieser Möglichkeit häufig Gebrauch gemacht worden ist, unterlag und unterliegt die berufliche Bildung in England vielen Änderung, weswegen sie noch heute ein komplexes Gebilde aus einzelnen Gesetzen und Statuten ist (siehe auch Deißinger 2016, S. 2).

Das historisch bedeutsamste Gesetz für die englische Berufsbildung ist der Industrial Training Act von 1964 (Elizabeth II 1964). Bis zur Einführung dieses Gesetzes hielt sich der Staat weitestgehend aus der beruflichen Bildung heraus (siehe auch Deißinger 1992, S. 14; 2016, S. 8). Mit dem Industrial Training Act wurden Industrial Training Boards (ITBs) für jede Branche implementiert. Die ITBs, bestehend aus Arbeitgeber- und Arbeitnehmerrepräsentanten sowie Vertretern der Schulen/Bildungsanbietern, sind für die Bereitstellung und Durchführung der Ausbildung zu einem festgelegten Standard zuständig gewesen. Für die Finanzierung haben die ITBs von den Arbeitgebern eine Ausbildungsumlage erhoben (Hillmert 2001a, S. 62; Rainbird 2010, S. 248 f.). Durch den Industrial Training Act und die Einführung der ITBs ist eine quantitative wie qualitative Verbesserung der Berufsausbildung erreicht worden.

Mit dem Employment and Training Act von 1973 (Elizabeth II) wurde die Manpower Services Commission (MSC) gegründet, was die Macht der ITBs[9] wieder eingeschränkt. Die MSC war ein non-departmental public body. Damit unterlag es offiziell keinem Ministerium und arbeitete unabhängig von der jeweiligen Regierung. Die Finanzierung erfolgte jedoch aus dem Arbeitsministerium und die MSC musste diesem Rechenschaft ablegen. Hauptaufgabe der MSC war die Verwaltung der Finanzen der ITBs sowie die aktive Gestaltung von Arbeitsmarkt- und Ausbildungsprogramme (Rainbird 2010, S. 255). Für die zehnköpfige Kommission wurden Arbeitgeber- und Arbeitnehmervertretern sowie bildungspolitischen Vertretern berufen.

Im Zentrum der konservativen Regierung unter Magarete Thatcher ab 1979 stand die Deregulierung des Arbeitsmarktes. Ein Training lag nach ihrer Ansicht in der Verantwortung von Arbeitnehmern und Arbeitgebern, der Staat hatte sich zurückzuhalten (Deißinger 2016, S. 2). Diese Anschauung führte zu einer schrittweisen Abschaffung der MSC sowie der ITBs (Rainbird 2010, S. 249). Die Marktorientierung der Thatcher-Regierung zog eine Reduzierung der Teilnehmer an staatlich gefördert und kontrollierten betrieblichen Ausbildungsprogrammen nach sich (i. d. R. Apprenticeships). Während 1970 rund 218.000 Jugendliche

---

[9]Heute sind ITBs nur noch in vereinzelten Branchen zu finden. Beispielsweise bilden das Construction Industry Training Board als ITB und das Sector Skills Council nach wie vor ein zentrales Element in der Ausbildung im Baugewerbe.

ein Apprenticeship absolvierten, sind es 1990 lediglich noch annähernd 54.000 (Rainbird 2010, S. 249).

In den 1980er-Jahren wurde das Youth Training Scheme (YTS) zur Reduzierung der in dieser Zeit sehr hohen Jugendarbeitslosigkeit eingeführt. Das YTS (ab 1990 Youth Training (YT)) ist ein durch die MSC organisiertes on-the-job training für alle 16- bis 17-jährigen arbeitslosen Schulabgänger (Hillmert 2001a, S. 64). Der Ruf des YTS und anderer durch die Regierung subventionierter arbeitsplatzbasierter Trainings war und ist bei den Jugendlichen und ihren Eltern jedoch schlecht. Sie haben die Programme als subventionierte Arbeitsplätze für die Arbeitgeber wahrgenommen, ohne eine Garantie für Training, eine Qualifikation oder eine weiterführende Beschäftigung nach dem Ablauf des Programms (Hogarth et al. 2012, S. 43).

Um 1990 haben Apprenticeships aufgrund verschiedener Faktoren eine Wiederbelebung erfahren. Zum einen wurde der Bedarf der Arbeitgeber an unqualifizierten Schulabgängern zunehmend geringer. Zum anderen erfuhren Apprenticeships durch die Einführung der Modern Apprenticeships (seit 2004 Apprenticeships), die existierende, durch die Regierung finanzierte Ausbildungsprogramme zu „foundation" und „advanced" Apprenticeships zusammenfassen, einen neuen politischen Fokus (Rainbird 2010, S. 249; Hogarth et al. 2012, S. 43). Die Regierung finanziert die durch den Rahmenplan abgedeckten Ausbildungskosten und die Arbeitgeber übernehmen das Auszubildendengehalt (Ryan et al. 2006a, S. 362; Fuller und Unwin 2003, S. 7). Die Höhe dieser Subvention richtet sich nach den Ausgaben, die für die Erreichung des angestrebten Niveaus (foundation oder advanced) erforderlich sind (Brockmann et al. 2010, S. 112). Anders als bei den YTS werden die Inhalte unter den Modern Apprenticeships im Rahmen der branchenspezifischen National Training Organisations (NTO) (z. B. Sector Skills Councils (SSC), später Trailblazers) durch die Arbeitgeber festgelegt. Die durch die verschiedenen NTOs verfassten Rahmenpläne zeigen beträchtliche Unterschiede betreffs Dauer, Inhalt und Länge des off-the-job trainings sowie in Bezug auf die Anzahl der Qualifikationen zwischen den Sektoren auf (Fuller und Unwin 2003, S. 7). Die Apprenticeships selber enden in extern akkreditierten Qualifikationen (Hogarth et al. 2012, S. 43). Der Status der Apprentices ist der eines normalen Arbeitnehmers ohne formalisierte branchenspezifische Standards im Hinblick auf Arbeitszeit und Entgelt, wie sie in Deutschland existieren (Rainbird 2010, S. 250).

Im Jahr 2004 wurden – zusätzlich zu den Advanced Apprenticeships sowie Foundation Apprenticeships – die Higher Apprenticeships (National Vocational Qualification (NVQ) Level 4) und die Young Apprenticeships (für 14 bis 15-Jährige) eingeführt (Brockmann et al. 2010, S. 112). Diese Bemühungen seitens der Regierung soll verstärkt dazu beitragen, Apprenticeships als Schlüsselelement in der arbeitsplatzbezogenen Ausbildung zu implementieren (Brockmann et al. 2010, S. 112).

Nach wie vor herrscht über Parteigrenzen hinweg Einigkeit, dass Apprenticeships eine gute Lösung darstellen, die Arbeitnehmer bei der Laufbahngestaltung zu unterstützten und dem Fachkräftemangel der Arbeitgeber zu begegnen (Learning and Work Institute 2016, S. 3). Apprenticeships bilden seit Einführung der Modern Apprenticeships einen bildungspolitischen Fokus (Deißinger 2016, S. 2). Schwerpunkt war und ist die quantitative Ausweitung derselben, zulasten der Qualität (Fuller und Unwin 2011, S. 191 ff.). Diese Schwerpunktsetzung führt zu dem politischen Ziel, bis 2020 drei Millionen neue Apprenticeships zu kreieren. Dieses Bestreben umfasst nicht allein Apprenticeships für die Altersgruppe der 17- bis 24-jährigen jugendlichen Schulabgänger, sondern auch sogenannte „Adult Apprenticeships", d. h., sogar bereits in einem Unternehmen beschäftigte erwachsene Arbeitnehmer können ein staatlich subventioniertes Apprenticeship durchführen. Um dieses Ziel zu erreichen, wird 2017 eine Ausbildungsplatzabgabe (Apprenticeship Levy) eingeführt. Die Apprenticeship Levy dient einerseits der Finanzierung der drei Millionen Apprenticeships, andererseits soll sie in erster Linie große Arbeitgeber, d. h. Arbeitgeber mit einer jährlichen Lohn- und Gehaltsrechnung von über drei Millionen Pfund pro Jahr, dazu anreizen, die Zahl ihrer Apprentices zu erhöhen (Learning and Work Institute 2016, S. 4 f.; DfE 2016; Kuczera und Field 2018, S. 16 f.). Durch diese politische Fokussierung greift die englische Regierung zunehmend steuernd in das traditionell marktdominierte Apprenticeship-System ein (Deißinger 2016, S. 1 ff.).

Die Bemühungen um eine quantitative Ausweitung der Apprenticeships in England zeigen Wirkung. Während im Ausbildungsjahr 2005/06 noch rund 175.000 Jugendliche ein Apprenticeship beginnen, sind es 2016/17 bereits annähernd 500.000 Apprenticeships, wovon circa die Hälfte jedoch Adult Apprenticeships (25+ Jahre) umfassen (Powell 2018; Kuczera und Field 2018, S. 11 ff.; Deißinger 2016, S. 10).

3.2.2.2 Das englische Apprenticeship-System

> *„Unlike other European countries, Britain has no statutory definition of apprenticeship. Instead it has a public programme that uses financial incentives to promote work-based training for young people"* (Ryan et al. 2006a, S. 362).

In der englischen Literatur wird daher zwischen Apprenticeship (mit großem A) und apprenticeship (mit kleinem a) unterschieden (u. a. Ryan et al. 2006a). Ersteres beschreibt staatlich geförderte Programme unter dem BIS oder DfE. Das apprenticeship mit kleinem a wird definiert als „training that aims at an intermediate (Level 3–5) skill and combines work-based learning, off-the-job training and technical education, whether publicly funded or not." (Ryan et al. 2006a, S. 362; übernommen durch Hogarth et al. 2012) Diese Definition von apprenticeship korrespondiert mit historischen und aktuellen Definitionen (z. B. Steedman 2005; Ryan 2000).

Die Skills Funding Agency (vormals Learning and Skill Councils 2001-2010) zeichnet auf operativer Ebene für die Durchführung und Finanzierung der Apprenticeships verantwortlich (Fuller und Unwin 2003, S. 8). Sie schließt als staatliche Stelle Verträge mit Trainingsanbietern (National Training Organisations (NTOs)) wie Further Education Colleges, Unternehmen oder Non-Profit-Organisationen sowie Arbeitgebern ab (Ryan 2010, S. 496). Ryan und Unwin (2001) sprechen in diesem Zusammenhang von Training Markets. Die Finanzierung der schulischen Bildung erfolgt in der Regel durch die Skills Funding Agency, während die Arbeitgeber einen erheblichen Teil der Kosten der arbeitsplatzbasierten Ausbildung übernehmen (Abusland 2016, S. 22 f.). Eine Eigenschaft des Training Markets in England ist die Dominanz der Arbeitgeber und ihrer Interessen (Ryan 2010, S. 497). Die Arbeitgebervertreter in NTOs setzen im Rahmen der oft lockeren staatlichen Anforderungen die Standards (z. B. Inhalte und NVQ-Level) für die Trainingsmaßnahmen (Ryan und Unwin 2001, S. 107).

Das englische Apprenticeship-System ist ergebnisorientiert. Ausschlaggebend für einen erfolgreichen Abschluss ist der Erwerb eines Befähigungsnachweises (z. B. NVQ, siehe unten). Wo und wie die Fähigkeiten, Fertigkeiten und Kenntnisse für den Abschluss der Prüfungen erworben werden, spielt eine untergeordnete Rolle, sodass verschiedene Routen gewählt werden können: on- oder off-the-job training, Voll- oder Teilzeit (Brockmann et al. 2010, S. 115). Eine Abstimmung von beruflichen sowie allgemeinbildenden Inhalten gibt es nicht (Brockmann et al. 2010, S. 115).

Die wichtigsten berufsbildenden Qualifikationen sind die NVQs (Cuddy und Leney 2005, 35 ff.). NVQs sind staatlich anerkannte, gesetzlich verankerte berufliche Befähigungsnachweise, die Qualifikationen in spezifischen Berufen zertifizieren (Pilz 2009, S. 61; Hyland 2007, S. 36; Cuddy und Leney 2005, S. 36; Pilz und Deißinger 2001, S. 448). Sie wurden 1986 eingeführt, um Ordnung in den „qualification jungle" Englands zu bringen (Hyland 2007; Pilz 2009, S. 61). NVQs sind kompetenzbasierte, ergebnisorientierte Standards, die abbilden, was nach Abschluss eines Lernprogramms erreicht worden sein muss

(Hyland 2007, S. 36). Die einzelnen Module können unabhängig von formalen Lernwegen geprüft – und bei Bestehen – zertifiziert werden. Ursprünglich sind NVQs als Nachweis arbeitspraktischer Kompetenzen konzipiert gewesen, inzwischen werden sie aber auch in weiterführenden Bildungseinrichtungen erworben (Cuddy und Leney 2005, S. 36). NVQs berechtigen zu weiterführenden allgemeinen und beruflichen Bildungsgängen sowie zum Einstieg ins Arbeitsleben (Cuddy und Leney 2005, S. 36). Den NVQs liegen durch Arbeitgeber formulierte nationale berufliche Standards (früher National Occupational Standards, heute Apprenticeship Standards) zugrunde (hierzu und im Folgenden Cuddy und Leney 2005, 62 f.). Diese werden in regelmäßigen Abständen (ca. alle drei bis fünf Jahre) überprüft und angepasst. Die hierfür zuständige Stelle sind die arbeitgeberdominierten Trailblazer, früher SSCs. In der Regel werden in diesem Prozess Gewerkschaftsvertreter und Vertreter der entsprechenden Berufsverbände hinzugezogen. Apprenticeships können auf den verschiedenen Niveaustufen ab Level 2 erworben werden (Abusland 2016, S. 16). Die Verantwortung für die Abnahme und Organisation der NVQs obliegt dem Office of Qualifications and Examinations Regulation (Ofqual). NVQs sind in fünf Niveaustufen (levels) untergliedert (Abbildung 3.1).

Prinzipiell stehen Apprenticeships jedem in England lebenden Jugendlichen über 16 Jahre offen. Je nach Niveaustufe sowie Beruf können die Zugangsvoraussetzungen zu den Apprenticeship-Programmen variieren (Abusland 2016, S. 18). Um ein Apprenticeship zu starten, müssen sich die Jugendlichen bewerben. Den Arbeitgebern obliegt die Entscheidung, wen sie als Apprentice einstellen (National Apprenticeship Service 2018). Somit kommt auch in England den Arbeitgebern die Funktion eines Gate Keepers mit Blick auf den Zugang zu einem Apprenticeship-Programm zu.

Apprenticeships werden vornehmlich von geringqualifizierten Individuen und von Personen aus sozial schlechter gestellten Familien durchlaufen (Davey und Fuller 2010). In England werden Apprenticeships von den Jugendlichen oft als unattraktiv angesehen (Ryan et al. 2006a, S. 360). Dies ist unter anderem auf die fehlende Durchlässigkeit und einer unter anderen daraus resultierenden fehlenden Gleichwertigkeit (parity of esteem) zwischen der beruflichen Bildung (insbesondere Apprenticeships) und der akademischen Bildung zurückzuführen (Raffe et al. 2001, S. 175).

„At present it is widely seen in career terms as a terminus rather than as a way-station, and young people with middling educational attainments opt increasingly for full-time studies. Only a minority of apprentices might choose to climb the ladder in practice, but the option of doing so could increase apprenticeship's appeal to young people and their parents" (Ryan et al. 2006a, S. 360 f.).

> **Der NVQ-Rahmen**
>
> Die folgenden Definitionen der NVQ-Niveaustufen sollen der allgemeinen Orientierung dienen und sind nicht als präskriptiv anzusehen.
>
> *Niveaustufe 1:* Kompetenz zur Ausübung von verschiedenen Arbeitstätigkeiten, bei denen es sich meist um vorhersehbare Routineaufgaben handelt.
>
> *Niveaustufe 2:* Kompetenz zur Ausübung einer größeren Zahl von verschiedenen Arbeitstätigkeiten in verschiedenen Arbeitszusammenhängen. Dabei handelt es sich zum Teil um komplexe Arbeitstätigkeiten, die keinen Routinecharakter mehr haben und eine gewisse Eigenverantwortlichkeit und Selbständigkeit erfordern. Oftmals beinhalten sie die Zusammenarbeit mit anderen Personen, eventuell im Rahmen einer Arbeitsgruppe oder eines Teams.
>
> *Niveaustufe 3:* Kompetenz zur Ausübung einer Vielzahl von verschiedenen Arbeitstätigkeiten in einer Vielzahl von Arbeitszusammenhängen, die zumeist komplex sind und keinen Routinecharakter mehr haben. Sie erfordern ein erhebliches Maß an Eigenverantwortlichkeit und Selbständigkeit und beinhalten oftmals Aufsichtsaufgaben und Anweisungsbefugnisse gegenüber anderen Personen.
>
> *Niveaustufe 4:* Kompetenz zur Ausübung einer breiten Vielfalt komplexer, fachspezifischer oder hochqualifizierter Arbeitstätigkeiten in verschiedensten Arbeitszusammenhängen, die ein hohes Maß an persönlicher Verantwortung und Selbständigkeit erfordern. Oftmals beinhalten sie die Verantwortung für die Arbeit anderer Personen und die Zuweisung von Ressourcen.
>
> *Niveaustufe 5:* Kompetenz, die die Anwendung einer erheblichen Zahl von theoretischen Fachkenntnissen und komplexen Verfahren in einer breiten Vielfalt von oftmals unvorhersehbaren Arbeitszusammenhängen beinhaltet. Sie zeichnet sich insbesondere aus durch weitgehende Selbständigkeit und eine oftmals umfassende Verantwortung für die Arbeit anderer Personen sowie für die Zuweisung von Ressourcen erheblichen Umfangs; außerdem durch die persönliche Verantwortlichkeit für Analyse und Diagnose, Entwicklung, Planung, Ausführung und Evaluierung.

Abbildung 3.1 NVQ-Rahmen mit Niveaustufen (Hyland 2007)

Die fehlende Durchlässigkeit zwischen beruflicher und allgemeiner Bildung in England ist historisch gewachsen. Seit den 1980er-Jahren dominieren Arbeitgeber bei der Gestaltung der Apprenticeships, die pädagogische Seite wird kaum beachtet (Ryan et al. 2006a, S. 361). Durch die Einführung der Modern Apprenticeships (siehe oben) und der damit einhergehenden arbeitgeberdominierten SSCs, welche für die Entwicklung der Ausbildungsstandards zuständig sind, wird die Entwicklung weiter befördert (Hogarth et al. 2012, S. 43).

Auch die Fokussierung der Regierung auf die Erhöhung der Apprenticeship-Plätze (Quantität) anstelle einer Erhöhung der Qualität wird von wissenschaftlicher Seite aus immer wieder kritisiert (z. B. Brockmann et al. 2010; Fuller und Unwin 2003; Ryan et al. 2006b). Zuvorderst wird in diesem Zusammenhang die fortschreitende Reduzierung der theoretischen, im Rahmen eines Apprenticeship zu vermittelnden, Inhalte bemängelt (Brockmann et al. 2010, S. 116).

Als eine Folge wird akademische Bildung, d. h. der möglichst lange Verbleib im allgemeinbildenden Schulsystem und der anschließende Besuch einer Universität, in England nach wie vor als Königsweg angesehen. Berufliche Bildung wird in der gesellschaftlichen Wahrnehmung dagegen als zweitklassiger Bildungsweg betrachtet, den nur die Jugendlichen einschlagen, die nicht in der Lage sind, den akademischen Weg zu beschreiten (Atkins und Flint 2015).

Neben den staatlich geförderten Apprenticeships existiert auch die Möglichkeit des direkten Eintritts in den Arbeitsmarkt. Beispielsweise wählten rund elf Prozent der 16-Jährigen nach Ablauf der Pflichtschulzeit im Jahr 2003 diesen Weg (Cuddy und Leney 2005, S. 35). Der Anteil der Geringqualifizierten an der gesamten arbeitenden Bevölkerung ist in der jüngeren Geschichte Englands jedoch rückläufig. Während 2004 noch rund dreißig Prozent der arbeitenden Bevölkerung Englands als höchsten Abschluss einen GCSE mit der Note D-E oder einen vergleichbaren Abschluss aufweist, waren es 2014 nur noch rund zwanzig Prozent. Für 2014 wird ein weiterer Rückgang auf zwölf Prozent erwartet (UKCES 2016b, S. 95). Das Angebot an arbeitgeberspezifischer arbeitsplatzbezogener Bildung für diese Gruppe ist vielfältig und vonseiten der Arbeitgeber ein häufig genutztes Instrument (Abusland 2016, S. 27 f.).

4 Internationale vergleichende Berufsbildungsforschung als übergeordneter Rahmen

Die Berufsbildungssysteme von England und Deutschland weisen große Unterschiede auf (siehe auch Kapitel 3). Deißinger (2010, S. 59) bezeichnet sie als „Gegenstücke". Trotz dieser Unterschiedlichkeit lassen sich Klagen betreffs der – aus Sicht der Arbeitgeber – unzureichenden Voraussetzungen jugendlicher Schulabgänger beim Übergang von der Schule in den Ausbildungs- bzw. Arbeitsmarkt – sowohl in Deutschland als auch in England – weit zurückverfolgen und besitzen gleichzeitig ein hohes Maß an Aktualität (siehe u. a. Hilke 2008; Müller 1983; Lanzerath 1966b; Haasler 2013; Kraus 2006; Hillage und Pollard 1998; BCC 1979).

Es stellt sich daher die Frage, ob diese in beiden Ländern erhobenen Klagen auf internationale Trends zurückzuführen sind oder aus nationalen Rahmenbedingungen entspringen. Georg (2005) geht davon aus, dass zu vergleichende Länder möglichst große Unterschiede in ihren Systemen aufweisen sollten („*most-different-systems-Design*"), um die Irrelevanz nationaler Differenzen zu belegen. Bei einer ähnlichen Entwicklung des deutschen und englischen Diskurses wäre demnach davon auszugehen, dass nationale Gegebenheiten wenig Einfluss auf diese besäßen. Internationale Entwicklungen könnten folglich eine mögliche Ursache für die Klagen der Arbeitgeber darstellen.

Aus diesem Erkenntnisinteresse heraus bildet der internationale Vergleich der Diskurse in England und Deutschland den übergeordneten Rahmen. Im Folgenden soll kurz auf die verschiedenen Typen internationaler Berufsbildungsforschung sowie Herausforderungen und Probleme eingegangen werden um abschließend die Wahl Englands als Vergleichsland zu begründen.

Elektronisches Zusatzmaterial Die elektronische Version dieses Kapitels enthält Zusatzmaterial, das berechtigten Benutzern zur Verfügung steht https://doi.org/10.1007/978-3-658-31517-7_4.

4.1 Erkenntnisinteresse, Funktionen und Typen international vergleichender Berufsbildungsforschung

In der international vergleichenden Berufsbildungsforschung kann zwischen verschiedenen Funktionen des Vergleichs klassifiziert werden. Das der Untersuchung zugrunde liegende Erkenntnisinteresse determiniert in der Regel die angestrebte Funktion des Forschungsansatzes (hierzu und im Folgenden u. a. Frommberger und Reinisch 1999, 329 ff.; Hörner 1997, 70 ff.; Lauterbach 2003, 106 ff.). Die Funktionen können wie folgt eingeordnet werden:

1. Die *ideografische Funktion* bildet den „‚gewohnten' Zugang innerhalb des internationalen Vergleichs in der Pädagogik" (Frommberger und Reinisch 1999, S. 239). Das Erkenntnisinteresse besteht in der Suche und Erläuterung des Besonderen anderer Bildungsräume sowie ihrer Erklärung. Bei Letztgenannter finden die Kontextbedingungen Berücksichtigung. Der Nutzen der ideografischen Funktion liegt zum einen schlicht in der Überwindung nationaler Grenzen, zum anderen in der Kenntnis- und Informationsgewinnung. „Der darüber differenzierte analysierende Blick muß [sic] unterschiedliche Lösungskonzeptionen für ähnliche, gleiche oder auch differente Funktionsleistungen anerkennen und verschiedene Erklärungsmuster akzeptieren lernen" (Frommberger und Reinisch 1999, S. 239).
2. Die *melioristische Funktion* setzt unterschiedliche Systeme zueinander in Beziehung. Sie kann als „Suche nach dem besseren Modell" (Hörner 1997, S. 70) aufgefasst werden. Die Erkenntnisse bzw. Erfahrungen der Lösungen anderer Länder können als Impulse für Verbesserungen und Reformen des eigenen Systems genutzt werden. Der Vorzug liegt in dem „reflektierten Einsetzen des Auslands als Argument [und] in der politischen Entscheidungshilfe […]: Bestimmte Problemlagen lassen sich bis zu einem gewissen Maße von den länderspezifischen Bedingungen abstrahieren (oder aber es sind deutliche Überschneidungen in der Bedingungslage vorhanden), so daß [sic] durchaus auch andere Lösungen auf den heimischen Bereich projiziert werden können" (Frommberger und Reinisch 1999, S. 330).
3. Die *evolutionistische Funktion* sucht nach länderübergreifenden Entwicklungstrends, indem die Ähnlichkeiten der verschiedenen Systeme aufgedeckt werden. Dadurch können Vorurteile abgebaut und die Grenzen nationalstaatlicher Entscheidungen aufgezeigt werden.
4. Bei der *experimentellen Funktion* steht die Generierung und Überprüfung von allgemeingültigen Theorien im Zentrum des Interesses.

Wie aus der Beschreibung der vier Funktionen ersichtlich wird, ist keine eindeutige Abgrenzung zwischen diesen möglich. In der Regel kommen sämtliche Funktionen in einer vergleichenden Forschung unterschiedlich stark zum Tragen. Allerdings bildet die Schilderung und Erklärung der Besonderheiten des Vergleichslandes (ideografische Funktion) in der Regel die Voraussetzung für die Aktivierung der anderen Funktionen.

4.2 Herausforderungen und Probleme in der vergleichenden Berufsbildungsforschung

„Das lässt sich nicht vergleichen, weil es nicht gleich ist" (Lauterbach 2003, S. 85).

Die vergleichende Berufsbildungsforschung (VBBF) steht Herausforderungen gegenüber, die im Rahmen einer vergleichenden Studie reflektiert werden sollten.

Bereits 1966 formuliert Seidenfaden (1966, S. 88 ff.) Probleme des Vergleichs in der Pädagogik, die analog und in teilweise verschärftem Maße auf die VBBF übertragen werden können (Pilz 2012, S. 560 ff.). Seidenfaden (1966, S. 88) trägt folgende Punkte vor:

1. *„Das Problem der Vergleichbarkeit – auch als Problem der angemessenen Vergleichsebene und -ziele zu fassen.*
2. *Das Problem der Maßstäbe und Normen, mit deren Hilfe gewertet werden kann*
3. *Das Problem der sprachlichen Erfassung von Bedeutungsgehalten im Vergleich; die Entwicklung einer dem Untersuchungsfeld angemessenen Begrifflichkeit*
4. *Das Problem der Quantifizierbarkeit von pädagogisch bedeutsamen Sachverhalten (Rolle einer vergleichenden Statistik).*
5. *Das Problem der ‚Einbettung' von Vergleichsergebnissen oder Vergleichsdaten in allgemeine historische, gesellschaftlich-sozialpolitische und (schul-)politische Gegebenheiten (Frage einer Ganz-Interpretation).*
6. *Das Problem der Komplexität des pädagogischen Feldes. In ihm ist die Frage enthalten, ob bei empirischen Untersuchungen im pädagogischen Bereich überhaupt die Faktoren so weit isoliert werden können, daß eindeutige Gesetzmäßigkeiten festgestellt werden können. Das Problem der Komplexität des pädagogischen Feldes mündet deshalb unmittelbar in das Problem der wissenschaftlichen Theoriebildung in der Vergleichenden Pädagogik."*

Nicht alle sechs von Seidenfaden zur Sprache gebrachten Probleme des Vergleichs sind gleichermaßen relevant.

Das Problem der Quantifizierbarkeit von pädagogisch bedeutsamen Sachverhalten spielt hier eine geringe bis keine Rolle, da das Forschungsdesign qualitativer und nicht quantitativer Natur ist. Die hier präsentierte Arbeit sieht sich vielmehr dem Problem der Vergleichbarkeit der verfügbaren Dokumente gegenüber, die für die Analyse des historischen Diskurses hinzugezogen werden (siehe Abschnitt 5.2.2).

Auch das letzte von Seidenfaden notierte Problem der Komplexität des pädagogischen Feldes und der daraus resultierende Handlungsraum der wissenschaftlichen Theoriebildung ist nur bedingt von Belang, denn ihr Ziel ist nicht die Überprüfung einer Hypothese im quantitativen Sinne, sondern zunächst die Nachzeichnung und Offenlegung des Diskurses. Die Interpretation der Ergebnisse und Schlussfolgerungen sowie mögliche Implikationen für die Praxis müssen vor dem Hintergrund der Komplexität des Feldes jedoch mit größter Vorsicht erfolgen. In Anlehnung an Seidenfaden (1966, S. 88 ff.) können für die vorliegende, international vergleichende Arbeit die folgenden Herausforderungen artikuliert werden:

1. Vergleichbarkeit;
2. Maßstäbe, Normen und ethnozentrischen Sichtweise, die zur Wertung herangezogen werden;
3. Sprachliche Erfassung von Bedeutungsgehalten im Vergleich; die Entwicklung einer dem Untersuchungsfeld angemessenen Begrifflichkeit;
4. Divergierende Datenlagen und ihre Verfügbarkeit;
5. Einbettung von Vergleichsergebnissen oder Vergleichsdaten in allgemeine historische, gesellschaftlich-sozialpolitische und (bildungs–)politische Gegebenheiten;
6. Komplexität des pädagogischen Feldes und der daraus resultierenden Herausforderung der Interpretation der Ergebnisse.

Lauterbach (2003, S. 94 f.) fordert die Offenlegung des eigenen Standorts und der durch ihn ausgelösten Faktoren wie Kultur, Ethnie, Bedingtheit, Forschungsinteresse sowie des Vergleichsinteresses bei der Entwicklung des Tertium Comparationis. Die Offenlegung und Reflexion sollte sich nicht nur auf die Generierung des Vergleichskriteriums, sondern auf den Vergleichsprozess als solchen und den damit verbundenen Herausforderungen beziehen, um dem Leser die Interpretationsschritte offenzulegen. Dies ist unter dem Oberbegriff der „Verfahrensdokumentation" Teil der Gütekriterien qualitativer Forschung (Mayring 2016, S. 145 f.).

Der Einbettung und Interpretation der Ergebnisse (fünfte und sechste Herausforderung) in Ansehung der länderspezifischen Gegebenheiten wird durch eine ausführliche Literaturrecherche sowie begleitende Interviews – insbesondere im englischen Kontext – zu begegnen versucht (siehe Abschnitt 5.2.1 und 5.3). Zudem bildet die Analyse des Kontextes (historische, gesellschaftlich-sozialpolitische und bildungspolitische Gegebenheiten) einen Bestandteil der Diskursanalyse. Ihm wird somit besondere Aufmerksamkeit geschenkt.

Wie den übrigen Herausforderungen begegnet wird, soll im Folgenden aufgedeckt und reflektiert werden.

4.2.1 Die Herausforderung der Vergleichbarkeit

> *„Zu vergleichende Sachverhalte müssen wirklich Vergleichbares enthalten, müssen durch ein «tertium comparationis» bestimmt sein"* (Lipsmeier 1969, S. 134).

Während die allgemeine vergleichende Pädagogik oder Erziehungswissenschaft auf international relativ vergleichbare und etablierte Untersuchungsgegenstände zurückgreifen kann, untersucht die VBBF mit dem Dualen System ein Feld, das – so verstanden – nur in deutschsprachigen Ländern existent ist (Pilz 2012, S. 560 f., 2009, S. 57 ff.). Auf den ersten Blick erscheint eine Vergleichbarkeit nicht möglich zu sein. Lauterbach (2003, S. 85) drückt es solcherart aus: „Das lässt sich nicht vergleichen, weil es nicht gleich ist." Um dennoch einen Vergleich durchführen zu können, müssen die zu vergleichenden Objekte auf ein bestimmtes Ziel hin vergleichbar gemacht werden. Seidenfaden (1966, S. 13) vermerkt drei Kriterien des Vergleichs:

1. *„Im Vergleich werden zwei oder mehr Gegebenheiten miteinander konfrontiert in der Absicht, Unterschiede (und Übereinstimmungen) sichtbar zu machen, gegebenenfalls sie auch zu deuten und zu erklären.*
2. *Vergleiche geschehen stets im Hinblick auf etwas, sind gezielt*
3. *Vergleiche setzen voraus, daß [sic] die zu vergleichenden Gegebenheiten auf das Vergleichsziel hin vergleichbar sind, d. h. eine verwandte Struktur, gemeinsame Funktionen oder gleichgerichteten Sinn haben."*

Vor dem Hintergrund dieser Kriterien ist demnach auch ein Vergleich von auf den ersten Blick nicht vergleichbaren Gegenständen möglich, sofern sie gezielt und auf das formulierte Ziel hin vergleichbar sind. Hörner (1996, S. 13 f.) stellt desgleichen die Relevanz des Erkenntnisinteresses und der Fragestellung für die Durchführung eines Vergleichs heraus. Strukturelle Ähnlichkeiten zwischen zwei verschiedenen Systemen seien „grundsätzlich weder ein Argument für noch gegen einen Vergleich" (Hörner 1996, 13 f.).

Zum Zwecke der Durchführung eines gezielten Vergleichs bedarf es eines Vergleichskriteriums, des Tertium Comparationis (Pilz 2012, S. 561; Lauterbach 2003, 91 ff.). Gemäß Röhrs ist ein systematischer Vergleich einzig unter Bezugnahme auf ein Tertium Comparationis möglich:

> *„Die Definition eines tertium comparationis – verbunden mit der Präzision einer Hypothese – ist die Voraussetzung für den systematischen Vergleich. Das tertium comparationis ist gleichsam der Bezugspunkt, der den Vergleich konzentriert auf eine spezielle Aufgabenstellung – in methodisch begründeter Form erlaubt"* (Röhrs 1975, S. 99).

In der Aufzählung der drei Kriterien nimmt Seidenfaden bereits eine Bezugnahme auf das Tertium Comparationis vor. Er separiert das Tertium Comparationis in das Vergleichsziel (Punkt 2) und die Vergleichsbasis. Lauterbach (2003, S. 92) verwendet auch den Begriff „Vergleichsobjekt" (Punkt 3). Diese Differenzierung in die zwei Teilbereiche ist in der VBBF seit den sechziger Jahren des letzten Jahrhunderts gängig (Lauterbach 2003, S. 92). Danach präzisiert das Vergleichsziel die Erkenntnisabsicht auf das Vergleichsobjekt und die Vergleichsbasis bezeichnet das (hypothetisch vorausgesetzte) Gemeinsame in den Vergleichsobjekten. Die Vergleichsbasis soll die Vergleichbarkeit sichern (Busch et al. 1974, S. 18).

Die Generierung des Tertium Comparationis sollte länderunspezifisch geschehen, um Nostrifizierungstendenzen im Sinne einer ethnozentrischen Interpretation der gewonnenen Befunde zu vermeiden (Pilz 2012, S. 564 f.; Matthes 1992, S. 83 f.). Eine detaillierte Auseinandersetzung mit der Herausforderung ethnozentrischer Sichtweisen für die Interpretation von Befunden erfolgt in dem nächsten Abschnitt. Angesichts der hier behandelten Fragestellung muss das Thema der ethnozentrischen Sichtweise und der Nostrifizierungsproblematik bereits an dieser Stelle reflektiert werden.

Abbildung 4.1 stellt den Vorgang der Generierung des Tertium Comparationis grafisch dar.

Die Ausgangslage des hier bearbeiteten Forschungsthemas bildet der aktuelle Diskurs über die mangelnde Ausbildungsreife in Deutschland. Es handelt sich demnach um ein länderspezifisches Phänomen. Für die Generierung des Tertium Comparationis wird dieses länderspezifische Phänomen als *Allgemeiner Diskurs über mangelnde Voraussetzungen von Schulabsolventen bei Eintritt in die Erstausbildung* verallgemeinert. Dieses allgemeine Phänomen wird auf den englischen Kontext angewendet. Die Existenz vergleichbarer Diskurse um die mangelnden Voraussetzungen Jugendlicher bei dem Übergang von der allgemeinbildenden

4.2 Herausforderungen und Probleme ...

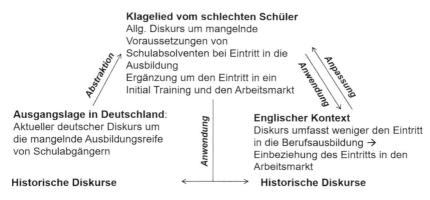

Abbildung 4.1 Generierung und Anwendung des Tertium Comparationis (Eigene Darstellung)

Schule in die Ausbildung in England wurde mithilfe von sondierenden Experteninterviews überprüft (siehe Abschnitt 5.1 und 7.1). Da die englischen *Apprenticeships* nicht den gleichen qualitativen und quantitativen Stellenwert wie die deutsche duale Ausbildung aufweisen (siehe Abschnitt 3.2), wird das Vergleichskriterium angepasst, um auch den englischen Kontext adäquat zu berücksichtigen. Das angepasste Tertium Comparationis ist dadurch auf beide Länderkontexte anwendbar und eignet sich überdies für den historischen Vergleich.

Das Tertium Comparationis setzt sich aus einem allgemeinen Vergleichsobjekt und konkreten Vergleichskriterien zusammen. Das Vergleichsobjekt ist:

Diskurs(e) in Deutschland und England um die Probleme Jugendlicher beim Übergang von der Schule in den Arbeitsmarkt und/oder eine voll oder teilweise am Arbeitsplatz stattfindenden Erstausbildung.

Die konkreten Vergleichskriterien beschreiben die Diskursstruktur. Sie fußen auf diskurs- sowie attributionstheoretischen Zugängen (vgl. Kapitel 2 und 5) und manifestieren sich wie folgt:

- Kontext:
  - Historisch-sozialer, zeitdiagnostischer Kontext;
  - Institutionell-organisatorischer Kontext;
  - Situativer Kontext;
- Deutungsmuster (Verständnis);
- Phänomenstruktur (Argumentationsmuster):

- Ursachenbeschreibung;
- Verantwortungszuweisung;
- Handlungsaufforderungen/Lösungsvorschläge;
- Narrative Struktur.

4.2.2 Die Herausforderung der Maßstäbe, Normen und ethnozentrischen Sichtweise, die zur Wertung herangezogen werden

Die Frage nach den Maßstäben und Normen, die zur Interpretation, Analyse und ggf. zur Bewertung der Forschungsergebnisse hinzugezogen werden, sollten durch den Forscher gleichfalls reflektiert und offengelegt werden.

> *„Man muß [sic] sich nicht nur aller Faktoren bewußt [sic] werden, die bei einer abschließenden Beurteilung eine Rolle spielen, sondern muß [sic] auch das Gewicht jedes einzelnen Faktors erwägen und ständig die mögliche eigene Standortgebundenheit reflektieren. Aber gerade durch diese Sorgfalt gewinnen Vergleiche an Gewicht"* (Seidenfaden 1966, S. 97).

Weiter führt Seidenfaden (1966, S. 97 f.) aus:

> *„Es gibt Wertungen, die von Anfang an bei den Untersuchungen mitsprechen, die schon in die Voraussetzungen eingehen, ja die als ‚Such-Einstellungen' schon die Thematik des Vergleichs bestimmen."*

Damit spricht er die bereits im vorangehenden Kapitel reflektierte Generierung des Tertium Comparationis an. Werte und Maßstäbe, die durch die „Standortgebundenheit" des Forschers beeinflusst werden, sind im gesamten Forschungsprozess vorhanden, fließen explizit oder implizit in den Forschungsprozess ein, durch die Auswahl des Untersuchungsmaterials, die Unterscheidung von Wichtigem zu Unwichtigem und natürlich die Erhebung, Interpretation und Verarbeitung des Datenmaterials (Seidenfaden 1966, S. 98 f.).

Der Herausforderung kann begegnet werden, indem jedwede Entscheidungen „methodisch bewußt [sic] gemacht und von der Sache selbst, nicht von einer zufälligen Meinung abhängig bleiben" (Seidenfaden 1966, S. 99).

Eine fundierte Kenntnis des Vergleichslandes erleichtert das Bewusstwerden und reduziert zufällige Meinungen (Seidenfaden 1966, S. 99; Bereday 1961, S. 145). Zur Erreichung der Kenntnis des Vergleichslandes waren längere, über die reine Datenerhebung hinausgehende Forschungsaufenthalte in England Teil des

Forschungsprozesses. Diese wurden eng durch englische Wissenschaftler reflexiv begleitet. Erkenntnisse und Interpretationen wurden diskutiert, um ethnozentrische Einflüsse zu identifizieren und zu minimieren.

4.2.3 Die Herausforderung der sprachlichen Erfassung von Bedeutungsgehalten im Vergleich

In der länderübergreifenden Forschung ist eine klare Definition von Begriffen unabdingbar. Die Termini und das zugrunde liegende Verständnis reflektieren häufig den Ansatz und den Stellenwert der beruflichen und allgemeinen Bildung eines Landes (Winch und Hyland 2007, S. 30 ff.). Die Begriffsverständnisse weichen zwischen den Ländern voneinander ab. Aber auch innerhalb eines länderspezifischen Kontextes wird dem gleichen Begriff häufig eine kontextspezifische Bedeutung zugemessen. Beispielsweise ist das deutsche Verständnis von *Kompetenz* in der Pädagogik nicht identisch mit dem Kompetenzverständnis in der Psychologie und weicht auch von dem englischen *competence* ab (Westerhuis 2011, S. 68 ff.; Brockmann et al. 2008; Kaufhold 2006, S. 21 ff.).

Es existiert das Problem der sprachlichen Erfassung von Bedeutungsgehalten auf zwei Ebenen: auf der international vergleichenden sowie der historisch vergleichenden Ebene.

Im internationalen Vergleich besteht das Problem der Übersetzung und der länderspezifischen Begriffsverständnisse. Aus diesem Grund werden die Kernbegriffe in den folgenden Ausführungen in der Originalsprache belassen und – sofern möglich – kontextual eingebettet, um das jeweilige zugrunde liegende Verständnis zu verdeutlichen.

Auf der historischen Ebene existiert das Problem, dass die Kernkonzepte im historischen Verlauf möglicherweise Veränderungen unterliegen. Die Ausbildungsreife hat im Jahr 1980 vielleicht eine andere Bedeutung als die Ausbildungsreife im Jahr 2017. Um dem Problem zu begegnen, bildet das Deutungsmuster der Kernkonzepte ein Element der Diskursanalyse (siehe Abschnitt 5.2.3).

4.2.4 Die Herausforderung divergierender Datenlagen und die Verfügbarkeit der Daten

Die Datenlage in Deutschland und England ist unterschiedlich. Während im deutschen Kontext eine gute Dokumentation auf jährlicher Basis vorherrscht, ist die Dokumentation in England – auch aufgrund der Rahmenbedingungen (siehe

Abschnitt 3.2 und 5.2.2) – unvollständig und bruchstückhaft. Dem Problem wird zum einen durch Transparenz begegnet. Es wird klar dokumentiert, welche Dokumente von welchen Akteuren für die Diskursanalyse herangezogen werden (siehe Anhang 2 und 3).

Zum anderen wird die Wahl der einbezogenen Dokumente in Gesprächen mit englischen Wissenschaftlern validiert.

4.3 Begründung der Wahl Englands als Vergleichsland

Deutschland und England weisen viele Gemeinsamkeiten auf: Beide Länder sind Industrienationen und können angelehnt an die Standards der United Nations (UN) als reich bezeichnet werden. Beide Staaten sind Pioniere in der Entwicklung des Wohlfahrtsstaates gewesen. Ferner stehen beide Länder im internationalen Wettbewerb miteinander, sowohl in personeller Hinsicht als auch im produzierenden Bereich (Rose und Wignanek 1990, S. 5; United Nations 2018).

Trotz dieser strukturellen Gemeinsamkeiten verfügen Deutschland und England über ein grundsätzlich unterschiedliches System der beruflichen Erstausbildung (die ausführliche Beschreibung der Systeme erfolgte in Kapitel 3). Deißinger (2010, S. 59) spricht davon, dass die Entwicklung des englischen Berufsbildungssystems historisch gesehen ein „Gegenstück" zur Entwicklung in Deutschland bildet.

Während das deutsche Berufsbildungssystem durch ein hohes Maß an Normierung, Standardisierung und Kontinuität geprägt ist, lässt sich das englische Berufsbildungssystem als rechtlich, institutionell-organisatorisch sowie didaktisch von Diskontinuität geprägtes, nicht reglementiertes System, dem eine „immanente Krisenhaftigkeit" (Deißinger 2010, S. 58) anhaftet, etikettieren (Deißinger 2010, S. 56 ff.).

Mit Blick auf die konträre Einordnung der beiden Länder in verschiedene Typologien wird ihre Gegensätzlichkeit zusätzlich unterstrichen (Deißinger 1995; Greinert 1988; Busemeyer und Trampusch 2012b; Hall und Soskice 2001b; Pilz 2016). Im Folgenden wird die gegensätzliche Einordnung anhand des der Varieties of Capitalism-Theorie (VoC) folgenden Collective Skill Formation Ansatzes von Busemeyer und Trampusch (2012) exemplarisch skizziert.

Die Wahl fällt aus verschiedenen Gründen auf diesen theoretischen Sockel zur Einordnung der Berufsbildungssysteme. Zum einen legt die VoC-Theorie einen Fokus auf die Rolle der Akteure der verschiedenen Systeme. Das ist deswegen von Belang, weil ihre Rolle in der vorliegenden Fragestellung von besonderer

Bedeutung ist. Zum anderen betrachtet die VoC-Theorie das System der Berufsbildung in der Wechselwirkung mit anderen Politikfeldern. Da die Diskussion um die Ausbildungsreife vor dem Hintergrund der politischen, gesellschaftlichen und wirtschaftlichen Rahmenbedingungen analysiert werden soll, stellt die VoC-Theorie als theoretische Grundlage für diese Analyse ebenfalls eine Fundierung bereit.

VoC, auch Spielarten des Kapitalismus geheißen, ist ein internationaler, politökonomischer Erklärungsansatz für die unterschiedlichen, durch die Institutionen gesetzten „Spielregeln" in den einzelnen kapitalistischen Wirtschaftssystemen, die das Handeln von Akteuren (z. B. Unternehmen) beschränken und leiten (Busemeyer 2013, S. 6). Der Ansatz trachtet danach, eine umfassende Erklärung für die Verhaltensweisen in den einzelnen Politikfeldern und die Wechselbeziehungen zwischen den Feldern zu geben. Er stellt im Zuge dessen die einzelnen Akteure und ihre Verhaltensweisen und Strategien in den Mittelpunkt der Betrachtung. Als Akteure werden in erster Linie die Unternehmen, aber auch die Individuen und der Staat in den Blick genommen. Weiterführend finden Organisationen wie Gewerkschaften oder Arbeitgeberverbände Beachtung (für den Absatz Hall und Soskice 2001a, S. 1 ff.). Die Kernaussage der VoC-Theorie ist, dass die Verhaltensweisen der einzelnen Akteure – insbesondere der einzelnen Unternehmen – von den länderspezifischen Institutionen determiniert werden, da diese die „Spielregeln" bestimmen. Unter Institutionen werden formal oder informell gesetzte Normen verstanden. Busemeyer (2009, S. 14) bezeichnet Institutionen in Anlehnung an Streeck und Thelen (2005) als „Bausteine sozialer Ordnung", die „sich gegenseitig bedingende Rechte und Verpflichtungen begründen." Diese Normen werden von den handelnden Akteuren befolgt (Hall und Soskice 2001a, S. 9). Konkrete Beispiele sind Gesetze, z. B. Arbeitsmarktregulationen wie der Kündigungsschutz oder die Altersvorsorge, Ausbildungsordnungen oder Verordnungen. Die Institutionen besitzen einen politikfeldübergreifenden Einfluss. Hall und Soskice (2001a, S. 18) sprechen von „institutional complementaries". Damit ist gemeint, dass sich zu einer Strategie in einem Politikfeld komplementäre Institutionen in anderen Politikfeldern entwickeln.

Prinzipiell wird zwischen zwei Typen von Kapitalismus aufgeschlüsselt: den Liberal Market Economies (LME) und den Coordinated Market Economies (CME). England wird neben den USA, Australien, Kanada u. a. erstgenanntem Typ zugeordnet. Deutschland wird über Japan, die Schweiz, die Niederlande, Schweden u. a. hinaus dem letztgenannten Typ zugerechnet (Wood 2001, S. 248; Hall und Soskice 2001a, S. 15; Vossiek 2015, S. 61). LMEs zeichnen sich dadurch aus, dass sich Verhandlungen und Interaktionen über den Markt vollziehen und dem Grundsatz von Angebot und Nachfrage nach dem „At arm's length"-Prinzip folgen (Hall und Soskice 2001a, S. 8 f.). Unter „arm's length" wird verstanden, dass die Verhandlungen ohne verzerrende Einflüsse verlaufen, also im Sinne von Verhandlungen zwischen zwei voneinander unabhängigen Dritten. Dagegen müssen Akteure in CMEs andere Einflussgrößen, z. B. einflussreichere Organisationen[1] und Institutionen[2], bei ihren Verhandlungen berücksichtigen. Das Verhalten der Akteure folgt hier weniger dem Prinzip von Angebot und Nachfrage, sondern ist eher das Ergebnis strategischer Interaktionen zwischen den Akteuren (Hall und Soskice 2001a, S. 8 f.). In CMEs besitzen Gewerkschaften und Arbeitgebervertretungen traditionell einen beachtlichen Einfluss (Hall und Soskice 2001a, S. 10).

Die durch die VoC identifizierten fünf Unterscheidungsmerkmale sind die Unternehmensführung, die Beziehungen zwischen den Unternehmen, die Beziehungen zwischen den Arbeitgebern und Arbeitnehmern sowie zwischen den Tarifpartnern und die Aus- und Weiterbildung (Hall und Soskice 2001a, S. 1).

Durch die Erforschung der Ausbildungssysteme im Rahmen der VoC ist ersichtlich geworden, dass die Entwicklung sowie die Verfügbarkeit von qualifizierten Fachkräften durch den institutionellen und politischen Kontext bedingt werden (hierzu und im Folgenden Busemeyer und Trampusch 2012a, S. 3). Der institutionelle und politische Kontext und damit auch der Einfluss der Akteure auf die Erstausbildung variiert zwischen den LMEs und CMEs. Bei Letzteren ist die Macht der Sozialpartner deutlich höher, bei Ersteren ist die Freiheit des einzelnen Unternehmens ausgeprägter. Diese Machtgefüge begünstigen wiederum die verschiedenen Arten der Qualifikation. Während die Sozialpartner transferfähige Ausbildungen bestärken, haben Unternehmen natürlicherweise ein Interesse an betriebsspezifischer Qualifikation.

Busemeyer und Trampusch folgen in ihrem Ansatz der Collective Skill Formation (Ausbildungsmodelle) der VoC-Theorie und der damit einhergehenden Unterscheidung von LMEs und CMEs. Sie differenzieren vier verschiedene Typen von Ausbildungsmodellen und die damit einhergehenden Unterschiede in dem Einfluss der verschiedenen Akteure. Sie nennen

- das liberale System, welches hauptsächlich auf einer breiten Grundbildung basierendes on-the-job-training basiert;

---

[1] Unter Organisationen werden langfristige Instanzen verstanden, die über formal anerkannte Mitglieder verfügen. Bsp.: Gewerkschaften und Arbeitgebervereinigungen (Hall und Soskice 2001a, S. 9 ff.).

[2] Institutionen sind formal oder informell gesetzte Normen, die von den handelnden Akteuren befolgt werden (Hall und Soskice 2001a, S. 9 ff.).

4.3 Begründung der Wahl Englands als Vergleichsland

- das segmentalistische System, welches ebenfalls auf einer breiten Grundbildung aufbaut, aber eine intensivere betriebliche Aus- und Weiterbildung zur Folge hat;
- das kollektive System, in dem Unternehmen, Sozialpartner und Staat kooperieren und das zu stark auf die Berufsbilder zugeschnittenen Berufsabschlüssen führt;
- das etatistische System von staatlich organisierter Ausbildung, welches auf Allgemeinbildung fokussiert ist, aber auch berufsspezifische Abschlüsse evoziert (Busemeyer und Trampusch 2012a, S. 12; Busemeyer 2013, S. 8 f.).

Die Untersuchungen zu den Ausbildungsmodellen im Rahmen der VoC haben vor Augen geführt, wie stark das Investment der Betriebe in die Ausbildung von externen Interventionen durch Arbeitgeberorganisationen, Gewerkschaften und den Staat, wie Zertifizierung und Standardisierung sowie Angebot und Finanzierung der Ausbildung, abhängt (Busemeyer und Trampusch 2012a, S. 10).

Die Unterscheidungsmerkmale zwischen den Modellen sind einesteils das Engagement der Betriebe in der Bereitstellung und Finanzierung von Erstausbildungen und anderenteils das öffentliche Commitment bzw. die staatliche Beteiligung an der Erstausbildung. Folgende Matrix leiten Busemeyer und Trampusch (2012a, S. 12; deutsche Version zitiert nach Busemeyer 2013, S. 7) ab (Abbildung 4.2):

Öffentliches Engagement in der beruflichen Bildung		Etatistisches System	Kollektives System
	Hoch	*(Schweden, Frankreich)*	***(Deutschland,*** *Schweiz, Dänemark)*
		Liberales System	Segmentalistisches System
	Niedrig	***(Großbritannien,*** *USA)*	*(Japan)*
		Niedrig	Hoch
		Engagement der Betriebe in der beruflichen Bildung	

Abbildung 4.2 Matrix Ausbildungssysteme im internationalen Vergleich (Busemeyer 2013, S. 7)

Im Folgenden wird lediglich auf das liberale sowie das kollektive Ausbildungssystem eingegangen. Busemeyer und Trampusch ordnen England dem liberalen und Deutschland dem kollektiven System zu (Busemeyer und Trampusch 2012a, S. 12 ff.). Wie der Matrix zu entnehmen ist, liegen Deutschland und England an den zwei unterschiedlichen Extrempunkten öffentlichen und betrieblichen Engagements in die berufliche Bildung. Während in Deutschland beides sehr stark ausgeprägt ist, ist sowohl das Engagement der öffentlichen Hand als auch das der Betriebe in England als schwach einzustufen.

Bei kollektiven Ausbildungssystemen ist sowohl die Beteiligung der Unternehmen als auch die des Staates sehr hoch. Nebstdem spielen Gewerkschaften und Arbeitgeberverbände (Sozialpartner) in kollektiven Systemen eine große Rolle (für den Absatz Busemeyer und Trampusch 2012a, S. 15 f.).

Bei liberalen Systemen zeichnet sich ein gegensätzliches Bild ab. Hier ist sowohl die Beteiligung des Staates als auch die privater Unternehmen sehr gering. Die Erstausbildung wird größtenteils über den Markt gesteuert. Das heißt, es existieren wenige Regulationen[3] und Gewerkschaften sowie Arbeitgeberverbände und Kammern haben einen untergeordneten Einfluss. Sie sind „schwach" (Ryan 2000, S. 45). Soskice (1993, S. 101) hebt hervor: „[T]he UK does not have the underlying socio-economic institutions which both Germany and Japan have and which are needed for an effective system of company-based initial training."

Die relevanten Akteure und ihr Einfluss sowie die Art der Ausbildung bzw. Trainings weichen in Deutschland und England demzufolge voneinander ab.

4.4 Zwischenfazit

Das Erkenntnisinteresse des Vergleichs richtet sich zum einen auf die Suche und Erklärung des Besonderen in den nationalen Diskursen um mangelnde Ausbildungsreife und den daraus resultierenden Lösungskonzeptionen und Erklärungsmustern (ideografische Funktion). Zum anderen sollen auch länderübergreifende Entwicklungstrends im Diskurs aufgedeckt werden (evolutionistische Funktion). Demnach liegt dem Vergleich eine Mischung aus der ideografischen und evolutionistischen Funktion vor (siehe Abschnitt 4.1).

Grundlage für den Vergleich bildet das „*most-different-system Design*" (Georg 2005). Hiernach sollen die Länder möglichst große Unterschiede im System

---

[3] Jüngste politische Entwicklungen – wie die Einführung der Apprenticeship Levy im Jahr 2017– im Bereich der Apprenticeships in England lassen dort jedoch ein steigendes öffentliches Engagement in Form von regulierenden Rahmenbedingungen erkennen.

4.4 Zwischenfazit

aufweisen, um die Irrelevanz nationaler Differenzen zu belegen. Die Berufsbildungssysteme in Deutschland und England weisen große Unterschiede auf (siehe Kapitel 3 und 4.3). Bei ähnlicher Entwicklung des Diskurses um Ausbildungsreife bzw. employability kann davon ausgegangen werden, dass nationale Unterschiede wenig Einfluss auf ihn besitzen (für den Absatz Przeworski und Teune 1970; Georg 2005).

5 Methodenteil

Die vorausgegangene theoretische Fundierung und das dargelegte Erkenntnisinteresse im Zusammenspiel der historischen wie aktuellen Diskurse in Deutschland und England sowie ihr Vergleich bilden die Ausgangslage für die Wahl der Diskursanalyse als Grundlage für das methodische Vorgehen.

Im folgenden Kapitel wird zunächst eine theoretische Einordnung des Diskursbegriffes mit anschließender definitorischer Eingrenzung vorgenommen. Daran anschließend wird das methodische Vorgehen dargestellt. Abbildung 5.1 gibt einen Überblick über das Untersuchungsdesign.

5.1 Diskurs – theoretische Klärung und definitorische Eingrenzung

„Diskurse bezeichnen das, worüber in einer Gesellschaft gesprochen wird, was als Problematik und Thema verhandelt wird und was zur kollektiven Sinnproduktion beiträgt" (Seifert 1992, S. 270).

Der Begriff *Diskurs* wird sowohl in der Alltagssprache als auch in der politischen und wissenschaftlichen Auseinandersetzung verwendet (Heindl 2015, S. 259; Hajer 1997). Er bezeichnet alltagssprachlich ein Gespräch und ist auf den englischen Begriff *discourse* bzw. das französische Wort für Rede *discours* zurückzuführen (Keller 2011a, S. 310). Diskursanalysen werden in vielen verschiedenen Kontexten und Bereichen eingesetzt, neben den Sozialwissenschaften auch in der Geschichtswissenschaft, der Linguistik, der Philosophie und

---

Elektronisches Zusatzmaterial Die elektronische Version dieses Kapitels enthält Zusatzmaterial, das berechtigten Benutzern zur Verfügung steht https://doi.org/10.1007/978-3-658-31517-7_5.

© Der/die Autor(en), exklusiv lizenziert durch Springer Fachmedien Wiesbaden GmbH, ein Teil von Springer Nature 2020
L. J. B. Zenner-Höffkes, *Das Klagelied vom schlechten Bewerber*, Internationale Berufsbildungsforschung, https://doi.org/10.1007/978-3-658-31517-7_5

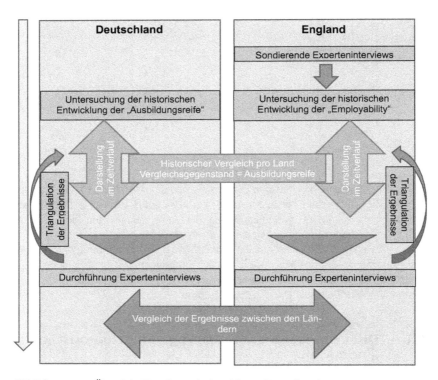

Abbildung 5.1 Übersicht Forschungsdesign (eigene Darstellung)

anderen Wissenschaften (Hajer 1997, S. 43 f.). Je nach zugrunde liegender theoretischer Position variieren das Diskursverständnis und der theoretische Zugang (Heindl 2015, S. 257 ff.). Angesichts der „unaufhebbaren Heterogenität des Begriffsgebrauchs" kann nicht von richtigem oder falschem Diskurs gesprochen werden, „[e]ntscheidend für die Nützlichkeit des Diskursbegriffs ist vielmehr die jeweilige Eignung und der begründete Gebrauch, der von ihm im Hinblick auf spezifische Forschungsinteressen gemacht wird" (Keller 2011a, S. 63).

Anschließend an Keller wird im Folgenden das an dem Erkenntnisinteresse ausgerichtete Diskursverständnis definiert. Diskursanalysen können sowohl linguistisch, sprachwissenschaftlich, geschichtlich, aber auch sozial- und politikwissenschaftlich ausgerichtet sein. Die pragmatisch-linguistisch geprägte Diskursforschung wurde zum Großteil im angloamerikanischen Raum unter dem Etikett der discourse analysis entwickelt (Nonhoff 2006, S. 26). Sie legt ihren Schwerpunkt

5.1 Diskurs – theoretische Klärung ...

auf die sprachlich-kommunikative Ebene, d. h. auf die Regeln der sprachlichen Kommunikation. Die sozial- und politikwissenschaftliche Diskursforschung befasst sich unter dem Begriff Diskurs mit „großflächigen, gesellschaftlichen Prozessen der Produktion von Bedeutung und Sinn und den hierdurch entstehenden Sinnformationen" (Nonhoff 2006, S. 26 f.). Hier steht die inhaltlich-thematische Ebene im Vordergrund (Keller 1997, S. 310 ff.). Das Forschungsinteresse richtet sich auf Diskursstrukturen im sozialen und politischen Raum.

Die einzelnen Richtungen können nicht trennscharf voneinander abgegrenzt werden, da sich z. B. auch in der sozial- oder politikwissenschaftlich ausgerichteten Diskursforschung sprachwissenschaftliche Elemente finden können. Als Beispiel sei die argumentative Diskursanalyse nach Hajer (2008) angeführt. Angelpunkt dieser in der Politikwissenschaft angesiedelten Diskursanalyse ist die Argumentation und damit die Frage, was, *wie*, zu wem und mit welcher Wirkung gesagt wird (Hajer 2008, S. 219). Die sprachwissenschaftliche Betrachtung bildet demnach ein zentrales Element.

Michel Foucault gilt mit den zentralen Werken *Archäologie des Wissens* (Foucault 2013, Erstauflage der Originalausgabe 1969) sowie *Sexualität und Wahrheit* (Foucault 1977, Erstauflage der Originalausgabe 1976) als Begründer des sozialwissenschaftlichen Diskursverständnisses (Keller 1997, S. 313 f.).

Foucault manifestiert in seinem früheren Werk *Archäologie des Wissens* den Diskursbegriff sowie die Einheiten eines Diskurses und legt damit den Sockel für die Entfaltung der Diskursanalyse (unter anderem Heindl 2015; Keller 2011a, 2011b, 2008; Hajer 1997). Ihm gelang damit „in eindrucksvoller Weise, Diskurse als Gegenstandsbereich einer historischen Wissensanalyse zu konturieren" (Keller 2008, S. 74).

Bezugnehmend auf die in Abschnitt 1.1 formulierten Forschungsfragen soll der Diskurs über das *Klagelied des schlechten Bewerbers* mit dem Schwerpunkt auf den Positionen der bildungspolitischen Akteure in den Blick genommen werden. Vor dem Hintergrund dieses Forschungsinteresses wird die sozial- und insbesondere die politikwissenschaftliche Diskursforschung fokussiert. Aufbauend auf der Diskurstheorie von Foucault ist in der Politikwissenschaft der genealogisch-kritische Diskursbegriff entwickelt worden (u. a. Heindl 2015, S. 261; Keller 2011a, S. 43 ff.). Die genealogische Perspektive in der Diskursforschung betont „die prozessuale und handlungspraktische Seite von Diskursgefügen sowie die Bedeutung von Macht-/Wissen-Komplexen" (Keller 2011a, S. 50).

Hajer (2008, S. 214) definiert Diskurs als

„ein Ensemble von Ideen, Konzepten und Kategorien, mittels derer sozialen und physischen Phänomenen ein Sinn zugeordnet wird und die durch bestimmbare Verfahrensweisen produziert und reproduziert werden."

Sein Diskursverständnis schließt demnach an das Verständnis von Seifert (1992, S. 270) an:

„Diskurse bezeichnen das, worüber in einer Gesellschaft gesprochen wird, was als Problematik und Thema verhandelt wird und was zur kollektiven Sinnproduktion beiträgt."

Gemäß diesem Diskursverständnis wird einem sozialen Phänomen, z. B. der Qualität der Schulabgänger, erst durch den Diskurs eine Bedeutung, ein Sinn gegeben. Dieser Sinn kann von Akteur zu Akteur variieren. Diskurssubjekte, z. B. individuelle oder kollektive Akteure, sind einzig dann von Bedeutung (sie erhalten Macht), wenn sie durch andere Diskursteilnehmer als Autoritäten im Diskurs wahrgenommen werden (Hajer 1997, S. 51 f.). Gewerkschaften im englischen Kontext werden beispielsweise derzeit weder durch die Arbeitgeberverbände noch durch die Politik gehört. Ihre Macht, mit dem Diskurs etwas zu bewegen, ist damit gering. Anders ist dies im deutschen Kontext. Hier besitzen die Gewerkschaften prinzipiell diskursive Bedeutung. Herauszufinden, ob und wie diese sich im Hinblick auf das Klagelied vom schlechten Bewerber konstituiert, ist Bestimmung der Diskursanalyse.

Im deutschsprachigen Raum hat zuvorderst Keller (2011a) die Entwicklung der Diskursanalyse geprägt. Auf diesen Wissenschaftler gründet das Konzept der wissenssoziologischen Diskursanalyse (Keller 2011a, 2011b). Ihr geht es gemäß Keller (1997, S. 319) darum,

„Prozesse der sozialen Konstruktion, Objektivation, Kommunikation und Legitimation von Sinnstrukturen auf der Ebene von Institutionen, Organisationen beziehungsweise kollektiven Akteuren zu rekonstruieren und die gesellschaftlichen Wirkungen dieser Prozesse zu analysieren."

Die wissenssoziologische Diskursanalyse eignet sich damit, anders als bspw. die argumentative Diskursanalyse nach Hajer (2008), für die Bearbeitung der Forschungsfrage. Hajer (2008) stellt im Rahmen der argumentativen Diskursanalyse die „Untersuchung dessen, was zu wem und in welchem Zusammenhang *gesagt* wird" (2008, S. 219, Hervorhebung durch die Autorin) in den Vordergrund. Aussagen, und hier im Speziellen das (niedergeschriebene) gesprochene Wort, stehen im Zentrum der Analyse. Die argumentative Diskursanalyse eignet sich daher zum Beispiel für die Analyse verbaler politischer Debatten, aber weniger für die Analyse von rein schriftlichen Positionspapieren kollektiver Akteure.

5.2 Diskursanalyse – methodisches Vorgehen

Die Diskursanalyse bildet „zuallererst einen breiten Gegenstandsbereich, ein Untersuchungsprogramm, keine Methode" (Keller 1997, S. 325). Wie die Operationalisierung der Diskursanalyse vorgenommen wird, variiert je nach Forschungsfrage und Forschungsdesign und kann nicht einheitlich definiert werden (Hajer 2008, S. 215). Keller (2011a) hat nicht nur das Feld der Diskursforschung systematisiert, sondern einen Leitfaden für die praktische Durchführung von Diskursanalysen konzipiert (Diaz-Bone 2003, S. 98; s. auch Heindl 2015). Die vorliegende Diskursanalyse lehnt sich an die durch Keller vorgeschlagenen Schritte für die Durchführung an (Keller 2011a, S. 83 ff.):

1. Auswahl des Themas und Festlegung des Diskursfeldes
2. Sondierung des Untersuchungsfeldes
3. Datenauswahl
4. Feinanalyse der Daten
5. Darstellung und Interpretation des Gesamtergebnisses

5.2.1 Sondierung des Untersuchungsfeldes

Das Untersuchungsfeld wurde in Deutschland wie England zunächst anhand einer Literaturrecherche sondiert, um die richtigen Suchbegriffe zu identifizieren und ein Auswertungssystem zu erstellen (siehe auch Abschnitt 2.1).

Für die Auswahl der richtigen Literaturquellen sowie Suchbegriffe und die Erstellung des Auswertungssystems ist eine fundierte Kenntnis des Untersuchungsfeldes unerlässlich. Das englische Berufsbildungssystem ist inkonsistenter als das deutsche (siehe Kapitel 3), was sich auch auf die Verfügbarkeit des Datenmaterials auswirkt (siehe Abschnitt 5.2.2). Zudem ist der Stand der Forschung um die englische Diskussion über die mangelnden Voraussetzungen der Schulabgänger geringer als der in Deutschland (siehe Kapitel 2).

Aus diesen Gründen sind für die Ordnung der Diskussion und die darauf folgende Definition fundierter Suchbegriffe sowie für den Datenkorpus zusätzlich sondierende Interviews in England notwendig (Gläser und Laudel 2010, S. 107 f.;

Keller 2011a, S. 86). Erschwerend kommt hinzu, dass das im Mittelpunkt stehende Konstrukt deutsche Wurzeln aufweist (siehe auch Abschnitt 4.2.1). Die Frage, die auf dem Grundstein einer ersten Literatursichtung bereits thematisiert wurde, ist also: Gibt es eine ähnliche Diskussion über mangelnde Voraussetzungen von jugendlichen Schulabsolventen für die Aufnahme einer Ausbildung? Für welche Jugendliche wird sie geführt (Jobeinsteiger oder Anwärter auf ein *Apprenticeship*)? Wer führt die Diskussion? Mit welcher Zielsetzung wird die Diskussion geführt? Um diese Fragen zu klären, ist eine explorative Vorstudie mit englischen Wissenschaftlern durchgeführt worden.

Es sind im Laufe des Jahres 2015 insgesamt acht persönliche Interviews mit neun Wissenschaftlern durchgeführt worden[1]. Die Gruppe der Wissenschaftler setzt sich aus Professoren, Researchern und Forschern an privaten Forschungsinstituten zusammen. Die Interviews haben fast ausschließlich in den Räumlichkeiten der Interviewpartner stattgefunden.

Bei den befragten Experten handelt es sich um Wissenschaftler, die an englischen Universitäten im Bereich der Berufsbildung tätig sind. Die Gruppe teilt sich in zwei Teilgruppen. Auf der einen Seite sind Experten des englischen Berufsbildungssystems befragt worden, die sich insbesondere mit systemischen Fragen befassen. Das Erkenntnisinteresse dieser Interviews liegt in der Überprüfung des aus der Literatur gewonnenen Wissens über das englische Vocational Education and Training (VET) System (Ist die Literatur richtig interpretiert worden?) sowie der Überprüfung der Identifizierung der relevanten Akteure. Von diesen Interviews wird insbesondere die Validierung der Quellen für den Datenkorpus erwartet. Die zweite Gruppe der Wissenschaftler umfasst Experten auf dem Gebiet der School-to-Work-Transition, der employability-Forschung sowie der prinzipiellen Forschung zu fehlenden Skills Jugendlicher bei der School-to-Work-Transition. Mittels dieser Expertengruppe wird ebenfalls zunächst die aus der Literaturanalyse gewonnene Erkenntnis überprüft. (Sind die die richtigen Schlagwörter identifiziert worden? Betrifft die Diskussion um employability auch Jugendliche, die in eine Ausbildung eintreten oder steht allein der Arbeitsmarkt im Brennpunkt? Spielt der Eintritt in die Ausbildung überhaupt eine Rolle oder müssen vor dem Hintergrund des Berufsbildungssystems nicht vielmehr der Arbeitsmarkt und das damit einhergehende wenig standardisierte On-the-job-Training betrachtet werden (Pilz 2016))?

Die sondierenden Experteninterviews sind mithilfe eines offenen Interviewleitfadens geführt worden, um zum einen zielgerichtet relevante Informationen und

---

[1] Bei einem Interview handelte es sich um ein Doppelinterview mit zwei Wissenschaftlern.

5.2 Diskursanalyse – methodisches Vorgehen

Antworten zu erhalten und zum anderen Offenheit gegenüber neuen, noch nicht bekannten Aspekten zuzulassen (Gläser und Laudel 2010, S. 107 f.).

Sämtliche Interviews sind mit einem Aufnahmegerät dokumentiert worden. Die Aufzeichnung der Interviews stellt einesteils sicher, dass keine Informationen verloren gehen (Gläser und Laudel 2010, S. 171; Patton 2002, S. 380), anderenteils wird dem Interviewer ein aktiveres Zuhören erleichtert, da die parallele Anfertigung von Notizen an Bedeutung verliert und lediglich relevante, nicht verbale Äußerungen mitgeschrieben werden müssen (Gläser und Laudel 2010, S. 171; Froschauer und Lueger 2003, S. 68).

5.2.1.1 Entwicklung der Leitfragen für die sondierenden Experteninterviews: Methodologisch-methodischer Hintergrund

Leitfragen in Leitfrageninterviews müssen mindestens offen, neutral, einfach und klar formuliert sein (Patton 1990, S. 295; Gläser und Laudel 2010, S. 122).

Gläser und Laudel (2010, S. 122 ff.) typisieren Fragen in einem Experteninterview nach vier Aspekten: nach dem Inhalt, dem Gegenstand, der Form der Antwort und der Steuerungsmöglichkeit.

Inhaltlich können mit Fragen entweder Fakten abgefragt oder Meinungen eruiert werden. Meinungsfragen beziehen sich explizit auf die Anschauung des jeweiligen Experten. Im Rahmen der sondierenden Experteninterviews wird nach einer Einschätzung der Situation durch die Experten gefragt. Da es sich bei den Experten um Wissenschaftler handelt und das im Zentrum des Interviews stehende Themengebiet ihr Forschungsinteresse mittelbar oder unmittelbar betrifft, ist davon auszugehen, dass es sich bei den Antworten um wissenschaftlich fundierte Einschätzungen und nicht um die persönlichen Meinungen handelt. Sofern der Eindruck entsteht, dass die Antwort die persönliche Meinung widerspiegelt, wird konkreter nachgefragt und die Antwort entsprechend interpretiert.

Gegenstandsbezogene Fragen können entweder realitätsbezogen oder hypothetisch sein. Hypothetische Fragen beschreiben einen angenommenen Sachverhalt und verlangen eine Meinung oder Prognose durch den Interviewpartner. Diese Art der Fragen ist ähnlich wie die Meinungsfrage daher subjektbezogen und wird vorwiegend für die Erfragung von Einstellungen des Interviewpartners verwendet. Für die Ermittlung des tatsächlichen Handelns des Interviewpartners sind diese Fragen jedoch ungeeignet. Realitätsbezogene Fragen sprechen dagegen konkret die Realität an. Damit kann das tatsächliche Handeln des Interviewpartners ermittelt werden.

Die Typisierung nach der Form der Antwort bezieht sich auf Erzählanregungen und Detailfragen. Erzählanregungen sollen mithin zu ausführlichen Beschreibungen und Erzählungen führen, wohingegen Detailfragen kurze, detaillierte Antworten effizieren. Häufig ist eine Kombination zwischen beiden Frageformen sinnvoll. Zunächst kann eine offene *Wie-*, *Warum-/Weshalb-*, *Wodurch-*, *Wozu-* u. ä. Frage gestellt werden. Lässt die Antwort des Interviewpartners relevante Aspekte offen, kann eine geschlossener formulierte Detailfrage nachgeschoben werden.

Der vierte Aspekt, den Gläser und Laudel hervorheben, ist die Steuerungsfunktion im Interview. Sie kategorisieren zwischen Einleitungsfragen, Filterfragen, Hauptfragen und Nachfragen. Am Anfang des Interviews steht – genauso wie bei jedem Themenwechsel im Verlauf des Interviews – eine *Einleitungsfrage*. Die Einleitungsfrage zu Beginn des Interviews sollte möglichst einfach formuliert sein. Sie bildet den Einstieg in das gesamte Interview und bestimmt nicht selten die Richtung. Zudem sollte der Interviewpartner abgeholt und in eine angenehme Gesprächsatmosphäre versetzt werden. Die Einleitungsfrage zu Beginn des Interviews sollte daher leicht zu beantworten sein, z. B. kann bei Interviews mit Wissenschaftlern nach dem Forschungsgebiet gefragt werden. Einleitungsfragen bzw. Überleitungsfragen zu einem neuen Themenkomplex sollten stets deutlich machen, dass ein Thema abgeschlossen ist und ein neuer Themenkomplex beginnt. *Filterfragen* dienen dem Interviewer dazu, zu entscheiden, wie das Interview fortgesetzt werden soll. Beispiel: „Bildet Ihr Unternehmen aus?" Beantwortet der Interviewpartner diese Frage mit „Nein", können alle im Zusammenhang mit der Ausbildung stehenden Fragen übersprungen werden. Das Gerüst des Interviewleitfadens bilden die *Hauptfragen*. Sie sind darauf gerichtet, von dem Interviewpartner komplexe und umfassende Antworten zu erhalten. Durch *Nachfragen* sollen die Antworten des Interviewpartners ergänzt und vervollständigt werden.

Das Interview sollte stets mit einer einfach zu beantworten und „unverfänglichen" Frage enden, um zu vermeiden, dass der Interviewpartner das Interview mit einem negativ besetzten Gefühl verlässt.

Neben der Art der Fragen unterstützt die Anordnung der Fragen den Erfolg des Interviews. Vor Beginn der ersten Frage steht eine Präambel. Hier wird zunächst die Einwilligung des Interviewpartners eingeholt, nach der Erlaubnis zur Aufzeichnung des Interviews gefragt, über den Umgang mit den Daten (Anonymität des Interviewten) und den Datenschutz allgemein aufgeklärt und das Ziel des Interviews sowie die Rolle des Interviewten erklärt.

Bei einem Leitfadeninterview muss sich der Interviewer nicht ausschließlich nach den vorformulierten Fragen richten. Häufig ist auch eine situationsspezifische Reaktion auf die Antworten des Interviewpartners vonnöten (Gläser und Laudel 2010, S. 150 f.). Der Erfolg des Interviews hängt damit auch von der situativen Fragetechnik des Interviewers ab.

Konkrete Entwicklung des Leitfadens
Der Interviewleitfaden knüpft an die Vorarbeiten, d. h. sowohl an die theoretische Fundierung als auch an die Aufarbeitung der deutschen und englischen Konstrukte aus der Literatur an. Der Aufbau sowie die Formulierung der Fragen richten sich nach den beschriebenen methodologisch-methodischen Vorüberlegungen zur Erstellung von Interviewleitfäden. Der vollständige Interviewleitfaden für die sondierenden Experteninterviews befindet sich in Anhang I.

Phase 0: Präambel
Vor Beginn des eigentlichen Interviews sollten in einem Vorspann zunächst sowohl organisatorisch, administrative Fragen – speziell hinsichtlich des Datenschutzes und der Wahrung der Anonymität des Interviewpartners – als auch Informationen über die Zielsetzung des Interviews und die Rolle des Interviewpartners gegeben werden (Gläser und Laudel 2010, S. 144). Jedes Interview beginnt aus diesem Grund mit einer Präambel, in der auf den Datenschutz und die Anonymität eingegangen wird, es wird die Erlaubnis der Nutzung eines Tonbandgerätes abgefragt und es werden der zeitliche Rahmen, das Ziel sowie die Rolle des Interviewpartners erläutert.

Phase I: Einleitungsfrage zu Hintergrundinformationen des Interviewpartners
Wie in dem vorangehenden Abschnitt notiert, sollte das Interview mit einer leicht zu beantwortenden Frage beginnen. Dadurch wird eine positive und lockere Gesprächsatmosphäre erzeugt. Die ersten Fragen beziehen sich daher auf die biografischen Details des Interviewpartners sowie auf Fragen zum Arbeitskontext. Bei nicht unabhängigen Wissenschaftlern werden zudem Fragen zu den Auftraggebern sowie deren Beeinflussung der Zielvorgaben und Rahmenbedingungen gestellt. Sofern ein Lebenslauf verfügbar ist, ist darauf Bezug genommen worden, um Vorwissen zu signalisieren.

Die Herleitung der Basisfragen wird im Folgenden vorgestellt:

1. *Currently, you are [Position und Institution]. Please explain your field of research briefly.*

Die Beschreibung des Forschungsfeldes und die folgenden Fragen zu dem beruflichen und wissenschaftlichen Hintergrund dienen der Erfassung des persönlichen Kontextes des Befragten. Gleichzeitig sind die Fragen leicht zu beantworten und symbolisieren somit einen einfachen Einstieg.

Bei Wissenschaftlern, die keiner Universität angehören und vielleicht nicht unabhängig Forschen, wird die folgende Frage ergänzt.

2. *Who is the ordering party of your research relating to topic described above?*

Im Anschluss an die Einleitungsfragen wird zu den Hauptfragen des Leitfadens übergeleitet. Der Hauptteil des Fragebogens gliedert sich in zwei Phasen, die verschiedene Aspekte des oben aufgeführten Erkenntnisinteresses abdecken: die Definition bzw. das Verständnis eines dem der deutschen Ausbildungsreife ähnlichen Konstruktes sowie die Existenz eines Diskurses um dieses Konstrukt im englischen Kontext. Je nach Interviewpartner werden Phasen des Hauptteils in den Interviews weggelassen oder fokussiert.

Phase II: Definition und Beschreibung der englischen Konzepte
In dieser Phase soll Bezug nehmend auf das ausgemalte Erkenntnisinteresse des Fragebogens auf Hintergründe zu den Konzepten eingegangen werden. Diese werden anhand der Literaturrecherche aufgegriffen und sollen mithilfe der Experten überprüft, korrigiert und/oder ergänzt werden. Dem Erkenntnisinteresse der Arbeit unter Einbezug des deutschen Konstruktes liegt der Eintritt in ein apprenticeship als Gegenstück zur deutschen dualen Ausbildung zugrunde. Die Fokussierung auf den Eintritt in apprenticeships kann aufgrund der marginalen Bedeutung dieser und der großen Unterschiede des britischen Berufsbildungssystems (siehe Abschnitt 3.2; siehe auch Pilz 2009) eine zu enge Fragestellung nach sich ziehen. Aus diesem Grund wird anstelle des Begriffes *apprenticeship* der Begriff *initial training* zur Anwendung gebracht. Unter initial training sind apprenticeships, aber auch jegliche anderen Formen einer Erstausbildung (formal und weniger formal) subsumiert. Die Anwendung des Konzeptes auf den Eintritt in ein initial training wird aus diesem Grund erfragt.

1. *Please answer spontaneously. What comes into your mind thinking about the "readiness for initial training", meaning the availability and suitability of hirable candidates for training as apprentices or any other form of initial training?*

5.2 Diskursanalyse – methodisches Vorgehen

Je nach Antwort auf die erste Frage können die folgenden Detailfragen für ein konkreteres Verständnis angefügt werden.

a. *What kind of skills do the applicants need in order to be suitable and hirable for initial training?*
b. *Which kind of skills are most important for a smooth school-to-work/school-to-initial training transition? Why?*

In der zweiten Hauptfrage dieses Teils wird auf den Anwendungskontext des oben beschriebenen Kontextes eingegangen. Hier soll zum einen die Frage geklärt werden, ob das englische Konstrukt den Eintritt in eine Ausbildung bzw. ein Training einschließt oder lediglich den Eintritt in den Arbeitsmarkt, und ob hier ggf. Unterschiede identifiziert werden. Zum anderen wird in Anlehnung an die durch die Bundesagentur für Arbeit (2009) herausgegebene Definition von „Ausbildungsreife" die Frage danach gestellt, ob die Konstrukte Mindeststandards darstellen oder Abweichungen zwischen den Sektoren zeigen.

2. *What is the area of application of the concepts you just explained.*

Wie in Frage II.1 können auch hier bei einer nicht ausreichenden Antwort weitere Detailfragen zum Tragen kommen.
Die Detailfrage II.2.a. kann gestellt werden, wenn die Antwort auf Frage II.1. allgemein den Eintritt in den Arbeitsmarkt anbelangt.

a. *Does the concept you explained above just count for the entry into work or also for the entry into an initial training/apprenticeship?*
b. *If yes, do you identify variations between the concept describing the entry into work and the entry into an initial training/apprenticeship?*
c. *Does the concept describe a minimum standard of skills applicable for all branches or do you see differences between the sectors?*

Mangelnde Ausbildungsreife wird in Deutschland hauptsächlich in Anbetracht von zwei gegenläufigen gesellschaftlichen und wirtschaftlichen Situationen in der quantitativen Ausrichtung diskutiert: dem Fachkräftemangel (Überhang des Angebots an Ausbildungsplätzen) sowie einer Knappheit an durch die Betriebe bereitgestellten Ausbildungsplätzen (Überhang der Nachfrage nach Ausbildungsplätzen) (Eberhard 2006; Jahn und Brünner 2012). Die nächste Frage zielt auf die Einordnung der englischen Diskussion in diese beiden Richtungen ab.

d. *The UK Commission for Employment and Skills (UKCES 2014b) reports that the UK faces a skills shortage and that numerous vacancies can't be filled because of a lack of suitable candidates. Which relation do you see between the skills shortage and the lacking readiness of school leavers for initial training?*
e. *Another context in which the lacking readiness of school leavers for initial training is discussed in the literature is a lack of vacancies. Which relation do you see between a lack of vacancies and the lack of readiness for initial training?*

Die vorliegende Untersuchung legt das Erkenntnisinteresse auf die historische Entwicklung der Diskussionen.

3. *Is the concept you have just described a new phenomenon? If no, how did the concept evolve/change in the historical discourse?*

Für die Identifizierung der richtigen Suchbegriffe wird eine explizite Frage zu möglichen Schlüsselbegriffen eingefügt.

4. *Which catchwords describe the phenomenon best from your perspective?*

Phase III: Existenz einer Diskussion und beteiligte Akteure
Nachdem in der zweiten Phase auf das Konzept und die spezifische Definition eingegangen wurde und gezeigt werden sollte, dass das Thema in England Aktualität besitzt, wird nun zu der Frage nach den beteiligten Akteuren übergeleitet.

1. *From your perspective, does a public, political and/or academic discussion about the "readiness for initial training" exist?*

Wenn die Antwort auf diese Erzählanregung zu unpräzise ausfällt, kann folgende Detailfrage gestellt werden:

a. *Who are the key-players involved in the English VET System?*
   (f. e. trade unions, employers, employer associations, political/public institutions (ministries, UKCES, SSCs or others), researchers)

Phase IV: Offene Frage (Schluss)
Wie im vorhergehenden Abschnitt definiert, endet das Interview nach Möglichkeit mit einer offenen, positiv konnotierten Frage, die „weder besonders schwierig noch heikel" ist (Gläser und Laudel 2010, S. 148). Dadurch wird zum Ende des

Interviews eine positive Stimmung erzeugt, die der Interviewpartner mit aus dem Interview herausträgt. Die Frage lautet:

1. *Finally, I would like to know if you want to add any aspect relating to the topic of the "readiness for apprenticeship training" of young people not covered by the interview so far. Please explain the aspect.*
(Why did you choose this aspect?)

Die letzte Frage des Interviewleitfadens wird aus diesem Grund offen gestellt und überlässt dem Interviewpartner die Entscheidung über die Antwort. Dies ist für den Interviewpartner in der Regel angenehm. Daneben wird durch die Frage Raum für relevante Aspekte geboten, die im Rahmen der Vorarbeiten nicht vorhergesehen worden sind (Gläser und Laudel 2010, 148 f.).

5.2.1.2 Aufbereitung des Datenmaterials und Auswertung der Interviews

Bevor die erhobenen Daten ausgewertet werden können, ist eine Aufbereitung des Materials unabdingbar (Mayring 2015, S. 85 f.). Bei dem Datenmaterial handelt es sich um Audiodaten, die während des Interviews aufgezeichnet worden sind. Für eine vollständige Auswertung wurde das Audiomaterial in geschriebenen Text transkribiert. Da die inhaltlich-thematische Ebene im Vordergrund steht, ist eine Standardorthografie ausreichend und non-verbale Äußerungen wurden nur in den Fällen transkribiert, in denen sie Hinweise auf die Bedeutung der verbalen Äußerung beinhalten (Mayring 2015, S. 91). Daneben wurden lediglich für die Beantwortung der spezifischen Fragestellung relevante Aussagen transkribiert (Mayring 2015, S. 97 ff.). Nicht relevante Aussagen betreffen abschweifende Erzählungen der Interviewpartner, die keinen Bezug zu den Forschungsfragen aufweisen. Damit der Sinn der Aussagen nicht verfälscht wird, wurden sie in der Originalsprache belassen. Das Ausgangsmaterial der Analyse bildet das gesamte transkribierte Material (Mayring 2015, S. 46 f.).

Die sondierenden Experteninterviews wurden inhaltsanalytisch ausgewertet. Dazu wurde ein Kategoriensystem entwickelt, welches der Strukturierung der Antworten der Interviewpartner dient. Das Kategoriensystem wurde deduktiv auf Grundlage der theoretischen Vorüberlegungen definiert, ist für induktive Anpassungen jedoch offen (Schreier 2012; Mayring 2015). Folgende Ober- und Unterkategorien wurden für die Auswertung definiert:

1. Existenz und Definition des englischen Konstrukts

a. Merkmale/Definitionsbestandteile
   b. Anwendungsbereich
   c. Schlüsselbegriffe
2. Existenz und Ausgestaltung eines englischen Diskurses
   a. Existenz einer Diskussion/Relevanz des Themas
   b. Involvierte Akteure
   c. Historische Entwicklung

5.2.2 Auswahl der Literatur und Bildung des Datenkorpus

Als zentrale Elemente der vorliegenden Diskursanalyse sind Dokumente zu betrachten, ergänzt durch Sekundärliteratur sowie Experteninterviews. Dokumente bilden die „Sprache einer jetzt zum Schweigen gebrachten Stimme" (Foucault 2013, S. 14). Sie sind demnach die oftmals einzigen Zeugnisse der Vergangenheit, die uns vorliegen, ebendiese zu rekonstruieren. Ob bzw. welche Wahrheit die Dokumente sagen, ob sie Dinge verfälschen oder richtig darstellen, dies zu interpretieren, zu rekonstruieren, kritisch zu hinterfragen, ist Aufgabe des Wissenschaftlers (Foucault 2013, S. 13 ff.). Foucault (2013, S. 15) versteht unter Dokumenten alle Materialität, die aus der Geschichte entstanden ist. Keller (2011a, S. 86 f.) zufolge sind dies prinzipiell jegliche Datenformate, von schriftlichen Dokumenten bis hin zu Artefakten oder sozialen Praktiken (z. B. Demonstrationen); sie können für die Bildung des Literaturkorpus hinzugezogen werden. Welche Dokumente den zu analysierenden Korpus bilden, beeinflusst die Rekonstruktion der Geschichte (Foucault 2013, S. 20).

Für die vorliegende Diskursanalyse werden in erster Linie schriftliche Dokumente in Form von durch die definierten Schlüsselakteure herausgegebenen Primärmaterialien durchleuchtet. Der Fokus liegt angesichts der Fragestellung auf thematischen Berichten/Reporten, Positionspapieren und Stellungnahmen. Für die Nachzeichnung der zeitlichen Entwicklung werden überdies die Jahresberichte der Schlüsselakteure hinzugezogen.

Das in der vorliegenden Diskursanalyse untersuchte Diskursfeld kann von zwei Seiten erschlossen werden. Auf der einen Seite thematisch, d. h., die Dokumente werden anhand von Schlagwörtern zusammengestellt, die den Diskurs über die mangelnden Voraussetzungen Jugendlicher beim Übergang von der allgemeinbildenden Schule in den Arbeitsmarkt schildern. Auf der anderen Seite akteursbezogen, da speziell der Diskurs zwischen den interessenpolitischen Vertretern in den Blick genommen wird. Hier werden die Publikationen der

Akteure, z. B. die Jahresberichte, nach Äußerungen zum untersuchten Themenfeld durchsucht und dann analysiert (vgl. zu der Einordnung Keller 2011a, S. 85).

Die Auswahl des zu bearbeitenden Datenmaterials ist von zentraler Bedeutung, da der Materialkorpus die Grundlage der Analyse bildet (Foucault 2013, S. 20). Eine Übersicht über den Literaturkorpus befindet sich in Anhang 2 und 3.

5.2.2.1 Zusammenstellung des deutschen Literaturkorpus

Wie im vorangehenden Kapitel ausgeführt, wird der Literaturkorpus von zwei Ebenen aus erstellt. Einerseits erfolgt die Suche vom Akteur aus, andererseits vom Untersuchungsgegenstand aus. Für die deutsche Diskussion eignet sich der erste Zugang vom Akteur aus im besonderen Maße, da eine umfassende Dokumentation an jährlichen Berichten besteht, die das Thema Berufsbildung ausschließlich oder integriert umfassen und damit die bildungspolitisch relevanten Themen der einzelnen Jahre wiedergeben.

In den Jahresberichten der Akteure wird nach Äußerungen zu dem Untersuchungsgegenstand gesucht. Dazu werden die Berichte systematisch nach Passagen durchforscht, die allgemein Probleme beim Übergang Jugendlicher von der Schule in den Arbeitsmarkt bzw. die Ausbildung angeben und speziell mangelnde Voraussetzungen von Abgängern der allgemeinbildenden Schule bei dem Eintritt in die Ausbildung thematisieren.

Die Akteure in Deutschland sind zum einen die Sozialpartner. Hier ist auf der Arbeitgeberseite insbesondere das Kuratorium der deutschen Wirtschaft (KW) zu nennen. Die wichtigsten Arbeitgeberverbände sind in diesem Gremium vertreten. Das KW besitzt im Besonderen eine Koordinierungsfunktion. Trotz des Zusammenschlusses zum KW vertreten einzelne Arbeitgeberverbände teils divergierende bildungspolitische Einzelpositionen. Hervorzuheben sind insofern BDA, DIHK/DIHT und ZDH (Busemeyer 2009, S. 78). Um ein umfassendes Bild nachzuzeichnen, werden die Positionen der Einzelverbände und nicht die des KW analysiert. Auf der Gewerkschaftsseite sind neben dem DGB insbesondere die Industriegewerkschaft Metall (IG Metall), die Industriegewerkschaft Bergbau, Chemie, Energie (IG BCE)) sowie die Vereinte Dienstleistungsgewerkschaft (ver.di) berufsbildungspolitisch engagiert (Busemeyer 2009, S. 78). Da ver.di mit der Gründung im Jahr 2001 eine vergleichsweise junge Gewerkschaft ist und eine Analyse ihrer Dokumente den Diskurs im untersuchten Zeitverlauf somit nicht abbildet, wird sie in der Analyse nicht berücksichtigt. Da es sich sowohl bei der IG Metall als auch bei der IG BCE um Industriegewerkschaften handelt, die IG Metall jedoch mit Blick auf ihre Mitgliederzahlen bedeutender ist als die IG BCE, werden für die Analyse Publikationen der IG Metall als Industriegewerkschaft herangezogen. Neben den Publikationen der Sozialpartner wird für die Analyse der Position des Staates der Berufsbildungsbericht als offizielle Publikation des BMBF herangezogen, da es sich bei dem Berufsbildungsbericht um eine seit 1977 konstant veröffentlichte Publikation handelt, in der alle wichtigen, die Berufsbildung betreffenden politischen Entwicklungen verschriftlicht werden. Zudem gibt der Berufsbildungsbericht durch die Möglichkeit der Stellungnahmen neben der Position des Bundesministeriums auch die Position der Sozialpartner inklusive der Bundesländer wieder. Da der Fokus der Diskursanalyse auf schriftlich fixierten Positionen und nicht auf verbalen Äußerungen liegt, wurde auf eine Analyse der Dokumentationen der Parlamentssitzungen (u. a. Bundestag und Bundesrat) verzichtet.

5.2.2.2 Zusammenstellung des englischen Literaturkorpus

Für den englischen Korpus ist das im deutschen Kontext angewendete Verfahren weniger sinnvoll. Zum einen sind die untersuchten Organisationen in England volatiler als in Deutschland, was eine konsistente Untersuchung erschwert. Zum anderen gehen die existierenden Jahresberichte der Schlüsselakteure weniger auf thematische Schwerpunktsetzungen und bildungspolitische Themen als vielmehr auf organisatorische und finanzielle Fragestellungen ein. Letzteres betrifft vor allem die Darlegung der Finanzkennzahlen. Aus diesem Grund wird für die Erstellung des englischen Literaturkorpus der in Abschnitt 5.2.2 beschriebene zweidimensionale Zugang gewählt.

Sofern vorhanden, wird ebenfalls auf Jahresberichte der berücksichtigten Akteure zurückgegriffen, da diese für die Nachzeichnung der Entwicklung im Zeitverlauf aufgrund ihrer Kontinuität am geeignetsten sind. Da die Jahresberichte im englischen Fall nicht ausreichen, um den gesamten Diskurs abzubilden, wird darüber hinaus auf thematische Dokumente zurückgegriffen.

Die Zusammenstellung des Literaturkorpus der neueren englischen Literatur erfolgt durch gezielte Recherche auf den Internetseiten der jeweiligen Akteure. Gesucht wird nach Publikationen (thematische Reports, Positionspapiere, Diskussionspapiere), die den Untersuchungsgegenstand umfassen. Für ältere Publikationen wurde die Bibliothek des Institute of Education in London (https://www.ucl.ac.uk/library/) sowie ergänzend die Bibliothek der Universität zu Köln (www.ub.uni-koeln.de) herangezogen. Gesucht wurden Dokumente unter der Autorenschaft der Schlüsselakteure mit inhaltlichem Bezug zu dem Thema. Sofern die Dokumente im Original nicht verfügbar waren, wurde auf Sekundärliteratur zurückgegriffen. Diese Fälle sind durch die entsprechende Zitation gekennzeichnet.

Die Landschaft der Schlüsselakteure in England ist ebenfalls vielschichtiger als in Deutschland. Dokumente sowie Akteure wurden aus diesem Grund auf

Grundlage der sondierenden Experteninterviews definiert und anschließend mit einer Wissenschaftlerin aus dem Bereich der Berufsbildung im Rahmen eines Forschungsaufenthalts in England kalibriert. Für die Analyse wurden folgende Akteure herangezogen (Tabelle 5.1):

Tabelle 5.1 Untersuchte Akteure in England (eigene Darstellung)

Akteursgruppen	Akteur (untersuchter Zeitraum in Jahren)
Non-departmental public body	Manpower Services Commission (MSC) (1971–1987) Learning and Skills Council (LSC) (2003–2007) UK Commission for Employment and Skills (UKCES) (2008–2017)
Arbeitgebervertreter	Confederation of British Industry (CBI) (1971–heute) British Chambers of Commerce (BCC) (1971–heute)
Gewerkschaften	Trade Unions Congress (TUC) (1971–heute)

Die erste Gruppe bilden *non-departmental public bodies (NDPB)*. Diese unterliegen offiziell keinem Ministerium und arbeiten unabhängig von der jeweiligen Regierung. Die Finanzierung geschieht jedoch aus öffentlichen Geldern, und das zuständige Ministerium muss für die Aktivitäten der Organisation Rechenschaft ablegen. Im Zentrum der Tätigkeit des NDPB steht die Beratung des jeweiligen Ministeriums (hier insbesondere die für Bildung und/oder Arbeit zuständigen Ministerien) zu bildungspolitisch relevanten Fragestellungen. In den NDPBs werden die nationalen Prioritäten in bildungspolitischen Fragestellungen festgelegt (Cuddy und Leney 2005, S. 24 ff.). Die Analysen der Dokumente dieser Organisationen spiegeln somit zwar nicht die politischen Entscheidungen, aber die politisch relevanten Themen wider.

Die CBI, BCC sowie der TUC wurden als zu betrachtender Arbeitgeber- bzw. Arbeitnehmerverband ausgewählt, da es sich bei allen dreien um große und einflussreiche Verbände handelt (Schmedes 2008, S. 220 ff.).

5.2.3 Dimensionen für die Analyse der Daten

Um eine nachvollziehbare Auswertung und Analyse des in dem im Datenkorpus zusammengestellten Materials gewährleisten zu können, müssen die Werkzeuge definiert und klar abgegrenzt werden. Im Zuge dessen werden verschiedene Auswertungsebenen unterschieden (Keller 2011a, S. 99 ff.):

1. Kontext bzw. soziale Situiertheit einer Aussage
   - *Wer* produziert *wie, wo, wann* und *für wen* eine Aussage?
2. Argumentationsmuster
   - Was ist das Thema eines Textes?
   - Welche Argumente, Klassifikationen oder Kategorien werden aufgegriffen?
   - Werden Unterthemen eingeführt?
   - Welche Bedeutung kommt den verwendeten Begriffen/Konstrukten zu?
   - Was sind die Kernbestandteile einer Aussage?

Die Auswertungsebenen und ihre Unterkategorien werden im Folgenden hergeleitet und definiert. Darauf aufbauend wird ein Analyseraster für die Feinanalyse der Daten entwickelt.

5.2.3.1 Kontextdimensionen einer Aussage

Aussagen sind in der Regel situiert. Die Untersuchung der sozialen Situiertheit, d. h. des sozialen Kontextes, in dem eine Aussage getroffen wurde, bildet deswegen den ersten wichtigen Untersuchungsschritt einer Diskursanalyse (Keller 2011a, S. 84 f.). Die Analyse des sozialen Kontextes schließt die Beziehung zwischen Sender und Empfänger ein. Der Kontext kann in diesem Fall z. B. die Meinung des Senders widerspiegeln. Fernerhin umfasst der soziale Kontext Gegenpositionen, welche implizit oder explizit kritisiert werden (Billig 1987, S. 88).

Die Frage „*wer wie wo* [*wann*] und für *wen* eine Aussage produziert" (Keller 2011a, S. 99; Einfügung durch die Autorin) bildet für die Analyse der sozialen Situiertheit demnach den Ausgangspunkt. Keller (2011a, S. 100) unterscheidet drei Arten von Kontextdimensionen.

1. Der *historisch-soziale, zeitdiagnostische Kontext* beschreibt den zeitgeschichtlichen, gesellschaftlichen, wirtschaftlichen Kontext, in dem die Aussage getroffen bzw. die Texte erzeugt worden sind.
2. Der *institutionell-organisatorische Kontext* charakterisiert das institutionelle Feld bzw. das organisatorische Setting, in dem die Daten entstanden sind, und eruiert, ob für das Feld spezifische Strukturmerkmale oder Textformate gelten. Diese Kontextart umfasst auch das Publikum der Texte, die Verbreitungsart, die Sprachform, die Themen, die Gegenpositionen und die Machtverhältnisse.
3. Der *situative Kontext* identifiziert schließlich den konkreten Verantwortlichen (Verfasser, Autor, Herausgeber) des Dokumentes und seine institutionell-organisatorische sowie situative Position und Zugehörigkeit.

Der institutionell-organisatorische sowie der situative Kontext sind durch die Fragestellung und Datenauswahl bereits abgedeckt, da die Akteure und ihre Ansichten zu dem Thema im Mittelpunkt stehen. In der Analyse werden der institutionelle sowie der situative Kontext der Aussagen aufgegriffen.

Zentrales Element für die Beantwortung der Fragestellung nach den Rahmenbedingungen bzw. dem Kontext, in dem der Diskurs aufkommt, ist der historisch-soziale, zeitdiagnostische Kontext. Für die vorliegende Arbeit umfasst er in erster Linie Fragen des Ausbildungsmarktes, der Bewerberstruktur, der Angebotsstruktur, konjunkturelle Faktoren, aber auch politische Aspekte wie Diskussionen um Gesetze.

5.2.3.2 Argumentationsmuster: Interpretative Analytik der Inhalte

Die Dimension des Argumentationsmusters oder die „Interpretative Analytik der Inhalte" (Keller 2011a, S. 101) umfasst die inhaltliche Analyse der Aussagen. Keller (2011a, S. 101 ff., 2008, S. 82 ff.) schlägt die heuristischen Werkzeuge Deutungsmuster, Phänomenstrukturen und narrative Strukturen zur Analyse der gesellschaftlichen, sozialen und politischen Wissensverhältnisse vor.

Deutungsmuster

Deutungsmuster meint in seiner allgemeinsten Form „die Organisation der Wahrnehmung von sozialer und natürlicher Umwelt in der Lebenswelt des Alltags" (Lüders und Meuser 1997, S. 58). Sie sind an keinen spezifischen Forschungsansatz geknüpft. Die erste Verwendung des Begriffs geht auf ein unveröffentlichtes Manuskript von Oevermann aus dem Jahr 1973 zurück (Keller 2008, S. 83; s. auch Lüders 1991; Lüders und Meuser 1997). Deutungsmuster sind an der Schnittstelle zwischen Handlung und Struktur, Individuum und Gesellschaft zu verorten (Lüders und Meuser 1997, S. 58 f.). Sie sind „verinnerlichte kognitive Gebilde", die die „Angemessenheitsurteile von Individuen" leiten (Keller 2008, S. 83). Sie sind ein Werkzeug, um Problemstellungen im alltäglichen Leben zu bewältigen und eine Routine zu generieren. Dadurch werden Handlungsprobleme der Alltagspraxis erst praktikabel und erträglich gemacht (Oevermann 2001, S. 539). Deutungsmuster können demnach definiert werden als

> „ein Ergebnis der ‚sozialen Konstruktion von Wirklichkeit', d. h. ein historisch-interaktiv entstandenes, mehr oder weniger komplexes Interpretationsmuster für weltliche Phänomene, in dem Interpretamente mit Handlungsorientierungen, Regeln u. a. verbunden werden. [...] Soziale Akteure eignen sie sich in Sozialisationsprozessen und in Auseinandersetzung mit medialen Wissensangeboten an und orientieren ihr eigenes Deuten und Handeln daran" (Keller 2008, S. 84 f.).

Die Normen und Werte, die der Auseinandersetzung um ein soziales Konstrukt zugrunde liegen, müssen ebenfalls in die Analyse der Deutungsmuster mit aufgenommen werden. Die Diskussionen beziehen häufig soziale Dilemma im weiteren Sinne mit ein (Billig 1987, S. 87 f.). In Diskursen werden verschiedene Deutungsmuster miteinander verknüpft (Keller 2008, S. 85). Um die Beiträge der einzelnen Akteure zu analysieren, muss, sofern die Dokumente es zulassen, demnach zunächst das durch sie konstruierte Verständnis des jeweils genutzten Konstruktes der Voraussetzungen am Übergang von der allgemeinbildenden Schule in die Ausbildung oder den Ersteintritt in den Arbeitsmarkt, erfasst und herausgearbeitet werden.

Die Analyse der Deutungsmuster bildet den ersten Schritt zur interpretativen Analytik der Inhalte.

Phänomenstruktur (Argumentationsmuster)
Der zweite Schritt zur interpretativen Analytik der Inhalte ist die Herausarbeitung und Beschreibung der Phänomenstruktur. Unter Zuhilfenahme der Analyse der Phänomenstruktur kann die inhaltliche Strukturierung eines Diskurses erfasst werden. Keller (2011a, S. 103 ff., 2008, S. 86 ff.) unterscheidet zwei Aspekte der analytischen Rekonstruktion der Inhalte:

1. Dimensionale Erschließung der allgemeinen Zusammensetzung der Phänomengestalt.
2. Inhaltliche Ausführung der im ersten Schritt erschlossenen Dimensionen.

Die Dimensionen der Phänomenstruktur werden aus dem Material heraus erschlossen und in Form von Kodes, d. h. einer abstrakten Benennung einzelner Diskursbausteine, erfasst. Die einzelnen Daten enthalten oft nur Teile der Dimensionen, sodass eine aussageübergreifende Erschließung notwendig ist (Keller 2011a, S. 103 f.). Die Dimensionen können z. B. die Benennung von Ursache-Wirkungs-Zusammenhängen, Zuständigkeiten und Verantwortung, Problemdimensionen oder Wertimplikationen darstellen (Keller 2011a, S. 103). Die inhaltliche Ausführung der erschlossenen Dimensionen beschreibt z. B. die in dem Beitrag definierten Ursachen und die anschließenden Handlungsaufforderungen (Keller 2011a, S. 105). Es werden unter Berücksichtigung der Fragestellung die in Abschnitt 2.5 hergeleiteten und definierten Elemente interessenpolitisch genutzter attributionstheoretischer Argumentation als Rahmen für die Analyse der Phänomenstruktur in Gebrauch genommen.

Narrative Struktur
Die narrative Struktur, auch Story Line, roter Faden oder narratives Muster genannt, verbindet die einzelnen Teile einer Aussage zu einer Geschichte. Narrative Strukturen setzen damit Deutungsmuster und die Dimensionen der Phänomenstruktur zueinander in Beziehung (Keller 2011a, S. 110 f., 2008, S. 89 f.). Die Herstellung von Kausalzusammenhängen durch *Stories* sind von besonderer Bedeutung. Durch Story Lines können (kollektive) Akteure aus Politik, Wirtschaft und Wissenschaft einen Diskurs führen, indem eine gemeinsame Grunderzählung gewählt wird. Diese kann sich z. B. in der gemeinsamen (oder unterschiedlichen) Vorstellung der kausalen und politischen Verantwortung, der Dringlichkeit des Problems und der Handlungsaufforderungen manifestieren. Durch Story Lines wird die Rolle von Akteuren definiert und Probleme werden auf- bzw. abgewertet (Keller 2008, S. 90).

5.2.4 Methodisches Vorgehen bei der Feinanalyse der Daten

Für die Auswertung der Experteninterviews sowie für die Feinanalyse der Daten der Literaturkorpusse wird die qualitative Inhaltsanalyse als Methode vor dem Hintergrund der diskursanalytischen Fragestellung angewandt (Schreier 2012, S. 49; Phillips und Hardy 2002, S. 10). Die Inhaltsanalyse des Materials ermöglicht eine systematische Zusammenfassung der relevanten Textbestandteile, um so die Materialfülle zu strukturieren. Die Elemente werden jedoch als Teil des Diskurses interpretiert. Sofern die qualitative Inhaltsanalyse in diesem Sinne als Instrument zur Durchführung der Diskursanalyse eingesetzt wird, können Diskursanalyse und qualitative Inhaltsanalyse kombiniert werden (Schreier 2012, S. 49).

Die Dokumente wurden anhand der strukturierenden Inhaltsanalyse nach Mayring (2015, S. 92 ff.) analysiert. Die strukturierende Inhaltsanalyse ermöglicht das Material auf Grundlage zuvor festgelegter Ordnungskriterien in Form eines Kategoriensystems zu strukturieren und die wesentlichen, den Diskurs betreffenden Elemente herauszufiltern (Mayring 2015, S. 92 ff.)

Für die Durchführung der Diskursanalyse wurde ein Kategoriensystem erstellt, welches auf den oben beschriebenen Dimensionen fußt. Das Kategoriensystem wurde hauptsächlich deduktiv gebildet, blieb für induktive Elemente jedoch offen (Mayring 2015, S. 65 ff.).

Im Analyseprozess wurde das Material gesichtet und die betreffenden Textstellen den verschiedenen Kategorien zugeordnet, um diese anschließend strukturiert zusammenzufassen.

Die Bildung der deduktiven Kategorien erfolgt auf Grundlage der theoretischen Vorüberlegungen (insbesondere Kapitel 2). Folgendes Kategoriensystem wird der Analyse zugrunde gelegt:

1. Kontext
2. Deutungsmuster
3. Argumentationsmuster
    a. Identifiziertes Problem
    b. Ursache und Perspektive der Ursachenbetrachtung
    c. Verursacher
    d. Verantwortung zur Handlung und Perspektive der Verantwortung
    e. Konkrete Handlungsempfehlung/Lösung
4. Narrative Struktur
    a. Genutztes Narrativ
    b. Unterstützende Elemente (u. a. Personalisierung, Intentionalisierung)

Das Kategoriensystem ist bewusst offengehalten, um die Vielschichtigkeit des Diskurses abbilden und dennoch die Argumentationsmuster strukturiert darstellen zu können. Von diesem Kategoriensystem ist sowohl für die Auswertung der Dokumentenanalyse als auch für die Auswertung der Experteninterviews Gebrauch gemacht worden.

5.2.5 Positionierung der Argumentationsstränge der Schlüsselakteure anhand der Positionsanalyse

Im Anschluss an die Diskursanalyse wird für jede Periode eine Positionsanalyse der Argumentationsstränge der Schlüsselakteure vorgenommen. Diese fungiert in erster Linie zur Veranschaulichung der in der jeweiligen Periode argumentativ eingenommenen Positionen. Die Positionsanalyse ist an die Situationsanalyse nach Clarke (2012) angelehnt. Im Rahmen der Situationsanalyse werden Position-Maps erstellt, die die wichtigsten in den Daten eingenommenen Positionen zu den bedeutendsten Themen visualisieren. Sie generieren demnach ein Analysetool für die im Rahmen einer Diskursanalyse gesammelten Daten (Clarke 2012, S. 165). Clarke nimmt dabei als Ausgangspunkt die unterschiedlichen, in dem Diskurs vertretenen Positionen und gibt diese auf unterschiedliche grafische Weise wieder (siehe für weitere Details Clarke 2012, S. 165 ff.).

Vor dem Hintergrund der Forschungsfrage steht im Zentrum der hier vorgenommenen Positionsanalyse jedoch nicht die inhaltlich unterschiedlich ausgeprägten Positionen, sondern vielmehr die Positionierung der Akteure im Diskurs. Als Grundlage für die Positionierung der Akteure werden die Perspektiven auf die Übergangsforschung (siehe Abschnitt 2.4) gewählt und grafisch illustriert (siehe Abbildung 5.2). Die Akteure werden in dem Graphen der durch sie eingenommenen Hauptperspektive zugeordnet. In der beispielhaften Positionsanalyse nimmt die AG-Vertretung eine hauptsächlich pädagogisch-bildungswissenschaftliche Perspektive ein, während die AN-Vertretung eine eher volkswirtschaftlich-arbeitsmarktbezogene Perspektive beansprucht. Derjenige Akteur, der der staatlichen Ebene zugeordnet ist, nimmt wiederum eine pädagogisch-bildungswissenschaftliche Perspektive mit gesellschaftlich-sozialpolitischen Elementen ein. Die Zuordnung der Akteure zu den Perspektiven erfolgt nicht nach quantitativen Maßstäben, sondern ist interpretativer Natur. Die Einteilung gründet lediglich auf Richtgrößen, nicht auf quantitativ überprüfbaren Maßstäben.

Die Positionsanalyse gestattet somit eine übersichtliche Darstellung der Positionen der Akteure im Diskurs. Ihr ist die Aufgabe zugewiesen, die nachstehenden Fragen, die die vorherige Diskursanalyse bündelt, zu beantworten:

- Wo stehen Arbeitgeber- und Arbeitnehmervertretungen im Diskurs und wo der Staat?
- Nehmen sie unterschiedliche oder ähnliche Positionen ein?
- Verändern sich die Positionen über die Zeit und vor unterschiedlichen Kontexten oder sind sie konstant?

5.3 Triangulation durch Experteninterviews

Zur Validierung der aus den Dokumenten gewonnenen Daten wird diese im Sinne der Methoden-Triangulation durch Experteninterviews mit Vertretern der Akteursgruppen ergänzt (Flick 2011, S. 41 ff.). Die Interviews dienen dazu, die Inhalte der rein schriftlichen Dokumente hinsichtlich ihrer gelebten Relevanz zu überprüfen. Das heißt, es wird der Frage nachgegangen, ob die in den Dokumenten aufgeführten Positionen durch die Experten widergespiegelt werden. Da es sich bei den Experteninterviews um Zeitaufnahmen handelt und ein Großteil der interviewten Experten keine lange berufliche Erfahrung in dem Feld vorweisen, werden

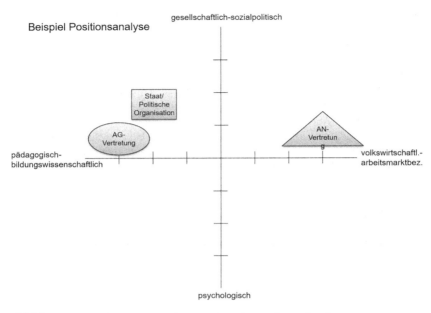

Abbildung 5.2 Beispiel einer Positionsanalyse (eigene Darstellung)

lediglich die Inhalte der letzten Perioden auf ihre Übereinstimmung zwischen Dokumenten und Experten überprüft.

5.3.1 Durchführung der Experteninterviews

Da die Experteninterviews mit den Schlüsselakteuren dem Ziel der Überprüfung der in der Dokumentenanalyse eruierten Daten dienen, sind als Interviewpartner Vertreter der im Rahmen der Dokumentenanalyse berücksichtigten Organisationen gewählt worden. Es ist darauf geachtet worden, dass die gewählten Vertreter Erfahrungen im Politikfeld Bildung, Ausbildung und/oder Arbeitsmarkt besitzen. Die Interviews sind persönlich in den Räumlichkeiten der Interviewpartner durchgeführt worden. Sofern ein persönliches Gespräch nicht möglich war, wurde das Interview telefonisch geführt. Die Dauer variierte zwischen dreißig und neunzig Minuten. Die Interviews mit den englischen Schlüsselakteuren wurden

5.3 Triangulation durch Experteninterviews

hauptsächlich im Jahr 2015, die mit den deutschen hauptsächlich im Jahr 2017 durchgeführt.

Interviews mit je einem Vertreter der folgenden Schlüsselakteure sind durchgeführt worden:

England:
- UKCES
- BCC
- CBI
- TUC

Deutschland:
- BDA
- IHK
- ZDH
- IG Metall
- DGB

Die Interviews bilden demnach nicht das gesamte Spektrum der in der Dokumentenanalyse berücksichtigten Akteure ab. Da die Interviews der Überprüfung der Übereinstimmung der Dokumenteninhalte und Expertenmeinungen dienen, können die Inhalte der fehlenden Akteure nicht überprüft werden. Wenn es inhaltlich zu keinen großen Diskrepanzen zwischen den befragten Vertretern und den analysierten Dokumenten der Schlüsselakteure kommt, wird verallgemeinernd davon ausgegangen, dass durch Organisationen publizierte Dokumente die gelebte Relevanz der Organisation widerspiegeln. In diesem Fall kann davon ausgegangen werden, dass auch die Inhalte der Dokumente, die nicht durch Experteninterviews überprüft werden konnten, inhaltlich valide sind.

5.3.2 Entwicklung des Interviewleitfadens

Die Interviews dienen folgerichtig nicht der Überprüfung der Ergebnisse, d. h., die Experten werden nicht mit den Resultaten der Diskursanalyse konfrontiert. Vielmehr lehnt sich der Interviewleitfaden an die theoretischen Vorüberlegungen (siehe Kapitel 2) sowie an das für die Diskursanalyse verwendete Kategoriensystem an (siehe Abschnitt 5.2), um den Interviewleitfaden möglichst antwortoffen zu gestalten.

Die bereits in Abschnitt 5.2.1 vorgenommenen methodologisch-methodischen Überlegungen sind auf die Entwicklung dieses Interviewleitfadens übertragbar. Lediglich mit Meinungsfragen muss differenzierter umgegangen werden: In den Interviews mit den Schlüsselakteuren werden durch die Abfrage der Argumentationsstrukturen auch indirekt Meinungen abgefragt. Zu Beginn der Interviews wurde betont, dass sich das Interesse ausschließlich auf die Anschauung des kollektiven Akteurs bezieht, z. B. auf die Gewerkschaft, und nicht auf den individuellen Akteur, den Interviewpartner, richtet. Dennoch besteht die Gefahr, dass die eigene Ansicht, die von der institutionellen Meinung differieren kann, die Antwort beeinflusst. Dies ist dem Untersuchungsfeld geschuldet, welches ein weiches Thema darstellt, ein breites Spektrum von Zugängen erlaubt, gleichzeitig gesellschaftlich wie politisch kontrovers diskutiert wird und zu sozial erwünschten Antworten verleitet. Daher liegt der Hauptfokus der Interviewfragen in diesem Leitfaden auf Faktfragen. Die Fragen betreffend der Argumentationsstruktur und der Ursachenzuschreibung sind trotzdem als indirekte Meinungsfragen zu erachten, sie wurden vorsichtig gestellt und die Antworten wurden kritisch interpretiert (Gläser und Laudel 2010, S. 116). Eine Unterscheidung der Aussagen, die die eigene Meinung widerspiegeln und jene, die die Ansicht der Organisation vertreten, ist nicht immer möglich. Aus diesem Grund werden die Aussagen der Interviewpartner als Aussagen eines Vertreters des Schlüsselakteurs interpretiert und nicht als Aussagen des Schlüsselakteurs an sich.

Der konkrete Interviewleitfaden baut auf dem für die sondierenden Experteninterviews genutzten Leitfaden auf (siehe Abschnitt 5.2.1). Der Leitfaden befindet sich in Anhang 4. Für die Interviews in England ist der Leitfaden unter Berücksichtigung der englischen Besonderheiten hinsichtlich der Fachsprache und des im Mittelpunkt stehenden Konzeptes übersetzt worden.

Der Leitfaden beginnt wie der Leitfaden für die sondierenden Experteninterviews mit einer Präambel sowie Einleitungsfragen zu Hintergrundinformationen des Interviewpartners. Auch die Fragen zu dem Verständnis des Konstruktes durch die jeweilige Organisation (Deutungsmuster) werden aus dem Interviewleitfaden für die sondierenden Experteninterviews übernommen.

An die Fragen zu dem Verständnis des Konstruktes schließen sich Fragen zu dem Diskurs und die Argumentationsmuster der Akteure an. Einige Fragen für diesen Teil des Interviews sind ebenfalls dem für die sondierenden Interviews formulierten Leitfaden entnommen, es erfolgt jedoch eine Ergänzung zu den Argumentationsmustern der Akteure.

Phase III: Fragen bezüglich der Rolle des Akteurs in dem politischen Diskurs und das genutzte Argumentationsmuster (Phänomenstruktur)
Die theoretische Basis der Frage in dieser Phase bilden die in Kapitel 2 und 5.2 getroffenen Vorüberlegungen.

1. *Aus Ihrer Perspektive, existiert ein politischer Diskurs über Ausbildungsreife?*

5.3 Triangulation durch Experteninterviews

Die anschließenden Detailfragen gehen auf die (empfundenen) Rollen der eigenen Organisation/Institution in der Diskussion sowie weitere in die Diskussion involvierte Schlüsselakteure ein.

a. *Ist die/der [Name der Organisation] in diesen Diskurs involviert? Wenn ja, wie/in welcher Art und Weise?*
b. *Welche anderen Akteure sind nach Ihrer Ansicht in den Diskurs involviert?*

Die nächste Frage richtet sich wieder direkt an die Ursachen- und Verantwortungszuschreibung, die der Interviewpartner im Hinblick auf die fehlende Ausbildungsreife vornimmt.

2. *Was denken Sie, wo liegt die Ursache für die mangelnde Ausbildungsreife der Jugendlichen begründet?*

Falls notwendig, kann die Frage anhand von Beispielen konkretisiert werden:

i. *Bei den Jugendlichen (z. B. die Jugendlichen verfügen über eine unzureichende Vorbildung)*
ii. *Bei den Eltern (z. B. die Unterstützung durch das Elternhaus fehlt)*
iii. *Bei den Schulen (z. B. die Schulen bereiten die Jugendlichen nicht ausreichend auf das Arbeitsleben vor; die Berufsorientierung ist unzureichend; Fokus auf akademische Bildungsgänge)*
iv. *Bei den Unternehmen (z. B. zu hohe Anforderungen; zu wenig Ausbildungsplätze → Lernschwache haben dadurch Nachteile)*
v. *Bei der Regierung (z. B. die Berufsbildungspolitik ist fehlerhaft)*
3. *Sprechen andere in die Diskussion involvierte Schlüsselakteure, die Sie vorhin angesprochen haben, dem Phänomen der mangelnden Ausbildungsreife andere Ursachen zu? Wenn ja, welche?*

Die letzte Frage zielt auf die aus der Sicht der Akteure notwendigen Handlungsmaßnahmen bzw. Lösungsvorschläge sowie die Verantwortung für ihre Umsetzung ab.

4. *Welche Maßnahmen sollten aus Ihrer Sicht getroffen werden, um der mangelnden Ausbildungsreife zu begegnen?*
    a. *Wer ist für die Gestaltung, Implementierung und Finanzierung der Maßnahmen verantwortlich?*

b. *Fordern andere Schlüsselakteure andere Maßnahmen, um der mangelnden Ausbildungsreife Jugendlicher zu begebenen? Wenn ja, welche?*

Der Interviewleitfaden schließt mit einer offenen Frage, die analog zu dem Leitfaden für die sondierenden Experteninterviews gestellt worden ist.

5.3.3 Auswertung der Experteninterviews

Die Aufbereitung des Datenmaterials vollzieht sich analog zu dem in Abschnitt 5.2.1 aufgeführten Vorgehen bei der Aufbereitung des Datenmaterials der sondierenden Experteninterviews. Es erfolgt eine Volltranskription der Audiodaten, um ggf. sensible Aussagen, insbesondere betreffs der Fragen zu den Argumentationsmustern und – wo möglich – der beschriebenen Problematik der Vermischung von akteursbezogener und individueller Meinung, zu begegnen.

Für die Auswertung der Transkripte der Experteninterviews ist die qualitative Inhaltsanalyse vor dem Hintergrund der diskursanalytischen Fragestellung angewandt worden (Schreier 2012, S. 49). Anzusehen ist sie als ein gängiges und sinnvolles Instrument für die Auswertung von qualitativen Interviews (Mayring 2015; Lamnek 2010, S. 434 f.). Sie folgt einem systematischen Ablauf und ist kein Standardinstrument. Das Verfahren ist aus diesem Grund in Anlehnung an die strukturierende Inhaltsanalyse nach Mayring an die Forschungsfrage und die Zielsetzung im Rahmen der Diskursanalyse angepasst worden (Mayring 2015, S. 48 f.; S. 92 ff.; siehe für eine ausführliche Beschreibung Abschnitt 5.2.4).

Um eine inhaltliche Überprüfung der im Rahmen der Diskursanalyse untersuchten Dokumente zu gewährleisten, ist das Auswertungssystem der Interviews analog zu dem in der Dokumentenanalyse verwendeten Auswertungssystem aufgebaut (siehe Abschnitt 5.2.4). Dies betrifft vornehmlich die Kategorien für die interpretative Analytik der Inhalte mit der Unterkategorie der Deutungsmuster (Verständnis), der Beschreibung der Phänomenstruktur (Argumentationsstruktur, Ursache, Verursacher, Verantwortungszuschreibung und Handlungsaufforderungen) und den Kontextdimensionen (involvierte Akteure). Das Material wurde anhand dieses Kategoriensystems geordnet und thematisch zusammengefasst.

Die *Hauptkategorien* orientieren sich an den oben beschriebenen Fragen der Analyse:

- Deutungsmuster
- Phänomenstruktur

5.3 Triangulation durch Experteninterviews

Die Formulierung der *Oberkategorien* erfolgte auf der Grundlage der für die Erstellung des Interviewleitfadens getroffenen Vorüberlegungen und griff die zentralen Annahmen und Definitionen wieder auf. Dies sind zum einen die deutsche Definition der Ausbildungsreife, die Frage der involvierten Akteure sowie die Frage nach den Argumentationsmustern (siehe Abschnitt 5.2.3 und 2.4).

Die Bildung der *Unterkategorien* erfolgte sowohl induktiv als auch deduktiv. Ein Beispiel für eine deduktive Unterkategorie ist die *Verantwortung für die Handlung*, welche bspw. der *Politik* oder den *Arbeitgebern* zugesprochen werden kann. Die Unterkategorien *Rahmenbedingungen am Arbeitsplatz* oder *Berufsorientierung* der Oberkategorie *Handlungsaufforderungen/Lösungsvorschläge* sind Beispiele für eine induktive Kategorienbildung.

Folgende Haupt- und Oberkategorien sind für die Auswertung formuliert worden:

1. Deutungsmuster (Verständnis)
   a. Merkmale/Definitionsbestandteile
   b. Anwendungsbereich
2. Phänomenstruktur: (Argumentationsmuster)
   a. Existenz einer Diskussion/Relevanz des Themas
   b. Rolle der eigenen Organisation
   c. Andere involvierte Akteure
   d. Argumentationsmuster
      i. Identifiziertes Problem
      ii. Ursachen
      iii. Verursacher
      iv. Verantwortlichkeit
      v. Handlungsaufforderungen/Lösungsvorschläge

Befunde – der deutsche Diskurs

6.1 Der deutsche Diskurs im Zeitverlauf

Für die Beantwortung der Fragestellung (siehe Kapitel 1) wurde der zusammengestellte Literaturkorpus (siehe Anhang 2) hinsichtlich Aufkommen, Intensität und Kontext des Diskurses sowie in Bezug auf im Diskurs genutzte Argumentationsmuster analysiert.

Um die Entwicklung im Zeitverlauf vor dem Hintergrund des Kontextes über den analysierten Zeitraum besser dokumentieren zu können, erfolgt eine Einteilung in Perioden. Jahn und Brünner (2012) haben einen Zusammenhang zwischen der Angebots-Nachfrage-Relation und der öffentlichen Berichterstattung zu dem Thema *Ausbildungsreife* nachgewiesen. Demnach wird stärker über das Thema berichtet, wenn die Chancen der Jugendlichen auf einen Ausbildungsplatz schlechter sind. Der Gesamtzeitraum wird in Anlehnung an den Befund von Jahn und Brünner in durch Nachfrage- bzw. Angebotsüberhang geprägte Perioden eingeteilt. Anders als in der volkswirtschaftlichen Disziplin wird unter Nachfrage die Nachfrage nach Ausbildungsplätzen durch Jugendliche und unter Angebot das Angebot von Ausbildungsplätzen durch die Betriebe verstanden (Pilz 2004, S. 180). Der Wendepunkt für die nächste Periode bildet jeweils das Jahr, in dem ein Wechsel von Angebots- zu Nachfrageüberhang und umgekehrt stattfindet. Folgende Zeitabschnitte lassen sich ableiten:

1. Periode ca. 1973 bis 1978: Nachfrageüberhang,
2. Periode 1979–1981: Angebotsüberhang,
3. Periode 1982–1986: Nachfrageüberhang,
4. Periode 1987–1995: Angebotsüberhang,
5. Periode 1996–1999: Nachfrageüberhang,

6. Periode 2000–2001: Angebotsüberhang,
7. Periode 2002–2007: Nachfrageüberhang,
8. Periode 2008–2018: Angebotsüberhang.

Abbildung 6.1 stellt die Entwicklung der Angebots-Nachfrage-Relation grafisch dar.

Die analysierten Dokumente sind vergangenheitsbezogen. Das heißt, bspw. umfasst der Berufsbildungsbericht des Jahres 2016 den Zeitraum vom 30. September 2014 bis zum 30. September 2015. Bei der Analyse der Dokumente wird diese Verschiebung berücksichtigt, indem z. B. der Berufsbildungsbericht von 2016 (auch) für die Analyse der Situation im Jahr 2015 hinzugezogen wird.

Der Beginn der ersten Periode ist nicht klar definierbar. Der erste Berufsbildungsbericht erscheint im Jahr 1977 und bezieht sich rückwirkend auf Teile des Jahres 1976. Daher beginnt die Betrachtung dieser Veröffentlichung ab dem Jahr 1976. Ferner ist anzumerken, dass erst ab diesem Jahr die offizielle Statistik zur Ausbildungsmarktbilanz vorliegt (siehe Abbildung 6.1). Die Dokumente der Arbeitgeberverbände (die Berufsbildung des Deutscher Industrie- und Handelstag (DIHT) (jetzt DIHK) und der Jahresbericht der BDA) reichen in das Jahr 1973 zurück und die Publikationen der IG Metall bzw. des ZDH sogar noch weiter, und zwar bis in die 1950er-Jahre. Die Analyse dieser Dokumente beginnt dennoch ebenfalls erst ab den 1970er-Jahren. Um diesen Zeitabschnitten ebenfalls zu berücksichtigen, werden diese Publikationen gleichermaßen in die Analyse einbezogen. Aus den damaligen Berichten des DIHT und der BDA geht hervor, dass sich der Nachfrageüberhang ab diesen Jahren bereits andeutet. So ist in der Berufsbildung 1973/74 des DIHT vermerkt:

„Die Schere zwischen den angebotenen und den unbesetzten Ausbildungsstellen ist dabei immer kleiner geworden: 1972/73 wurden nur noch 101.828 Ausbildungsplätze nicht besetzt. Vorausgegangen waren diesem Alarmzeichen bereits einzelne Meldungen aus Arbeitsamtsbezirken, aus denen hervorging, daß [sic] die Zahl der angebotenen Ausbildungsstellen nicht nur 1973 weiter abgenommen hatte, sondern daß [sic] sich auch für 1974 ein weiterer ganz erheblicher Rückgang abzeichnete, und zwar soweit, daß [sic] nicht alle Jugendlichen in Ausbildungsstellen vermittelt werden konnten" (DIHT 1974, S. 31).

Die erste Periode bezieht sich aus diesem Grund auf den Zeitraum ab ca. 1973 bis 1978.

6.1 Der deutsche Diskurs im Zeitverlauf 109

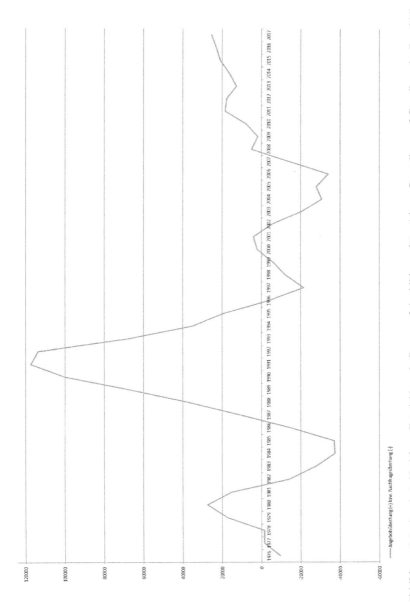

Abbildung 6.1 Angebots-Nachfrage-Entwicklung in Bezug auf Ausbildungsplätze (eigene Darstellung auf Grundlage der Berufsbildungsberichte)

Abbildung 6.1[1] veranschaulicht die Entwicklung der Relation der offiziell gemeldeten[2] angebotenen und nachgefragten Ausbildungsplätze über die Zeit.

Aufbauend auf den Dimensionen für die Untersuchung der Daten (siehe Abschnitt 5.2.3) wird die Analyse durchgeführt. Die Resultate werden für jede Periode in die Dimension Kontext sowie Argumentationsmuster gegliedert. Anschließend erfolgen eine Bündelung der Aussagen sowie eine Positionsanalyse der Ergebnisse (siehe Abschnitt 5.2.5).

Kontext
Die Kontextfaktoren ergeben sich aus den in Augenschein genommenen Dokumenten. Die eigene politische Position wird in den jeweiligen Kontext eingebettet. Die Interpretation der Kontextfaktoren ist ebenfalls interessenpolitisch motiviert. Unter dem Bereich Kontext werden demnach zum einen die Kontextdimensionen der Aussagen (hier insbesondere der Zeit) aufgeführt, zum anderen wird bereits eine interpretative Analytik der Inhalte vorgenommen, da auch die Kontextdarstellung als eine Form der Argumentation zu erachten ist.

Argumentationsmuster
Bei diesem Bereich steht die Frage im Kern des Interesses, ob in der entsprechenden Periode das Klagelied vom schlechten Bewerber gesungen worden ist, d. h., ob die Voraussetzungen der Schulabgänger in negativer Weise hervorgehoben wurden und in welchem argumentativen Narrativ. An dieser Stelle wird demnach das zugrunde liegende Deutungsmuster (Abschnitt 5.2.3.2) erforscht. Mithin stellt sich beispielsweise die Frage, über welche Bewerber das Klagelied gesungen wird. Sind es Bewerber im Allgemeinen oder sogenannte Problemgruppen?

Nebstdem wird hier der Kern des Diskurses durchleuchtet: Welche Argumentationsmuster liegen der Klage zugrunde? Ist die Argumentation pädagogisch-bildungswissenschaftlich, psychologisch, sozial oder arbeitsmarktbezogen geprägt (Abschnitt 2.4)? Sind attributionstheoretische Muster (siehe Abschnitt 2.3) bei der Zuschreibung der Verantwortlichkeit sowie den Handlungen/Lösungsvorschlägen erkennbar?

---

[1] Die Perioden vor der Wiedervereinigung umfassen die Zahlen von Westdeutschland. Ab 1990 werden die Zahlen von Ost- und Westdeutschland zugrunde gelegt.

[2] Die später eingeführte erweiterte Angebots-Nachfrage-Relation erfasst dagegen auch diejenigen ausbildungssuchende junge Menschen, die zum Stichtag 30. September bereits eine Alternative zu einer Ausbildung gefunden haben, nach wie vor aber einen Vermittlungswunsch besitzen (BMBF 2018, S. 31).

6.1.1 Erste Periode ca. 1970 bis 1978

6.1.1.1 Kontext: angespannte Situation auf dem Ausbildungsstellenmarkt und Diskussion um eine Ausbildungsplatzabgabe

Die erste Periode von 1973 bis 1978 ist durch einen Nachfrageüberhang geprägt. Es gibt mehr unvermittelte Bewerber als nicht besetzte Ausbildungsstellen.

Den Bundeskanzler (zunächst Willy Brandt von 1969 bis 1974, später Helmut Schmidt von 1974 bis 1982) stellt über die Berichtsperiode hinweg die arbeitnehmernahe SPD. Die Regierung besteht aus einer Koalition zwischen SPD und FDP.

Die angespannte Situation auf dem Ausbildungsstellenmarkt ist nach Ansicht des DIHT auf eine gestiegene Nachfrage aufseiten der Bewerber bei einer gleichzeitig konstanten Zahl an Ausbildungsverträgen zurückzuführen:

> „Eine nahezu gleichbleibende Zahl von Ausbildungsverträgen bringt aber insofern Schwierigkeiten mit sich, als die Zahl der Abgänger aus dem allgemeinbildenden Schulwesen, also der 15-Jährigen, auf Grund der geburtenstarken Jahrgänge weiter wächst. Die Zahl der Bewerber um einen Ausbildungsplatz wird größer" (DIHT 1974, S. 32).

Genau wie der DIHT vertritt das Handwerk die Auffassung, dass ein Rückgang der Ausbildungsplätze nicht zu bemerken ist (ZDH 1976, S. 231). Die Gewerkschaftsseite sieht die Gründe für die angespannte Situation auf dem Ausbildungsstellenmarkt dagegen bei einem mangelnden Angebot an Ausbildungsplätzen von Arbeitgeberseite im Kontext des 1969 erlassenen Berufsbildungsgesetzes und den damit einhergehenden höheren Qualitätsanforderungen an die Ausbildung. So heißt es im Geschäftsbericht des DGB 1972–1974 (siehe auch IG Metall 1979, S. 338 f.):

> „Die Erhebungen machten deutlich, daß [sic] die Betriebe offensichtlich nicht bereit sind, Berufsbildungsanforderungen, die über das primäre Betriebsinteresse hinausgehen, zu erfüllen. Insgesamt wirken sich deshalb die steigenden Qualitätsanforderungen reduzierend auf das Angebot an Ausbildungsplätzen aus" (DGB 1974, S. 189). Und weiter: „[...] gegen eine Kampagne der Industrie- und Handelskammer und der Arbeitgeberverbände 1973/ Anfang 1974, bei der die Arbeitgeberseite anhand des oben dargestellten Rückgangs des Angebotes an Ausbildungsplätzen darzustellen versuchte, daß [sic] dieser Rückgang auf das BBiG und auf die beabsichtigte Berufsbildungsreform seitens der Bundesregierung zurückzuführen sei, protestierte der Deutsche Gewerkschaftsbund [...]" (DGB 1974, S. 199).

Im Kontext mit dem Nachfrageüberhang wird 1976 das Ausbildungsplatzförderungsgesetz erlassen. Ebendieses sieht vor, dass zur „Sicherung eines qualitativ und quantitativ ausreichenden Angebots an Ausbildungsplätzen [...] finanzielle Hilfen [...] gewährt werden" können (Bundestag, § 1). Demnach kann die Bundesregierung, wenn sie in einem Kalenderjahr feststellt, dass der Angebotsüberhang unter 12,5 Prozent beträgt, eine Ausbildungsplatzabgabe (Berufsbildungsabgabe) erheben. Ziel der Berufsbildungsabgabe ist die quantitative und qualitative Sicherstellung des Ausbildungsplatzangebotes. Damit möchte die Bundesregierung die betriebliche Ausbildung konjunkturunabhängiger gestalten. Der Maßstab soll „nicht primär der kurzfristige Bedarf der Wirtschaft, sondern die Nachfrage und die Ausbildungsbereitschaft der Jugendlichen" sein (BMBW 1977, S. 3). Jedem ausbildungswilligen Jugendlichen soll ein Angebot auf einen Ausbildungsplatz gemacht werden. Die Bundesregierung kann von der Erhebung der Umlage absehen, wenn sie davon ausgehen kann, dass im folgenden Kalenderjahr ein ausreichendes Angebot an Ausbildungsplätzen bestehen wird (Schelten 2010, S. 129). Damit ist vonseiten der Bundesregierung ein „Drohinstrument" (Schelten 2010, S. 129) geschaffen worden, welches darauf abzielt, die Wirtschaft zu einem höheren Angebot an Ausbildungsplätzen anzuhalten (Schelten 2010, S. 129 f.).

Die Reaktionen auf das Ausbildungsplatzförderungsgesetz sind unterschiedlich. Die Gewerkschaftsseite begrüßt grundsätzlich die Neuregelung der Finanzierung und sieht hierin die Lösung für die „Sicherung der Ausbildungsplätze unabhängig vom Ermessen der Arbeitgeber wie für die Qualität der Ausbildung, die außerordentlich unterschiedlich ist und Anlaß [sic] zu Kritik gibt" (DGB 1974, S. 189; siehe auch IG Metall 1976, S. 479 ff.). Das Ausbildungsplatzförderungsgesetz sieht sie jedoch kritisch im Sinnen von nicht weitreichend genug:

„Am Ende blieb ein für die Gewerkschaften unbefriedigendes Ausbildungsplatzförderungsgesetz übrig, das die auf Bundesebene bestehenden Einrichtungen und Gremien zusammenfaßt [sic] sowie Grundlagen für eine erste statistische Erfassung der Berufsbildungssituation bot. Es schafft aber weder im Bereich der Finanzierung der beruflichen Bildung noch in der Frage der Mitbestimmung der Arbeitnehmer die notwendigen und demokratischen Voraussetzungen für eine Bildungsreform. Jahrzehntelange Versäumnisse und die ideologischen Vorbehalte der Arbeitgeber machten sich im Zusammenhang mit der für die derzeitigen Schulabgänger nicht ausreichenden Ausbildungsstellensituation zusätzlich bemerkbar. Trotz der Forderungen der Gewerkschaften sind keine Alternativen zum dualen Ausbildungssystem in Form von schulischen berufsqualifizierenden Angeboten im nennenswerten Umfang geschaffen worden. Der Mangel an Ausbildungsplätzen wurde von den Arbeitgeberverbänden und ihren Kammern rigoros ausgenutzt, um die gerade in

6.1 Der deutsche Diskurs im Zeitverlauf

dieser Situation notwendigen Reformen zu verhindern. Unter dem Begriff ‚Beseitigung sogenannter ausbildungshemmender Vorschriften' wurden von ihnen selbst Ausbildungsrahmenpläne in Frage gestellt, die erst kurz zuvor in Abstimmung mit ihnen und mit ihrer Zustimmung geschaffen worden waren" (DGB 1977, S. 210).

Die Arbeitgeberseite ist gegen die Umlagefinanzierung der beruflichen Bildung, da sie ein staatliches Eingreifen in ihre Autonomie befürchtet. Der DIHK sieht eine „restriktive Wirkung der Berufsbildungsabgabe" (DIHT 1976, S. 13; siehe auch ZDH 1976, S. 229). Das Kuratorium der deutschen Wirtschaft, in dem sich BDA, DIHT, ZDH und andere Arbeitgeberverbände für Fragen im Bereich der Berufsbildung zusammengeschlossen haben, spricht sich bereits 1973 gegen eine Änderung des Finanzierungssystems aus. Diese würde nicht zu einer „Qualitätsverbesserung in der Berufsausbildung" führen. „Vielmehr sei eine Angleichung der Qualität und die Beseitigung bestehender Mängel in der außerschulischen Berufsbildung vor allem durch folgende Maßnahmen zu erreichen" (BDA 1973, S. 98). Als erster Punkt in der Aufzählung wird die Leistungsverbesserung in der Sekundarstufe I genannt. Somit spielt die Arbeitgeberseite indirekt auf eine mangelnde Schulbildung der Absolventen der allgemeinbildenden Schulen nach der Pflichtschulzeit an und setzt diese argumentativ mit der Ausbildungsplatzabgabe in Verbindung.

Die Wirtschaft (DIHT 1976, S. 13) sei bereit, ihre soziale Verantwortung wahrzunehmen und den Jugendlichen in absehbarer Zeit mehr Ausbildungsplätze zu offerieren. Die geburtenstarken Jahrgänge seien „vorübergehender Natur und stellten ein Sonderproblem auch für die Bildungspolitik dar" (DIHT 1976, S. 13). Dieser Meinung schließen sich BDA und ZDH an. Die Wirtschaft habe durch die Erhöhung des Ausbildungsplatzangebotes unter Beweis gestellt, dass sie aus eigener Initiative schwierige Probleme lösen kann (BDA 1978, S. 84; siehe auch ZDH 1978, S. 257).

Während der ZDH das Ziel formuliert, „allen Jugendlichen, die es wünschen, einen Ausbildungsplatz anzubieten" (ZDH 1978, S. 257), nehmen der DIHK und die BDA die Einschränkung vor, allen willigen und *geeigneten* Jugendlichen einen Ausbildungsplatz bereitstellen zu wollen (DIHT 1976, S. 30, 1977, S. 13; BDA 1976, S. 70). Wer geeignet ist, wird durch die Unternehmen selbst bestimmt, da diese über die Einstellung der Auszubildenden entscheiden (Pilz 2004, S. 177 f.).

Hier setzt eine Kritik der IG Metall an dem BBiG von 1969 an. Diese richtet sich an die

„in der Berufsbildung herrschenden Verhältnissen, unter denen die Machtpositionen der Unternehmer unangetastet blieben und die Arbeitnehmer weiter benachteiligt werden. [...] Nach wie vor sind die Betriebe – abgesehen von der begleitenden

Berufsschule – fast die einzigen Ausbildungsstätten. Öffentliche Ausbildungseinrichtungen wurden nicht geschaffen. Damit bleibt das Ausbildungsmonopol der Arbeitgeber erhalten, auch die Kontrolle und Regelung liegt weiter bei den Kammern" (IG Metall 1968–1970, S. 374 f.). Denn *„nach wie vor entscheidet der Unternehmer allein, ob und wieviel er ausbilden will. Ein Recht auf Berufsausbildung gibt es nicht"* (IG Metall 1973, S. 331).

Aus dieser Kritik leitet die IG Metall Forderungen ab, die berufliche Bildung als öffentliche Aufgabe zu gestalten und durchzuführen, den Arbeitnehmern Mitbestimmung auf allen Ebenen zu gewähren sowie die Finanzierung neu zu regeln (IG Metall 1970, S. 377).

6.1.1.2 Argumentationsmuster: Fehlende Berufsreife und Schulbildung wird beklagt, insbesondere bei besonderen Personengruppen

Neben der Forderung nach „Leistungsverbesserungen in der Sekundarstufe I" (BDA 1973, S. 98) erwähnt die BDA die mangelnde Ausbildungsreife Jugendlicher nicht. Sie geht zwar auf die fehlende Berufsreife ein, beschränkt diese aber explizit auf „besondere Personengruppen". Darunter versteht die BDA „Jugendliche mit fehlender Berufsreife, Hauptschüler ohne Abschluß [sic] und Sonderschüler." Diese verkörpern das Kernproblem der Jugendarbeitslosigkeit (BDA 1977, S. 78). Wie genau sich die fehlende Berufsreife manifestiert, bleibt unklar.

Der DIHT führt die mangelnden schulischen Leistungen gleichfalls als Argument auf. So heißt im Bericht aus dem Jahr 1973:

„Auch die immer unzureichender werdende Vorbildung der Ausbildungsstellenbewerber hält manche Betriebe davon ab, weiterhin in der Ausbildung tätig zu sein. Klein- und Mittelbetriebe zumal können es sich nicht leisten, die schulischen Versäumnisse im Betrieb nachholen zu lassen" (DIHT 1974, S. 35).

Der DIHT verknüpft in dieser Argumentation die abnehmende Ausbildungsbereitschaft der Betriebe direkt mit der Qualität der Bewerber. Ferner wird keine explizite Einschränkung auf bestimmte Problemgruppen vorgenommen, sondern allgemein von Ausbildungsstellenbewerbern gesprochen. Der DIHT verortet das Problem damit im pädagogisch-bildungswissenschaftlichen Bereich und sieht die Ursache in der mangelnden Vorbereitung durch die Schulen. Bei der Argumentation der BDA ist diese Verortung nicht so explizit. Die Aufzählung der *besonderen Personengruppen* deutet auf eine gesellschaftlich-sozialpolitische Perspektive hin, die auf die sozialen Aspekte der Integrationsfunktion beruflicher Bildung verweist. Diese Integration wird jedoch nicht in der Verantwortlichkeit der Betriebe, sondern beim Staat gesehen. In den Jahren 1974 bis 1977 nimmt auch der DIHT die gesellschaftlich-sozialpolitische Perspektive verstärkt in den Blick und thematisiert die pädagogisch-bildungswissenschaftlichen Betrachtungswinkel nicht weiter. Probleme sieht der DIHT im Speziellen bei zwei Personengruppen: den schulmüden und desinteressierten Jugendlichen sowie den „leistungsgeminderten Jugendlichen, die entweder noch nicht berufsreif sind oder aber die geistigen Voraussetzungen für eine Berufsausbildung nicht mitbringen" (DIHT 1975, S. 27), denn diese sei auf Jugendliche mit Haupt- oder Realschulabschluss ausgerichtet (DIHT 1976, S. 26). Mit Blick auf die schulmüden und desinteressierten Jugendlichen bringt der DIHT die psychologische Sichtweise mit ein, die auf eine stärkere Berufsorientierung abzielt. Bei der anderen Gruppe, derjenigen der leistungsgeminderten Jugendlichen, bleibt offen, was unter Berufsreife verstanden wird und wie diese erreicht werden kann. Auch der ZDH führt an, „daß [sic] es nicht nur auf das quantitative und qualitative Angebot von Ausbildungsplätzen ankomme, sondern auch auf die Motivierung der Jugendlichen, das vielfältige Angebot anzunehmen" (ZDH 1977, S. 223). Als einen Lösungsvorschlag sieht das Handwerk daher bessere Informationen betreffs des verfügbaren Angebotes durch die Arbeitsämter.

Während der DIHT die leistungsgeminderten Jugendlichen oder die Jugendlichen ohne Hauptschulabschluss nicht als geeignet sieht, eine Berufsausbildung – so wie sie in dieser Periode festgeschrieben war – zu absolvieren, vertritt das BMBF[3] eine andere Anschauung:

„Unter den Schulabgängern gibt es Gruppen von Jugendlichen, deren Ausbildungschancen durch körperliche, geistige oder seelische Behinderungen, durch andersgeartetes und unzureichend entwickeltes Lernvermögen oder durch fehlenden Schulabschluß [sic] beeinträchtigt sind. Für einen großen Teil dieser Jugendlichen – die aufgrund der Vielfalt der Ausbildungsberufe durchaus in anerkannten Berufen ausgebildet werden könnten – entstehen vor allem dann Probleme, wenn das Gesamtangebot an Ausbildungsplätzen nicht ausreicht" (BMBW 1977, S. 22).

---

[3] Das Bundesministerium für Bildung und Forschung (BMBF) unterlag im Verlauf des Untersuchungszeitraumes einigen Namensänderungen (z. B. Bundesministerium für Bildung und Wissenschaft). Aus Gründen der Einheitlichkeit wird im Fließtext das für Bildung zuständige Ministerium in jeder Periode als BMBF bezeichnet. Bei den Quellenangaben der Zitate wird die jeweils aktuelle Namensbezeichnung verwendet.

Die Ursache liegt gemäß dieser entworfenen Argumentationslinie in einem unzureichenden Ausbildungsplatzangebot begründet und nicht in der Leistungsfähigkeit der Schulabgänger. Folgt man dieser Darlegung, liegt die Fähigkeit zu handeln im Verantwortungsbereich der Unternehmen. Für sie ließen sich zwei Handlungsalternativen entfalten: Entweder könnten sie die Anforderungen auch bei größerem Angebot nicht erhöhen oder sie könnten mehr Ausbildungsplätze bereitstellen. Dadurch könnten sogar die sogenannten Problemgruppen in die Ausbildung integriert werden und die Jugendarbeitslosigkeit könnte in zweiter Konsequenz gemindert werden. Beide Handlungsalternativen laufen aus Arbeitgebersicht gegen betriebswirtschaftliche Überlegungen, die jedoch einen Teil der Entscheidungsgrundlage für oder gegen die Ausbildung verkörpern (Niederalt et al. 2001, 26 ff.). Hier setzt eine Forderung der IG Metall an. Berufliche Bildung dürfe sich nicht an kurzfristigen einzelbetrieblichen Interessen orientieren, sondern müsse die Vermittlung langfristig verwertbarer Qualifikationen sicherstellen (IG Metall 1976, S. 477). Aus ihrer Sicht sind

> *„Jugendarbeitslosigkeit und Mangel an Ausbildungsplätzen [...] die krassesten Folgen eines Systems beruflicher Ausbildung, das von einzelbetrieblichen Interessen und kurzfristigen betriebswirtschaftlichen Kosten-Nutzen-Denken geprägt ist"* (IG Metall 1976, S. 477).

Als Folge des strukturell verschlechterten Angebots an Ausbildungsplätzen sieht die IG Metall eine Verstärkung der ohnehin vorhandenen Benachteiligung, zuvorderst die Auslesemechanismen aufgrund sozialer Herkunft hätten sich verschärft:

> *„Hauptschüler ohne Abschluß [sic] und Sonderschüler werden zunehmend aus dem Berufsbildungssystem gedrängt. Für Hauptschüler, besonders Hauptschülerinnen, hat sich der Zugang zu einem Ausbildungsplatz deutlich erschwert. Bei der Bewerbung um einen qualifizierten Ausbildungsplatz bevorzugen viele Betriebe Abiturienten bzw. Schulabgänger mit Fachhochschulreife. Gleichsam unter der Hand findet damit eine Staffelung qualitativ unterschiedlicher Ausbildungsberufe nach schulischer Vorbildung und sozialer Herkunft statt. Als Kehrseite der verstärkten sozialen Benachteiligung Jugendlicher hat sich im Berichtszeitraum eine Entwicklung verfestigt, gegen die wir uns in aller Schärfe wenden: Die zunehmende Kennzeichnung und Aussonderung von Teilgruppen der Beschäftigten als sogenannte ‚Problemgruppen' des Arbeits- und Ausbildungsmarktes. **Schon die Bezeichnung z. B. von Frauen, Ausländern und Jugendlichen als ‚Problemgruppen' unterstellt, daß [sic] diese Beschäftigungsgruppen insgesamt mit persönlichen Mängeln behaftet sind. Eindeutig lenkt hier die Zuschreibung individueller Mängel von den gesellschaftlichen Ursachen der Probleme, z. B. Mangel an Ausbildung und Arbeit, ab.** So werden nicht strukturelle Fehlentwicklungen, sondern ‚mangelnde Leistungsbereitschaft', der ‚Trend zu Modeberufen' und eine*

‚abnehmende Begabung' zur Erklärung und damit zur Rechtfertigung der Jugendarbeitslosigkeit herangezogen" (IG Metall 1979, S. 341, Hervorhebung durch die Autorin).

Durch diese Aussage bringt die IG Metall den Mangel an Ausbildungsplätzen und das Argument der Arbeitgeberseite, die Jugendlichen seien nicht ausbildungsreif, in einen direkten Zusammenhang. Sie argumentiert, die Arbeitgeber nutzen dieses Argument lediglich, um von den eigentlichen Mängeln, einem unzureichenden Angebot an Ausbildungs- und Arbeitsplätzen, abzulenken. Die Verantwortung würde dadurch den Jugendlichen und ihren persönlichen Mängeln zugeschrieben.

Der DGB (1977, S. 165) sieht die „Schaffung von besonderen Ausbildungsmöglichkeiten für die Jugendlichen, die aufgrund eines persönlichen Mangels als nicht ausbildungsgeeignet bezeichnet werden" als Lösungsmöglichkeit, um den Engpass an Ausbildungsstellen zu beseitigen. Die Formulierung „bezeichnet werden" deutet darauf hin, dass auch der DGB dem Terminus nicht ausbildungsgeeignet nicht vorbehaltlos zustimmt. Darüber hinaus geht der DGB auf das Argument der mangelnden schulischen Voraussetzungen nicht weiter ein. Das tut er lediglich indirekt, indem er die „Einführung und Gestaltung einer wirksamen ‚Arbeitslehre'" (DGB 1977, S. 168) fordert, um den Schulen dergestalt zu gestatten, die Jugendlichen als zukünftige Arbeitnehmer „auf eine erfolgreiche Tätigkeit und wirksame Mitbestimmung in Wirtschaft, Gesellschaft und Politik vor[zu]bereiten." Das Augenmerk wird hier auf den Mitbestimmungsgedanken gelegt. Die IG Metall lehnt die Einführung von Sonderausbildungen für Jugendliche mit körperlicher oder geistiger Beeinträchtigung nicht kategorisch ab, spricht sich aber explizit gegen eine Ausweitung für andere Gruppen aus.

„Unsere Politik richtet sich vor allem dagegen, daß [sic] – vor dem Hintergrund fehlender Ausbildungsplätze – jugendliche Schulabgänger ohne Hauptschulabschluß [sic] bzw. aus Sonderschulen pauschal zu ‚Behinderten' erklärt werden. Wir haben es grundsätzlich abgelehnt, die Bestimmungen des § 48 BBiG, die auch nach arbeitgebernahen Kommentaren nur nach Prüfung des Einzelfalles und nur für Behinderte angewandt werden dürfen, auch auf den Personenkreis der Lernbeeinträchtigten auszudehnen. Das wäre ein Verstoß gegen das Berufsbildungsgesetz und eine Aushöhlung bestehender Schutzvorschriften. Oberstes Ziel der Politik der IG Metall war und ist es, lernbehinderte Jugendliche so zu fördern, daß [sic] ihnen die Aufnahme einer Ausbildung in einem anerkannten Ausbildungsberuf ermöglicht wird. Nur wenn Art und Schwere der Behinderung dies unumgänglich notwendig erscheinen lassen, sollen – darin stimmt die IG Metall mit dem Gesetzgeber überein – Sonderausbildungsgänge zulässig sein" (IG Metall 1979, S. 343).

In Hinsicht auf mögliche Lösungsansätze für den Abbau der Jugendarbeitslosigkeit betont die BDA, dass sie will, „daß [sic] ausbildungsfähige und ausbildungswillige junge Menschen ihre Chancen erhalten" (BDA 1977, S. 77). Um das zu erreichen, hat die BDA Kampagnen ins Leben gerufen, die Unternehmen dazu auffordern, ausreichend Ausbildungsplätze anzubieten. „Staatliche und Steuereingriffe sind [nach Ansicht der BDA] ungeeignet, die steigende Nachfrage nach Ausbildungsplätzen zu decken" (BDA 1977, S. 77, Einfügung durch die Autorin). Sie appelliert, dass die Zurverfügungstellung ausreichender Ausbildungsplätze eine gesamtgesellschaftliche Aufgabe und kein Problem der Jugendlichen sei und die Lasten ebenfalls von der gesamten Gesellschaft getragen werden müssten (BDA 1977, S. 77, 1978, S. 91).

6.1.1.3 Zusammenfassung und Positionsanalyse der Kausalattributionen

Insgesamt lässt sich in dieser Periode eine gegenläufige Nutzung des Argumentes der fehlenden Ausbildungsreife durch die verschiedenen Akteursgruppen erkennen (siehe Abbildung 6.2).

Eine Positionsanalyse des Diskurses (siehe Abschnitt 5.2.5; Clarke 2012, S. 165 ff.) in der ersten Periode macht augenscheinlich, dass sich zwei dominante Argumentationsstränge[4] identifizieren lassen, die sich jeweils an gegenläufigen Perspektiven ausrichten. Ein Strang folgt der pädagogisch-bildungswissenschaftlichen Perspektive, der andere der gesellschaftlich-sozialpolitischen in Verbindung mit der volkswirtschaftlich-arbeitsmarktbezogenen Anschauung.

Nach der **pädagogisch-bildungswissenschaftlichen Argumentation**, die in erster Linie durch die Arbeitgebervertretungen (BDA und DIHK) eingenommen wird, liegt die Ursache für bestehende Probleme am Übergang von der Schule in den Beruf in den fehlenden Voraussetzungen der Schulabgänger für den Eintritt in eine Ausbildung aufgrund einer mangelnden Vorbereitung durch die Schulen. Die Arbeitgeber seien entschlossen, allen willigen und geeigneten Jugendlichen einen Ausbildungsplatz anzubieten. Ein Teil der Jugendlichen ist jedoch nicht geeignet, eine Ausbildung zu beginnen. Bei den angesprochenen Schulabgängern handelt es sich um *besondere Personengruppen*, weshalb die gesellschaftlich-sozialpolitische Perspektive mit einfließt (siehe Abbildung 6.2). Damit identifizieren die Arbeitgebervertretungen eine klare Ursache (mangelnde Vorbereitung der Jugendlichen) sowie einen Verursacher (Schulen) des Problems. Die Ursache liegt damit nicht

---

[4]Der Argumentationsstrang des ZDH, welcher der psychologischen Perspektive folgt, wird an dieser Stelle als nicht dominant betrachtet und daher vernachlässigt.

6.1 Der deutsche Diskurs im Zeitverlauf

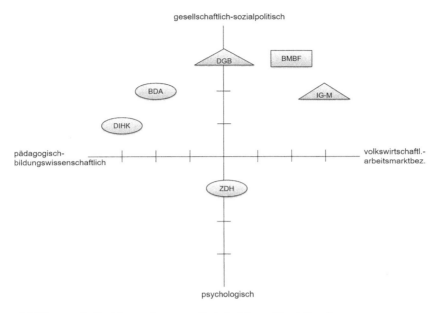

Abbildung 6.2 Positionsanalyse erste Periode (eigene Darstellung)

im individualisierten Versagen der Schüler begründet, der Verursacher ist vielmehr ein kollektiver Akteur (Schulen). Die Lösungen des Problems werden in den Verbesserungen der Sekundarstufe I sowie in der Einführung von verkürzten Ausbildungsgängen für lernschwache Jugendliche und damit außerhalb des eigenen Handlungsraumes gesehen. Eine Ausbildungsabgabe wird explizit abgelehnt. Damit erfüllt die Argumentation der Arbeitgeberseite die Merkmale der Kausalattribution, indem die Ursachen für die Entstehung des Problems externalisiert und auf einen kollektiven Akteur als Verursacher attribuiert werden (siehe Abschnitt 2.3; Gerhards 1992).

Die **gesellschaftlich-sozialpolitische in Verbindung mit der volkswirtschaftlich-arbeitsmarktbezogenen Argumentation** geht einer anderen Logik nach. Diese Argumentation wird durch die Gewerkschaftsseite, und auch durch das sich unter der rot-gelben Regierung befindende BMBF vertreten. Hiernach führt ein zu geringes Gesamtangebot an Ausbildungsplätzen zu einem Rückgang der Chancengleichheit, unter dem insbesondere benachteiligte (besondere) Personengruppen leiden. Die von dem Problem am Übergang von der

Schule in den Beruf betroffenen Personengruppen stimmen demnach mit denen im pädagogisch-bildungswissenschaftlichen Argumentationsstrang identifizierten Gruppen überein. Die Ursache für die Entstehung des Problems wird jedoch nicht bei den Schulen, sondern bei der Wirtschaft bzw. dem System gesehen.

Die Gewerkschaftsseite, und hier im Speziellen die IG-Metall, sieht die Ursache für die Probleme am Übergang von der Schule in die Ausbildung in einem zu geringen Ausbildungsplatzangebot und daraus folgenden verschärften Auslesemechanismen zulasten besonderer Personengruppen begründet. Als Verursacher werden jedoch nicht explizit bzw. nicht nur die Arbeitgeber benannt, sondern in erster Linie das System und damit das BMBF als Machtinstanz, das System zu ändern. Das System begünstige einzelbetriebswirtschaftliche Überlegungen, die dann wiederum in konjunkturell schwachen Situationen in einem zu geringen Angebot an Ausbildungsplätzen münden. Als logische Lösung des Problems wird die Einführung einer Umlagefinanzierung aufgeführt. Damit erfüllt auch die Argumentation der Gewerkschaftsseite die Merkmale der Kausalattribution (siehe Abschnitt 2.3; Gerhards 1992). Gleichzeitig intentionalisiert (Gerhards 1992, S. 312) die IG-Metall die Argumentation der Arbeitgeberseite, indem sie argumentiert, dass diese die Zuschreibung persönlicher Mängel der Schulabgänger, z. B. in Form von fehlender Berufsreife, nur vornehmen würde, um von den eigentlichen Ursachen – wie dem Mangel an Ausbildungs- und Arbeitsplätzen –, abzulenken. Da die durch die IG-Metall identifizierten eigentlichen Ursachen im Verantwortungs- und Handlungsraum der Arbeitgeber verortet sind, liegt nach dieser Argumentation eine willentliche Schaffung des Problems zur Befriedigung partikularer, einzelbetriebswirtschaftlicher Interessen vor. Durch die Intentionalisierung des Problems erhöhen sich die Chancen, dass das Problem wahrgenommen und auf die politische Agenda gesetzt wird.

Das BMBF folgt der Argumentationslogik der Gewerkschaftsseite. Es sieht die Ursache ebenfalls in einem zu geringen Angebot an Ausbildungsplätzen, Verursacher sind die Arbeitgeber, die zu wenige Ausbildungsplätze bereitstellen. Als Lösung wird eine Erhöhung des Angebots an Ausbildungsplätzen gesehen. Wenn dies nicht durch Einhaltung einer freiwilligen Selbstverpflichtung erreicht werden kann, kommt eine Umlageförderung im Rahmen des Ausbildungsplatzförderungsgesetzes in Betracht. Die Probleme am Übergang von der Schule in den Beruf sind Bestandteil der politischen Agenda, Ausbildungsreife als eigenständiges Problem jedoch nicht.

6.1.2 Zweite Periode 1979 bis 1981

6.1.2.1 Kontext: Angebotsüberhang und Entscheidung zum Ausbildungsplatzförderungsgesetz

Zum Stichtag 1979 waren bei der Bundesanstalt für Arbeit zum ersten Mal seit fünf Jahren mehr unbesetzte Ausbildungsstellen als unversorgte Bewerber gemeldet (BMBW 1979, S. 2). Diese drei Jahre andauernde Periode ist also von einem Angebotsüberhang geprägt, auch wenn dieser weniger als die im Ausbildungsplatzförderungsgesetz bestimmten 12,5 Prozent beträgt. Während die Arbeitgeberverbände dieses Ergebnis positiv hervorheben („Diese überdurchschnittliche Zunahme an Lehrverträgen […], so wird die Ausbildungsleistung des Handwerks besonders deutlich" (ZDH 1983, S. 277). „Hervorzuheben ist, daß *[sic]* das angesichts der geburtenstarken Jahrgänge vorausgesagte Defizit an Ausbildungsplätzen nicht eingetreten ist. Vielmehr hat jeder Jugendliche eine Ausbildungsstelle erhalten, wenn auch nicht immer in seinem Traumberuf. Dieses Ergebnis ist so wichtig […]" (DIHT 1980, S. 14)), sieht der DGB das Ziel der Sicherung „eines ausreichenden Angebots an Ausbildungsplätzen für alle Jugendliche nicht [als] gegeben [an]" (DGB 1981, S. 159, Einfügung durch die Autorin). Das Recht auf qualifizierte Ausbildung sei nicht verwirklicht, so der DGB (DGB 1981, S. 159). Das BMBF lobt die Ausbildungsanstrengungen der Betriebe und spricht die Erwartung aus, dass diese auch in Zukunft beibehalten werden (BMBW 1981, S. 7). Dennoch dürften sich die Verantwortlichen nicht zufriedengeben, solange nicht jeder Jugendliche, der dies wünsche, in Ausbildung sei (BMBW 1980, S. 6). Der gesellschaftliche Wunsch nach ausreichend Ausbildungsplätzen sei groß – bei den Jugendlichen und ihren Eltern sowie in der Bevölkerung insgesamt. Die Bevölkerung sieht in einer ausreichenden Ausbildung der Jugendlichen auf der einen Seite einen Beitrag für die Verbesserung der Zukunftschancen dieser, auf der anderen Seite einen Beitrag zur Leistungsfähigkeit der Wirtschaft (BMBW 1981, S. 3). Blieben Jugendliche unqualifiziert, verschärfe dies auch den bereits in einigen Bereichen bestehenden Fachkräftemangel. Um dem vorzubeugen, sollten „Betriebe daher – im Interesse der Jugendlichen und im wohlverstandenen Eigeninteresse – Jugendliche auch dann ausbilden, wenn sie nicht ihrem Bild vom ‚idealen Auszubildenden' entsprechen" (BMBF 1981, S 3).

In dieser Periode wird die Finanzierung der dualen Ausbildung in Ansehung des Ausbildungsplatzförderungsgesetzes erneut diskutiert. Die Arbeitgebervertreter im Hauptausschuss sehen wegen des Angebotsüberhanges keine Notwendigkeit für die Erhebung einer Ausbildungsplatzabgabe (BMBW 1980, S. 13,

Minderheitsvotum Arbeitgeber). Die Gewerkschaften widersprechen dieser Auffassung und bestehen weiterhin auf der Finanzierungsregelung, da nur diese ein qualitativ und quantitativ ausreichendes Ausbildungsplatzangebot sicherstelle (BMBW 1980, S. 12, Minderheitsvotum Arbeitnehmer). Ende 1980 wird das Ausbildungsplatzförderungsgesetz vom Bundesverfassungsgericht für nichtig erklärt. Die Ausbildungs-platzabgabe bleibt dennoch weiterhin im Gespräch (BMBW 1980, S. 13). Die IG Metall hebt mit Blick auf zukünftige gewerkschaftliche Forderungen hervor:

„Für die gewerkschaftliche Diskussion war es jedoch wichtig, daß [sic] die im Gesetz verankerte Finanzierungsregelung, die allerdings trotz mehrfacher Erfüllung der im Gesetz festgelegten Voraussetzungen nie in Kraft gesetzt wurde, ausdrücklich als mit der Verfassung vereinbar bestätigt wurde" (IG Metall 1982, S. 342).

6.1.2.2 Argumentationsmuster: Steigendes Vorbildungsniveau und Mangel an geeigneten Bewerbern: Alle Potenziale nutzen

Das Vorbildungsniveau der Auszubildenden ist über die Jahre angestiegen. Vornehmlich der Anteil derjenigen, die bei Ausbildungsbeginn über einen Realschulabschluss verfügen, ist von 23 Prozent im Jahr 1970 auf 34 Prozent im Jahr 1978 gestiegen. Gleichzeitig hat sich der Anteil der Jugendlichen ohne bei Ausbildungsbeginn vorhandenem Hauptschulabschluss von 21,5 Prozent (1970) auf 15 Prozent (1978) verringert (BMBW 1980, S. 1). Der Nebeneffekt dieser Entwicklung ist, dass sich die Gruppe derjenigen, die keinen Ausbildungsplatz erhält, in erster Linie aus „Jugendlichen ohne Abschluß [sic], Sonderschüler[n] und Ausländern zusammen[setzt]" (BMBW 1980, S. 63, Einfügung durch die Autorin). Die Arbeitnehmervertreter widersprechen dieser Aussage und argumentieren, Jugendliche in berufsvorbereitenden Maßnahmen würden in der Statistik unberücksichtigt bleiben, und die eigentliche Zahl der Ausbildungsplatzsuchenden sei sehr viel höher (BMBW 1980, S. 12, Minderheitsvotum Arbeitnehmer). Als Kernursache für die aus ihrer Sicht schlechte Ausbildungssituation der Jugendlichen werten die Arbeitnehmervertretungen die „Verfügungsgewalt der Arbeitgeber über das Angebot an Ausbildungsplätzen im Dualen System" (BMBW 1980, S. 12, Minderheitsvotum Arbeitnehmer). Sie fordern eine ausgeprägtere Verfügungsgewalt der Gewerkschaften und Mitbestimmung, um die gesellschaftliche Kontrolle im betrieblichen Bereich auszuweiten.

Im Gegensatz zu den vorangehenden Verlautbarungen und zu den Berichten der anderen Gruppen definiert der DIHT, was er unter Ausbildungsreife versteht:

6.1 Der deutsche Diskurs im Zeitverlauf

"Eine erfolgreiche Ausbildung setzt die Ausbildungsreife der Jugendlichen voraus. Dazu gehören vor allem zufriedenstellende Kenntnisse in den sogenannten Kulturtechniken, d. h. in Rechnen und Rechtschreibung, für manche Ausbildungsberufe aber auch technisches Verständnis oder grundlegende Fremdsprachenkenntnisse. Grundsätzlich kann nicht davon ausgegangen werden, daß [sic] die Betriebe die Vermittlung derartiger Grundkenntnisse während der Ausbildung nachholen können. Fächerübergreifend sollten die Auffassungsgabe, die sprachliche Ausdrucksfähigkeit, die Merkfähigkeit, das logische Denken, die geistige Beweglichkeit, die Kreativität, das ökonomische Denken und die organisatorische Befähigung gefördert werden. Darüber hinaus sollten Leistungsmerkmale wie Lernbereitschaft, Gründlichkeit, Sorgfalt, Belastbarkeit, Konzentrationsfähigkeit, Zielstrebigkeit und Initiative entwickelt und Persönlichkeitsmerkmale im Bereich der sozialen Kompetenz wie Zuverlässigkeit, Kontaktfähigkeit, Beurteilungsvermögen und Verantwortungsbereitschaft besonders unterstützt werden" (DIHT 1981, S. 132).

Die Herstellung der Ausbildungsreife sei vornehmlich Aufgabe der Hauptschule (DIHT 1981, S. 132). Mit dieser Definition von Ausbildungsreife werden potenziell sämtliche Jugendliche angesprochen. Die Ausbildungsreife ist demnach als eine grundsätzliche Voraussetzung für den Eintritt in eine Berufsausbildung zu betrachten. Gleichzeitig definiert der DIHK klar, dass es die Verantwortung der Schulen und nicht diejenige der ausbildenden Betriebe ist, die Ausbildungsreife herzustellen. Der DIHK nimmt somit in dieser Periode eine pädagogisch-bildungswissenschaftliche Perspektive ein. Ob die Ausbildungsreife bereits mit Erreichen des Hauptschulabschlusses erlangt wird, bleibt klärungsbedürftig. Fernerhin erfolgt keine argumentative Verbindung der mangelnden Ausbildungsreife von Schulabgängern mit Problemen bei der Besetzung von Lehrstellen.

Nach Auffassung der BDA haben die Klagen der Betriebe über einen Mangel an geeigneten Bewerbern 1980 auffallend zugenommen. Die günstige Entwicklung am Ausbildungsstellenmarkt erleichtere es den Schülern ohne Hauptschulabschluss, einen Ausbildungsplatz zu finden (volkswirtschaftlich-arbeitsmarktbezogene Perspektive) (BDA 1980, S. 79). Daneben habe sich die Wirtschaft im verstärkten Maße weiteren Problemgruppen zugewandt, insbesondere „Ausländerkinder sowie lernbeeinträchtige und behinderte Jugendliche" (gesellschaftlich-sozialpolitische Perspektive) (BDA 1980, S. 79; siehe auch DIHT 1980, S. 15; ZDH 1980, S. 277). Diese Gruppen seien sehr heterogen und müssten in vielen Fällen zunächst mit der Hilfe berufsvorbereitender Maßnahmen zur Ausbildungsreife hingeführt werden, viele könnten die Ausbildungsreife jedoch nie erlangen. Zweijährige Ausbildungsgänge werden als eine Möglichkeit hervorgehoben, die sogenannten Problemgruppen in Ausbildung zu bringen. Die Bemühungen seien jedoch bisher an dem Widerstand der

Gewerkschaften gescheitert (BDA 1980, S. 79). Zwar schließt die Definition von Ausbildungsreife des DIHK potenziell jegliche Jugendlichen ein, in dieser Periode steht bei den Arbeitgebervertretern jedoch die Frage im Mittelpunkt, wie auch Problemgruppen zur Ausbildungsreife hingeführt werden können, um vor dem Hintergrund des Angebotsüberhangs alle Potenziale zu nutzen. Insofern steht die volkswirtschaftlich-arbeitsmarktbezogene Perspektive (quantitativer Mangel an [geeigneten] Bewerbungen) in Verbindung mit der gesellschaftlich-sozialpolitischen Perspektive (Integration von Problemgruppen) im Vordergrund der Argumentation der Arbeitgeberseite. Zielgruppe der Maßnahmen zur Hinführung an die Ausbildungsreife bilden somit die Problemgruppen. Die Gruppen setzen sich aus lernbeeinträchtigen und lernbehinderten Jugendlichen zusammen, teilweise werden auch Jugendliche mit Migrationshintergrund eingeschlossen. Das dieser Periode zugrundeliegende in der Diskussion durch die Arbeitgeberverbände genutzte Verständnis von Ausbildungsreife bezieht sich demnach in erster Linie auf die oben angesprochenen Gruppen.

Durch die nach wie vor verhältnismäßig hohe Rate an Schulabgängern ohne Hauptschulabschluss weist das BMBF auf die Notwendigkeit hin, dass auch nach dem Verlassen des allgemeinbildenden Schulwesens ein „Ausgleich von Bildungs- und Sozialisationsdefiziten erfolgen muß [sic]" (BMBW 1980, S. 63). Dieses kann durch ausbildungsvorbereitende oder durch ausbildungsunterstützende Maßnahmen geschehen. Mithin sieht das BMBF zwar nicht nur die Schulen in der Verantwortung, aber auch nicht die ausbildenden Betriebe. Vielmehr soll dieser Ausgleich durch vom Staat zur Verfügung gestellten Maßnahmen erfolgen. Damit folgt auch das BMBF der gesellschaftlich-sozialpolitischen Perspektive, da in dieser Argumentation desgleichen die Integration der Problemgruppen in die Ausbildung thematisiert wird.

Hervorgehoben werden kann, dass in dieser Periode die Frage ins Zentrum rückt, wie Problemgruppen in die Ausbildung integriert werden können, auch um dem Mangel an geeigneten Bewerbern entgegenzuwirken. Sowohl Arbeitgebervertretungen als auch das BMBF sehen die Verantwortung der Herstellung der Ausbildungsreife beim Staat – durch die Hauptschulen bzw. durch die Bereitstellung staatlicher Maßnahmen zur Ausbildungsförderung oder -vorbereitung. Lediglich der Appell des BMBF an die ausbildenden Betriebe, „Jugendliche auch dann aus[zu]bilden, wenn sie nicht ihrem Bild vom ‚idealen Auszubildenden' entsprechen" (BMBW 1981, S. 3), kann als Aufforderung zur Verantwortungsübernahme gesehen werden, selbst wenn keine Klarheit dahingehend erzielt werden kann, ob *nicht ideale Auszubildende* mit *nicht ausbildungsreifen Jugendlichen* gleichzusetzen sind.

6.1.2.3 Zusammenfassung und Positionsanalyse der Kausalattributionen

Auch in dieser Periode lassen sich vier unterschiedliche Kausalattributionen identifizieren, die durch die Akteure teils gegenläufig vertreten werden (Abbildung 6.3). Die insgesamt eher geringe Beteiligung der involvierten Akteure am Diskurs lässt jedoch vermuten, dass die Relevanz des Themas in dieser kurzen Periode geringer ist als in der vorhergehenden.

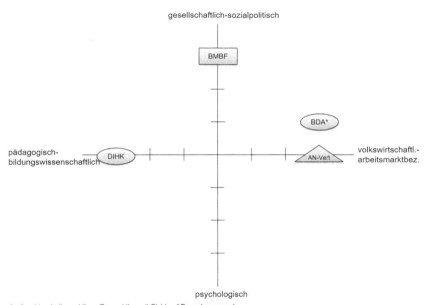

*volkswirt.-arbeitsmarktbez. Perspektive mit Sicht auf Bewerbermangel
AN-Vert: Positionierung des Minderheitsvotums der Arbeitnehmer Vertreter im Berufsbildungsbericht

Abbildung 6.3 Positionsanalyse zweite Periode (eigene Darstellung)

Die erste Kausalattribution, die durch den DIHK vertreten wird, lässt sich der **pädagogisch-bildungswissenschaftlichen Argumentation** zuordnen, sie wird jedoch in abgeschwächter Form genutzt. Entsprechend wird zwar die Ansicht vertreten, dass die Jugendlichen eine unzureichende Ausbildungsreife aufweisen und die Herstellung der Ausbildungsreife in der Verantwortung der Hauptschulen liegt (kollektiver Akteur als Problemverursacher), eine Verbindung der Ausbildungsreife mit der Besetzung von Lehrstellen wird jedoch nicht praktiziert. Der

DIHK formuliert insoweit keine Folge des identifizierten Problems „mangelnde Ausbildungsreife", eine konkrete Handlungsaufforderung an die Politik bleibt aus.

Die BDA folgt einer anderen Kausalattribution, die der **volkswirtschaftlich-arbeitsmarktbezogenen Argumentationslinie** zuzuordnen ist. Im Gegensatz zu der in der ersten und dieser Periode durch die Arbeitnehmerseite eingenommenen volkswirtschaftlich-arbeitsmarktbezogenen Argumentationslinie richtet sich der Blick der BDA nicht auf ein unzureichendes Angebot an Ausbildungsplätzen, sondern auf eine unzureichende Zahl an Bewerbern. Danach hätten die Klagen von Betrieben über einen Mangel an geeigneten Bewerbern zugenommen. Aufgrund des Angebotsüberhangs an Lehrstellen würden daher verstärkt die sogenannten „Problemgruppen" bei der Besetzung von Ausbildungsstellen berücksichtigt. Die identifizierte Ursache liegt deswegen in dem Mangel an geeigneten Bewerbern. Einen kollektiven Verursacher identifiziert die BDA jedoch nicht, vielmehr wird ein individualisiertes Versagen als Problemursache identifiziert, indem die BDA argumentiert, einige Jugendliche könnten die notwendige Ausbildungsreife nie erlangen, andere müssten durch vorbereitende Maßnahmen an diese herangeführt werden. Die Einführung von zweijährigen Ausbildungsgängen mit geringeren Anforderungen wird gleichfalls als Lösung vorgeschlagen.

Die Arbeitnehmervertreter im Hauptausschuss folgen ebenfalls einer **volkswirtschaftlich-arbeitsmarktbezogenen Argumentation**. Diese gründet auf der in Abschnitt 6.1.1.3 zur Sprache gebrachten Logik, wonach die Probleme am Übergang durch das bestehende System und durch die damit einhergehende Verfügungsgewalt der Arbeitgeber über die Zurverfügungstellung der Ausbildungsplätze und die Einstellung der Auszubildenden verursacht würden.

Das BMBF folgt in dieser Periode einer vornehmlich **gesellschaftlich-sozialpolitischen Argumentation**. Demnach seien in erster Linie die sogenannten „Problemgruppen" von den Übergangsschwierigkeiten zwischen Schule und Ausbildung betroffen. Es wird kein konkreter Verursacher – weder kollektiv noch individuell – identifiziert. Vielmehr werden normativ geprägte Wünsche formuliert, wonach Betriebe auch diejenigen ausbilden sollten, die nicht ihrem Bild vom „idealen Auszubildenden" (BMBW 1981, S. 3) entsprächen. Die formulierten Handlungsvorschläge, berufsvorbereitende Maßnahmen nach Verlassen der allgemeinbildenden Schule, liegen in der eigenen Handlungsmacht. Eine klare Kausalattribution ist daher nicht erkennbar.

Insgesamt ist in dieser Periode eine sehr schwache bis keine Kausalattribution erkennbar, was wiederum die Theorie unterstützt, dass die Relevanz der Probleme am Übergang von der Schule in die Ausbildung in dieser Periode eine untergeordnete Rolle spielen.

6.1.3 Dritte Periode 1982 bis 1986

6.1.3.1 Kontext: Nachfrageüberhang

Im Jahr 1982 wird die von Bundeskanzler Helmut Schmidt geführte Koalition aus SPD und FDP durch die von Bundeskanzler Helmut Kohl (1982 bis 1998) geleitete Koalition aus CDU/CSU und FDP abgelöst.

Gesamtwirtschaftliche Schwächetendenzen verursachen 1982 vermehrt Unternehmensinsolvenzen und als Folge eine sich verschlechternde Beschäftigungssituation (BMBW 1983, S. 1). Trotz dieser schwierigen wirtschaftlichen Verhältnisse sei ein Zuwachs an abgeschlossenen Ausbildungsverträgen um 4,2 Prozentpunkte zu verzeichnen (BMBW 1983, S. 1). Die Ausbildungsplatzsituation sei dennoch über die gesamte Periode angespannt. Neben der schlechten Konjunktur auf der Angebotsseite sei dies auch auf die geburtenstarken Jahrgänge sowie eine generell hohe Nachfrage nach Ausbildungsplätzen durch die Jugendlichen zurückzuführen (BMBW 1982, 1983, 1984, 1985, 1986).

In dieser Periode finden laut IG Metall

„*heftige politische Auseinandersetzungen über die berufliche Bildung statt. Kontrovers wurden vor allem drei Bereiche diskutiert:*

– *das Problem der ausreichenden Versorgung der Jugendlichen mit Ausbildungsmöglichkeiten, das überwiegend als sogenannter ‚Zahlenstreit' um Ausbildungsplätze behandelt wurde;*
– *die qualitative Entwicklung auf dem Ausbildungsstellenmarkt;*
– *die Frage, welche ausbildungspolitischen Instrumente geeignet sind, die beträchtlichen quantitativen und qualitativen Mängel des dualen Systems zu beheben"* (IG Metall 1985, S. 571).

Die Bereitstellung einer ausreichenden Zahl von Ausbildungsplätzen durch die Arbeitgeber, damit jeder *ausbildungswillige* Jugendliche eine Ausbildung beginnen kann, sieht das BMBF vom Bundesverfassungsgericht als bestätigt an (BMBW 1983, S. 2), denn dort heißt es:

„*Wenn der Staat in Anerkennung dieser Aufgabenteilung den Arbeitgebern die praxisbezogene Berufsausbildung der Jugendlichen überläßt [sic], so muß [sic] er erwarten, daß [sic] die gesellschaftliche Gruppe der Arbeitgeber diese Aufgabe nach Maßgabe ihrer objektiven Möglichkeiten und damit so erfüllt, daß [sic] grundsätzlich alle ausbildungswilligen Jugendlichen die Chance erhalten, einen Ausbildungsplatz zu bekommen"* (BVerfG 1980, S.16).

Die Arbeitnehmerverbände betonen den Inhalt des Urteils durch ein in Zusammenarbeit mit der gewerkschaftsnahen Hans-Böckler-Stiftung erstelltes Gutachten. Danach seien die Arbeitgeber in erster Instanz für die Bereitstellung einer ausreichenden Zahl an Ausbildungsplätzen verantwortlich. Sollten sie dem nicht nachkommen können, so sei der Staat, z. B. durch entsprechende Finanzierungsregelungen, gefordert,

> *„daß [sic] das Berufsbildungssystem ohne eine systematische Ausbildungsfinanzierung weder in der Lage sein wird, ausreichend qualifizierte Ausbildungsplätze bereit zu stellen [sic], noch einen Impuls zur Verbesserung der Facharbeiterqualifizierung auf allen Ebenen des Wirtschaftssystems zu erzielen. Es sei daher völlig unmißverständlich [sic], daß [sic] Gesamtmetall*[5] *und andere Arbeitgeberorganisationen vom ‚Irrweg Berufsbildungsabgabe' sprechen. In dem Gutachten wird unter Berufung auf das Bundesverfassungsgerichtsurteil zum Ausbildungsplatzförderungsgesetz vom Dezember 1980 noch einmal eindrucksvoll belegt, daß [sic] die Unternehmer in ihrer Gesamtheit für die Bereitstellung qualifizierter Ausbildungsplätze verantwortlich sind. Sollten sie aus eigener Kraft nicht in der Lage sein, diesen Anspruch zu realisieren, so ist der Staat gefordert, und zwar muß [sic] er über eine gesetzliche Grundlage alle Unternehmer – auch diejenigen, die sich nicht in der Ausbildung engagieren – zur Finanzierung heranziehen"* (IG Metall 1985, S. 577; siehe auch DGB 1985, S. 131).

Demzufolge ist in dieser Periode desgleichen eine Neuregelung der Finanzierung der dualen Ausbildung als Instrument zur Lösung des quantitativen Mangels im Gespräch, forciert durch die Arbeitnehmerseite. Der ZDH lehnt die Umlagefinanzierung ab und argumentiert, dass sich, *„obwohl fast 97% aller Lehrstellenbewerber einen Ausbildungsplatz erhalten haben, [...] die Forderung nach einer Umlage zur Finanzierung von zusätzlichen Lehrstellen [verstärkt hat]"* (ZDH 1984, S. 220, Einfügung und Auslassung durch die Autorin).

Gleichfalls sieht das BMBF unter der arbeitgebernahen Koalition von CDU/CSU und FDP zwar die Bereitstellung einer ausreichenden Anzahl an Ausbildungsplätzen als Aufgabe der Wirtschaft an, lehnt in der Periode eine gesetzliche Umlagefinanzierung jedoch ab:

> *„Die Bundesregierung vertraut darauf, daß [sic] die Wirtschaft sich erneut ihrer Verantwortung bewußt [sic] sei und diese Aufgabe aus eigener Kraft im Interesse der jungen Generation und im eigenen Interesse ohne Ausbildungssubvention des Bundes lösen wird. Eine gesetzliche Umlagefinanzierung wird es nach dem Willen der Bundesregierung nicht geben"* (BMBW 1984, S. 4).

---

[5]Gesamtmetall ist der Dachverband der regionalen Arbeitgeberverbände der Metall- und Elektroindustrie in Deutschland.

6.1.3.2 Argumentationsmuster: Arbeitgebervertreter äußern sich wenig, das BMBF sieht geringen Handlungsbedarf und die Arbeitnehmervertreter legen Voten ein

Zwar betrachtet das BMBF die Verantwortung für die Bereitstellung einer ausreichenden Zahl an Ausbildungsplätzen für alle ausbildungswilligen Jugendlichen als grundsätzlich bestätigt (siehe oben), jedoch erachtet es in der vorliegenden Periode, trotz Nachfrageüberhang, die Aufgabe durch die Wirtschaft als prinzipiell bewältigt und lobt die übernommene Verantwortung sowie das Engagement der Betriebe.

> *„Die Wirtschaft trägt damit die Hauptlast der Aufwendungen für die Berufsausbildung. Die Zahlen unterstreichen deutlich die Anstrengungen der Betriebe, ihrer gesellschaftlichen Verantwortung für ein ausreichendes Ausbildungsplatzangebot trotz sich verschlechternder wirtschaftlicher Bedingungen nachzukommen. Die Wirtschaft hat mit der beruflichen Bildung eine gesellschaftliche Aufgabe übernommen, die sie in eigener Verantwortung weitgehend bewältigt"* (BMBW 1983, S. 3).

> *„Es ist dieses Jahr weit mehr geschehen als die ‚Versorgung von Jugendlichen mit Ausbildungsplätzen'. Es hat sich gezeigt, was die Verantwortung der Wirtschaft und was das Engagement der vielen an der Berufsbildung Beteiligten einschließlich zahlreicher Initiativen einzelner Bürger leisten können. Die vielfältigen Initiativen haben dazu geführt, daß [sic] trotz schwieriger Wirtschafts- und Arbeitsmarktlage mehr Jugendliche als jemals zuvor in der Nachkriegszeit einen Ausbildungsvertrag abschließen konnten. Damit ist ein Zeichen gesetzt worden, das über den Bereich der beruflichen Bildung hinaus seine Bedeutung hat: wie die Mitverantwortung und der Initiativenreichtum vieler in einer freiheitlichen Gesellschafts- und Staatsordnung fruchtbar werden können"* (BMBW 1984, S. 1).

Gemäß der Arbeitgebervertretungen müsse die Wirtschaft *„erhebliche Anstrengungen"* unternehmen – und habe diese auch unternommen –, um dem *„Ziel der Wirtschaft, allen ausbildungswilligen und ausbildungsfähigen Jugendlichen eine ausreichende Zahl von Ausbildungsstellen anzubieten",* nahezukommen (BDA 1983, S. 61; u. a. auch DIHT 1983, S. 11; ZDH 1983, S. 223). Sie wäre trotz erheblicher wirtschaftlicher Schwierigkeiten durch die Bereitstellung von über den geschätzten Bedarf hinausgehenden 30.000 Ausbildungsstellen der Verantwortung gegenüber der jungen Generation *„in hervorragender Weise gerecht geworden"* (BDA 1983, S. 61). Das Handwerk argumentiert in diesem Zusammenhang, dass sich betriebliche Lehrstellen mehr und mehr *„zur Auffangstation vor drohender Arbeitslosigkeit, zur Zwischenstation für den Erwerb einer Doppelqualifikation von Ausbildung und anschließendem Studium oder als Ersatz für eine Arbeitsstelle trotz ausreichender beruflicher Qualifizierung"* entwickeln. Hieraus erwachse die Frage, ob *„alle Lehrstellenbewerber dem dualen System* *zur Unterbringung angelastet werden können"* (ZDH 1984, S. 219). Damit stellt der ZDH das Prinzip, allen ausbildungswilligen Jugendlichen eine Ausbildung bereitzustellen, infrage und verweist auf die gesellschaftlich-sozialpolitische Perspektive des Problems. Die strukturellen Verschiebungen in der Nachfrage dürften nicht außer Acht gelassen werden (ZDH 1984, S. 219).

Die Arbeitnehmervertretungen sehen das Ziel, sämtlichen ausbildungswilligen Jugendlichen ein auswahlfähiges Angebot auf Ausbildung zu unterbreiten, als nicht erreicht an:

> *„Immer weniger konnte erreicht werden, daß [sic] für alle Jugendlichen ein ausreichendes und auswahlfähiges Ausbildungsplatzangebot zur Verfügung stand. Die Benachteiligung, insbesondere der Mädchen und Jugendlichen in strukturell schwachen oder einseitig orientierten Wirtschaftsregionen, hat sich erhöht"* (DGB 1985, S. 129; siehe auch IG Metall 1982, S. 333).

Die IG Metall argumentiert,

> *„daß [sic] es für bestimmte Gruppen von Jugendlichen zunehmend schwieriger wurde, überhaupt den Einstieg ins Berufsleben zu finden. Zu diesen Gruppen gehören vor allem Jugendliche mit schlechten Schulabschlüssen, ausländische Jugendliche und junge Frauen. Der wesentliche Grund für diese Entwicklung liegt darin, daß [sic] die Betriebe vor dem Hintergrund der Ausbildungskrise einerseits bestimmte Bewerber bevorzugen und andererseits ihre Einstellungsbedingungen verschärfen. Als Folge konnte im Berichtszeitraum nur die Hälfte aller Schulabgänger direkt in das ‚duale' System gehen, wodurch oft mehrjährige ‚Warteschleifen' entstanden"* (IG Metall 1985, S. 572).

Ebenso steige das Alter der Jugendlichen aufgrund der längeren Wartezeiten: Jeder zweite Jugendliche sei bei Beginn der Berufsausbildung inzwischen älter als 18 Jahre, jeder fünfte von ihnen älter als zwanzig (IG Metall 1985, S. 572). Die Arbeitnehmerseite erachtet mithin Jugendliche mit schlechten Schulabschlüssen, mit Migrationen und junge Frauen als besonders gefährdet, keinen Ausbildungsplatz zu erhalten (IG Metall 1985, S. 572).

Damit nimmt die Arbeitnehmerseite eine gesellschaftlich-sozialpolitische sowie volkswirtschaftlich-arbeitsmarktbezogene Perspektive in Bezug auf das Problem ein. Angesichts der Ausbildungskrise werden wenige Ausbildungsplätze angeboten, was zu erhöhten Anforderungen der Betriebe an die Bewerber und in der Folge Benachteiligungen bestimmter Gruppen nach sich zieht. Die Verantwortung für die Sicherstellung eines ausreichend großen Ausbildungsangebotes, damit auch die benannten, als gefährdet angesehenen Gruppen eine Ausbildung erhalten, sehen die Arbeitnehmervertreter beim Staat. Wenn ein ausreichendes

Ausbildungsangebot nicht durch die Betriebe sichergestellt werden kann, müssten gleichwertige, außerbetriebliche Ausbildungsmöglichkeiten offeriert werden:

„Der Staat ist verantwortlich für die Erfüllung des Verfassungsgebotes der Berufswahlfreiheit und der Wahl des Ausbildungsplatzes gemäß Artikel 12 des Grundgesetzes. Der Staat hat daher durch geeignete gesetzliche Maßnahmen dafür zu sorgen, daß [sic] einwandfreie Ausbildungsplätze angeboten werden. Andernfalls muß [sic] durch gleichwertige Maßnahmen außerhalb der Betriebe ein qualifiziertes Angebot gesichert werden" (BMBW 1984, S. 20, Minderheitsvotum Arbeitnehmer).

So argumentiert die IG Metall[6]:

„Das Mißverhältnis [sic] von Angebot und Nachfrage führt dazu, daß [sic] vor allem jugendliche Schulabgänger mit fehlendem oder schlechtem Hauptschulabschluß [sic] angelastet wird, daß [sic] sie keinen Ausbildungsplatz erhalten können. Die zunehmende Schwierigkeit dieser Jugendlichen, einen Ausbildungsplatz zu finden, wird fehlender Ausbildungseignung, fehlender Leistungsfähigkeit und -bereitschaft zugeschrieben. Entsprechend liegt das Schwergewicht staatlicher Subventionierungsmaßnahmen bei der Förderung von Problemgruppen. Außer Acht bleibt die Tatsache, daß [sic] noch zu Beginn der siebziger Jahre eine große Zahl betrieblicher Ausbildungsplätze und -berufe mit Sonderschulabsolventen und Hauptschülern ohne Abschluß [sic] besetzt war" (IG Metall 1982, S. 336).

Die Nutzung des Terminus „zugeschrieben" deutet darauf hin, dass die Problematik nach Ansicht der Arbeitnehmervertretung nicht in dem mangelnden Leistungsvermögen oder der -bereitschaft der Jugendlichen liegt. Sie sieht die Ursache damit zweifelsohne in einem mangelnden Ausbildungsplatzangebot angesiedelt.

Folgerichtig argumentiert die Arbeitnehmerseite spiegelverkehrt zu der gesellschaftlich-sozialpolitisch geprägten Denkweise der Arbeitgeberseite, die die betriebliche Ausbildung zunehmend als „Auffangbecken" für Jugendliche betrachtet. Damit wird der immer wieder aufkommende Grundkonflikt in der politischen Zielsetzung der dualen Ausbildung in Deutschland erkennbar. Dient sie der Ausbildung zukünftiger Fachkräfte und folgt einzelbetrieblichen Interessen oder dient die duale Ausbildung der Sozialisation und Integration aller Jugendlichen und folgt damit einer gesamtgesellschaftlichen Zielsetzung? Und wer ist vor

---

[6]Diese Aussage stammt aus dem Bericht der IG Metall aus den Jahren 1980 bis 1982. Eine präzise Einordnung des Berichtes in bestimmte Perioden ist damit nicht möglich, der überwiegende Teil wird jedoch der zweiten Periode zugeordnet. Speziell diese Aussage wird der dritten Periode zugewiesen, da die IG Metall hier vor dem Hintergrund eines Nachfrageüberhangs argumentiert, der in der dritten Periode vorliegt. Andere Aussagen aus dem Bericht werden der zweiten Periode beigeordnet.

dem Hintergrund der einzelnen Intentionen für die Finanzierung verantwortlich bzw. sollte es sein?

Das Handwerk hat, trotz Nachfrageüberhang, mit wachsenden strukturellen Problemen zu kämpfen. Die Nachfrage nach gewerblich-technischen Ausbildungen sinke und die Bewerber mit höheren Schulabschlüssen suchen vermehrt Ausbildungen im kaufmännischen Bereich (ZDH 1985, S. 203). In der Periode hat der ZDH Vorschläge

„für eine bessere Vorbereitung der Hauptschüler auf die Arbeits- u. Berufswelt" entwickelt. *„Im Wesentlichen geht es hierbei um mehr Praxisbezug, Aktivität und Kreativität der Schüler im Unterricht sowie um die Verminderung der Defizite in Fächern wie Deutsch und Mathematik"* (ZDH 1983, S. 229). *„Die Grundsteine einer erfolgreichen Berufsausbildung werden nach Ansicht des Handwerks [schließlich] bereits in der Hauptschule gelegt, aus der über zwei Drittel der Jugendlichen kommen, die im Handwerk eine Lehre beginnen"* (ZDH 1984, S. 16, Einfügung durch die Autorin).

Damit argumentiert das Handwerk zwar aus gesellschaftlich-sozialpolitischer und volkswirtschaftlich-arbeitsmarktbezogener Sicht (eine Veränderung der Nachfrage führt zu schwächeren Bewerbern und damit zu einer erhöhten Integrationsleistung durch Ausbildung), die daraus formulierten Handlungsaufforderungen folgen jedoch einer bildungswissenschaftlich-pädagogischen Perspektive, indem eine bessere Vorbereitung der verbleibenden Bewerber auf die Arbeitswelt durch die Hauptschulen gefordert wird.

Eine mangelnde Ausbildungsreife wird in der Periode weder durch die BDA noch durch den DIHK selber beklagt oder erwähnt. Sogar der DGB äußert sich in dem Zeitraum von 1982 bis 1986 nicht dazu. Durch den ZDH wird die Thematik nur indirekt durch die entfalteten Vorschläge zur besseren Vorbereitung der Hauptschüler auf die Arbeitswelt zur Sprache gebracht. Eine fehlende Vorbereitung oder Defizite in den Kernfächern Mathematik und Deutsch werden in der Periode durch das Handwerk jedoch nicht im argumentativen Zusammenhang mit der Nichtbesetzung von Lehrstellen gebraucht.

Dagegen wird die Situation der „Jugendlichen mit besonderen Ausbildungsschwierigkeiten" (BMBW 1983, S. 6) durch das BMBF und die IG Metall auch in dieser Periode thematisiert.

Das BMBF sieht die

„Situation der Jugendlichen mit besonderen Ausbildungsschwierigkeiten [...] nicht allein oder auch nur überwiegend [als] ein Problem der geburtenstarken Jahrgänge. Auch bei einem im Verhältnis zur Nachfrage großen Ausbildungsplatzangebot haben

ehemalige Sonderschüler und Hauptschulabgänger ohne Abschluß [sic] nicht von vornherein gleiche Chancen bei der Ausbildung. Bei steigendem Ausbildungsplatzangebot verschieben sich die Grenzen des Problems, die Schwierigkeiten selbst werden dadurch jedoch nicht behoben. Neben der Sicherung eines ausreichenden Angebots an qualifizierten Ausbildungsplätzen als erste Voraussetzung für die Realisierung des Ziels der Berufsausbildung für alle ist daher als weitere Voraussetzung ein besonderes Förderangebot erforderlich, damit möglichst alle das Ausbildungsplatzangebot auch mit Erfolg wahrnehmen können" (BMBW 1983, S. 6).

Innerhalb des Förderangebotes sieht das BMBF die schulische Berufsvorbereitung sowie Berufsberatung als zentrale Elemente an:

„Die Nachfrageorientierung der Berufsbildungspolitik ist allgemein akzeptiert. Etwaige Mängel der Ausbildungswilligkeit oder -fähigkeit von Jugendlichen müssen durch geeignete Motivierungs- oder berufsvorbereitende Maßnahmen behoben werden" (BMBW 1984, S. 5).

Im Rahmen des Berufsvorbereitungsjahres sollen beispielsweise schulische Defizite ausgeglichen, Kontakte zu Berufsberatern, Ausbildungsbetrieben oder anderen Anschlussmöglichkeiten frühzeitig hergestellt sowie die positiven Erfahrungen sozialpädagogischer Arbeit eingebracht werden (BMBW 1983, S. 6). Die Argumentation des BMBF folgt demnach einer gesellschaftlich-sozialpolitischen Perspektive, die aufgrund von arbeitsmarktbezogenen Entwicklungen verstärkt wird. Die Handlungsaufforderungen sind wiederum in erster Linie an die Schulen adressiert und richten sich demgemäß an einer pädagogisch-bildungswissenschaftlichen Perspektive aus. Durch die Herausstellung der durch öffentliche Mittel finanzierten berufsvorbereitenden Maßnahmen als zentrales Element der Herstellung der Ausbildungsreife Jugendlicher wird deutlich, dass das BMBF die Verantwortung in dieser Periode bei den Schulen bzw. bei der öffentlichen Hand sieht.. Als zentrale Zielgruppe werden hier Jugendliche ohne Hauptschulabschluss und Abgänger von Sonderschulen benannt. Mithin umfasst die Zielgruppe nicht die Mehrheit der Jugendlichen.

Gewerkschaften und BMBF stellen dementsprechend die gesellschaftlich-sozialpolitische Perspektive in den Vordergrund, also die Frage der sozialen Gerechtigkeit. Die Gewerkschaften sehen jedoch, anders als die Arbeitgeber und das BMBF, auch Erstere in der Verantwortung, benachteiligte Jugendliche mittels eines ausreichenden Angebotes eine Ausbildungsstelle zu offerieren.

Charakteristisches Merkmal dieser Periode ist ein Nachfrageüberhang. Erneut wird in dieser Periode die Umlagefinanzierung thematisiert. Anders als im vorhergehenden Zeitabschnitt nutzt die Regierung die Umlagefinanzierung jedoch nicht als „Drohinstrument", sondern lobt die Arbeitgeberseite für ihr Ausbildungsengagement, welches 1983 mit über 700.000 abgeschlossenen Ausbildungsverträgen einen historischen Höchststand erreicht hat[7] (BMBW 1984, S. 1). Die mangelnde Ausbildungsreife von Schulabgängern wird nicht (bzw. nur durch den ZDH marginal) vonseiten der Arbeitgeber aufgegriffen. Nichtsdestotrotz sieht die Arbeitnehmerseite bestimmte Gruppen Jugendlicher, im Speziellen die mit fehlendem oder schlechtem Hauptschulabschluss, junge Frauen und ausländische Jugendliche, gerade in Zeiten des Nachfrageüberhangs, als gefährdet an. Sie argumentieren, dieser Gruppe von Jugendlichen würden Leistungsdefizite zugeschrieben, sehen die Problematik jedoch in einem quantitativ unzureichenden Ausbildungsplatzangebot. Auch das BMBF erachtet die Verschiebung der Anforderungsgrenzen in Zeiten des Nachfrageüberhangs als gegeben, bewertet sie jedoch als eine systemstrukturelle Komponente einer nachfrageorientierten Berufsausbildung, die in der betrachteten Periode unangetastet bleibt.

6.1.3.3 Zusammenfassung und Positionsanalyse der Kausalattributionen

In dieser Periode lassen sich drei Stränge der Kausalattribution identifizieren (Abbildung 6.4).

Der **gesellschaftlich-sozialpolitische in Verbindung mit dem bildungswissenschaftlich-pädagogischen Argumentationsstrang** wird in dieser Periode durch den ZDH als einziger sich äußernder Arbeitgeberorganisation vertreten. Hiernach begreift der ZDH prinzipiell eine Verschiebung in der Bewerberstruktur hin zu eher leistungsschwächeren Bewerbern als Ursache für Probleme bei dem Übergang von der Schule in die Berufsausbildung und Besetzungsschwierigkeiten des Handwerks. Das duale System könne nicht jeden ausbildungswilligen Jugendlichen unterbringen. Damit externalisiert der ZDH das Problem. Da es sich um strukturelle Schwierigkeiten handelt, gibt es keinen klaren Verursacher. Als Handlungsaufforderungen wird eine bessere Vorbereitung der Jugendlichen auf die Berufsausbildung durch die Hauptschulen formuliert. Die Verantwortung für die Handlung wird somit ebenfalls externalisiert und liegt bei einem kollektiven

---

[7]Inwiefern die erkennbare Änderung des Argumentationsmusters des BMBF mit dem Regierungswechsel von einer den Kanzler stellenden gewerkschaftsnahen SPD zu der eher arbeitgebernahen CDU in Verbindung steht, soll und kann hier nicht untersucht werden. Dies würde ein eigenständiges Forschungsvorhaben bilden. Nichtsdestotrotz wird der zeitliche Zusammenhang zwischen dem Wechsel der kanzlerstellenden Partei von der gewerkschaftlich ausgerichteten SPD hin zu der arbeitgeberfreundlichen CDU/CSU und der Wechsel von einem gewerkschaftsnahen Argumentationsmuster hin zu einem eher arbeitgeberfreundlichen Argumentationsmuster in dieser Periode deutlich.

6.1 Der deutsche Diskurs im Zeitverlauf 135

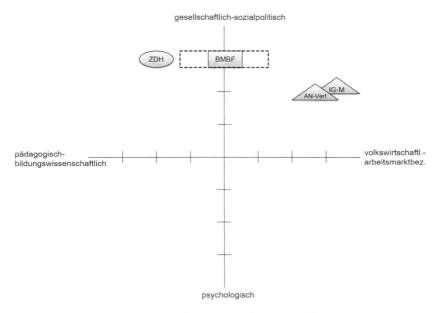

Abbildung 6.4 Positionsanalyse dritte Periode (eigene Darstellung)

Akteur (der Hauptschule). Es sind demnach Grundzüge einer Kausalattribution erkennbar.

Der zweite von der Arbeitnehmerseite verfochtene Argumentationsstrang nimmt die **volkswirtschaftlich-arbeitsmarktbezogene in Verbindung mit der gesellschaftlich-sozialpolitischen Perspektive** ein. Diese folgt der bereits in den beiden vorangehenden Perioden angewendeten Argumentationslogik und bedient sich eindeutig kausalattributorischer Elemente (siehe auch Abschnitt 6.1.1.3). Im Gegensatz zu der ersten Periode werden die Arbeitgeber jedoch klarer als Verursacher identifiziert, da sie für die Bereitstellung eines ausreichenden Angebots an Ausbildungsstellen zuständig sind. Auch in dieser Periode wird das Problem intentionalisiert, indem die IG Metall die Ansicht vertritt, dass den Jugendlichen eine fehlende Ausbildungsreife zugeschrieben würde, und ihnen damit angelastet würde, keinen Ausbildungsplatz zu finden (siehe für eine ähnliche Intentionalisierung 6.1.1.3).

Der dritte Argumentationsstrang wird durch das BMBF eingenommen. Dieser folgt der **gesellschaftlich-sozialpolitischen Argumentation mit Elementen** der pädagogisch-bildungswissenschaftlichen sowie der volkswirtschaftlich-arbeitsmarktbezogenen Perspektive. Danach erkennt das BMBF das Recht jedes ausbildungswilligen Jugendlichen auf Ausbildung an. Durch den Nachfrageüberhang gäbe es eine Verschiebung der Grenzen, welcher Jugendliche eine Ausbildung fände. Eine Behebung des Problems könnte alleine durch das Angebot von mehr Ausbildungsplätzen jedoch nicht erreicht werden. Die durch das BMBF identifizierte Ursache ist demnach ähnlich wie beim ZDH struktureller Natur. Ein klarer Verursacher wird nicht benannt. Als Lösungsmöglichkeiten erachtet das BMBF durch die öffentliche Hand aufgelegte besondere Förderangebote für Jugendliche mit Schwierigkeiten beim Übergang von der Schule in den Beruf. Das BMBF identifiziert folglich sich selbst als verantwortliche Instanz für die Lösung des Problems.

Trotz des in dieser Periode zu verzeichnenden Nachfrageüberhangs ist eine eher verhaltene Beteiligung an der Argumentation der Arbeitgeberseite und eine geringe Nutzung des pädagogisch-bildungswissenschaftlichen Argumentationsmusters erkennbar. Eine Erklärung hierfür könnte in der zwar auf der Arbeitnehmerseite geforderten, jedoch durch das BMBF ausgeschlossenen Einführung der Ausbildungsplatzabgabe liegen. Die Bemühungen der Arbeitgeberseite, in dieser konjunkturell schwierigen Zeit ausreichend Ausbildungsplätze anzubieten, werden vielmehr durch das BMBF explizit anerkannt. In diesem Punkt ist das BMBF „auf der Seite" der Arbeitgeber, was wiederum die starke kausalattributorische Argumentation der Arbeitnehmerseite erklären könnte.

6.1.4 Vierte Periode 1987 bis 1995

6.1.4.1 Kontext: Angebotsüberhang

Die Regierung bildet in dieser Periode weiterhin die Koalition aus CDU/CSU und FDP unter Bundeskanzler Helmut Kohl (CDU).

Diese Zeitspanne zeichnet sich durch einen Angebotsüberhang aus, welcher 1992 seinen Höhepunkt erreicht.

> *„1992 konnte in den alten Bundesländern eine überaus günstige Ausbildungsplatzbilanz erreicht werden. [...] Damit lag das Ausbildungsplatzangebot um rund 22 Prozent über der Nachfrage – ein bisher noch nicht erreichtes hervorragendes Ergebnis. Auch in den neuen Bundesländern ist es gelungen, die Jugendlichen ausreichend mit Ausbildungsplätzen zu versorgen"* (BMBW 1993, S. 18, Stellungnahme Hauptausschuss).

6.1 Der deutsche Diskurs im Zeitverlauf

Diese „günstige Ausbildungsplatzbilanz" wird auch von Arbeitgeberseite gelobt (z. B. BDA 1989, S. 68; ZDH 1987, S. 16). Die Gewerkschaftsseite meint hingegen, dass

> „trotz einer rein rechnerisch positiv erscheinenden Gesamtsituation im Verhältnis von Angebot und Nachfrage nach Ausbildungsplätzen 1989 bei der Analyse der Details Engpässe verblieben. Einerseits signalisieren die Erhebungen bereits regionalen und sektoralen Bewerbermangel, andererseits gibt es immer noch Mangel an Ausbildungsstellen" (DGB 1989, S. 143).

Als Grund für den Angebotsüberhang wird im Besonderen eine verbesserte konjunkturelle Lage angeführt:

> „Dieser Erfolg wurde trotz immer noch sehr hoher Ausbildungsplatznachfrage der Jugendlichen erreicht, nicht zuletzt deshalb, weil sich die wirtschaftliche Lage in den letzten Jahren kontinuierlich verbessert hat" (BMBW 1987, S. 1; siehe auch ZDH 1987, S. 15).

Über die verbesserte Konjunktur hinaus trägt die abnehmende Nachfrage nach Ausbildungsplätzen zu dem Angebotsüberhang bei:

> „Die Nachfrage nach Ausbildungsplätzen ist 1987 weiter zurückgegangen, lag aber immer noch erheblich über dem Niveau zu Beginn der 80er Jahre. Noch immer sind geburtenstarke Jahrgänge im Ausbildungsalter" (BMBW 1988, S. 13).

Als eine Ursache für die sinkende Nachfrage nach Ausbildungsplätzen wird ein Trend zu höheren Bildungsabschlüssen aufgeführt, der „*sich wesentlich zu Lasten des dualen Systems auswirken kann*" (BDA 1989, S. 67). Es zeichne sich eine

> „Verschiebung der Bildungsströme hin zu den Hochschulen ab. Der Anteil der Hochschulberechtigten wächst. Die Studierneigung nimmt zu, auch bei denjenigen, die zunächst eine Berufsausbildung im dualen System absolvieren" (BMBW 1990, S. 4).

> „Die Trends der Berufsorientierung Jugendlicher und ihrer Eltern lassen sich heute schlagwortartig ,als Streben nach möglichst ,hohen' Abschlüssen' charakterisieren. Der Grund liegt in der Vermutung, daß [sic] solche Abschlüsse günstige Optionen für den weiteren Bildungsweg eröffnen und aussichtsreiche Berufskarrieren versprechen. Diese Bildungsorientierung birgt die Gefahr der ,Austrocknung' der Hauptschule in sich. Sie macht auch die duale Ausbildung gegenüber konkurrierenden Bildungsgängen der Sekundarstufe 11, die ohne ,Umwege' zur Hochschulreife oder zu höherwertigen beruflichen Abschlüssen führen, in den Augen

vieler Jugendlicher und ihrer Eltern zunehmend weniger attraktiv" (BMBW 1992, S. 8).

Die Arbeitgeberseite beurteilt diese Entwicklung mit Sorge, da Arbeitsmarktprognosen von einem steigenden Fachkräftepotenzial ausgingen, das Nachfragepotenzial für die betriebliche Ausbildung jedoch beträchtlich abnähme (DIHT 1988, S. 7; BDA 1989, S. 67, 1990, S. 92; ZDH 1987, S. 227). *„Im Mittelpunkt der Diskussion um die weitere Entwicklung des dualen Systems steht daher der bereits in diesem Jahr* **in vielen Bereichen spürbare Mangel an Ausbildungsplatzbewerbern***"* (BDA 1989, S. 67, Hervorhebung durch die Autorin). Um dieser Verknappung an Lehrstellenbewerbern entgegenzuwirken, hat gemäß dem ZDH die

„Nachwuchswerbung [...] eine bundesweite Bedeutung erlangt. Dabei geht es vorrangig darum, einer weiteren Veränderung der Bildungsströme entgegen zu wirken sowie noch vorhandene Ausbildungsreserven auszuschöpfen" (ZDH 1989, S. 234; siehe auch IG Metall 1991, S. 637).

Ein weiteres Ereignis dieser Periode bildet die deutsche Wiedervereinigung am 03. Oktober 1990 und die daraus resultierende Zusammenführung von zwei Berufsbildungssystemen (BMBW 1991, S. 1). Während in den alten Ländern die Nachwuchsprobleme fortbestehen (BMBW 1992, S. 1), ist das Jahr 1991 durch Anstrengungen geprägt, *„für die Jugendlichen in den neuen Ländern ein ausreichendes Ausbildungsplatzangebot zu schaffen"* (BMBW 1992, S. 15; siehe auch BDA 1990, S. 92).

Merkmal des Trends zu höheren Bildungsabschlüssen ist nicht allein die wachsende Studierneigung, sondern überdies ein genereller Anstieg des Bildungsniveaus – auch bei Eintritt in die Ausbildung. Die Gruppe der Auszubildenden mit oder ohne Hauptschulabschluss sei von rund 50 Prozent um 1977 auf annähernd 27 Prozent um 1987 gesunken. Gleichzeitig sei ein Anstieg der Ausbildungsplatzanwärter mit Abitur von ca. vier Prozent um 1977 auf im Jahr 1987 18 Prozent zu verzeichnen. Sogar der Anteil derer, die vor Antritt der Ausbildung über einen mittleren Schulabschluss verfügen, ist nachdrücklich angewachsen (DIHT 1988, S. 8). Diese Entwicklung evoziert einen durchschnittlichen Anstieg der Leistungsfähigkeit der Bewerber in Verbindung mit vielfach höheren Ansprüchen an die Ausbildung selbst (DIHT 1988, S. 8).

Dieser Trend der höheren Ansprüche an die Ausbildung geht einher mit wirtschaftsstrukturellen und technischen Entwicklungen sowie ersten Globalisierungstendenzen *(„die fortschreitende europäische und internationale Verflechtung*

6.1 Der deutsche Diskurs im Zeitverlauf

der wirtschaftlichen Beziehungen" (BMBW 1990, S. 6)). Der wirtschaftsstrukturelle Wandel bezieht sich auf die *„Entwicklung hin zu einem höheren Anteil an Beschäftigung in den Tätigkeitsbereichen der unternehmens- und produktionsbezogenen sowie der personenbezogenen und kundennahen Dienstleistungen"* (BMBW 1990, S. 6), also dem Wandel von einer Produktions- hin zu einer Dienstleistungsgesellschaft und der daraus resultierenden Folgen für die berufliche Bildung. Vormals manuelle körperlich schwere Arbeiten sowie einfache Routinearbeiten werden durch eher kognitiv anspruchsvollere Arbeit wie das Planen, Lenken und Überwachen von Arbeitsabläufen sowie das Bedienen und Nutzen von Informationssystemen abgelöst (DIHT 1988, S. 8). Diese komplexer werdenden Aufgaben verändern die Arbeitswelt und erfordern von den Arbeitnehmern andere Kompetenzen, welche in der Folge zu einem umfassenden Wandel der beruflichen Bildung beitragen.

„Als Folge dieser Entwicklungen werden sich Inhalte, Tätigkeitsstrukturen und Organisation beruflicher Arbeit verändern. Einfache Routine- und Hilfstätigkeiten werden zurückgehen. Technikunterstützte komplexe Verrichtungen, Entwicklungs-, Planungs-, Kontroll- und Überwachungsfunktionen nehmen zu. Ausgeprägte Arbeitsteilung ohne Entscheidungsspielräume wird eher seltener. Aufgabenzusammenfassung, Selbstständigkeit, Entscheidungsverantwortung und Kooperation werden eher häufiger. Abbau umweltbeeinträchtigenden und umfassende Durchsetzung umweltverträglichen Wirtschaftens an allen Arbeitsplätzen stellen auch an die berufliche Aus- und Weiterbildung in nahezu allen Berufen neue Anforderungen. In einer Reihe von Berufen werden Fremdsprachenkenntnisse und z. B. Qualifikationen für das Marketing an Auslandsmärkten wichtiger" (BMBW 1990, S. 6; siehe auch DIHT 1988, S. 8).

„Die komplexer gewordene Arbeitswelt, die Verbreitung neuer Techniken und Arbeitsorganisationsformen sowie die damit verbundenen Anforderungen an die Qualifikation der Arbeitskräfte haben dazu geführt, daß [sic] der Anteil an besser qualifiziertem Personal in den zurückliegenden Jahren kontinuierlich gewachsen ist, und zwar deutlich zu Lasten ‚Ungelernter'" (BMBW 1993, S. 4).

Die gestiegenen Leistungsanforderungen in der dualen Berufsausbildung werden damit von zwei Seiten bestärkt. Zum einen durch eine bessere Leistungsfähigkeit der Auszubildenden, die an die Inhalte ihrer Ausbildung größere Anforderungen stellen. Zum anderen durch die Evolutionen in der Arbeitswelt mit – bedingt durch wirtschaftsstrukturelle und technische Entwicklungen sowie Globalisierungstendenzen – höheren und komplexer werdenden Anforderungen an Facharbeiter, welche wiederum die Inhalte der beruflichen Ausbildung beeinflussen (World Bank 2019, S. 23 ff.).

Ab 1993/1994 verändern sich die konjunkturelle Lage und das damit einhergehende Ausbildungsverhalten der Betriebe. Diese bezögen kurzfristige, betriebswirtschaftliche Überlegungen hinsichtlich der Kosten der Ausbildung verstärkt in die Ausbildungsentscheidungen ein. So heißt es im Berufsbildungsbericht von 1994:

*„Die schwierige Wirtschaftslage der letzten Zeit hat in vielen Betrieben zu einer Änderung des Ausbildungsverhaltens geführt. Nach Befragungen von Unternehmen, die im Herbst 1993 im Auftrag des Bundesministeriums für Bildung und Wissenschaft durchgeführt wurden, ist deutlich geworden, **daß [sic] die betriebliche Berufsausbildung stärker in die kurzfristigen Kostenüberlegungen der Unternehmen einbezogen wird**. Dies gilt vor allem für den industriellen Wirtschaftsbereich, wie auch die Entwicklungen der neu abgeschlossenen Ausbildungsverträge belegen. Die Bemühungen der unter einem hohen Kostendruck stehenden Betriebe zur Kostensenkung sind verständlich. **Es muß [sic] aber davor gewarnt werden, den Nutzen beruflicher Bildung allein unter kurzfristigen Kostengesichtspunkten zu beurteilen**. Auch wenn die Ausbildungskosten, wie das Bundesinstitut für Berufsbildung in einer aktuellen Untersuchung aufgezeigt hat, zum Teil beachtlich gestiegen sind, ist der Fachkräftenachwuchs ein Produktionsfaktor, der seinen betrieblichen Nutzen vor allem in dem professionellen Einsatz nach der Ausbildung im Betrieb entfaltet. Berufliche Kompetenz der Mitarbeiter zahlt sich mittel- bis langfristig für die Betriebe aus. Dies entspricht auch der Auffassung der befragten Unternehmen, die zu einem weit überwiegenden Teil in der beruflichen Aus- und Weiterbildung die entscheidende Basis für die zukünftige betriebliche Entwicklung sehen. Dies muß [sic] sich in einer anhaltend hohen Ausbildungsbereitschaft niederschlagen, ohne die eine wesentliche Voraussetzung für Wettbewerbsfähigkeit in Frage gestellt würde"* (BMBW 1994, S. 2, Hervorhebung durch die Autorin).

Die Bundesregierung beobachtet diese Entwicklung mit Sorge. Aufrufe, für die Planung der betrieblichen Berufsausbildung als Maßstab nicht die kurzfristigen Kostenüberlegungen heranzuziehen, sondern an längerfristigen Entwicklungsperspektiven und Unternehmensstrategien auszurichten, werden lauter (BMBF 1995, S. 2). Diese Entwicklung zieht nach sich, dass zum Ende der vorliegenden Periode alternative Finanzierungslösungen, wie die Ausbildungsplatzabgabe, wieder verstärkt diskutiert werden, um u. a.

- *„die duale Berufsausbildung unabhängiger von konjunkturellen Schwankungen und sektoralen und regionalen Ungleichgewichten [zu] mach[en],*
- *zusätzliche betriebliche Ausbildungsplätze in ausreichender und auswahlfähiger Anzahl [zu] schaff[en]"* (BMBF 1995, S. 16).

6.1 Der deutsche Diskurs im Zeitverlauf

Die durch Arbeitgeberverbände und Gewerkschaften vertretenen Standpunkte bleiben im Vergleich zu den vorangehenden Perioden weitestgehend konstant. Während der DIHT die Ausbildungsplatzabgabe als „kontraproduktiv" ablehnt (DIHT 1995, S. 24; siehe auch DIHT 1996), befürwortet die IG Metall dieselbe (z. B. IG Metall 1994, S. 831).

So fordert der DIHT, die Betriebe finanziell zu entlasten, anstatt durch die Ausbildungsplatzabgabe eine „Umverteilungsbürokratie" einzuführen. Betrachtet man den Wortlaut der Aussage, wird der Grundsatzkonflikt zwischen Arbeitgeberverbänden bzw. arbeitgebernahen Organisationen und Gewerkschaften bzw. gewerkschaftsnahen Organisationen deutlich:

> *„Vor allem aber müssen Gewerkschaften und SPD endlich ihre Forderungen nach einer Ausbildungsplatzabgabe für einen angeblich notwendigen gerechten Lastenausgleich aufgeben. Die Betriebe sind bereit, die Kosten der Ausbildung zu tragen, wenn sie sich wirtschaftlich rechtfertigen lassen. Der richtige Ansatz sind Maßnahmen zur Kostenentlastung und nicht eine Umverteilungsbürokratie und die Erweiterung gewerkschaftlicher Mitbestimmung"* (DIHT 1996, S. 10). *„Dagegen bekräftigen die Spitzenorganisationen der Wirtschaft nochmals, daß [sic] eine gesetzlich erzwungene Änderung der Finanzierung der Berufsausbildung durch Einführung einer zentralen Umlage einen Tiefschlag gegen die duale Berufsausbildung bedeutet. Zur einzelbetrieblichen Finanzierung der Berufsausbildung gibt es keine systemgerechte Alternative, die vergleichbare wirtschaftliche und soziale Vorzüge bietet"* (DIHT 1996, S. 16).

Die IG Metall spricht wegen des Abbaus qualifizierter Ausbildungsplätze in Westdeutschland zum Ende der betrachteten Periode dagegen von einer *„‚Krise des dualen Systems', [die] eindeutig eine Krise der betrieblichen Berufsausbildung"* sei (IG Metall 1994, S. 825). Und weiter:

> „Während die IG Metall den überproportionalen Abbau von Ausbildung als Gefahr für die weitere Entwicklung ansieht, sieht Gesamtmetall hierin konjunkturgerechte Reaktionen der Betriebe. Daß [sic] die Branche sich der Ausbildungssicherung – beispielsweise durch ein gemeinschaftliches Fondssystem wie in der Bauwirtschaft – verstärkt annehmen müßte, [sic] wird nicht erkannt. Entschieden abgelehnt werden von den Arbeitgebern auch die bereits Mitte der siebziger Jahre von einer Sachverständigenkommission (Edding-Kommission) verbreiteten Vorschläge, in denen es heißt: ‚Die Kosten der gesellschaftlichen Aufgabe Berufsbildung werden alle Unternehmen zu tragen haben; nicht ausbildende Unternehmen sollen sich im Rahmen eines Finanzausgleiches beteiligen. Gleichmäßige Belastungen vermeiden am ehesten Wettbewerbsverzerrungen'" (IG Metall 1994, S. 831).

Das Zitat der IG Metall verdeutlicht den Grundsatzkonflikt der betrieblichen Ausbildung, da hier konjunkturabhängige betriebswirtschaftliche Einzelinteressen gegen gesamtgesellschaftliche Interessen stehen. Beide Interessen sind, je nach Konjunkturlage, vereinbar oder auch nicht.

Die Fraktionen von SPD, Bündnis 90/Die Grünen sowie PDS haben 1997/1998 schließlich einen Gesetzentwurf für eine Reform der Finanzierung der betrieblichen Ausbildung „im Sinne der DGB-Vorstellungen" in den Bundestag eingebracht (DGB 1997, S. 76). Die aktuelle Bundesregierung aus CDU/CSU und FDP unter Kanzler Helmut Kohl hält aber

> *„an der einzelbetrieblichen Finanzierungsverantwortung fest. Die diesjährige Entwicklung und die Zusagen der Wirtschaft zeigen, daß [sic] eine nachfragegerechte Ausweitung des Ausbildungsplatzangebotes in diesem bewährten ordnungspolitischen Rahmen gelingen kann"* (BMBF 1996, S. 22).

Die Bundesregierung sieht es als vornehmliche Aufgabe der Wirtschaft, das Angebot an Ausbildungsplätzen entsprechend der Nachfrage auszuweiten. Deshalb begrüßt sie die im aufgeführten Zitat erwähnt Zusage der Wirtschaft vom März 1995, das Ausbildungsplatzangebot um zehn Prozent zu vermehren. Um möglichst zeitnah einen Ausgleich auf dem Ausbildungsstellenmarkt zu erreichen, würde eine überproportionale Steigerung in den neuen Ländern angestrebt.

Daneben begrüßt die Bundesregierung die Absicht der Sozialpartner, in eine Diskussion über die Möglichkeiten der Kostenentlastungen für die ausbildenden Betriebe einzutreten.

6.1.4.2 Argumentationsmuster: Von „alle Potenziale mobilisieren" zum „Klagelied vom schlechten Bewerber"

Die Illustration der Kontextfaktoren macht augenscheinlich, dass diese Periode in zwei Phasen untergliedert werden muss. Während in der ersten Phase ein klarer Angebotsüberhang in Verbindung mit einem Bewerbermangel verzeichnet werden kann, ist die zweite Phase ab ca. 1994 – trotz weiterhin bestehenden Angebotsüberhangs – durch einen Abbau der angebotenen Lehrstellen, insbesondere in Westdeutschland, geprägt. In dieser Phase wird die Einführung einer Ausbildungsplatzabgabe wieder verstärkt diskutiert.

Der anwachsende Angebotsüberhang lässt Sorgen über einen möglichen Nachwuchsmangel aufkeimen, wenn *„nicht durch geeignete Aktivtäten von Wirtschaft und Staat die Attraktivität des dualen Systems weiter gestärkt wird"* (BMBW 1990, S. 19).

6.1 Der deutsche Diskurs im Zeitverlauf

Das Grundnarrativ der Arbeitgeberseite in der ersten Phase der Periode lautet vor dem Hintergrund des Lehrlingsmangels: *„Ausschöpfung des Nachwuchspotentials"* (BDA 1989, S. 68) oder *„Leistungspotentiale voll ausschöpfen"* (DIHT 1989, S. 17). Damit folgt die Argumentation nicht mehr der pädagogisch-bildungswissenschaftlichen Perspektive, Jugendliche seien nicht ausbildungsreif und brächten nicht die notwendigen Voraussetzungen mit, um eine Ausbildung zu beginnen. Im Zentrum der Darlegung steht vielmehr die Frage, wie das vorhandene Nachwuchspotenzial, d. h. auch die vorher als Problemgruppen titulierten Jugendlichen, für die Ausbildung gewonnen und vorbereitet werden können. Die Chancen der aus gesellschaftlich-sozialpolitischer Perspektive als benachteiligte Jugendliche eingestuften Jugendlichen erhöhen sich folgerichtig. So bringt die BDA Folgendes vor (siehe auch ZDH 1989, S. 234):

„Angesichts des Lehrlingsmangels sind die Betriebe umso mehr darauf angewiesen, das vorhandene Nachwuchspotenzial noch mehr als bisher auszuschöpfen. Die Ausbildungschancen für lernschwächere Jugendliche wie auch für ausländische Bewerber haben sich damit verbessert" (BDA 1990, S. 93).

„Eine erfolgreiche Ausbildung ausländischer Jugendlicher setzt jedoch für die Mehrheit dieses Personenkreises ausbildungsbegleitende Hilfen voraus, sei es durch Stützunterricht in der Berufsschule oder durch ergänzende Maßnahmen überbetrieblicher Einrichtungen" (BDA 1989, S. 69).

Ein differenziertes Ausbildungsangebot für Lernschwächere sieht die BDA bereits als gegeben an, unterstreicht aber nochmals die Forderung nach Ausbildungsgängen mit reduzierten Anforderungen für lernschwächere Jugendliche:

„Die Arbeitgeber haben […] die Auffassung vertreten, daß [sic] diese Differenzierung in der betrieblichen Ausbildung bereits heute gewährleistet ist. Die bestehenden rund 380 Ausbildungsberufe stellen unterschiedliche praktische und theoretische Anforderungen, die sich von den jeweiligen besonderen Bedingungen der Arbeitsplätze ableiten. Außerdem bietet das Lernen am Arbeitsplatz wie keine andere Ausbildungsform ideale Möglichkeiten individueller Förderung des einzelnen nach Neigung und Begabung. Die Forderung nach ‚einfacheren Ausbildungswegen' für lernschwächere Jugendliche wird von Arbeitgebern seit Jahren unterstützt, stößt aber auf entschiedenen Widerstand der Gewerkschaften […]" (BDA 1989, S. 69).

Zentral für die Eingliederung benachteiligter Jugendlicher sind für die BDA im Besonderen

- *„daß [sic] die allgemeinbildenden Schulen durch geeignete Maßnahmen den Anteil der Schulabgänger ohne Abschluß [sic] vermindern,*
- *die Bundesanstalt für Arbeit die berufsvorbereitenden Maßnahmen auch unter dem Aspekt der Belange dieser Jugendlichen ständig überprüft und – wo notwendig – weiterentwickelt,*
- *Betriebe die ausbildungsbegleitenden Hilfen ggf. auch in Zusammenarbeit in Anspruch nehmen,*
- *die Berufsschule notwendigen Stützunterricht sicherstellt"* (BDA 1990, S. 94).

Während sich der ZDH desgleichen speziell um Jugendliche mit Migrationshintergrund sowie lernschwache Jugendliche bemüht (ZDH 1989, S. 234), möchte der DIHT zuvorderst die Potenziale der Leistungsstärkeren ausschöpfen.

„Allerdings ist zu berücksichtigen, daß [sic] fast 50 Prozent der Abiturienten nach der Lehre ein Studium anschließen. Um diese Fluktuation – und damit auch die teilweise ‚vergeudete' Ausbildungsinvestitionen – zu vermindern, muß [sic] den Hochschulzugangsberechtigten in den Unternehmen nicht nur eine qualifizierte, über die Mindestanforderungen hinausgehende Ausbildung geboten werden. Überzeugende Berufsperspektiven müssen hinzutreten" (DIHT 1989, S. 17).

Insgesamt führe der Angebotsüberhang zu einer *„Chancenverbesserung für leistungsschwächere Jugendliche, für sozial benachteiligte Gruppen, für junge Ausländer und Behinderte"*, so das BMBF (BMBW 1989, S. 20). Die oben skizzierten Positionen unterstützen diese Aussage. Trotz des proklamierten Nachwuchsmangels und den damit einhergehenden Chancenverbesserungen blieben rund zehn Prozent eines Altersjahrgangs ohne Ausbildung (BMBW 1990, S. 1). Deshalb seien selbst bei einer verbesserten Ausbildungsplatzsituation Maßnahmen für diejenigen Jugendlichen unabdingbar, die wegen unzureichender Vorbildung, mangelnder Berufsreife oder sozialer Benachteiligung keinen Ausbildungsplatz fänden oder die für die Aufnahme einer Berufsausbildung nicht motiviert seien (BMBW 1989, S. 8). Das BMBF begreift es als berufsbildungs- und sozialpolitische Aufgabe ersten Ranges, diesen Anteil weiter zu mindern und ohne Ausbildung gebliebene Jugendliche nachzuqualifizieren (BMBW 1990, S. 1).

Die Arbeitgeberseite sowie das BMBF betrachten die Übergangsproblematik in dieser Periode aus der gesellschaftlich-sozialpolitischen in Verbindung mit der volkswirtschaftlich-arbeitsmarktbezogenen Perspektive. Einesteils argumentieren sie, dass aufgrund des Angebotsüberhanges auch schwächere Jugendliche eine verbesserte Chance auf einen Ausbildungsplatz vorweisen, anderenteils vertreten sie die Anschauung, dass trotz dieser Chancenverbesserung immer noch viele Jugendliche ohne Ausbildungsplatz bleiben. Die *„**wesentliche Ursache** für die*

Nichtaufnahme oder den nicht erfolgreichen Abschluß [sic] einer Berufsausbildung" der letzteren Gruppe sieht das BMBF (1993, S. 5, Hervorhebung durch die Autorin) „*vor dem Verlassen der allgemeinbildenden Schulen.*" Als Konsequenz formuliert das Ministerium:

> „*Deshalb müssen sowohl in der allgemeinbildenden Schule als auch im sozialen Umfeld sehr frühzeitig und intensiv lernunterstützende und sozialintegrative Fördermaßnahmen einsetzen, um möglichst alle Jugendliche mindestens bis zum erfolgreichen Abschluß [sic] der Hauptschule zu führen und für die Berufsbildung zu motivieren*" (BMBW 1993, S. 5).

Jedoch müssten die Arbeitgeber nach Ansicht des BMBF die Anforderungen an die Vorbildung der Jugendlichen anpassen, wenn diese durch eine entsprechende Gestaltung der Ausbildung ausgeglichen werden können:

> „*Darüber hinaus sollten nicht gerechtfertigte Anforderungen an die schulische Vorbildung der Bewerber, die bei entsprechender Gestaltung der Ausbildung zum Erreichen des Ausbildungsziels nicht notwendig sind, abgebaut werden. [...] Dies gilt besonders für die aus sozialen oder individuellen Gründen leistungsschwächeren Gruppen, für die jungen Ausländer und in den nächsten Jahren auch für junge Aussiedler, die auf Grund von Sprachdefiziten oder ihrer Vorbildung, häufig im theoretischen Teil der Ausbildung Schwierigkeiten haben, die geforderten Leistungen zu erbringen*" (BMBW 1989, S. 22).

Als entsprechende Gestaltung sieht das BMBF (1989, S. 22)

– intensivere Betreuungen durch pädagogisch wie fachlich qualifizierte Ausbilder,
– ausbildungsbegleitende und -unterstützende Hilfen,
– ggf. längere Ausbildungszeiten bis hin zu
– stärker praxisorientierten Ausbildungen.

Damit sieht das BMBF die Lösung des Problems auf der einen Seite im pädagogisch-bildungswissenschaftlichen Bereich, auf der anderen Seite bei den Arbeitgebern und hier konkret den reduzierten Anforderungen.

In der zweiten Phase dieser Periode ab ca. 1994 verändert sich das Narrativ der Argumentation. Wie im vorangehenden Abschnitt notiert, verschlechtert sich in dieser Phase die konjunkturelle Wirtschaftssituation und das Angebot an Ausbildungsplätzen ist rückläufig.

So wird im Minderheitsvotum der Arbeitgeber im Berufsbildungsbericht von 1994 Nachstehendes verlautbart:

> „Aber auch in Westdeutschland klagen viele Unternehmen über Defizite der
> Berufsschulen und über **unzureichende Grundlagen der Schulabgänger in den
> Kulturtechniken**. Die Behebung der Defizite erfordert von den Betrieben **zusätz-
> liche Anstrengungen und damit Kosten**. Nach Feststellung der Betriebe ist **eine
> der Ursachen für die zurückgehende Ausbildungsbereitschaft auch die unzurei-
> chende Qualifikation vieler Ausbildungsstellenbewerber**" (BMBW 1994, S. 23,
> Minderheitsvotum Arbeitgeber, Hervorhebung durch die Autorin; siehe auch DIHT
> 1989, S. 15).

Neben den in diesem Zitat benannten Defiziten in den Kulturtechniken vermag der DIHT auch Defizite in der Leistungsbereitschaft sowie den sozialen Kompetenzen zu erkennen:

> „Die Unternehmensvertreter zeigten sich unzufrieden mit dem Wissensstand und
> der Leistungsbereitschaft der Schulabgänger. Sie forderten die Verbesserung des
> Grundwissens in den wichtigsten Lernbereichen sowie bei den persönlichen wie
> sozialen Kompetenzen" (DIHT 1996, S. 40).

Ergo bringen die Arbeitgeber die rückläufige Zahl an offerierten Ausbildungsstellen in einen direkten Zusammenhang mit der unzureichenden Qualifikation vieler Ausbildungsstellenbewerber, da die Behebung der Defizite die Kosten der Ausbildung erhöhen würde. Die Aussage kristallisiert zwei Aspekte heraus: Zum einen erfolgen eine verbale Ausweitung der angesprochenen Zielgruppe und damit ein Wechsel von der gesellschaftlich-sozialpolitischen zur pädagogisch-bildungswissenschaftlichen Perspektive. Das Augenmerk liegt nicht mehr auf den sogenannten Problemgruppen, wie z. B. leistungsschwächere Jugendliche, die durch entsprechende Maßnahmen in die Berufsbildung integriert werden sollen, sondern es vollzieht sich eine Ausweitung auf *viele Ausbildungsstellenbewerber*. Die schulischen Defizite werden für allgemeingültig erklärt, um die Anzahl der zu versorgenden Schulabgänger zu reduzieren. Zum anderen werden die betriebswirtschaftlichen Kostenüberlegungen unmissverständlich artikuliert. Die Ausbildung von Jugendlichen, die Defizite z. B. im Bereich der schulischen Basiskenntnisse aufweisen, ist kostenintensiver als die Ausbildung von Jugendlichen ohne Defizite.

An dieser Stelle setzt die Kritik des Minderheitsvotums der Arbeitnehmer desselben Berufsbildungsberichts an. Als Konsequenz wird erneut eine Änderung der Finanzierung gefordert:

> „Dabei ist auch die zyklische Destabilisierung des dualen Systems durch die
> Ankopplung an Konjunktur und Rezession zu beachten. Verantwortlich für diese
> Probleme ist eindeutig die einzelbetriebliche Finanzierung der Ausbildung. Auf

6.1 Der deutsche Diskurs im Zeitverlauf

die wettbewerbsverzerrenden Wirkungen ist vielfach hingewiesen worden. Diese Situation wird auch von Unternehmensleitungen nicht in Abrede gestellt. Es zeigt sich nun, daß [sic] die bisher von Bundesregierung und Arbeitgeberverbänden abgelehnte Finanzierungsreform der Berufsbildung immer mehr zu einer Überlebensfrage für das duale System wird. Nicht Verbilligung der betrieblichen Ausbildung, sondern gerechte Kostenverteilung ist der Weg zu einem ausreichenden und attraktiven Ausbildungsangebot der Betriebe" (BMBW 1994, S. 25, Minderheitsvotum Arbeitnehmer).

Es wird offenkundig, dass das erneut lauter gesungene Klagelied vom schlechten Bewerber in einem argumentativen Zusammenhang mit der wieder stärker werdenden Diskussion um eine Ausbildungsplatzabgabe, die 1995 sogar in einem Gesetzesentwurf mündet, steht. Während die Arbeitgeberseite vermehrt eine bildungswissenschaftlich-pädagogische Perspektive (Schulabgänger weisen Defizite auf) einnimmt, argumentiert die Arbeitnehmerseite aus volkswirtschaftlich-arbeitsmarktbezogener Sicht (Konjunkturabhängigkeit des dualen Systems).

Insbesondere der DIHT verstärkt ab dem Berichtszeitraum 1994/95 argumentative Forderungen für eine Verbesserung der Ausbildungsreife von Schulabgängern und setzt diese, wie oben bereits angemerkt, in einen argumentativen Zusammenhang mit der Ausbildungsplatzabgabe (DIHT 1995, S. 26 f., 1996, S. 17). So führt er im Berichtszeitraum 1994/95 ein Gespräch mit dem Bundeskanzler, in dem er die Forderung artikuliert, *„die Kultusminister aufzufordern, die Ausbildungsreife der Schulabgänger zügig und nachhaltig zu verbessern"* (DIHT 1995, S. 24). Diese Forderung wird jedoch nicht in das Schlusskommuniqué mit aufgenommen. Mit diesem Gespräch hält der Begriff der Ausbildungsreife als von Arbeitgeberseite unzweifelhaft identifiziertes Problem Einzug in den politischen Diskurs, auch wenn die Verbesserung der Ausbildungsreife noch nicht auf die politische Agenda gesetzt wird.

6.1.4.3 Zusammenfassung und Positionsanalyse der Kausalattributionen

Die zwei Phasen[8] dieser Periode spiegeln sich in den Positionen der Kausalattributionen wider, die sich im Verlauf der Periode verschieben (Abbildung 6.5).

---

[8] Die Einteilung der Perioden erfolgt auf Grundlage der faktischen ANR-Relation, und nicht auf Grundlage der hervorgebrachten Argumentationsmuster. Aufgrund der in der Periode stark ansteigenden Nachfrage nach Ausbildungsplätzen, die 1996 schließlich in einem Nachfrageüberhang mündet, gleichen die Argumentationsmuster in der zweiten Periode eher denen in Zeiten des Nachfrageüberhags. Aus diesem Grund wird die vorliegende Periode in zwei Phasen geteilt.

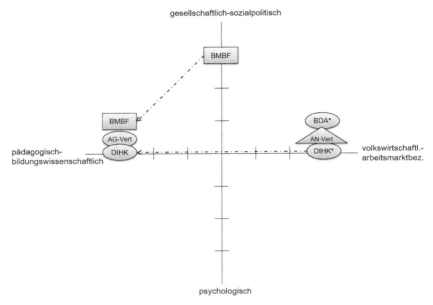

Abbildung 6.5 Positionsanalyse vierte Periode (eigene Darstellung)

In der ersten Phase dieser Periode, die durch einen klaren Angebotsüberhang ausgezeichnet ist, argumentieren die Akteure hauptsächlich **volkswirtschaftlich-arbeitsmarktbezogen,** lediglich das BMBF vertritt eine **gesellschaftlich-sozialpolitische Argumentation**. Wie bereits in der zweiten Periode argumentieren auch in dieser Periode die Arbeitgeber vor dem Hintergrund des Bewerbermangels, während die Arbeitnehmer ihre Gedanken in Anbetracht eines unzureichenden Angebots an Ausbildungsplätzen vortragen.

Die Arbeitgeberseite sieht die Ursache für Schwierigkeiten am Übergang von der Schule in die Berufsausbildung in dem Bewerbermangel begründet. Da es sich um ein strukturelles Problem handelt, wird kein konkreter Verursacher benannt. Die Lösungsvorschläge richten sich danach, wie alle vorhandenen Nachwuchspotenziale – schwächere und stärkere Jugendliche – ausgeschöpft werden können, um dem Nachfragemangel entgegenzuwirken. Die Forderungen richten sich an die

6.1 Der deutsche Diskurs im Zeitverlauf

öffentliche Hand, die z. B. ausbildungsbegleitende Hilfen für schwächere Jugendliche bereitstellen soll. Eine kausalattributorische Argumentation ist demnach nur in Ansätzen gegeben.

Die Arbeitnehmerseite argumentiert in beiden Phasen der Periode aus der volkswirtschaftlich-arbeitsmarktbezogenen Perspektive mit Blick auf ein unzureichendes Angebot an Ausbildungsplätzen (siehe auch die vorangegangenen Perioden), welches als Ursache für die Übergangsprobleme aufgefasst wird. Als Verursacher wird das bestehende Berufsbildungssystem mit seiner Förderung einzelbetrieblicher Interessen und der daraus resultierenden Konjunkturabhängigkeit identifiziert. Als Lösung wird wiederum die Einführung der Umlagefinanzierung vorgeschlagen. Es liegt augenfällig eine kausalattributorische Argumentation vor (siehe für analoge Argumentationen aus Arbeitnehmersicht die vorangehenden Perioden Abschnitt 6.1.1.3, 6.1.2.3 und 6.1.3.3).

In der ersten Phase dieser Periode argumentiert das BMBF – wie bereits in der zweiten, gleichfalls durch einen Angebotsüberhang gekennzeichneten Periode – aus hauptsächlich gesellschaftlich-sozialpolitischer Perspektive. Die Argumentationslogik folgt ähnlichen Mustern wie in der zweiten Periode (siehe Abschnitt 6.1.2.3). Ergänzend sei lediglich darauf hingewiesen, dass das BMBF die Arbeitgeber als Teil-Verursacher mit einbezieht, indem es auf überhöhte Anforderungen derselben im Hinblick auf die Merkmale der Schulabgänger verweist. Eine klare kausalattributorische Argumentation liegt jedoch nicht vor.

Die zweite Phase der Periode ist – bei weiterhin bestehendem Angebotsüberhang – durch ein stark rückläufiges Angebot an Ausbildungsplätzen aufgrund einer schlechter werdenden wirtschaftlichen Lage gekennzeichnet. In der zweiten Phase der Periode verschiebt sich daher die Argumentation der Akteure – mit Ausnahme der Arbeitnehmerseite – hin zu einer **pädagogisch-bildungswissenschaftlichen Perspektive**. Die Ursache der Schwierigkeiten Jugendlicher beim Übergang von der Schule in die Ausbildung liegt, wie auch in der Argumentationslogik vorangegangener, durch Nachfrageüberhang gekennzeichneten Perioden, demnach in der mangelnden Vorbereitung der Schüler auf die Ausbildung. Als Verursacher wird der kollektive Akteur Schule identifiziert. Es erfolgt jedoch – im Gegensatz zu vorangegangenen Perioden – keine Einschränkung der Zielgruppen auf die sogenannten „Problemgruppen". Das Problem wird allgemein auf Schulabgänger bezogen. Ferner wird ein expliziter Zusammenhang zwischen der definierten Ursache „mangelnde Ausbildungsreife" und der Folge „geringeres Angebot an Ausbildungsplätzen" hergestellt. Dadurch externalisieren die Arbeitgeber die Verantwortung für ein ausreichendes Angebot an Ausbildungsplätzen. Die Herstellung der Ausbildungsreife liegt nicht in ihrem

Handlungsbereich, da die Schule als Verursacher und Verantwortlicher identifiziert wird. Dadurch wird die eigene Verantwortung an der Lösung des Problems abgewiesen. Es liegt eine eindeutige kausalattributorische Argumentation vor.

Das BMBF folgt in der zweiten Phase dieser Periode ebenfalls der **pädagogisch-bildungswissenschaftlichen Argumentationslogik.** Es erkennt an, dass die wesentliche Ursache für Probleme am Übergang von der Schule in die Ausbildung vor dem Verlassen der allgemeinbildenden Schulen zu verorten ist. Schulen werden demnach auch durch das BMBF als Verursacher der Problematik ausgewiesen. Konsequenterweise werden als Lösungsvorschlag Maßnahmen für die Verbesserung der Ausbildungsreife in der allgemeinbildenden Schule formuliert. Kausalattributorische Elemente in der Argumentation des BMBF sind eindeutig identifizierbar.

Summa summarum ist auffällig, dass die Veränderung der Perspektive hin zu einer bildungswissenschaftlich-pädagogischen, klar kausalattributorischen Argumentationslogik mit verstärkten Forderungen für eine Ausbildungsplatzabgabe durch die Arbeitnehmerseite und die Opposition verbunden sind, auch unter Berücksichtigung der im Jahr 1998 anstehenden Wahlen, denn das sich in diesem Zeitabschnitt unter der schwarz-gelb geführten Regierung befindende BMBF hält an der einzelbetrieblichen Finanzierung fest.

6.1.5 Fünfte Periode 1996 bis 1999

6.1.5.1 Kontext: Nachfrageüberhang

Die fünfte Periode von 1996 bis 1999 ist durch einen Nachfrageüberhang gekennzeichnet. Mit auf dem Höhepunkt des Nachfrageüberhangs im Jahr 1997 von 613.353 angebotenen Ausbildungsstellen und 634.910 nachgefragten Ausbildungsplätzen oder 3,4 Prozent Diskrepanz kann der Nachfrageüberhang allerdings als gering bezeichnet werden (BMBF 1998, S. 11).

Im Oktober 1998 findet überdies ein Wechsel von der eher arbeitgeberfreundlich orientierten Bundesregierung aus CDU und FDP unter Bundeskanzler Helmut Kohl (CDU) zu einer arbeitnehmerfreundlicheren Bundesregierung aus SPD und Bündnis 90/Die Grünen unter Bundeskanzler Gerhard Schröder (SPD) statt.

Die Bundesregierung unter Bundeskanzler Helmut Kohl lehnt die Einführung einer Ausbildungsplatzabgabe, wie bereits für die vorhergehende Periode angemerkt, ab. Diese Haltung wird in der aktuellen Periode nochmals mit Nachdruck untermauert:

6.1 Der deutsche Diskurs im Zeitverlauf

> *„Deshalb hat sich die Bunderegierung allen Vorstößen zur Einführung einer Ausbildungsplatzabgabe nachhaltig widersetzt und wird dies aus ihrer Verantwortung gegenüber den Jugendlichen und den Betrieben heraus auch in Zukunft tun. Sie sieht sich dabei nicht nur im Konsens mit den Spitzenverbänden der Wirtschaft und der Mehrzahl der Länder, sondern auch mit dem Sachverständigenrat zur Begutachtung der gesamtwirtschaftlichen Entwicklung"* (BMBF 1998, S. 1).

Der Hauptausschuss sieht auf dem Unterbau von Expertenmeinungen die Entwicklung der Angebots-Nachfrage-Relation eher verhalten. Daher wird im Berufsbildungsbericht 1997 kundgetan (BMBF 1997, S. 15):

> *„Experten gehen vielmehr davon aus, daß [sic] als Folge steigender Schulabgängerzahlen und verändertem Bildungsverhalten ein spürbarer Ausbildungsplatzmangel bis in das nächste Jahrtausend bestehen bleibt."*

Danach liegt die Ursache für den bestehenden und zu erwartenden Nachfrageüberhang zum einen in den steigenden Schulabgängerzahlen. Zum anderen sieht der Hauptausschuss diesen auch in berufsstrukturellen Ungleichgewichten begründet. Ausbildungs- und Beschäftigungssystem haben sich weiter auseinanderentwickelt. Während die duale Ausbildung ihren Schwerpunkt nach wie vor im produzierenden Gewerbe habe, sei dieses gleichzeitig durch einen Rückgang an Arbeitsplätzen geprägt (BMBF 1997, S. 15). Im Berufsbildungsbericht wird vor dem Hintergrund der notwendigen Modernisierung und Neuschaffung von Berufsbildern die Gefahr gesehen, *„daß [sic] im Zuge der Modernisierung die Ausbildungsberufe immer anspruchsvoller und damit mehr praktisch begabte Jugendliche überfordert werden"* (BMBF 1998, S. 2). Deshalb müssten auch neue Berufe mit überwiegend praktischen Anforderungen entwickelt werden (BMBF 1998, S. 2). Der Hauptausschuss bringt in seiner Stellungnahme *„zur Modernisierung der Berufsausbildung"* zur Kenntnis, dass sich die Bundesregierung für diese in den Betrieben zwar intensiv einsetze, die entfaltete Aktivität aber noch nicht zu der

> *„erwünschten Vermehrung von Ausbildungsplätzen geführt hat. Das Anforderungsniveau dieser Ausbildung ist teilweise derart angehoben worden, daß [sic] dem nur noch gute Realschulabsolventen und Abiturienten gewachsen sind"* (BMBF 1998, S. 18).

Deswegen appelliert der Hauptausschuss an die Bundesregierung, bei den Antragsgesprächen zur Neuordnung bestimmter Berufe darauf zu achten, dass die duale Ausbildung grundsätzlich für alle Schulabsolventen und –absolventinnen geöffnet bliebe (BMBF 1998, S. 18).

Bildungspolitisch wird im Januar 1996 das „Bündnis für Ausbildung" gegründet. Im Bündnis haben Vertreter der Spitzenverbände der Wirtschaft ihre Zusage bekräftigt, das Lehrstellenangebot nachdrücklich zu erhöhen (BMBF 1997, S. 1). Das Bündnis wird 1998 auf Drängen der Arbeitgeber zum „Bündnis für Arbeit, Ausbildung und Wettbewerbsfähigkeit" erweitert (Wolf 2000). Es ist Bestandteil der Koalitionsvereinbarung zwischen SPD und Bündnis 90/Die Grünen, in der es heißt:

*„Zur Bekämpfung der Arbeitslosigkeit wird die neue Bundesregierung alle gesellschaftlichen Kräfte mobilisieren. Wir wollen ein Bündnis für Arbeit und Ausbildung. Gemeinsam mit Gewerkschaften und Unternehmen werden wir konkrete Maßnahmen vereinbaren, um die Arbeitslosigkeit abzubauen und **allen Jugendlichen einen Ausbildungsplatz zu sichern"** (SPD und Bündnis 90/Die Grünen 1998, S. 4; Hervorhebung durch die Autorin).*

Das Ziel des im erweiterten Bündnis aus Bundesregierung, Wirtschaft und Gewerkschaften geschlossenen Ausbildungskonsens ist es, „*jedem jungen Menschen, der will und kann, eine Berufsausbildung zu ermöglichen*" (BMBF 2000, S. 1). Der DIHT nennt dies „eingeschränkte[n] Ausbildungsgarantie" (DIHT 2000, S. 9). Die Einschränkung, „jeder junge Mensch, der kann", die auch häufig mit dem Adjektiv „ausbildungsfähig" beschrieben wird, hat damit Einzug in die offizielle Terminologie erhalten, nachdem von Regierungsseite bislang hauptsächlich von einem „Ausbildungsangebot für jeden ausbildungswilligen Jugendlichen" gesprochen wurde.

Das BMBF wendet sich in dieser Periode trotz Nachfrageüberhang konkret gegen die Einführung einer Ausbildungsplatzabgabe, da sie diese als kontraproduktiv im Hinblick auf die Erleichterung des Übergangs von der Schule in die Ausbildung sowie in Bezug auf die Reduzierung der Jugendarbeitslosigkeit erachtet:

„Mit dem Beschluß [sic] zum Berufsbildungsbericht 1998 setzt die Bundesregierung ihre Politik konkreter Maßnahmen zur Erhöhung des Lehrstellenangebotes und zur strukturellen Erneuerung der dualen Berufsausbildung fort. Eine Ausbildungsplatzabgabe lehnt die Bundesregierung ab. Sie vernichtet Lehrstellen durch den Freikauf aus der Ausbildungsverantwortung. Sie führt zu einer staatlich verantworteten Erhöhung der Jugendarbeitslosigkeit durch bürokratische Entscheidungen über Struktur und Umfang des Lehrstellenangebots" (BMBF 1998, S. 17).

Auch 1999, nach dem Regierungswechsel, wird die Einführung einer Umlagefinanzierung von Regierungsseite nicht expliziert. Die Arbeitgeber fordern in ihrem Minderheitsvotum im Berufsbildungsbericht desselben Jahres eine explizite „Absage an [die] Ausbildungsabgabe". Fernerhin wird in dem Votum Folgendes kommuniziert:

> „Zu begrüßen ist, daß [sic] der Berufsbildungsbericht keine Aussage zur Einführung einer Ausbildungsabgabe enthält. Es ist aber an der Zeit, daß [sic] die Regierungen mit einer klaren und eindeutigen Absage an das Drohpotential Ausbildungsabgabe ihren Beitrag zur Ermöglichung eines auch künftig kontinuierlichen Zuwachses von Ausbildungsplätzen leisten. Die von den Gewerkschaften bei jeder Gelegenheit zitierte Option, über kurz oder lang doch noch eine Zwangsumlage zur Ausbildungsfinanzierung einzuführen, hemmt und verunsichert die Unternehmen, ihre Ausbildungskapazitäten weiter zu erhöhen, insbesondere über den eigenen Bedarf hinaus" (BMBF 1999, S. 32, Minderheitsvotum Arbeitgeber).

Desgleichen negiert der ZDH erneut die Nützlichkeit einer Umlagefinanzierung als Instrument zur Schaffung von Lehrstellen. Es müsse jedoch davon ausgegangen werden, dass die Gewerkschaften das Thema auch in den kommenden Jahren offensiv besetzen würden (ZDH 1996, S. 157).

6.1.5.2 Argumentationsmuster: Die Klagen werden lauter – die mangelnde Ausbildungsreife wird auf die politische Agenda gesetzt

Als bildungspolitischer Faktor steht „das Thema eines ausreichenden Ausbildungsplatzangebotes für alle Jugendlichen mit Eignung und Neigung" (DIHT 1997, S. 5) im Mittelpunkt der Diskussion.

Trotz des durch SPD, Bündnis 90/Die Grünen und PDS (siehe Abschnitt 6.1.4.1) eingereichten Gesetzentwurfs zur Berufsbildungsabgabe erhält die Umlagefinanzierung in der Berichtsperiode von Regierungs- sowie Gewerkschaftsseite wenig Aufmerksamkeit. Durch den Gesetzentwurf und die 1998 anstehenden Bundestagswahlen ist die Finanzierungsfrage in den Berichten der Arbeitgeberverbände jedoch sehr präsent (ZDH 1996, S. 157, 1997, S. 155; DIHT 1997, S. 5, 1998, S. 5; BMBF 1999, S. 32, Minderheitsvotum Arbeitgeber; BDA 1997, S. 26).

Der DIHT betont, dass sich die Arbeitgeber zu „ihrer Mitverantwortung für die Ausbildung der jungen Generation bekannt [haben]. Die staatliche Seite muß [sic] die erbrachten Leistungen anerkennen und endlich und in jedem politischen Lager von Drohgebärden mit Zwangsabgaben ablassen" (DIHT 1997, S. 5). Die BDA und der ZDH argumentieren gleichermaßen, dass erkennbar sei, dass die

Wirtschaft ihr Ausbildungsplatzangebot spürbar vergrößert habe und auf eine Ausbildungsplatzabgabe daher verzichtet werden sollte (BDA 1997, S. 26; ZDH 1998, S. 114). Die BDA positioniert sich vor dem Koalitionsvertrag der neuen Bundesregierung (siehe SPD und Bündnis 90/Die Grünen 1998) hinsichtlich des Angebots an Ausbildungsplätzen:

> *„In ihrer Koalitionsvereinbarung haben sich die neuen Regierungsparteien die Option für die Einführung einer Ausbildungsplatzumlage offengelassen. Kriterium soll sein, ob es Wirtschaft und öffentlicher Verwaltung gelingt, durch Erhöhung der Lehrstellenzahl jedem Jugendlichen einen qualifizierten Ausbildungsplatz zu geben. Realistischerweise kann es jedoch nicht darum gehen, jedem Jugendlichen einen Ausbildungsplatz zu sichern. Realistisches Ziel kann nur sein, allen ausbildungswilligen und ausbildungsfähigen Jugendlichen einen Ausbildungsplatz anzubieten. An keiner Stelle der Koalitionsvereinbarung wird z. B. auf die Probleme von Ausbildungsplatzbewerbern auf Grund mangelnder schulischer Voraussetzungen eingegangen"* (BDA 1998, S. 46).

Damit expliziert die BDA das Argument, dass nur allen ausbildungswilligen und *ausbildungsfähigen* Jugendlichen ein Ausbildungsplatz angeboten werden kann. Dieses Argument würde ein im Vergleich zur Nachfrage geringeres Angebot an Ausbildungsplätzen rechtfertigen, wenn der entsprechende Anteil an Jugendlichen nicht ausbildungsfähig wäre. Im gleichen Bericht führt die BDA an:

> *„Eine von der BDA im Frühjahr 1998 durchgeführte Erhebung ergab, daß [sic] über 1998 hinaus bis zum Jahr 2001 ein kontinuierlich wachsendes Lehrstellenangebot der Unternehmen möglich ist. Sie zeigt aber auch die teilweise erheblichen Probleme, die die Unternehmen bei der Besetzung von Ausbildungsplätzen haben. Nicht selten können sie keine oder keine geeigneten Bewerber finden. Viele Bewerber verfügen nicht über die notwendigen, von der Schule zu vermittelnden Grundqualifikationen. Diese Grundqualifikationen haben sich zudem nach Ansicht der meisten Unternehmen in den letzten Jahren verschlechtert"* (BDA 1998, S. 45).

In anderen Geschäftsberichten der betrachteten Periode notiert die BDA gleichfalls Klagen der Wirtschaft über die Ausbildungsreife der Abgänger allgemeinbildender Schulen (z. B. BDA 1998, S. 26 f., 1999, S. 52):

> *„Die mangelnde Ausbildungs- bzw. Betriebsreife der Bewerber wird zunehmend zum Problem. So klagen viele Unternehmen, die ihre Ausbildungsplätze trotz hoher Bewerberzahlen nicht besetzen konnten, über das abgesunkene Niveau eines großen Teils der Ausbildungsplatzbewerber. Diese Bewerber könnten weder in den Fächern Deutsch und Mathematik, noch von ihrem sozialen Verhalten her die Erfordernisse der betrieblichen Berufsausbildung erfüllen. Deshalb hat der*

6.1 Der deutsche Diskurs im Zeitverlauf

BDA-Präsident in den letzten Monaten verstärkt eine Verbesserung der schulischen Bildung eingefordert" (BDA 1997, S. 26 f.).

Die BDA nimmt damit explizit eine bildungswissenschaftlich-pädagogische Perspektive für die Begründung der Nichtbesetzung von Ausbildungsstellen ein.

DIHK und ZDH folgen ähnlichen Argumentationsmustern. Sie sehen die Zusage eines zunehmenden Angebots an Ausbildungsplätzen daran geknüpft, die Rahmenbedingungen für dieselbe zu verbessern (DIHT 1996, S. 6; ZDH 1997, S. 155). Die Einführung einer Ausbildungsplatzabgabe wird mithin als „schädlich" (DIHT 1996, S. 6) bewertet. Gleichzeitig sehen sowohl DIHK als auch ZDH eine *„wachsende Diskrepanz zwischen Leistungsstand und Leistungsanforderungen bei Schulabgängern"* (DIHT 1996, S. 40). Der ZDH begründet dies wie folgt:

„Als Achillesferse erweist sich jedoch zunehmend die unzureichende schulische Vorbildung vieler Lehrstellenbewerber. Aufgrund der gestiegenen beruflichen Anforderungen zahlreicher Handwerksberufe steigen auch die Erwartungen der Betriebe an die Lehrstellenbewerber. Dabei geht es nicht nur um ausreichend Kenntnisse in den Fächern Deutsch und Mathematik, sondern auch um entsprechende Erwartungen an das soziale Verhalten" (ZDH 1997, S. 155).

Die Zitate markieren mehrere Aspekte, wie die Ausbildungsreife durch die Arbeitgeberverbände in dieser Periode gedeutet wird. Erstens wird das Problem der Ausbildungsreife, anknüpfend an das Argumentationsmuster der vorhergehenden Periode (siehe Abschnitt 6.1.4.1), auf „viele Bewerber" ausgeweitet und beschränkt sich nicht mehr nur auf die Problemgruppen (pädagogisch-bildungswissenschaftliche Perspektive). Zweitens werden Defizite nicht mehr allein in den Kulturtechniken wie Lesen, Schreiben oder Rechnen ausfindig gemacht, sondern vermehrt im sozialen Verhalten der Jugendlichen. Drittens erachtet die BDA „Schule und Elternhaus" (BDA 1999, S. 52) bzw. der DIHK die KMK (DIHT 1996, S. 6) als verantwortliche Instanzen für die Verbesserung der Ausbildungsreife. Viertens wird die fehlende Ausbildungsreife überdies mit den gestiegenen Anforderungen an die Ausbildungsplatzbewerber durch die ausbildenden Betriebe begründet.

Die Bereitstellung eines quantitativ ausreichenden Angebots an Ausbildungsplätzen und die mangelnde Ausbildungsreife der Lehrstellenbewerber werden auch in dieser Berichtsperiode in einen argumentativen Zusammenhang gestellt. So führt der ZDH aus:

> „Um der steigenden Nachfrage nach Lehrstellen gerecht werden zu können, ist
> es dringend erforderlich, die schulischen Bildungsvoraussetzungen zu verbessern.
> Rund 15 Prozent der Schulabgänger verfügen nicht über die ausreichenden Qualifikationsvoraussetzungen, um den gestiegenen Anforderungen an eine Ausbildung
> zu genügen" (ZDH 1998, S. 114).

Der DIHK formuliert in ähnlicher Weise, dass eine fehlende Ausbildungsreife vielfach ein Ausbildungshindernis verkörpere (DIHT 1997, S. 11). Durch die im Rahmen der Diskussion um ein ausreichendes Angebot an Ausbildungsplätzen explizite Einschränkung, dass einzig ausbildungswilligen und *ausbildungsfähigen* Jugendlichen ein Ausbildungsplatz offeriert werden kann, erfolgt eine weitere, indirekte Verknüpfung der Ausbildungsplatzabgabe und der Ausbildungsreife Jugendlicher.

Die Argumentation betreffs der unzureichenden Ausbildungsreife hat im Vergleich zu den Vorperioden an Intensität (quantitativ und qualitativ) zugenommen. So klagen DIHT (1997, S. 11; DIHT 1998, S. 11, 2000, S 30 f.)), ZDH (1996, S. 158, 1997, S. 155, 1998, S. 114) und BDA (1997, S. 26, 1998, S. 45, 1999, S. 52; BDA 1973, 2000, S. 54) in fast jedem Jahr der betrachteten Periode über die mangelnde Ausbildungsreife der Schulabgänger. Im Minderheitsvotum der Arbeitnehmer heißt es dagegen:

> „Immer wieder wird von Arbeitgebern fehlende Ausbildungsreife der Jugendlichen
> beklagt und pauschale Kritik an der schulischen Vorbildung der AusbildungsplatzbewerberInnen geübt. Sicher kann es nicht Aufgabe der Betriebe sein, das zu
> vermitteln, was die allgemeinbildenden Schulen vor Beginn der Ausbildung hätten
> leisten müssen. Wenn von Arbeitgeberseite zum einen Mängel im Lesen, Schreiben
> und Rechnen beklagt werden, zugleich aber kürzere Berufsschulzeiten und sogar
> die Streichung des zweiten Berufsschultages gefordert werden, wird deutlich, daß
> [sic] es bei den Vorwürfen gegen die Schule nicht um ernsthafte Kritik, sondern
> um die Suche nach Sündenböcken geht, auf die das eigene Fehlverhalten abgewälzt
> werden kann. Die pauschale Behauptung, die allgemeinbildende Schule vermittle
> keine ausreichende Ausbildungsreife, diskriminiert nach Auffassung des Hauptausschusses das gesamte allgemeinbildende Schulwesen. Die Schule trägt nicht die
> Schuld am Abbau von mehr als 100.000 Ausbildungsstellen und dem daraus entstandenen gravierenden Ausbildungsstellenmangel in Deutschland" (BMBF 1997,
> S. 23, Minderheitsvotum Arbeitnehmer).

Die Arbeitnehmervertreter erkennen an, dass die Schulen die Verantwortung für die Herstellung der Ausbildungsreife der Schulabgänger tragen. Sie befinden jedoch die Diskussion um die mangelnde Ausbildungsreife als pauschal und zweifeln an der Ernsthaftigkeit der Klagen durch die Arbeitgebervertreter. Vielmehr betrachten sie das Argument der mangelnden Ausbildungsreife

6.1 Der deutsche Diskurs im Zeitverlauf

als Scheinargument der Arbeitgebervertreter, um von dem Abbau von 100.000 Ausbildungsstellen und dem daraus resultierenden gravierenden Ausbildungsstellenmangel abzulenken. Im Minderheitsvotum des Berufsbildungsberichts aus dem Jahr 1999 bringen die Arbeitnehmervertreter vor:

> *„Auch im zurückliegenden Jahr hat die Politik der Freiwilligkeit und der Anreize versagt. Trotz der neuen Ausbildungsversprechen der Wirtschaft, ‚jedem ausbildungswilligen und ausbildungsfähigen' Jugendlichen einen Ausbildungsplatz anzubieten, haben die Betriebe laut der Berufsberatungsstatistik der Bundesanstalt für Arbeit für das Berufsberatungsjahr 1997/98 den Arbeitsämtern im vergangenen Jahr 0,5% (8.236) weniger Ausbildungsstellen angeboten als im Vorjahr"* (BMBF 1999, S. 26, Minderheitsvotum Arbeitnehmer).

Die durch die Arbeitnehmervertreter eingenommene Perspektive auf das Problem am Übergang von der Schule in die Ausbildung ist damit auch in dieser Periode volkswirtschaftlich-arbeitsmarktbezogen (Ausbildungsstellenmangel). Die durch die Arbeitgeber präsentierte Begründung der fehlenden Ausbildungsreife (pädagogisch-bildungswissenschaftliche Perspektive) wird durch die Arbeitnehmervertreter dagegen explizit abgelehnt.

Das BMBF greift im Berufsbildungsbericht die Klagen der Wirtschaft auf und sieht die Verbesserung der Ausbildungsreife als zentrales Element für die Erhöhung der Ausbildungsbereitschaft der Betriebe. Die mangelnde Ausbildungsreife der Schulabgänger wird als Thema für die politische Agenda wahrgenommen und entsprechend auf diese gesetzt:

> *„Für die Erhöhung der Ausbildungsbereitschaft der Betriebe sind die Verbesserung der Ausbildungsreife und die Flexibilisierung der Berufsschulzeiten wichtig. Viele Ausbildungsbetriebe klagen darüber, daß [sic] einem nicht unerheblichen Teil der Schulabgänger grundlegende Kenntnisse und Verhaltensweisen fehlen, die für das erfolgreiche Absolvieren einer Berufsausbildung erforderlich sind. Hierzu zählen insbesondere Motivation, Eigeninitiative sowie elementare allgemeinbildende Kenntnisse und Fähigkeiten, z. B. in Deutsch und Mathematik. Die Kultusministerkonferenz hat im Juni einen Bericht zur Verbesserung der Ausbildungsreife verabschiedet, in dem eine Reihe von zusätzlichen Maßnahmen beschrieben wird"* (BMBF 1998, S. 9).

Das BMBF (1997, S. 7) appelliert aber gleichzeitig an die Arbeitgeber, zu prüfen, ob die Ablehnung der Bewerber gerechtfertigt sei. Ausdrücklich leistungsschwächeren Jugendlichen solle, wenn möglich, eine Chance auf Ausbildung gegeben werden (BMBF 1997, S. 7, 1999, S. 13). Damit greift das BMBF neben der pädagogisch-bildungswissenschaftlichen auch die gesellschaftlich-sozialpolitische

Perspektive auf. Als für die Herstellung der Ausbildungsreife verantwortlich sieht das BMBF die allgemeinbildenden Schulen sowie das Elternhaus an (BMBF 1999, S. 13). Das Ministerium weist jedoch in gleicher Weise darauf hin, dass die Diskrepanz zwischen den Erwartungen der Wirtschaft und den Leistungen der Schüler kein neues Problem sei. Es rekurriert auf eine Veröffentlichung des Instituts der deutschen Wirtschaft aus dem Jahr 1979 (Institut der Deutschen Wirtschaft 1979). Dort heißt es:

> *„Des weiteren wird Klage darüber geführt, daß [sic] Schulen weder den Mut zur Erziehung noch die Bemühungen um die rechte Kenntnisvermittlung aufbrächten. [...] Die Klage über das Versagen der Schule selbst in Bereichen ihres zentralen Auftrags nimmt die Form der handgreiflichen, weithin auch berechtigten Schelte an. Die Beispiele, die Industrie- und Handelskammern aus den Prüfungsarbeiten herauslesen, sind erschütternd, das Ergebnis der Prüfungen in Deutsch und Rechnen, denen sich 4851 Prüflinge in Hessen unterzogen, wird als ‚erschreckend' bezeichnet. [...] Zur Abschwächung indes an dieser Stelle nur soviel: In den frühen sechziger Jahren führte die Handelskammer Hamburg in ähnlicher Weise den Kenntnisstand Jugendlicher in politischen Fragen vor und kam zu dem Schluß [sic], daß [sic] die Schule in der politischen Bildung offensichtlich gänzlich versage "* (Knoll 1979, S. 58 f.).

Der Hauptausschuss erkennt an, dass sich Jugendliche erhöhten Anforderungen stellen müssen:

> *„Der Hauptausschuss verkennt nicht die Probleme, mit denen sich gegenwärtig die Jugendlichen auf der Suche nach einer beruflichen Existenz auseinandersetzen müssen und dabei insbesondere bei Großbetrieben, auf zunehmende Zurückhaltung in der Ausbildungsbereitschaft stoßen. Die Folgen der Globalisierung wie z. B. Produktionsverlagerung ins Ausland, erhöhter Wettbewerbsdruck, internationale Unternehmensverflechtungen wirken sich nicht nur angebotshemmend aus, sondern führen auch zu qualitativen Veränderungen. Hierauf müssen die jungen Menschen vorbereitet sein. [...] Die Bedeutung der Grundfertigkeiten, wie Deutsch und Rechnen bleibt erhalten. Darüber hinaus ist es aber zunehmend wichtiger, bereits an den allgemeinbildenden Schulen Kommunikations- und Teamfähigkeit sowie Fremdsprachenfertigkeiten zu vermitteln. Die Ausbildungsreife ist ein wichtiges Anliegen gerade auch aus der Sicht der Wirtschaft "* (BMBF 2000, S. 20, Stellungnahme Hauptausschuss).

Der Hauptausschuss erkennt damit die Notwendigkeit der Vermittlung einer ausreichenden Ausbildungsreife Jugendlicher an. In der Argumentation ist jedoch weniger das aus der pädagogisch-bildungswissenschaftlichen Perspektive defizitäre Narrativ erkennbar, das „vielen Jugendlichen" die Ausbildungsreife abspricht. Vielmehr werden in der Stellungnahme die zunehmenden Herausforderungen für die Jugendlichen herausdestilliert, in Zeiten der Globalisierung und des Rückgangs an angebotenen Ausbildungsplätzen eine Ausbildung zu finden. Die erhöhten Erwartungen erfordern eine andere Vorbereitung der Jugendlichen, die neben den Kulturtechniken auch soziale und persönliche Kompetenzen mit einschließe. Hier wird zwar auch die pädagogisch-bildungswissenschaftliche Perspektive angesprochen, wenn es um die Förderung der Ausbildungsreife durch die Schule geht. Eingebettet wird die Argumentation jedoch in die auch von Schlemmer angemerkten „Ökonomischen Wandlungstendenzen wie Globalisierung, Flexibilisierung, Mobilität" (Schlemmer 2008, S. 15), die die Ausbildungsfähigkeit von der gesellschaftlichen Makroebene aus tangieren. Die Curricula und der Unterricht der allgemeinbildenden Schulen müssen sich demzufolge den Veränderungen auf der gesellschaftlichen Makroebene anpassen, um die Jugendlichen besser vorzubereiten.

6.1.5.3 Zusammenfassung und Positionsanalyse der Kausalattributionen

Die in der zweiten Phase der vorangegangenen Periode eingenommenen Positionen der Kausalattributionen verfestigen sich in dieser Periode weiterhin. Deswegen werden im fünften Zeitabschnitt hauptsächlich zwei Kausalattributionsstränge deutlich: der bildungswissenschaftlich-pädagogische und der volkswirtschaftlich-arbeitsmarktbezogene Strang (Abbildung 6.6).

Die Arbeitgebervertreter und das BMBF argumentieren in dieser Periode in erster Linie aus der **bildungswissenschaftlich-pädagogischen Perspektive**.

Die Argumentation der Arbeitgebervertreter ähnelt der bereits in den vorhergehenden Perioden (siehe Abschnitt 6.1.1.3, 6.1.2.3 und 6.1.4.3) identifizierten Logik, zeigt jedoch auch einige Unterschiedlichkeiten auf. Als Ursache für die Probleme am Übergang von der Schule in die Ausbildung wird, wie in den vorangegangenen Perioden, eine unzureichende Ausbildungsreife der Schulabgänger identifiziert. Eine Einschränkung auf die sogenannten Problemgruppen, wie sie z. B. in der ersten Periode erfolgt, wird in dieser Periode nicht vorgenommen. Ferner wird eine weitere Ursache identifiziert, die zu einer Verschärfung des Problems beiträgt. Mithin bringen nicht nur die Jugendlichen nicht mehr die notwendigen Voraussetzungen mit, es steigen die Leistungsanforderungen der Wirtschaft an dieselben. Ein Verursacher wird nicht explizit benannt, es herrscht jedoch Konsens, dass die KMK und folglich die öffentliche Hand für die Herstellung der Ausbildungsreife der Jugendlichen verantwortlich zeichnet. Des Weiteren externalisieren die Arbeitgeber die Ursache für ein zu geringes Angebot an Ausbildungsplätzen und in zweiter Konsequenz die Verantwortung für die Bereitstellung von mehr Ausbildungsplätzen, da sie das zurückgehende

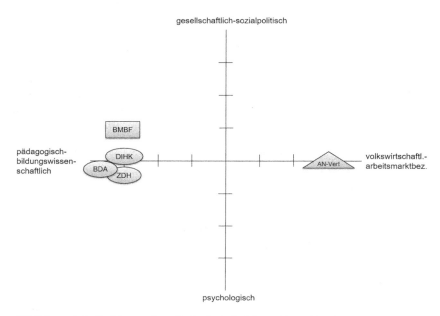

Abbildung 6.6 Positionsanalyse fünfte Periode (eigene Darstellung)

Angebot an Ausbildungsplätzen auf die mangelnde Ausbildungsreife der Schulabgänger zurückführen. In dieser Periode ist demnach gleichfalls eine klare kausalattributorische Argumentation auf Arbeitgeberseite erkennbar.

Das BMBF folgt der Argumentationslinie der Arbeitgeber und erkennt an, dass eine mangelnde Ausbildungsreife eine Ursache für eine geringere Ausbildungsbereitschaft der Betriebe und damit auch für Schwierigkeiten der Jugendlichen beim Übergang von der Schule in die Berufsausbildung ist. In der Verantwortung für die Herstellung der Ausbildungsreife sieht es in erster Linie die allgemeinbildenden Schulen, aber auch das Elternhaus. Daneben appelliert das BMBF aber an die Arbeitgeber, gründlich zu prüfen, ob die Ablehnung der Bewerber wirklich gerechtfertigt ist.

Die Arbeitnehmervertreter verfolgen wieder eine eindeutig kausalattributorisch angelegte **volkswirtschaftlich-arbeitsmarktbezogene Argumentationslinie**. Sie sehen, wie in den Perioden zuvor, ein unzureichendes Angebot an Ausbildungsplätzen als Ursache für die Probleme beim Übergang von der Schule in die

Berufsausbildung. Wie bereits in vorangegangenen Perioden, die einen Nachfrageüberhang aufweisen (siehe Abschnitt 6.1.1.3, 6.1.3.3), nimmt die Arbeitnehmerseite in diesem Zeitabschnitt eine Intentionalisierung des Problems vor. Die Kritik an der mangelnden Ausbildungsreife der Jugendlichen durch die Arbeitgeberseite sei keine ernsthafte Kritik, sondern nur die Suche nach einem Sündenbock, auf den das eigene Fehlverhalten abgewälzt werden könne. Damit schreiben die Arbeitnehmer den Arbeitgebern eine willentliche Schaffung des Problems durch Letztgenannte (Verursacher) zu.

Insgesamt offenbart sich in dieser Periode eine Zuspitzung der Diskussion, da beide Seiten klare kausalattributorische Argumentationslinien nutzen und die Verantwortung jeweils externalisieren. Diese Zuspitzung kann als Machtkampf um die Gunst der Regierung in dem Streit um die Einführung der Ausbildungsplatzabgabe interpretiert werden. Die Arbeitgeberseite möchte verhindern, dass das Thema unter der neuen rot-grünen Regierung auf die Agenda kommt, während die Arbeitnehmerseite das Thema auf die Agenda setzen möchte. Obwohl die rot-grünen Parteien aus der Opposition heraus 1997/98 (siehe Abschnitt 6.1.4.1) noch einen Gesetzentwurf für die Neuregelung der Finanzierung im Sinne der Arbeitnehmerseite in den Bundestag eingebracht haben, ist ebendiese nicht expliziter Bestandteil ihres Koalitionsvertrages (SPD und Bündnis 90/Die Grünen 1998). Sie setzen vielmehr auf die Selbstverpflichtung der Wirtschaft und behalten sich „politische und gesetzgeberische Maßnahmen hinsichtlich der Sicherung einer qualifizierten Ausbildung für alle Jugendliche" (SPD und Bündnis 90/Die Grünen 1998, S. 21) lediglich für den Fall vor, dass die Wirtschaft ihrer Selbstverpflichtung nicht nachkommen sollte. Wann genau dies eintritt, wird nicht konkret definiert und lässt Interpretationsspielraum. Die mangelnde Ausbildungsreife als Ausbildungshindernis dient im Rahmen dieses Interpretationsspielraumes als Begründung für eine ggf. nicht erfolgte Ausbildung von allen Jugendlichen, da allein ausbildungsreife Jugendliche aus Arbeitgebersicht in die Ausbildung aufgenommen werden können. Die fehlende Ausbildungsreife von vielen Jugendlichen reduziert demnach die Anzahl der zu versorgenden Schulabgänger. Welche Jugendlichen die notwendige Ausbildungsreife vorweisen, unterliegt wiederum der Auslegung der ausbildenden Betriebe.

6.1.6 Sechste Periode 2000 bis 2001

6.1.6.1 Kontext: Angebotsüberhang

Diese über zwei Jahre andauernde und damit sehr kurze Periode ist von einem Angebotsüberhang geprägt, der sich auf 2.048 Ausbildungsplätze oder 0,3 Prozent im Jahr 2000 (BMBF 2001, S. 50) und 4.073 Plätze im Jahr 2001 (BMBF 2002, S. 38) beläuft, weswegen er als minimal bezeichnet werden kann. Gleichzeitig sind die neu abgeschlossenen Ausbildungsverträge von 631.015 im Jahr 2000 auf 621.693 im Jahr 2001 zurückgegangen (BMBF 2002, S. 38).

Die bildungspolitische Zielsetzung der Bundesregierung (immer noch bestehend aus einer Koalition zwischen SPD und BÜNDNIS 90/DIE GRÜNEN unter Kanzler Gerhard Schröder) ist in dieser Periode das Zur-Verfügung-Stellen eines quantitativ ausreichenden und qualitativ hochwertigen Angebots an Ausbildungsplätzen, *„um die vorhandenen Begabungspotenziale im Interesse der Jugendlichen wie der Wirtschaft auszuschöpfen"* (BMBF 2001, S. 2; siehe auch BMBF 2002, S. 6). Der im Bündnis für Arbeit, Ausbildung und Wettbewerbsfähigkeit beschlossene Ausbildungskonsens sowie das Sofortprogramm zum Abbau der Jugendarbeitslosigkeit werden in diesem Zusammenhang durch die Bundesregierung gelobt. Durch die Programme seien deutliche Fortschritte auf dem Weg zu diesem Ziel erreicht worden und der Plan, jedem ausbildungswilligen und -fähigen Jugendlichen einen Ausbildungsplatz anzubieten, sei nahezu vollständig umgesetzt worden (BMBF 2001, S. 2, S. 30, 2002, S. 3). Diese Ansicht unterstützt ebenfalls die Arbeitgeberseite (BMBF 2001, Anlage 1, S. 1, 2002, Anlage 3, S. 7, Minderheitsvotum Arbeitgeber; BDA 2000, S. 52).

Die IG Metall betont hingegen, die Arbeitgeber hätten ihre Zusagen aus dem Ausbildungskonsens im Bündnis für Arbeit nicht eingehalten (IG Metall 2002, S. 176; siehe auch BMBF 2001, Anlage 1, S. 16, Minderheitsvotum Arbeitnehmer). Zur Begründung fügt sie an:

„Noch immer finden nicht alle Schulabgänger einen Ausbildungsplatz. Alarmierend ist insbesondere die Situation in den neuen Bundesländern. Die Arbeitgeber haben ihre Zusagen aus dem Ausbildungskonsens im ‚Bündnis für Arbeit, Ausbildung und Wettbewerbsfähigkeit' nicht eingehalten. Wir bleiben bei unserer Forderung, mithilfe einer gesetzlichen Umlagefinanzierung, die alle Arbeitgeber in die Pflicht nimmt, ein auswahlfähiges Angebot an Ausbildungsplätzen zu gewährleisten. Sie stellt einen solidarischen Lastenausgleich zwischen ausbildenden und nichtausbildenden Betrieben her und ermöglicht eine umfassende Qualitätssicherung in der beruflichen Bildung" (IG Metall 2002, S. 178).

Damit hält die IG Metall selbst in dieser Periode an der Forderung nach einer gesetzlichen Umlagefinanzierung fest.

6.1.6.2 Argumentationsmuster: PISA-Schock und „vorhandene Begabungspotenziale ausschöpfen"

Wie in der vorangegangenen Periode stellen in dieser der *„fundamentale Strukturwandel von der Industriegesellschaft zur Informations- und Dienstleistungsgesellschaft sowie der demographische Wandel [...] Bildungs- und Berufsbildungspolitik vor neue Herausforderungen"* (BMBF 2002, Anlage 1, S. 2). Um dem zu begegnen, gelte es, in den nächsten Jahren jedwede vorhandenen Erwerbs- und Qualifikationspotenziale zu entwickeln und auszuschöpfen (BMBF 2002, Anlage 1, S. 2). Durch die Entfaltung einer Informations- und Dienstleistungsgesellschaft würden sich die theoretischen Anteile der Arbeit sowie die kognitiven Anforderungen an die Beschäftigten und damit auch an die Auszubildenden tendenziell erhöhen. Daher beurteilt das BMBF (2001, S. 4)

„die Förderung der Ausbildungs- und Beschäftigungsfähigkeit von Menschen, die diese neuen Anforderungen nur schwer bewältigen können, in den Schulen und Betrieben durch entsprechende Rahmenbedingungen in der Berufsbildungs- und Arbeitsmarktpolitik sowohl im Interesse der Betroffenen als auch von Gesellschaft und Wirtschaft [als] besonders bedeutsam."

Mithin wertet das BMBF die soziale Ausgrenzung auf der einen und eine Beeinträchtigung der Wettbewerbsfähigkeit der Wirtschaft durch Qualifikationsdefizite und Fachkräftemangel auf der anderen Seite als Gefahren, die vermieden werden müssten. Jegliche vorhandenen Ausbildungspotenziale müssten voll ausgeschöpft werden (BMBF 2001, S. 4). Die durch das BMBF eingenommene Perspektive ist in dieser Periode demnach eine Mischung aus der pädagogisch-bildungswissenschaftlichen Sicht (Ausbildungs- und Beschäftigungsfähigkeit von jungen Menschen fördern). Der Kontext, in dem dieses Argument eingebettet ist, wird jedoch aus der volkswirtschaftlich-arbeitsmarktbezogenen Perspektive (gestiegene Anforderungen des Arbeitsmarktes) sowie aus der gesellschaftlich-sozialpolitischen Perspektive (einige Jugendliche können diese gestiegenen Anforderungen nur schwer bewältigen) gesehen.

Als häufigste Ursache für den Rückgang an abgeschlossenen Ausbildungsverträgen in Westdeutschland erachtet der ZDH den wachsenden Mangel an geeigneten Bewerbern. Daneben wirke sich die schwache Konjunkturentwicklung negativ auf die Anzahl an abgeschlossenen Ausbildungsverträgen aus (ZDH 2001, S. 81). Überdies weist die BDA auf die *„massiven Schwierigkeiten"* hin, die viele Branchen, namentlich die Metallbranche, die Elektrotechnikbranche und IT-Branche hätten, um ihre angeboten Ausbildungsplätze mit geeigneten Bewerbern zu besetzen (BDA 2000, S. 52; siehe auch BMBF 2001, Anlage

1, S. 11, Minderheitsvotum Arbeitgeber). Sie prognostiziert weiter: „*Ab 2007 werden ausbildungs-willige Jugendliche zu einem knappen Gut*" (BDA 2000, S. 52). Die hier eingenommene Perspektive ist demnach die volkswirtschaftlich-arbeitsmarktbezogene. Quantitativ sind die Lehrstellenbewerberzahlen rückläufig. Es herrscht ein Bewerbermangel. Das hat wiederum Auswirkungen auf die Qualität, da die Auswahlmöglichkeiten nicht mehr so groß sind.

Als eine Lösungsmöglichkeit, auch den leistungsschwächeren Jugendlichen ein Angebot auf eine Ausbildung machen zu können, werten die Arbeitgeber die Einführung von differenzierten Ausbildungsberufen. Es müssten, wie in der Qualifizierungsoffensive im Bündnis für Arbeit, Ausbildung und Wettbewerbsfähigkeit vereinbart, verstärkt Ausbildungsberufe für beschäftigungsintensive, weniger komplexe Tätigkeitsfelder entwickelt werden (BMBF 2001, Anlage 1, S. 11, Minderheitsvotum Arbeitgeber).

Die Arbeitnehmervertreter meinen dagegen, dass die Arbeitgeber den Fachkräftemangel selbst verursacht hätten, denn wer nicht ausreichend Ausbildungsplätze offeriere, dürfte nicht über den Fachkräftemangel staunen. Die Arbeitnehmervertreter wunderten sich vielmehr darüber, dass diese Fakten nicht durch die Arbeitgeberseite akzeptiert würden und diese vielmehr ihre „*Versäumnisse lieber bei den Schulen und auf dem Rücken der Jugendlichen ab[laden]: Versäumnisse der Schulen und mangelnde Ausbildungsreife der Jugendlichen sind die Stichworte*" (BMBF 2001, Anlage 1, S. 16, Minderheitsvotum Arbeitnehmer). Des Weiteren bedauern die Arbeitnehmervertreter, dass aus den Daten, die den Fachkräftemangel bestätigen, bisher keine politischen Schlussfolgerungen gezogen worden seien. Nach Ansicht der Arbeitnehmervertreter müsste die Bundesregierung die Arbeitgeber endlich dazu drängen, ihre Hausaufgaben zu machen (BMBF 2001, Anlage 1, S. 16, Minderheitsvotum Arbeitnehmer). Nach ihrer Ansicht decke das Verhalten der Arbeitgeber die Schwäche des dualen Systems auf, indem betriebswirtschaftliche Erwägungen und eine kurzzeiträumige Personalplanung vor gesamtwirtschaftlichen Überlegungen stünden. Deswegen entscheide letztlich nicht das Recht auf Ausbildung, sondern die aktuelle Konjunkturlage in vielen Fällen darüber, ob ein Absolvent einer Schule eine Ausbildung beginnen könne (BMBF 2002, Anlage 3, S. 21 ff., Minderheitsvotum Arbeitnehmer). Vor diesem Hintergrund kritisieren die Arbeitnehmervertreter die Bundesregierung:

„*Es rächen sich jetzt die Versäumnisse der letzten 3 Jahre: Anstatt im Bereich der beruflichen Bildung mutig Reformen anzupacken, die das System stabiler und konjunkturabhängiger gemacht hätten, vertraute man auf die vagen Ausbildungsversprechen der Wirtschaft. Seit 1999 konnte man erkennen, dass dies leere Versprechungen waren. Konsequenzen wurden daraus aber nicht gezogen. Stattdessen verfiel auch die Bunderegierung in ein altbekanntes Politikmuster: Die*

6.1 Der deutsche Diskurs im Zeitverlauf

Bilanzen wurden schöngeredet, kritische Zahlen ausgeblendet, das Prinzip Hoffnung zum Politikersatz gemacht und im Übrigen darauf vertraut, dass die Öffentlichkeit schon nichts merken werde" (BMBF 2002, Anlage 3, S. 23 f., Minderheitsvotum Arbeitnehmer).

Der Blick der Arbeitnehmer auf die Problematik erfolgt demnach auch in dieser Periode aus der volkswirtschaftlich-arbeitsmarktbezogenen Perspektive. Anders als die Arbeitgeber, die in dieser Periode ein quantitatives Defizit bei der Nachfrage nach Ausbildung registrieren, argumentiert die Arbeitnehmerseite mit einem quantitativen Defizit beim Angebot an Ausbildungsplätzen aufgrund von einzelbetriebswirtschaftlichen Entscheidungen und infolge der bestehenden Konjunkturabhängigkeit des dualen Systems.

Im Jahr 2000 wird die erste PISA-Studie durchgeführt, deren Ergebnisse im Folgejahr veröffentlicht werden (OECD 2001). Das unterdurchschnittliche Abschneiden der deutschen Schülerschaft sowie die aufgezeigten Zusammenhänge zwischen der sozialen Herkunft und dem Bildungserfolg führt zu dem sogenannten „PISA Schock" (Huisken 2005). Die Öffentlichkeit wird in „schockierender Weise" auf die Missstände des Bildungssystems aufmerksam gemacht. Aus dem PISA-Schock ist eine auf politischer, wissenschaftlicher und öffentlicher Ebene geführte Debatte erwachsen (u. a. Heckmann 2001; Leffers 2001; Darnstädt et al. 2001; Althaus und Grewe 2002; Huisken 2005), in der auch Schüler und Lehrer im Kreuzfeuer der Kritik stehen (Althaus 2002).

Die Arbeitgebervertretungen sehen die Klagen der Unternehmen über die unzureichenden Grundfertigkeiten der Schulabgänger in den Kulturtechniken durch die PISA-Studie der OECD als bewiesen an (DIHK 2001, S. 38, 2002, S. 15; ZDH 2001, S. 81). Die empirische Evidenz des Problems Ausbildungsreife ist durch einen externen, arbeitgeberunabhängigen Leistungstest gegeben und erhöht dadurch die Glaubwürdigkeit des Themas (Gerhards 1992).

„Die PISA Studie löst im Herbst 2001 eine breite bildungspolitische Diskussion aus, die in Politik, Wirtschaft und Öffentlichkeit emotional und engagiert geführt wird. Die Ergebnisse der Studie bestätigen – leider –, dass die Kritik, die das Handwerk bereits seit Jahren am Bildungssystem in Deutschland und insbesondere an der mangelnden Vermittlung von Grundlagenwissen und Kulturtechniken durch die allgemein bildenden Schulen übt, berechtigt ist" (ZDH 2001, S. 81).

„Überrascht war in der Wirtschaft von den PISA-Ergebnissen niemand. Mitte der 70er Jahre begannen die Klagen der Unternehmer und Ausbilder über die mangelnde Ausbildungsreife der Schulabgänger. Besonders in den Sprach- und Schreibfertigkeiten, in Mathematik, in der Allgemeinbildung und bei den sozialen

Kompetenzen der Jugendlichen stellten sie Defizite fest. Die ausbildenden Unternehmen sind nicht in der Lage, ständig schulische Lücken zu füllen. Sie bieten aber ihre Hilfe an, diese Lücken gar nicht erst entstehen zu lassen" (DIHK 2002, S. 18).

Im Minderheitsvotum der Arbeitgeber im Berufsbildungsbericht 2002 (Anlage 3, S. 10) wird dazu konstatiert:

„Allgemeinbildende Schulen müssen Jugendliche besser auf den Berufsstart vorbereiten und ihre Ausbildungsreife sicherstellen. Von besonderer Bedeutung ist dabei eine fundierte naturwissenschaftliche und technische Grundbildung und die Vermittlung von Kenntnissen der Arbeitswelt. Die Ergebnisse der PISA-Studie waren keine große Überraschung: Die Betriebe beklagen seit Jahren mit zunehmender Dringlichkeit die mangelnde Ausbildungsreife vieler Schulabgänger und gravierende Lücken in den Grundfertigkeiten Lesen, Rechnen und Schreiben, aber auch bei den sozialen Kompetenzen. Technologisches, naturwissenschaftliches und wirtschaftliches Verständnis ist zudem oft schwach ausgeprägt. Die mit der PISA-Studie erneut und besonders drastisch markierten, gravierenden Mängel des deutschen Schulsystems müssen endlich behoben werden. Die Betriebe und Berufsschulen sind nicht in der Lage, die Defizite des allgemeinbildenden Schulsystems auszugleichen."

Die Arbeitgebervertreter begrüßen die weitreichendere Sichtbarkeit des Themas in der Öffentlichkeit sowie in der politischen Auseinandersetzung und hoffen auf Entwicklungen, die noch vor zehn Jahren undenkbar erschienen, wie z. B. eine engere Verknüpfung von Schule und Wirtschaft (DIHK 2001, S. 38). Des Weiteren würden Themen wie die Einführung von Bildungsstandards sowie Qualitätssicherung und –verbesserung breit diskutiert (DIHK 2001, S. 38; ZDH 2001, S. 81; BDA 2002, S. 67).

Während aus Arbeitgebersicht zu Beginn der Periode noch die Frage nach dem quantitativen Mangel an (geeigneten) Bewerbern, der hauptsächlich aus der volkswirtschaftlich-arbeitsmarktbezogenen Perspektive betrachtet wurde, im Vordergrund steht, generieren die Ergebnisse der PISA-Studie nun aus Arbeitgebersicht eine externe Bestätigung bzw. einen externen Beweis für die Klagen über schlechte Bewerber. Die bildungswissenschaftlich-pädagogische Perspektive tritt dadurch wieder in den Vordergrund der Diskussion.

Die Bundesregierung wie die Arbeitgebervertreter sehen die Verantwortung für die Sicherstellung der Ausbildungsreife bei den Schulen. Die Bundesregierung wertet die Resultate der PISA-Studie als Bestätigung für die Notwendigkeit struktureller Reformen:

„Dass strukturelle Reformen zur Steigerung der Effizienz des allgemeinbildenden Bildungssystems in Deutschland erforderlich sind, zeigen auch die Ergebnisse der

6.1 Der deutsche Diskurs im Zeitverlauf

von der Organisation für wirtschaftliche Zusammenarbeit und Entwicklung (OECD) initiierten internationalen vergleichenden Schulleistungsstudie PISA (Programme for International Student Assessment), bei der deutschen Schülern und Schülerinnen im Alter von 15 Jahren nur unterdurchschnittliche Leistungen attestiert wurden. Darüber hinaus ist es auch eine der wesentlichen Aufgaben der allgemeinbildenden Schulen insbesondere in der Sekundarstufe I, die für die Aufnahme einer dualen Berufsausbildung erforderliche Ausbildungsreife der Schüler und Schülerinnen sicherzustellen" (BMBF 2002, S. 4; siehe auch BMBF 2002, Anlage 3, S. 10, Minderheitsvotum Arbeitgeber).

Hierzu seien bereits zahlreiche Maßnahmen ergriffen worden, um den Unterricht in den Kernfächern zu stärken und die Hinführung an Wirtschaft und Arbeitswelt zu verbessern (BMBF 2002, S. 4).

Die Arbeitnehmerseite äußert sich in den Berichten dieser Periode nicht zu den Ergebnissen der PISA-Studie.

6.1.6.3 Zusammenfassung und Positionsanalyse der Kausalattributionen

In dieser Periode lassen sich grob drei argumentative Strömungen identifizieren: die gesellschaftlich-sozialpolitische, die bildungswissenschaftlich-pädagogische sowie die volkswirtschaftlich-arbeitsmarktbezogene (Abbildung 6.7).

Die **bildungswissenschaftlich-pädagogische Kausalattribution** wird durch die Arbeitgebervertreter genutzt. Die Argumentationslogik weicht jedoch etwas von der Logik der vorangegangenen Periode ab. Auch in diesem Zeitabschnitt wird eine fehlende Ausbildungsreife als Ursache für Probleme beim Übergang von der Schule in die Ausbildung adressiert. Die Konsequenz ist jedoch nicht, wie in der vorangegangenen Periode, dass die Arbeitgeber weniger Ausbildungsplätze anbieten, sondern dass wegen eines Mangels an geeigneten Bewerbern nicht sämtliche offerierten Ausbildungsplätze besetzt werden können. Der Mangel an geeigneten Bewerbern wird damit als häufigste Ursache für den Rückgang abgeschlossener Ausbildungsverträge identifiziert.[9] Quantität und Qualität der Bewerber liegen außerhalb des Verantwortungs- und Handlungsraumes der Arbeitgeber, womit die Ursache auch in dieser Periode externalisiert wird. Der

---

[9]Während bei fast allen Arbeitgebervertretungen auch in dieser Periode die Qualität der Schulabgänger im Zentrum der Argumentation steht, bildet bei der BDA der Bewerbermangel das zentrale Element. Aus diesem Grund wird die BDA der nachfrageorientierten volkswirtschaftlich-arbeitsmarktbezogenen Argumentationslinie zugeordnet. Da dies in besagter Periode eine untergeordnete Perspektive der Arbeitgeberseite darstellt, soll an dieser Stelle nicht weiter darauf eingegangen werden.

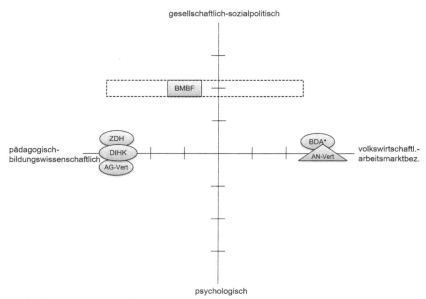

Abbildung 6.7 Positionsanalyse sechste Periode (eigene Darstellung)

Bewerbermangel ist ein strukturelles Problem, weshalb kein kollektiver oder individueller Verursacher benannt werden kann. Die Handlungsaufforderungen für die Lösung des Problems richten sich wieder an die kollektiven Akteure öffentliche Hand und Schulen. In erster Linie wird eine Verbesserung der Qualität der allgemeinbildenden Schulen gefordert, um die Ausbildungsreife der sich noch im Bewerberpool befindenden Jugendlichen zu erhöhen und damit eine „Nutzung aller Potenziale" zu ermöglichen. Die Ergebnisse der in dieser Periode veröffentlichten PISA-Studie werden als empirischer Beweis für die schon lange andauernden Klagen der Betriebe über die Qualität der Schulabgänger interpretiert. Empirische Beweise, verstärkt, wenn sie durch unparteiische Institutionen erbracht werden, erhöhen die Glaubwürdigkeit der Argumentation und unterstützen dadurch, dass ein Thema auf die politische Agenda gesetzt wird. Die

6.1 Der deutsche Diskurs im Zeitverlauf

Argumentationslinie der Arbeitgeber weist viele Elemente einer kausalattributorischen Argumentation auf, die explizite Identifizierung eines Verursachers bleibt jedoch aus.

Die **angebotsorientierte volkswirtschaftlich-arbeitsmarktbezogene Argumentationslinie** wird in dieser Periode erneut von der Arbeitnehmerseite vertreten. Die Kausalattribution folgt dabei der gleichen Logik wie in der vorangegangenen Periode und weist ebenfalls eine Intentionalisierung auf („Die Arbeitgeberseite lädt ihre Versäumnisse lieber bei den Schulen und auf dem Rücken der Jugendlichen ab.") (siehe Abschnitt 6.1.5.3).

Das BMBF folgt in dieser Periode weder klar der Argumentationslinie der Arbeitgeber noch derjenigen der Arbeitnehmer. Es argumentiert aus einer **gesellschaftlich-sozialpolitischen Perspektive** mit pädagogisch-bildungswissenschaftlichen und etwas weniger volkswirtschaftlich-arbeitsmarktbezogenen Elementen. Als Ursache für Probleme am Übergang von der Schule in den Arbeitsmarkt identifiziert das BMBF die gestiegenen Anforderungen desselben. Einige Jugendliche könnten diese nur schwer bewältigen (zentraler gesellschaftlich-sozialpolitischer Aspekt). Da die Ursache struktureller Natur ist, wird kein konkreter Verursacher identifiziert. Die Lösungsansätze sind wiederum der pädagogisch-bildungswissenschaftlichen Perspektive zuzuordnen und ähneln den Forderungen der Arbeitgeber. Demnach liegt die Vorbereitung der Jugendlichen auf die Arbeitswelt und damit auch die Verantwortung für Bewältigung der gestiegenen Anforderungen in derselben bei den allgemeinbildenden Schulen. Hier sind strukturelle Reformen unabdingbar, um die Ausbildungsreife der Jugendlichen in der Sekundarstufe I sicherzustellen. Hierfür verantwortlich zeichnet wieder mittelbar das BMBF selbst. Gleichzeitig erkennt das BMBF die PISA-Studie als Evidenz für die durch Arbeitgeber beklagten Defizite in der Sekundarstufe I der allgemeinbildenden Schulen an. Nichtsdestotrotz appelliert es an die Wirtschaft, ein qualitativ wie quantitativ ausreichendes Angebot an Ausbildungsplätzen bereitzustellen. Auf die Forderungen der Arbeitnehmer nach einer Reform des Systems der dualen Ausbildung, um dieses konjunkturunabhängiger zu gestalten, geht das BMBF hingegen nicht ein.

Das Vor-Augen-Führen der Argumentationslinien und der Handlungsvorschläge dieser und der vergangenen Periode lässt gewahr werden, dass das BMBF das durch die Arbeitgeber gesungene „Klagelied vom schlechten Bewerber" – auch aufgrund der externen Evidenz durch die Ergebnisse der PISA-Studie – erhört hat. Das Problem der Leistungsdefizite in der Sekundarstufe I wird wahr genommen und hat partiell Einzug in die politische Agenda erhalten. Evidenz hierfür liefern die durch das BMBF artikulierten Handlungsaufforderungen sowie die Argumentationslogik. Das Thema Ausbildungsreife bildet jedoch keinen Bestandteil der im Jahr 2002 formulierten offiziellen Koalitionsvereinbarung der rot-grünen Bundesregierung (SPD und Bündnis 90/Die Grünen 2002).

6.1.7 Siebte Periode 2002 bis 2007

6.1.7.1 Kontext: Nachfrageüberhang, Ausbildungsplatzabgabe und Ausbildungspakt

Im Jahr 2005 findet ein Politikwechsel von der rot-grünen Koalition unter Bundeskanzler Gerhard Schröder (SPD) zu einer großen Koalition aus CDU/CSU und SPD unter der Kanzlerschaft von Angela Merkel (CDU) statt.

Diese Periode ist durch einen Nachfrageüberhang geprägt, den das BMBF auf ein unzureichendes betriebliches Ausbildungsplatzangebot zurückführt (BMBF 2003, S. 1, 2004, S. 8). Folgerichtig ist das Gesamtangebot an Ausbildungsplätzen 2002 rückläufig; es nimmt im Vergleich zu 2001 um 7,6 Prozent ab, während sich die Gesamtnachfrage lediglich um 6,2 Prozent mindert (BMBF 2003, S. 19, Stellungnahme Hauptausschuss). Im Verlauf der Periode vergrößert sich der Nachfrageüberhang zunächst jährlich – nur 2005 ist eine minimale Verbesserung zu verzeichnen (0,3 Prozent im Vergleich zum Vorjahr), die jedoch schon im Folgejahr wieder nivelliert wird (BMBF 2003, S. 19, 2004, S. 8, 2005, S. 6, 2007b, S. 2), bis es 2007 zu einer Trendumkehr kommt (BMBF 2008, S. 13).

Auch die Gewerkschaftsseite bemängelt ein unzureichendes Angebot an betrieblichen Ausbildungsplätzen:

„Es herrscht ein gesellschaftlicher Konsens darüber, dass eine Ausbildung im dualen System für den überwiegenden Teil der 16- bis 20-jährigen jungen Menschen die Grundvoraussetzung für den Einstieg in das Berufs- und Arbeitsleben ist. Jedoch ist das Angebot an betrieblichen Ausbildungsplätzen in den letzten Jahren kontinuierlich gesunken, während die Zahl der jungen Menschen, die einen Ausbildungsplatz suchen, gestiegen ist. Bildeten 1990 noch annähernd 30 Prozent der Betriebe aus, sind es gegenwärtig nur noch 23 Prozent der 2,1 Millionen Betriebe. Das Verhältnis zwischen dem Angebot an betrieblichen Ausbildungsplätzen und der Zahl von Bewerberinnen und Bewerbern verschlechtert sich kontinuierlich" (DGB 2005, S. 70; siehe auch DGB 2009, S. 104; BMBF 2006, S. 29, Minderheitsvotum Arbeitnehmer).

Das Handwerk sieht das Jahr *„2002 [...] [als] das mit Abstand schwierigste Jahr seit der Wiedervereinigung [an]. Der Binnenmarkt steckt im zweiten Jahr in Folge*

6.1 Der deutsche Diskurs im Zeitverlauf

in einer Rezession" (ZDH 2002, S. 9; Auslassung und Einfügung durch die Autorin). Die schlechte konjunkturelle Lage setzt sich in den Folgejahren fort und verursacht einen Verlust von zahlreichen Arbeitsplätzen (ZDH 2003, S. 9, 2005, S. 90).

In Anbetracht dessen vertritt die Arbeitgeberseite die Anschauung, dass 2002 trotz der wirtschaftlich schlechten Lage (die Steigerung des preisbereinigten BIP 2002 beläuft sich im Vergleich zum Vorjahr auf 0,0 Prozent und beträgt 2003 -0,2 Prozent (Räth 2003, S. 204)) ein weitgehend ausgeglichener Ausbildungsstellenmarkt erreicht worden sei (BMBF 2003, S. 22, Minderheitsvotum Arbeitgeber; siehe auch BDA 2003, S. 64).

Der Nachfrageüberhang und der Rückgang der angebotenen Ausbildungsplätze hat die Diskussion um die Ausbildungsplatzabgabe erneut entfacht. Die Koalitionsfraktion im Deutschen Bundestag hat Ende Dezember 2003 „Gemeinsame Eckpunkte der SPD-Bundestagsfraktion und der Fraktion BÜNDNIS 90/DIE GRÜNEN für ein Gesetz zur ‚Ausbildungsumlage'" vorgelegt, das als Unterbau für einen Gesetzesentwurf zur Neuregelung der Ausbildungsfinanzierung dient (BMBF 2004, S. 7). Sofern es der Wirtschaft gelinge, ein ausreichendes Ausbildungsplatzangebot zur Verfügung zu stellen, sei die Umlagefinanzierung danach als nachrangig anzusehen (BMBF 2004, S. 7). Ein entsprechender Gesetzesentwurf wird durch die Spitzen der Regierungskoalition in den Bundestag eingebracht (BMBF 2004, S. 7).

Wie in den vorangegangenen Perioden sprechen sich in dieser Periode die Arbeitgebervertretungen gleichfalls gegen eine Umlagefinanzierung aus (z. B. ZDH 2003, S. 87; BMBF 2004, S. 28, Minderheitsvotum Arbeitgeber; DIHK 2004, S. 6; BDA 2003, S. 65, 2004, S. 59). Gegenüber den Gewerkschaften rechtfertigen sich die Arbeitgebervertreter wie folgt:

„Die Gewerkschaften handeln unverantwortlich, wenn sie eine schlechte Bilanz auf dem Ausbildungsmarkt herbeireden und davon Forderungen nach einer Ausbildungsabgabe ableiten. Mit ihrer kontraproduktiven Diskussion haben sie selbst zu verantworten, dass viele Unternehmen Lehrstellen mit zunehmender Zurückhaltung anbieten. Die Gewerkschaften haben fast keine Anstrengungen unternommen, die Situation auf dem Ausbildungsmarkt zu verbessern. Ihr Interesse an der Umsetzung ideologischer Ziele scheint hier stärker zu sein als das Ziel, die Situation auf dem Ausbildungsmarkt nachhaltig zu verbessern" (BMBF 2004, S. 28, Minderheitsvotum Arbeitgeber).

Damit werfen die Arbeitgebervertreter den Gewerkschaften vor, einzig aus ideologischer Überzeugung und nicht aufgrund des wirklichen Interesses an der

Verbesserung der Situation auf dem Ausbildungsstellenmarkt an der Ausbildungsplatzabgabe festzuhalten. Neben den Arbeitgebervertretungen sprechen sich die Länderbeauftragten des Hauptausschusses gegen die Einführung einer gesetzlichen Umlagefinanzierung aus. Diese seien zu verwaltungsintensiv und würden das Problem der Konjunkturabhängigkeit der dualen Ausbildung nicht lösen (BMBF 2004, S. 25).

Gegenwind für die Einführung einer gesetzlich geregelten Ausbildungsumlage kam nicht nur von den Arbeitgeberverbänden, sondern auch aus dem konservativen Flügel der SPD um Gerhard Schröder (Busemeyer 2009, S. 151 ff.). Die Einführung der Ausbildungsumlage galt als Friedensangebot an die SPD-Linke (Busemeyer 2009, S. 151). Im Verlauf der Diskussion um dieselbe wuchs der Widerstand in der SPD, in der Opposition (CDU/CSU und FDP), in den Ländern, die fürchteten für fehlende Lehrstellen ihrerseits hohe Abgaben zahlen zu müssen. Auch einige Gewerkschaften, vorneweg die IG BCE sowie IG BAU äußerten sich kritisch gegenüber der Abgabe (Busemeyer 2009, S. 153 f.). In dieser Gemengelage schlug der Chef des DIHK, Ludwig Georg Braun, einen Ausbildungspakt als Produkt einer Vereinbarung zwischen Wirtschaft und Regierung vor (Busemeyer 2009, S. 155).

Am 16. Juni 2004 schließen schließlich die Vertreter der Spitzenverbände der Wirtschaft und der Bundesregierung den „Nationalen Pakt für Ausbildung und Fachkräftenachwuchs", kurz „Ausbildungspakt", mit einer dreijährigen Laufzeit (Bundesagentur für Arbeit (BA) 2005). Der Ausbildungspakt bildet eine freiwillige Selbstverpflichtung der Wirtschaft mit dem Ziel, „allen ausbildungswilligen und ausbildungsfähigen jungen Menschen ein Angebot auf Ausbildung zu unterbreiten" (Bundesagentur für Arbeit (BA) 2005, Anhang I). Sogar in der Formulierung des Ausbildungspaktes wird – wie bereits im „Bündnis für Arbeit" (siehe Abschnitt 6.1.5.1) – die Einschränkung „ausbildungsfähig" vorgenommen. Dadurch sollte mit dem Ausbildungspakt eine „Trendumkehr auf dem Ausbildungsmarkt" erzielt werden (Bundesagentur für Arbeit (BA) 2005, Anhang I). Hierzu verpflichtet sich die Wirtschaft, 30.000 neue Ausbildungsplätze einzuwerben. Zusätzlich sollen 25.000 Plätze für Einstiegsqualifikationen bereitgestellt werden, die durch Mittel der Bundesagentur für Arbeit bezuschusst werden (Bundesagentur für Arbeit (BA) 2005, Anhang I). Mit der Unterzeichnung des Paktes ist nach Ansicht der BDA

„der Debatte um die Einführung einer gesetzlichen Ausbildungsabgabe der Boden entzogen worden", da die „nicht nur der Regierung, sondern auch den Koalitionsfraktionen abgerungene Zusage, dass das Abgabegesetz während der Umsetzung

6.1 Der deutsche Diskurs im Zeitverlauf

nicht in Kraft gesetzt wird, [...] für die Wirtschaft eine unabdingbare Voraussetzung des Paktes" war (BDA 2004, S. 59; Auslassung durch die Autorin).

Anders als bei der Ausbildungsplatzabgabe handelt es sich bei dem Ausbildungspakt um eine freiwillige Selbstverpflichtung der Wirtschaft, die nicht gesetzlich geregelt oder einklagbar ist. Dies ist einer der zentralen Kritikpunkte, weshalb die Gewerkschaften den Ausbildungspakt nicht unterzeichnen (Busemeyer 2015, S. 2) und darauf verzichten, „sich an dieser Alibiveranstaltung zu beteiligen" (IG Metall 2006, S. 174 f.). Des Weiteren bemängeln sie, dass vonseiten der Wirtschaft lediglich neue, nicht aber zusätzliche Ausbildungsplätze eingeworben werden müssen (Busemeyer 2015, S. 2).

Erreichte Verbesserungen bei der Ausbildungsplatzsituation werden von der Bundesregierung und den Arbeitgebervertretern (DIHK 2006a, S. 6; ZDH 2004, S. 89, 2006, S. 9) auf den Ausbildungspakt zurückgeführt. Am 05. März 2007 wird der Ausbildungspakt daher um drei Jahre bis zum Jahr 2010 verlängert (BMBF 2007b, S. 2).

„Der Nationale Pakt für Ausbildung und Fachkräftenachwuchs hat im Jahr 2007 deutlich zur Verbesserung der Ausbildungssituation beigetragen und die selbst gesteckten quantitativen Zielsetzungen übertroffen" (BMBF 2008, S. 20; siehe für ähnliche Aussagen in den vorangegangen Jahren BMBF 2005, S. 1, 2007b, S. 2).

Die Ausbildungsoffensive 2003 „Ausbildung jetzt – Erfolg braucht alle!" von Bundesregierung, Arbeitgeberverbänden und DGB begreift die Arbeitnehmerseite als gescheitert. Das Fehlschlagen dieser freiwilligen Übereinkunft betrachtet sie als Beleg, dass Selbstverpflichtungen nicht im ausreichenden Maße zur Bereitstellung von Ausbildungsplätzen für alle ausbildungssuchenden Jugendlichen beitragen. Daher fordern sie in der Konsequenz die Einführung der gesetzlich verankerten Ausbildungsplatzabgabe (BMBF 2004, S. 30, Minderheitsvotum Arbeitnehmer). Desgleichen empfinden die Gewerkschaften die Ergebnisse des Ausbildungspaktes als kritisch und tragen die Ansicht vor, dass auch diese Selbstverpflichtung nicht zur Lösung des Ausbildungsplatzproblems beitragen würde, weil annähernd 71 Prozent der Betriebe durch die Aktivitäten im Rahmen des Ausbildungspaktes unbeeinflusst bleiben (BMBF 2006, S. 30, Minderheitsvotum Arbeitnehmer). Mithin stelle der Pakt keine Alternative zur geforderten Ausbildungsplatzabgabe (siehe oben) dar:

„In der beruflichen Ausbildung ist eine Trendwende erneut nicht geschafft worden. Fast 100.000 Bewerber und Bewerberinnen blieben ohne ein konkretes Ausbildungsplatzangebot, obwohl sie aktuell eine betriebliche Ausbildung haben wollten.

Der Ausbildungspakt ist weiterhin kein Erfolg. Die Paktpartner sonnen sich in Erfolgen, die nur auf dem Papier stehen. Politiker verlieren bei den jungen Menschen immer mehr an Vertrauen. Anstatt Ausbildung anzubieten, meinen die Paktpartner, die Jugendlichen mit Praktikumsplätzen abspeisen zu können" (BMBF 2008, S. 33, Minderheitsvotum Arbeitnehmer; siehe auch BMBF 2007b, S. 22, Minderheitsvotum Arbeitnehmer).

„Der Pakt spricht allerdings ausdrücklich von neuen und nicht von zusätzlichen Ausbildungsplätzen. Er beinhaltet somit keine Zusage über die absolute Zahl der angebotenen Ausbildungsplätze und kann daher nicht nachhaltig zur Lösung der Ausbildungsplatzkrise beitragen" (DGB 2005, S. 71; siehe auch DGB 2009, S. 104; IG Metall 2006, S. 174.).

6.1.7.2 Argumentationsmuster

Die Arbeitgeberseite bringt das Argument der fehlenden Ausbildungsreife, neben der konjunkturellen Lage sowie der Diskussion um die Ausbildungsplatzabgabe, in den direkten Zusammenhang mit fehlenden und/oder unbesetzten Ausbildungsplätzen:

„Neben den schlechten wirtschaftlichen Rahmenbedingungen und Leistungs- und Motivationsdefiziten bei vielen Bewerbern hat die Diskussion um eine gesetzlich geregelte Ausbildungsabgabe die Bemühungen der Wirtschaft zur Mobilisierung von Ausbildungsplätzen schwer belastet" (BMBF 2004, S. 28, Minderheitsvotum Arbeitgeber).

In einer seit 2003 jährlich durchgeführten Unternehmensbefragung des DIHK zur betrieblichen Ausbildung (DIHK 2006b) geben die befragten Unternehmen an, dass die mangelnde Ausbildungsreife von Schulabgängern das Ausbildungshemmnis Nummer eins sei. In dem Bericht ist Nachstehendes notiert:

„Die mangelnde Ausbildungsreife der Schulabgänger wird von den Unternehmen weiterhin am häufigsten als Ausbildungshemmnis genannt. Grundproblem ist dabei weniger der quantitative Mangel an Bewerbern – viele Betriebe klagen sogar über den großen Aufwand –, sondern die Qualität von Bewerbungen und Bewerbern. Die mangelnde Ausbildungsreife ist besonders in jenen Branchen ein Problem, in denen es nicht genügend Bewerbungen von leistungsstärkeren Schulabgängern gibt. So klagen nahezu zwei Drittel aller Unternehmen aus dem Gastgewerbe über die Bewerberqualität" (DIHK 2006b, S. 3 f.; siehe auch BMBF 2004, S. 27, Minderheitsvotum Arbeitgeber).

In der Umfrage aus dem Jahr 2007 geben 12,4 Prozent der Umfrageteilnehmer an, wegen mangelnder geeigneter Bewerbungen nicht jegliche Ausbildungsplätze besetzen zu können (DIHK 2007; siehe auch BMBF 2006, S. 25, Minderheitsvotum Arbeitgeber). Ein Großteil der am Ende eines Ausbildungsjahres nicht vermittelten Bewerber sei nicht ausbildungsreif oder nicht wirklich an einer Ausbildung interessiert (BMBF 2004, S. 27, Minderheitsvotum Arbeitgeber). Aus Unternehmenssicht ist eine Handlungsaufforderung für das Anbieten von mehr Ausbildungsplätzen daher auch eine bessere schulische Vorbildung der Bewerber (BMBF 2006, S. 25, Minderheitsvotum Arbeitgeber; DIHK 2007).

Die Arbeitgeberseite erklärt damit das quantitative Problem am Ausbildungsstellenmarkt (zu wenige Ausbildungsplätze) mit dem in der bildungswissenschaftlich-pädagogisch angesiedelten Argumentation der mangelnden Ausbildungsreife. So sieht die Wirtschaft nur einen nachhaltigen Erfolg ihrer Anstrengungen, mehr Ausbildungsplätze anzubieten, wenn die Rahmenbedingungen für die Ausbildung nachhaltig verbessert werden. Ein Handlungsvorschlag besteht darin, durch eine Steigerung der Qualität des allgemeinbildenden Schulwesens das Ausbildungshindernis der unzureichenden Ausbildungsreife zu verringern (BMBF 2003, S. 23, 2004, S. 29, Minderheitsvotum Arbeitgeber). Diese Themen stehen auch im Mittelpunkt der Arbeit im Rahmen des Ausbildungspaktes (BMBF 2005, S. 34, Minderheitsvotum Arbeitgeber). Gleichzeitig hebt die Arbeitgeberseite ihre Bemühungen hervor und lobt die Bilanz auf dem Ausbildungsmarkt, denn es gelänge der Wirtschaft dank großer Anstrengungen, auch solche Jugendliche in die Ausbildung zu integrieren, die erhebliche Probleme in den schulischen Grundfertigkeiten aufwiesen. Die Wirtschaft übernehme damit längst im erheblichen Ausmaß gesellschaftliche Verantwortung für die junge Generation (BMBF 2004, S. 27, Minderheitsvotum Arbeitgeber).

Das BMBF sieht ebenfalls ein Zusammenspiel zwischen der Ausbildungsreife der Jugendlichen und den angebotenen Ausbildungsplätzen:

„Das Angebot [an Ausbildungsplätzen] ist allerdings auch von anderen Gründen abhängig, wie z. B. ganz allgemein von der Nachfrageentwicklung und mit welchen Kompetenzen die Schüler und Schülerinnen die allgemeinbildenden Schulen verlassen und ob sie die für eine erfolgreiche duale Berufsausbildung notwendige Ausbildungsreife besitzen" (BMBF 2003, S. 1, Einfügung durch die Autorin; siehe auch BMBF 2004, S. 25, Stellungnahme Hauptausschuss).

Als Begründung werden die Erkenntnisse aus der PISA-Studie aufgeführt, die signalisieren, dass die Leistungsfähigkeit der allgemeinbildenden Schulen verbesserungswürdig sei (BMBF 2004, S. 1). Überdies erkennt das BMBF, dass viele Betriebe mit der fehlenden Ausbildungsreife ihren Ausbildungsverzicht begründen (BMBF 2004, S. 1). Diese Argumentation des BMBF macht augenscheinlich, dass das *Problem* der mangelnden Ausbildungsreife durch die Politik wahrgenommen wird und Einzug in die politische Agenda hält. Das BMBF schließt sich der Sicht der Arbeitgeber an und übernimmt die bildungswissenschaftlich-pädagogische Perspektive zur Erklärung der Übergangsproblematik. Gleichzeitig bemängelt das BMBF die generelle Kritik an der Leistungsfähigkeit der jugendlichen Schulabgänger und erkennt einen Zusammenhang zwischen der Situation auf dem Ausbildungsstellenmarkt und den Klagen der Arbeitgeber:

> *„Die generelle Kritik, dass es zu vielen Jugendlichen an der erforderlichen Ausbildungsreife mangele, ist nicht neu. Sie wird immer dann verstärkt vorgetragen, wenn der Ausbildungsstellenmarkt durch einen deutlichen Bewerberüberhang und einen Mangel an Ausbildungsplätzen gekennzeichnet ist"* (BMBF 2004, S. 1).

Die Arbeitnehmerseite argumentiert in ähnlicher Weise:

> *„Die übrigen Jugendlichen sind in erster Linie Marktbenachteiligte und wären durchaus in der Lage, eine Ausbildungsstelle anzutreten. Es ist daher nicht hinzunehmen, dass immer zu Zeiten von Ausbildungsplatzmangel den Jugendlichen pauschal die Ausbildungsneigung abgesprochen wird. Weiter ist nicht akzeptabel, dass von den unvermittelten Jugendlichen 50 % den mittleren Bildungsabschluss haben"* (BMBF 2004, S. 30, Minderheitsvotum Arbeitnehmer).

Das BMBF erachtet die Wirtschaft angesichts des bevorstehenden quantitativen Rückgangs der Jahrgänge (alte Länder ab 2005/2006, neue Länder ab 2009) und in Anbetracht des daraus resultierenden Fachkräftemangels in der Pflicht, verstärkt in die Ausbildung des Fachkräftenachwuchses zu investieren. Im Zuge dessen müssten die Arbeitgeber gleichfalls verstärkt prüfen, Jugendlichen mit schlechteren Startchancen eine Ausbildungschance zu geben (BMBF 2003, S. 2).

Neben der durch die PISA-Studie belegten unzureichenden Schulbildung der Jugendlichen erfasst das BMBF zwei weitere Entwicklungen: Zum einen stellt das Ministerium eine gestiegene Studierneigung der Jugendlichen fest, die mit einer geringeren Beteiligungsquote an der dualen Ausbildung einhergeht. Zum anderen seien die Qualifikationsanforderungen auf dem Arbeitsmarkt seit Jahren gestiegen (BMBF 2004, S. 1, 2006, S. 4). Beide Entwicklungen beeinflussen in direkter oder indirekter Weise den Übergang der Jugendlichen von der Schule in den Beruf. Durch die höhere Studierneigung sinkt das qualitative wie quantitative Niveau der Bewerber, durch das höhere Qualifikationsniveau steigen wiederum die Anforderungen der Betriebe an ihre zukünftigen Auszubildenden. Beide Entwicklungen verstärken die Empfindung einer gesunkenen Ausbildungsreife der jugendlichen Schulabgänger. Damit erklärt das BMBF die (empfundene)

6.1 Der deutsche Diskurs im Zeitverlauf

verringerte Ausbildungsreife der jugendlichen Schulabgänger durch Entwicklungen, die der psychologischen Perspektive (höhere Studierneigung) bzw. der volkswirtschaftlich-arbeitsmarktbezogenen Perspektive (gestiegene Anforderungen am Arbeitsmarkt) zuzuordnen sind. Diese beeinflussen demnach die Wahrnehmung der Ausbildungsreife der Schulabgänger.

Der DGB erkennt diesen Zusammenhang nicht an und argumentiert, dass das Fehlen eines ausreichenden Angebots an Ausbildungsplätzen die Schwierigkeiten, die viele Jugendliche bei dem Übergang von der Ausbildung in den Arbeitsmarkt haben, befeuere. Fernerhin verkörpere mangelnde Chancengleichheit ein qualitatives Krisensymptom der dualen Ausbildung:

> *„Die Verringerung des Ausbildungsplatzangebotes wird begleitet von einem steigenden Konkurrenzkampf zwischen jungen Menschen um freie Ausbildungsplätze. Der Anteil der Bewerberinnen und Bewerber, die die allgemeinbildenden Schulen bereits im Vorjahr beziehungsweise in noch früheren Jahren verlassen haben und sich um eine Ausbildung bemühen, ist auf 46 Prozent angestiegen. Vor allem Schülerinnen und Schüler der Haupt- und Realschule finden in dem Jahr, in dem sie ihren Abschluss machen, keinen Ausbildungsplatz. Nach Berechnungen des DGB fehlten 2005 weit über 100.000 Ausbildungsplätze. Neben dem quantitativen Problem des Ausbildungsmarktes stellen mangelnde Chancengleichheit, hohe AbbrecherInnenquoten und große Unterschiede zwischen den Ausbildungsbetrieben die qualitativen Krisensymptome des Systems der dualen Ausbildung dar"* (DGB 2005, S. 70; siehe auch BMBF 2003, S. 24 f., Minderheitsvotum Arbeitnehmer).

Die fehlende Ausbildungsreife der jugendlichen Schulabgänger ist aus Arbeitgebersicht nicht allein als ein Hindernis für die Bereitstellung zu betrachten, sondern desgleichen für die Besetzung von Lehrstellen. Insofern argumentiert auch der DIHK, dass trotz der angespannten Lehrstellensituation zwölf bis 15 Prozent der angebotenen Lehrstellen unbesetzt blieben und 18 Prozent der Betriebe wenigstens für eine angebotene Lehrstelle keine geeigneten Bewerber finden (DIHK 2003, S. 17, 2005, S. 34; siehe für eine ähnliche Argumentation ZDH 2002, S. 81; BDA 2005, S. 71). Die Arbeitnehmerseite bringt das Argument zum Tragen, dass aus den Zahlen nicht hervorgehe, wie intensiv die betroffenen Betriebe wirklich nach Bewerbern gesucht hätten und warum viele nicht auf die Unterstützung der Bundesagentur für Arbeit zurückgegriffen hätten (BMBF 2006, S. 30, Minderheitsvotum Arbeitnehmer). Als Gründe für die Schwierigkeiten bei der Besetzung werden von Arbeitgeberseite eine schwache Schulausbildung, die fehlende Reife und ein mangelndes soziales Verhalten der Bewerber aufgeführt. Konkret stellen die Betriebe laut dem DIHK gravierende Defizite „in der Allgemeinbildung, in der mündlichen und schriftlichen Ausdrucksfähigkeit sowie bei einfachen Rechenaufgaben" fest (DIHK 2003, S. 17). Als Konsequenz müssen

„nicht nur die Lehrer [...] die jungen Leute in den Grundqualifikationen wie Ausdruck und Rechnen besser auf das Berufsleben vorbereiten. Auch die Eltern sind in der Pflicht: Sie müssen ihren Kindern wieder Verlässlichkeit, Pünktlichkeit, Ehrlichkeit und Teamfähigkeit beibringen" (DIHK 2003, S. 18).

Die Arbeitgeberseite sieht in erster Linie Lehrer und Eltern (BMBF 2006, S. 25, Minderheitsvotum Arbeitgeber; siehe auch DIHK 2005, S. 13; ZDH 2002, S. 81, 2005, S. 11), daneben auch die Schulpolitik in der Verantwortung, die notwendigen Rahmenbedingungen zu schaffen, damit die Ausbildungsreife der jugendlichen Schulabgänger sichergestellt wird (DIHK 2005, S. 34; ZDH 2006, S. 9; BDA 2003, S. 57, 2005, S. 71). Auch eine bessere Verzahnung von Schule und Wirtschaft sowie eine (damit einhergehende) verbesserte Berufsorientierung werden als Lösungsvorschlag vonseiten der Wirtschaft benannt (BDA 2006, S. 83; ZDH 2005, S. 11). Das Engagement der Wirtschaft wertet der DIHK dagegen als beträchtlich. Hier macht er keinen weiteren Handlungsbedarf aus, da die Ursachen für die Probleme beim Übergang von der Schule in den Beruf in der konjunkturellen Lage und bei der mangelnden Ausbildungsreife der Schulabsolventen lägen:

„Die enormen Beiträge der Unternehmen für die betriebliche Bildung kommen in der öffentlichen Wahrnehmung noch immer zu kurz. Die Wirtschaft komme ihrer Verpflichtung nicht nach, ausreichend Ausbildungsplätze zu schaffen, lautet oft der fatale und falsche Tenor. Dass die schwierige wirtschaftliche Lage und die mangelnde Ausbildungsreife der Schulabsolventen die Ursache sind, wird zwar immer mehr akzeptiert. Doch das hatte die Bundesregierung zunächst nicht davon abgehalten, das Ausbildungsplatzabgabengesetz auf den Weg zu bringen" (DIHK 2004, S. 16).

Damit verwendet der DIHK explizit das Argument der mangelnden Ausbildungsreife, um gegen die Ausbildungsplatzabgabe zu votieren.

Des Weiteren begreift die Arbeitgeberseite es nicht als Aufgabe der Unternehmen, Versäumnisse des Elternhauses sowie der vorschulischen und schulischen Erziehung auszugleichen (DIHK 2004, S. 26; ZDH 2002, S. 81, 2006, S. 9; BDA 2002, S. 62). Zumal es nach Ansicht des Expertenforums auf dem DIHK-Ausbildungskongress vom 10. Mai 2005 nahezu unmöglich sei, diese Versäumnisse wieder auszugleichen (DIHK 2004, S. 26). Für die *Reparaturaufgabe* der Nachqualifikation der schulischen Basiskenntnisse fordert der ZDH eine öffentliche Förderung (ZDH 2002, S. 81).

Um die Lehrstellen zu besetzen, senken die Betriebe entweder die Anforderungen oder erhöhen den Aufwand bei der Suche nach geeigneten Jugendlichen.

6.1 Der deutsche Diskurs im Zeitverlauf

Andere Betriebe strengen sich wiederum sehr an, um die Jugendlichen zum erfolgreichen Ausbildungsabschluss zu führen und böten Maßnahmen an, die von innerbetrieblichen Schulungen bis hin zur Nachhilfe und zur Gewährung von Lerntagen reichen. Die Betriebe würden damit zu *„Reparaturbetrieben für fehlende schulische und soziale Kompetenzen"*, so der DIHK (2003, S. 18).

Die Arbeitnehmerseite findet, dass es zu kurz greife, die Verantwortung für die mangelnde Ausbildungsreife nur bei den Jugendlichen, den Schulen und den Eltern zu suchen, da die äußeren Rahmenbedingungen einen erheblichen Einfluss auf diese hätten:

„Die mangelnde Ausbildungsreife vieler Jugendlicher bestimmt seit Jahren die bildungspolitische Diskussion. Die Schuld nur jeweils bei den Jugendlichen, den Eltern oder der Schule zu suchen, greift zu kurz. Für Ausbildungsreife gibt es keine exakte Messlatte. Sie steht in Abhängigkeit zum jeweiligen individuellen Entwicklungsstand, Berufswunsch, dem möglichen Ausbildungsbetrieb und dem dortigen Umfeld. Aussagen über Ausbildungsreife sind immer prognostisch. Außerdem handelt es sich nicht um einen statischen Begriff. Ausbildungsreife wird in einem dynamischen entwicklungspsychologischen Prozess erworben, der am Ende der Schulzeit noch nicht abgeschlossen sein muss. Er kann unterstützt und gefördert werden. Die Gewerkschaften sind der Auffassung, dass sich in Schule, Berufsausbildungsvorbereitung und Ausbildung die Kompetenzen von Jugendlichen entwickeln" (BMBF 2006, S. 30, Minderheitsvotum Arbeitnehmer).

Damit kritisiert die Gewerkschaftsseite indirekt den im Jahr 2006 im Rahmen des Ausbildungspaktes entwickelten Kriterienkatalog für die Ausbildungsreife. Ebendieser definiert Mindeststandards für die Beurteilung der Ausbildungsreife jugendlicher Schulabgänger (Bundesagentur für Arbeit 2009). Neben schulischen Basiskenntnissen beinhaltet er auch Merkmale des Arbeits- und Sozialverhaltens (BMBF 2006, S. 4). Der Kriterienkatalog bildet die erste offizielle Definition von Ausbildungsreife, die durch – mit Ausnahme der Gewerkschaften – sämtliche involvierten Akteure getragen wird. Somit bildet die Definition der Ausbildungsreife aus dem Kriterienkatalog das gemeinsame Verständnis der in die Konstruktion involvierten Akteure. Das Umfeld wird erst in späteren Phasen (Berufseignung und Vermittelbarkeit) berücksichtigt, weshalb diese Definition von Ausbildungsreife nicht mit dem Verständnis der Gewerkschaftsseite (siehe oben) übereinstimmt.

Eine mangelnde Ausbildungsreife ist deswegen auch in dieser Periode ein Phänomen, das vielen Jugendlichen zugesprochen wird und Teil des politischen wie gesellschaftlichen Diskurses ist. Die Probleme der Jugendlichen bei dem Übergang von der allgemeinbildenden Schule in die berufliche Erstausbildung und als Unterthema auch die Problematik der mangelnden Ausbildungsreife sind auf die politische Agenda gerückt. So ist ein „Übergangsmanagement" eines der zum Ende der Periode durch das BMBF prioritär definierten Themenfelder (BMBF 2007b, S. 6). Dazu heißt es:

> *„Die Rahmenbedingungen für einen erfolgreichen Übergang junger Menschen in Ausbildung und Beruf sind auf Grund der Veränderungen auf dem Ausbildungsstellenmarkt in den letzten Jahren deutlich schwieriger geworden. So ist ein deutliches Anwachsen der Teilnehmerzahlen von berufsvorbereitenden Maßnahmen der Länder sowie der BA zu beobachten, wobei ein Teil der Jugendlichen an diesen Maßnahmen nicht wegen fehlender Ausbildungsreife, sondern mangels einer konkreten Alternative teilnimmt. Von diesen Entwicklungen sind insbesondere Jugendliche betroffen, die keinen oder einen schlechten Schulabschluss haben sowie sozial benachteiligte Jugendliche"* (BMBF 2007b, S. 7; siehe auch ZDH 2007, S. 56).

Das BMBF nimmt damit die mangelnde Ausbildungsreife von Schulabgängern zwar als ein Problemfeld beim Übergang von der Schule in den Arbeitsmarkt wahr, erkennt jedoch auch andere Aspekte, z. B. mangelnde Chancengleichheit (gesellschaftlich-sozialpolitische Perspektive), oder fehlende Alternativen, z. B. aufgrund eines Unterangebots an Ausbildungsstellen (volkswirtschaftlich-arbeitsmarktbezogene Perspektive), als Ursachen an.

Auf der Arbeitgeberseite ist das Problem der mangelnden Ausbildungsreife ebenfalls auf der Agenda nach oben gerückt. Dies zeigt sich zum einen in der Intensität, in der das Klagelied in dieser Periode gesungen wird. Zum anderen bleibt die Verbesserung der Ausbildungsreife der Bewerber ein *„wichtiges Anliegen des Ausbildungspaktes"* (BDA 2007, S. 71).

6.1.7.3 Zusammenfassung und Positionsanalyse der Kausalattributionen

In dieser Periode lassen sich wieder die zwei zentralen Argumentationsstränge – bildungswissenschaftlich-pädagogisch der Arbeitgeberseite und volkswirtschaftlich-arbeitsmarktbezogen der Arbeitnehmerseite – identifizieren. Das BMBF ist mittig zwischen diesen beiden Polen anzusiedeln (Abbildung 6.8).

Die Arbeitgeberseite folgt in dieser Periode wieder geschlossen einem **pädagogisch-bildungswissenschaftlichen Argumentationsstrang mit psychologischen Elementen**. Die Argumentation richtet sich an dem Muster vorangegangener Perioden aus, die einen Nachfrageüberhang aufweisen (siehe hier insbesondere Periode 5, Abschnitt 6.1.5.3). Offenkundig werden klare kausalattributorische Strukturen. Die mangelnde Ausbildungsreife wird jedoch noch intensiver als Hauptursache für ein zurückgehendes Angebot an Ausbildungsplätzen („Ausbildungshemmnis Nr. 1") und damit ebenfalls für Probleme am

6.1 Der deutsche Diskurs im Zeitverlauf

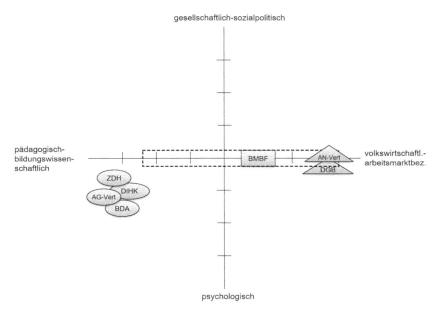

Abbildung 6.8 Positionsanalyse siebte Periode (eigene Darstellung)

Übergang von der Schule in die Berufsausbildung herausgestellt. Als Verursacher und Verantwortliche werden neben den Schulen und der Schulpolitik die Elternhäuser genannt. Gleichzeitig wird das eigene Engagement als groß identifiziert. Zudem wird die Verantwortung für das Nachholen von durch Schulen und Eltern zu verantwortenden Versäumnissen explizit abgelehnt. Dadurch erfolgt eine weiterführende Externalisierung der Ursachen des Problems. Der Ausbildungspakt wird als Lösungsmöglichkeit – auch als Alternative zur Ausbildungsumlage – positiv betont. Durch die Forderung nach einer besseren Berufsorientierung im Bereich der Handlungsaufforderungen werden psychologische Elemente in der Argumentation aufgegriffen.

Die Arbeitnehmerseite folgt, wie in den vorangegangenen Perioden, einer **volkswirtschaftlich-arbeitsmarktbezogenen Argumentationslinie**. Die klar kausalattributorische Argumentation entspricht dem Argumentationsmuster der vorangegangenen Zeitabschnitte (siehe z. B. Abschnitt 6.1.5.3 und 6.1.6.3).

Die Argumentationslinie des BMBF ist in dieser Periode zwischen der **volkswirtschaftlich-arbeitsmarktbezogenen sowie der pädagogisch-bildungswissenschaftlichen Perspektive** anzusiedeln. Auf der einen Seite erachtet das BMBF die Ursache für Probleme am Übergang von der Schule in den Arbeitsmarkt in einem unzureichenden Angebot an Ausbildungsplätzen. Es erkennt jedoch die Erklärung der Arbeitgeberseite an, wonach sich die mangelnde Ausbildungsreife der Jugendlichen negativ auf das Ausbildungsplatzangebot auswirkt, zumal die PISA-Studie ihre unzureichende Ausbildungsreife belegt. Die Kritik der Arbeitgeber wird vonseiten des BMBF aber als zu pauschal und in Zeiten des Nachfrageüberhangs als vermehrt genutzt kritisiert. Hier folgt das BMBF der Argumentation der Arbeitnehmerseite und nimmt ebenfalls eine abgeschwächte Intentionalisierung der Argumentation der Arbeitgeber vor. Letztgenannte werden mithin als Teilverursacher der Problematik identifiziert. Die Ausbildungsplatzabgabe wird – bis zum Regierungswechsel 2005 – wieder als „Drohinstrument" eingeführt, sollte die freiwillige Selbstverpflichtung der Wirtschaft nicht funktionieren und sollten die Arbeitgeber keine ausreichende Anzahl an Ausbildungsplätzen zur Verfügung stellen.

Das Thema der mangelnden Ausbildungsreife ist in dieser Periode offiziell auf die politische Agenda gerückt und Bestandteil des Koalitionsvertrages zwischen CDU/CSU und SPD aus dem Jahr 2005. Es wird jedoch relativiert und differenziert eingeordnet. Das BMBF nimmt Argumente beider Pole – sowohl der Arbeitgeber als auch der Arbeitnehmer – auf. So heißt es in dem Koalitionsvertrag:

> *„Wir begrüßen deshalb das Engagement der Unternehmen zur Schaffung zusätzlicher Ausbildungsplätze. Den Nationalen Pakt für Ausbildung und Fachkräftenachwuchs werden wir unter Einbeziehung von Wirtschaft und Gewerkschaften weiterentwickeln. Dabei sollen auch Fragen der Ausbildungsfähigkeit und Möglichkeiten der tariflichen Vereinbarungen (wie branchenbezogene Umlagefinanzierung, Steigerung von Ausbildungsplatzangeboten) berücksichtigt werden"* (CDU/CSU und SPD 2005, S. 42).

Die Beachtung der Ausbildungsfähigkeit einerseits und der Möglichkeiten einer Umlagefinanzierung bzw. Steigerung von Ausbildungsplatzangeboten im Koalitionsvertrag andererseits unterstreicht die Positionierung der Regierung zwischen den zwei Polen der Arbeitgeber sowie der Gewerkschaften.

Gleichzeitig wird evident, dass das Thema „Ausbildungsreife" insgesamt einen relativ hohen Stellenwert auf der politischen Agenda und darüber hinaus auch in den nächsten Phasen des Policy-Cycle besitzt. So wird an anderer Stelle des Koalitionsvertrages sichtbar, dass das Themenfeld „Ausbildungsreife" in dieser Periode im Policy-Cycle bereits die Phasen der Politikformulierung und -implementierung erreicht hat. So sollen „[b]ewährte Maßnahmen zur Einstiegsqualifizierung und zur Verbesserung der Ausbildungsfähigkeit und -reife [...] fortgesetzt [werden]" (CDU/CSU und SPD 2005, S. 43, Hinzufügung und Auslassung durch die Autorin). Die Maßnahmen zur Berufsausbildungsvorbereitung und zur Verbesserung der Ausbildungsfähigkeit und -reife sind demnach formuliert und implementiert.

Die Relevanz des Themas wird des Weiteren in den durch den Innovationskreis berufliche Bildung unter dem Vorsitz von Anette Schavan, Bundesministerin für Bildung und Forschung, erarbeiteten zehn Leitlinien zur Modernisierung der beruflichen Bildung zum Ende dieser Periode aus dem Jahr 2007 offensichtlich. Das Thema Ausbildungsreife ist dominant in der ersten Leitlinie „Mehr Schulabschlüsse erreichen – Ausbildungsreife verbessern" vertreten (BMBF 2007a).

6.1.8 Achte Periode 2008 bis 2017

6.1.8.1 Kontext: Angebotsüberhang: Neuorientierung des Ausbildungspaktes

Die seit dem Jahr 2006 zu beobachtende Entspannung auf dem Ausbildungsstellenmarkt hat sich fortgesetzt. Demografiebedingt hat die Zahl der ausbildungsinteressierten Jugendlichen im Jahr 2008 erstmals deutlich abgenommen. Das Verhältnis von Angebot und Nachfrage nach Ausbildungsplätzen hat sich weiter verbessert (BMBF 2009, S. 8). Die wirtschaftliche Lage ist zu Beginn der Periode – vornehmlich um 2008/2009 – durch die Finanzkrise geprägt (DIHK 2009, S. 12; ZDH 2008, S. 7; BDA 2009, S. 5). Im Verlauf des Zeitabschnitts verstärkt sich die positive Entwicklung am Ausbildungsstellenmarkt, auch konjunkturbedingt, zunehmend (BMBF 2011, S. 13, 2012, S. 4; BDA 2010, S. 5, 2013, S. 4).

In diesem Zusammenhang wird auch von einer „Trendwende am Ausbildungsmarkt" (BMBF 2009, S. 3) gesprochen. Der Erfolg ebendieser wird auch den Anstrengungen sämtlicher Partner des Ausbildungspaktes zugeschrieben (BMBF 2009, S. 3, Beschluss des Bundeskabinetts; BMBF 2012, S. 4; BDA 2011, S. 96; ZDH 2009, S. 50). Trotz dieser positiven Zwischenbilanz sind sich die Partner des Ausbildungspaktes aber bewusst,

> *„dass zahlreiche Jugendliche aufgrund mangelnder Ausbildungsreife noch Probleme an der Schwelle zwischen Schule und Ausbildung haben. Sie haben daher im Rahmen des Lenkungsausschusses die Themen vertiefte Berufsorientierung und Förderung insbesondere von Jugendlichen mit Migrationshintergrund aufgegriffen"* (BDA 2008, S. 104).

Die Arbeitgeberseite akzentuiert, dass die „*größte Wirtschaftskrise in der Geschichte der Bundesrepublik Deutschland*" nicht spurlos am Ausbildungsmarkt vorübergehe. Es habe sich allerdings gezeigt, dass die „*Unternehmen trotz schwieriger Rahmenbedingungen auf hohem Niveau an Ausbildung festhalten*" (BDA 2009, S. 100). Dies sei auch auf den deutlichen Bewerberrückgang zurückzuführen, der zu einer Entlastung des Ausbildungsmarktes geführt habe. Die Chancen für die Bewerber hätten sich dadurch gebessert, gleichzeitig stünden aber viele Betriebe vor großen Schwierigkeiten, überhaupt Bewerber für ihre Ausbildungsplätze zu finden. „*Damit ist – neben der konjunkturellen Krise – der Bewerberrückgang mit ein Grund für den Rückgang von Ausbildungsplätzen und –verträgen*" (BDA 2009, S. 100; siehe auch DIHK 2009, S. 12).

Die Arbeitnehmerseite steht der Entspannung auf dem Ausbildungsstellenmarkt kritischer gegenüber. Die Paktpartner ignorierten, dass aufgrund der beruflichen Schulpflicht bis zum 30.09. ausbildungswillige Jugendliche ohne Ausbildungsplatz nicht mehr in der Statistik auftauchten und die Zahl der unvermittelten Jugendlichen somit weit höher liege, als in der offiziellen Statistik aufgenommen (BMBF 2009, S. 56, Minderheitsvotum Arbeitnehmer).

Das Berufsbildungs- wie das deutsche Bildungssystem insgesamt steht vor deutlichen Herausforderungen:

> *„Die Anforderungen an die Unternehmen und die Beschäftigten und somit auch an die Ausbildung wachsen aufgrund des schnellen technologischen Wandels, der Internationalisierung der Wirtschaft und der veränderten Arbeitsorganisation in den Unternehmen.*
>
> *Der demographische Wandel verändert das zur Verfügung stehende Fachkräftepotenzial grundlegend. Übergänge in die berufliche Ausbildung verlaufen oftmals verzögert, langwierig und wenig erfolgreich.*
>
> *Der Bildungserfolg hängt in hohem Maße von der sozialen Herkunft und/oder dem Migrationshintergrund von Jugendlichen ab*" (BMBF 2009, S. 4; siehe auch BMBF 2011, S. 3 f., 2012, S. 9 ff.).

Diese Herausforderungen werden von einem Trend zu höheren Bildungsabschlüssen und einer stärkeren Studierneigung der Jugendlichen begleitet (BMBF 2012, S. 3; siehe auch DIHK 2010, S. 10; BDA 2014, S. 84). Beide Entwicklungen ziehen eine zunehmende Konkurrenz zwischen akademischer und beruflicher Bildung nach sich und bewirken eine Verringerung der Anzahl der ausbildungswilligen Jugendlichen sowie einer Veränderung des Bewerberprofils.

Dies mündet in zwei gegenläufigen Herausforderungen.

"Einerseits gestaltet sich der Einstieg in Ausbildung für eine nicht zu unterschätzende Zahl von Jugendlichen weiterhin schwierig. Andererseits herrscht schon jetzt in einigen Regionen Bewerbermangel, Betriebe können ihre Ausbildungsangebote nicht besetzen. Diese Entwicklung kann sich in den kommenden Jahren demografiebedingt noch verstärken und mittel- bis langfristig ein Wachstumshemmnis für die regionale Wirtschaft und den Standort Deutschland darstellen" (BMBF 2012, S. 22).

Deswegen liegt der bildungspolitische Schwerpunkt im Jahr 2011 und in den nachfolgenden Jahren auf dem Abbau des Übergangsbereichs und auf einer besseren Verzahnung zwischen Übergangsbereich und dualer Ausbildung (BMBF 2012, S. 5). Am 26. Oktober 2010 wird der Ausbildungspakt um weitere drei Jahre mit angepasster Schwerpunktsetzung verlängert (Ausbildungspakt 2010). So steht wegen der geschilderten Entwicklung neben dem Ziel, möglichst sämtlichen ausbildungswilligen und -fähigen Jugendlichen einen Ausbildungsplatz zur Verfügung zu stellen, nun auch die Erschließung möglichst vieler Potenziale zur Sicherung des Fachkräftenachwuchses im Vordergrund der Paktarbeit.

"Statt Lehrstellenmangel ist aufgrund der demografischen Entwicklung inzwischen in einigen Branchen und Regionen ein Bewerbermangel zu verzeichnen. Gleichzeitig gibt es aber nach wie vor eine erhebliche Zahl von Bewerbern und Bewerberinnen, denen der Übergang von der Schule in die Ausbildung nicht sofort gelingt. Hierzu zählen die so genannten Altbewerber und Altbewerberinnen, Jugendliche mit Migrationshintergrund sowie sozial benachteiligte, lernbeeinträchtigte und behinderte Jugendliche. Der verlängerte Ausbildungspakt will daher unter dem Motto ‚Alle Potenziale erschließen' gerade diesen jungen Menschen verstärkt Chancen auf eine Berufsausbildung bieten. Das heißt vor allem die Ausbildungsreife der Abgänger und Abgängerinnen von Haupt- und Realschulen frühzeitig zu verbessern, schwächere Jugendliche intensiver zu fördern, den jungen Menschen im Übergangssystem echte Qualifizierungsangebote mit Abschlussperspektive zu eröffnen sowie die Integration von Jugendlichen mit Migrationshintergrund in Ausbildung voranzubringen" (BMBF 2011, S. 43; siehe auch Ausbildungspakt 2010, S. 5).

Die Paktpartner wollen sich in Ansehung dessen zuvorderst der Zielgruppe der Altbewerber, Jugendlichen mit Migrationshintergrund, lernbeeinträchtigten und sozial benachteiligten Jugendlichen, aber auch leistungsstarken Jugendlichen vermehrt widmen, um möglichst jegliche Potenziale für die Fachkräftesicherung auszuschöpfen (Ausbildungspakt 2010, S. 8). Damit stehen bestimmte Personengruppen und die Förderung ihrer Ausbildungsreife im Fokus der Paktarbeit, nicht mehr Jugendliche allgemein. Deshalb hat sich das implizite Deutungsmuster von Ausbildungsreife wieder von allen Jugendlichen zu bestimmten Personengruppen verschoben, die gesellschaftlich-sozialpolitische Perspektive tritt in den Vordergrund. Zu den bisherigen Paktpartnern treten neue Partner hinzu: Es werden die Kultusministerkonferenz sowie das Bundesministerium für Migration, Flüchtlinge und Integration als neue Paktpartner aufgenommen.

Die Ziele des Paktes sollen unter anderem mit *„neuen Maßnahmen wie der Initiative Bildungskette und der Stärkung der betrieblichen Ausbildungsvorbereitung (über Einstiegsqualifizierung, Einstiegsqualifizierung plus und ausbildungsbegleitende Hilfen)"* erreicht werden (BMBF 2012, S. 5). Die Kosten dieser Maßnahmen werden durch Bundesmittel getragen (BMBF 2009, S. 21).

Der im Verlauf zunehmende Angebotsüberhang stärke die Marktposition und Auswahlmöglichkeiten der jugendlichen Schulabgänger. Als Folge seien sowohl die quantitativen Zahlen im Übergangsbereich als auch die Zahlen der Altbewerberinnen und Altbewerber stark rückläufig (BMBF 2012, S. 1). Auch der DIHK erkennt eine Chancenverbesserung der Jugendlichen auf einen Ausbildungsplatz durch die „Trendwende", d. h. den zunehmenden Angebotsüberhang, als gegeben an. Gleichzeitig stünden die Unternehmen vor wachsenden Problemen, durch die eigene Ausbildung Fachkräfte zu sichern (DIHK 2010, S. 10; siehe auch ZDH 2010, S. 50 ff.). Für das Handwerk ist das Thema Fachkräftesicherung *„angesichts des sich verschärfenden Wettbewerbs um gut qualifizierte Fachkräfte zu einer der zentralen Herausforderungen geworden"* (ZDH 2011, S. 65).

Und der DIHK konstatiert:

„Die Erfolge der Paktpartner bei der Akquisition neuer Ausbildungsplätze und der demografiebedingte Bewerberrückgang lassen ein viel diskutiertes Problem früherer Jahre verschwinden: Sowohl 2008 als auch 2009 gab es keine ‚Lehrstellenlücke' mehr. Das heißt, in diesen Jahren waren bei der Bundesagentur für Arbeit Ende September mehr Stellen als Bewerber registriert. Aus der Lücke wurde ein Überangebot an Ausbildungsstellen" (2010, S. 12).

Die Arbeitnehmerseite schätzt die Lage auf dem Ausbildungsstellenmarkt dagegen anders ein und sieht ihn vor ernsten Herausforderungen:

„Trotz guter Konjunktur und steigender Schulabgänger/innenzahlen ist die Zahl der abgeschlossenen Ausbildungsverträge 2013 mit 530.715 auf den mit Abstand niedrigsten Wert seit der Deutschen Einheit gefallen" (BMBF 2014, Minderheitsvotum Arbeitnehmer).

Die Chancen auf dem Ausbildungsstellenmarkt bewerten sie trotz demografischer Entspannung als enttäuschend (BMBF 2013, S. 90, 2014, S. 159, Minderheitsvotum Arbeitnehmer). Fernerhin sei die Zahl der ausbildungsinteressierten

6.1 Der deutsche Diskurs im Zeitverlauf

Jugendlichen, die als „ausbildungsreif" eingestuft worden seien und dennoch ohne Ausbildungsplatz blieben, unvermindert hoch (BMBF 2013, S. 90, 2014, S. 159, Minderheitsvotum Arbeitnehmer).

Das BMBF erkennt an, dass sich Unternehmen zunehmend vor Schwierigkeiten gestellt sehen, ihre Ausbildungsplätze zu besetzen. Dies gilt ausdrücklich für kleine und mittelständische Unternehmen. Als Folge sei die Zahl unbesetzter Ausbildungsplätze 2012 mit 33.275 die höchste seit Jahren (BMBF 2013, S. 5). Als Begründung führt das BMBF an:

> *„Dies ist nicht nur eine Folge des demografischen Rückgangs von Schulabgängern und Schulabgängerinnen, sondern auch des unzureichenden ‚Matchings' von potenziellem Angebot und bestehender Nachfrage. Die Bundesregierung sieht dies als eine zentrale Herausforderung der nächsten Jahre"* (BMBF 2013, S. 5; siehe auch BMBF 2015, S. 32, 2016, S. 66).

Die Arbeitgeberseite betrachtet diese Matchingprobleme neben dem demografisch bedingten Rückgang der Schulabgängerzahlen als Ursache für den Rückgang bei den neu abgeschlossenen Ausbildungsverträgen im Jahr 2012 (BMBF 2013, S. 89, Minderheitsvotum Arbeitgeber; BDA 2011, S. 95). Der BDA resümiert:

> *„Mittlerweile ist es auch in der breiten Öffentlichkeit angekommen: Auf dem Ausbildungsmarkt werden die Bewerber knapp, die Chancen junger Menschen auf einen Ausbildungsplatz sind gut. Betriebe haben vermehrt Schwierigkeiten, geeignete Bewerber für ihre Ausbildungsstellen zu finden"* (BDA 2012, S. 105; siehe auch BDA 2013, S. 91).

Als Konsequenz fordern die Arbeitgeber:

> *„Insgesamt müssen die Anstrengungen verstärkt werden, alle Potenziale für die Berufsausbildung zu erschließen und zum Beispiel auch leistungsstarke junge Menschen für eine duale Berufsausbildung zu gewinnen"* (BMBF 2013, S. 89, Minderheitsvotum Arbeitgeber).

Daneben senken viele Unternehmen laut DIHK-Unternehmensbefragung ihre Anforderungen an die Bewerber. Damit bekämen unter anderem auch lernschwächere Jugendliche eine Ausbildungschance. Gleichzeitig müssten die Jugendlichen aber Mindestanforderungen genügen, damit die Unternehmen sie zu Fachkräften qualifizieren könnten (DIHK 2013, S. 9).

Passungsprobleme, d. h. sowohl Versorgungs- als auch Besetzungsprobleme, haben in dieser Periode zugenommen und bilden eine zentrale Herausforderung (BMBF 2014, S. 5, 2015, S. 32, 2016, S. 66, 2017, S. 9, 2018, S. 12; DIHK

2014, S. 10). Im Berufsbildungsbericht 2014 werden die im Zentrum der Berufsbildungspolitik stehenden Entwicklungen durch das BMBF in der Konsequenz wie folgt konkretisiert:

„Über das gesamte Bundesgebiet hinweg sind Verbesserungen insbesondere im Hinblick auf folgende aktuelle Entwicklungen notwendig, auch wenn bei der Bewertung der Entwicklungen ein mittelfristiger, demografisch bedingter Nachfragerückgang nach dualer Ausbildung zu berücksichtigen ist:

- *Rückgang von Ausbildungsverträgen,*
- *Anstieg freier Ausbildungsplätze,*
- *Anstieg unversorgter Bewerber/Bewerberinnen,*
- *Abflachung des Rückgangs des Übergangsbereichs,*
- *Weniger Ausbildungsbetriebe,*
- *Veränderung des Bildungswahlverhaltens/zunehmender Wettbewerb mit den Hochschulen"* (BMBF 2014, S. 5).

Die politischen Schwerpunkte liegen infolgedessen auf der Stärkung der Integrationskraft der dualen Ausbildung und der Attraktivitätssteigerung, Modernisierung, Qualitätsverbesserung und Durchlässigkeit der beruflichen Bildung. Ferner soll den Herausforderungen im Rahmen der Allianz für Aus- und Weiterbildung 2015–2018 begegnet werden. Neben den Bundesländern, der Wirtschaft sowie der BA sind die Gewerkschaften Teil der Allianz. Zielsetzung der Allianz ist unter anderem, *„jedem ausbildungsinteressierten Menschen einen Pfad aufzuzeigen, der ihn frühestmöglich zu einem Berufsabschluss führen kann"* (BMBF 2015, S. 8). Weiterer Kernpunkt ist die Schaffung von 20.000 zusätzlichen Ausbildungsplätzen. Des Weiteren macht die Allianz *„jedem vermittlungsbereiten Jugendlichen, der zum 30.9. noch keinen Ausbildungsplatz hat, drei Angebote für eine betriebliche Ausbildung"* (Allianz für Aus- und Weiterbildung 2014, S. 4). Die noch im vorangehenden Ausbildungspakt genutzte Terminologie, *jedem ausbildungswilligen und -fähigen Jugendlichen* einen Ausbildungsplatz anzubieten, wird durch den Terminus *vermittlungsbereiten Jugendlichen* ersetzt. Eine Definition, was unter vermittlungsbereit verstanden wird, bleibt aus.

Sowohl der DGB als auch die IG-Metall haben in den analysierten Dokumenten mit Blick auf die Kontextfaktoren in dieser Periode keine Stellung bezogen.

6.1.8.2 Argumentationsmuster: alle Potenziale nutzen, Übergangssystem reformieren

In Anbetracht der notierten Kontextbedingungen verschiebt sich der bildungspolitische Fokus und *„die Nutzung aller Potenziale ist vor dem Hintergrund der demografischen Entwicklung eine vordringliche Aufgabe"* (siehe auch BMBF 2011, S. 68, Stellungnahme Hauptausschuss; BMBF 2012, S. 4, 2014, S. 66). Insofern steht auch dieses Jahr das Thema *Ausbildungsreife* besonders im Fokus. Als Begründung führt das BMBF an: *„Kein junger Mensch darf verloren gehen. Jeder braucht eine zweite Chance"* (BMBF 2009, S. 21). Das BMBF führt weiter aus:

> *„Fortbestehender politischer Handlungsbedarf bei der Integration von Jugendlichen mit Startschwierigkeiten bzw. Migrationshintergrund: Eine sinkende Zahl von Jugendlichen, die dem Ausbildungsmarkt potenziell zur Verfügung stehen, entschärft die Integrationsproblematik nicht automatisch. Auch vor dem Hintergrund des Fachkräftemangels bleiben adäquate Qualifikationen und Kompetenzen der Schulabsolventen/Schulabsolventinnen das entscheidende Einstellungsmerkmal"* (BMBF 2010, S. 7; siehe auch BMBF 2015, S. 3, 2018, S. 16).

Damit hat sich die Perspektive auf die Ausbildungsreife junger Menschen verschoben. Nimmt man das Ziel der Nutzung aller Potenziale angesichts der demografischen Entwicklung, kann die Aussage „Kein junger Mensch darf verloren gehen" so interpretiert werden, dass kein junger Mensch als potenzielle Fachkraft für die Wirtschaft verloren gegeben werden darf. Hier stünde die volkswirtschaftlich-arbeitsmarktbezogene Perspektive im Vordergrund. Durch den Zusatz „Jeder braucht eine zweite Chance" rückt aber auch die gesellschaftlich-sozialpolitische Perspektive in den Blickpunkt. Es geht nicht nur darum, sämtliche Potenziale für die Wirtschaft zu nutzen, sondern auch darum, den Jugendlichen zu ihrer Chance zu verhelfen. Dies soll durch entsprechende Unterstützungsangebote geschehen (BMBF 2009, S. 21). Das BMBF sieht, dass die Integrationsproblematik nicht alleine durch eine Entspannung auf dem Ausbildungsstellenmarkt gelöst wird, sondern die Qualifikationen und Kompetenzen der Jugendlichen Einstellungsmerkmal bleiben. Im Berufsbildungsbericht 2018 heißt es sogar:

> *„Der Erfolg des deutschen Berufsbildungssystems – auch im internationalen Vergleich – ist nicht zuletzt auf die bundesweit geltenden Qualitätsstandards sowie die Voraussetzung einer hinreichenden Ausbildungsreife junger Menschen zurückzuführen. Sie ist Grundlage für die erfolgreiche Teilnahme an einer dualen Berufsausbildung. Ziel der Bildungsintegration benachteiligter Gruppen muss es daher sein, diese Gruppen mit adäquaten Maßnahmen so auf eine Berufsbildung vorzubereiten, dass sie sie erfolgreich absolvieren können"* (BMBF 2018, S. 15 f.).

Dadurch wird die bildungswissenschaftlich-pädagogische Perspektive auf die Problematik als Erklärungs- bzw. Lösungsansatz bezogen. Gleichzeitig rückt die gesellschaftlich-sozialpolitische Perspektive verstärkt in den Vordergrund, da die mangelnde Ausbildungsreife vermehrt als Problem von benachteiligten Personengruppen identifiziert wird. Das historische Deutungsmuster von Ausbildungsreife, welches die „sogenannten Problemgruppen" fokussiert, wird damit wieder aktuell. Eine mangelnde Chancengerechtigkeit wird als Teilursache identifiziert. Weiterhin ist unverkennbar, dass das BMBF die Notwendigkeit der Ausbildungsreife als Voraussetzung für die Aufnahme einer Berufsausbildung als Tatsache anerkannt hat („die Voraussetzung einer hinreichenden Ausbildungsreife junger Menschen zurückzuführen").

Diese Auffassung wird auch von der Arbeitnehmerseite mitgetragen:

„Die Lage auf dem Ausbildungsmarkt bleibt kritisch. Auch der Rückgang der Schulabgängerzahlen wird das Problem in den nächsten Jahren nicht vollständig entschärfen, regionale Unterschiede werden zunehmen. Kurz: Das Ausbildungsplatzangebot reicht nicht aus. Auch weiterhin wird es einen hohen Anteil an Altbewerbern/Altbewerberinnen unter den Ausbildungsplatzbewerbern/-bewerberinnen geben. Es gilt daher, das Augenmerk insbesondere auf Jugendliche mit Migrationshintergrund sowie Jugendliche mit schlechten Startchancen (z. B. Jugendliche mit schlechtem Haupt- und Realschulabschuss) zu richten. Diese Jugendlichen sind ein ungeheures wirtschaftliches Potenzial, um dem aufkommenden Fachkräftemangel der Wirtschaft zu begegnen. Es liegt bei der Wirtschaft, hier zu handeln, um Betrieben sowie Jugendlichen eine Perspektive zu geben und gleichzeitig die Gegensätze in Fragen gesellschaftlicher Teilhabe nicht noch weiter zu verschärfen" (BMBF 2009, S. 57, Minderheitsvotum Arbeitnehmer; siehe auch BMBF 2011, S. 73, 2013, S. 91, Minderheitsvotum Arbeitnehmer).

Die Arbeitnehmervertreter fordern weiter:

„Die Betriebe dürfen nicht nur über den vermeintlichen Fachkräftemangel klagen, sie müssen endlich wieder mehr ausbilden. Die Bundesregierung sollte durch eine Ausbildungsplatzgarantie sicherstellen, dass die Warteschleifen im Übergang von der Schule in die Ausbildung abgebaut werden und den Jugendlichen der Weg hin zu einem Ausbildungsabschluss vorbereitet wird" (BMBF 2014, S. 160, Minderheitsvotum Arbeitnehmer; siehe auch IG Metall 2010, S. 179, 2014, S. 189).

Damit sprechen die Arbeitnehmervertreter gleich mehrere Punkte an. Sie betonen, dass die Lage auf dem Ausbildungsstellenmarkt als kritisch zu beurteilen ist und ihrer Auffassung nach in quantitativer Hinsicht nicht ausreichend Ausbildungsplätze angeboten werden (volkswirtschaftlich-arbeitsmarktbezogene Perspektive).

6.1 Der deutsche Diskurs im Zeitverlauf

Ergänzend fügen sie eine dem BMBF ähnliche Argumentation hinzu: Sie werten zuvorderst Jugendliche mit Migrationshintergrund und schlechten Startbedingungen als Potenziale für die Sicherung des Fachkräftenachwuchses. Die Verantwortung für die Bereitstellung entsprechender Ausbildungsplatzangebote liegt ihrer Anschauung nach bei der Wirtschaft. Damit nimmt die Gewerkschaft – ähnlich dem BMBF – neben der volkswirtschaftlich-arbeitsmarktbezogenen Perspektive die gesellschaftlich-sozialpolitische Sichtweise ein (BMBF 2009, S. 57, Minderheitsvotum Arbeitnehmer). Des Weiteren sehen die Gewerkschaften einen Teil der Ursachen im deutschen Bildungssystem und sie betrachten die Bundes- wie Länderregierungen als Verursacher, weil diese zu wenig in das Bildungssystem investieren. Auf diese Weise nehmen sie desgleichen eine bildungswissenschaftlich-pädagogische Perspektive ein, denn eine Verbesserung des Bildungswesens im Bereich der allgemeinbildenden Schule fördert die Chancengerechtigkeit:

> *„Fast alle nationalen und internationalen Vergleichsstudien stellen dem deutschen Bildungswesen ein miserables Zeugnis aus: Die Zahl der Jugendlichen ohne Schul- und Berufsabschluss ist erschreckend hoch. Hauptschüler haben nach wie vor kaum Chancen, direkt einen Platz in Ausbildung und Beruf zu erhalten. Migrantinnen und Migranten sind die Verlierer unseres Bildungswesens. Sie verlassen die Schule doppelt so häufig wie ihre deutschen Mitschülerinnen und –schüler ohne Abschluss. […] Trotz Nachholbedarfs sind die Budgets für die Weiterbildung in den vergangenen Jahren gekürzt worden. Der Abstand zu internationalen Vergleichsdaten wächst weiter. In kaum einem anderen Land hängen die Bildungschancen der Kinder so sehr vom Geldbeutel der Eltern ab wie in Deutschland. […] Seit dem ‚PISA-Schock' im Jahr 2001 hat sich an dem drängendsten Problem unseres Bildungswesens nichts geändert. Im reichen Deutschland gibt es noch immer millionenfach Bildungsarmut. […] Die Schwächen des deutschen Bildungssystems haben auch gravierende Auswirkungen auf die berufliche Bildung"* (BMBF 2009, S. 56, Minderheitsvotum Arbeitnehmer).

Der DIHK kritisiert den Vorwurf, die Wirtschaft würde zu wenig ausbilden:

> *„Nicht die Qualität der Ausbildung in den Betrieben war von Interesse, sondern der Mangel an Ausbildungsplätzen. Viele Betriebe, die sich auch in wirtschaftlich schweren Zeiten mit großem Engagement in der Aus- und Weiterbildung engagierten, wurden kaum zur Kenntnis genommen. Im Gegenteil, auch sie traf der stereotype Vorwurf, Betriebe bildeten zu wenig aus"* (DIHK 2008, S. 4).

Die Arbeitgebervertreter betrachten vielmehr die Qualitätsverbesserung in der Bildung als zentrales Element zur Sicherstellung ausreichender Fachkräfte:

"Zur Sicherung der Wettbewerbsfähigkeit und des Wirtschaftsstandortes Deutschland und des Wohlstandes unserer Gesellschaft sind gut ausgebildete Fachkräfte und innovative Unternehmer unerlässlich. Angesichts des zunehmenden Mangels an qualifizierten Fachkräften, der bereits im Jahr 2008 zu zahlreichen unbesetzten Positionen in den Unternehmen und damit zu Produktivitätsverlusten geführt hat, wächst die Notwendigkeit zur Stärkung und Qualitätsverbesserung in der Bildung – vom frühkindlichen Bereich bis hin zur beruflichen Weiterbildung. Neue Technologien und Marktanforderungen sowie die demografiebedingt sinkende Nachfrage nach dualen Ausbildungsplätzen erfordern eine Fachkräfteentwicklung auf einem qualitativ hohen Niveau, um die Standortbedürfnisse der Zukunft befriedigen zu können. Vor diesem Hintergrund ist die Qualifizierungsinitiative der Bundesregierung mit dem gemeinsamen Ansatz von Bund und Ländern für eine Gesamtstrategie zur Verbesserung der Qualität von Bildung in allen Bereichen zu unterstützen. Die dortigen Zusagen müssen nun konsequent umgesetzt werden" (BMBF 2009, S. 53, 2011, S. 71, 2014, S. 158, Minderheitsvotum Arbeitgeber; DIHK 2008, S. 6, 2010, S. 4, 2011, S. 8).

Der DIHK spricht in diesem Kontext von einer „Qualitätslücke" (DIHK 2008, S. 4, S. 8). Demnach könnten viele Unternehmen ihre Ausbildungsplätze infolge fehlender geeigneter Bewerbungen nicht vergeben. Dies sieht der DIHK durch die IHK-Ausbildungsumfrage bestätigt, wonach 2012 rund ein Fünftel der befragten Unternehmen nicht alle angebotenen Ausbildungsplätze aus Mangel an geeigneten Bewerbungen nicht besetzen konnten (DIHK 2013, S. 17). Diese Entwicklung führt zu einer veränderten Blickrichtung auf das Thema Ausbildungsreife: Die Ausschöpfung jeglicher vorhandenen Potenziale bildet erneut das zentrale Narrativ der Arbeitgeber in dieser Periode. Die Ausbildungsreife ist aus Arbeitgebersicht gleichermaßen Problemursache:

„Für Unternehmen wird es immer schwerer, Ausbildungsplätze mit geeigneten Bewerberinnen und Bewerbern zu besetzen. [...] Die hohe Anzahl unbesetzter Ausbildungsplätze liegt häufig daran, dass die Jugendlichen nicht die Mindestvoraussetzungen für den Einstieg in die berufliche Ausbildung mitbringen. Dazu gehören nicht nur schulische Basiskenntnisse, sondern auch soziale Kompetenzen und die Berufswahlreife" (BDA 2014, S. 87; Auslassung durch die Autorin; (siehe auch BMBF 2011, S. 71, Minderheitsvotum Arbeitgeber; DIHK 2010, S. 29, 2012, S. 34, 2013, S. 28; ZDH 2008, S. 52, 2011, S. 66; BDA 2009, S. 92 f., 2011, S. 92).

und Lösung:

„Die demographische Entwicklung, aber auch der Trend zur Aufnahme eines Studiums verändern die Rahmenbedingungen für den Ausbildungspakt entscheidend. Statt der Akquisition neuer Lehrstellen muss die Sicherung von Fachkräften im

6.1 Der deutsche Diskurs im Zeitverlauf

Vordergrund stehen. Dies bedeutet: Wenn weniger Jugendliche die Schulen verlassen, müssen mehr Schulabgänger als bisher in die Lage versetzt werden, eine Ausbildung aufzunehmen. Verbesserungen bei der Ausbildungsreife sind somit ein entscheidender Schlüssel zur Bewältigung der demografischen Herausforderung" (DIHK 2010, S. 11; siehe auch DIHK 2011, S. 8).

Der DIHK setzt darüber hinaus die Anzahl der abgeschlossenen Ausbildungsverträge in einen klaren argumentativen Zusammenhang mit der Verfügbarkeit geeigneter Bewerber. Der Spielraum für das Absenken der Anforderungen sei ausgeschöpft (DIHK 2013, S. 17):

„Die Zahl der Ausbildungsverträge hängt auch davon ab, dass ein entsprechendes Potenzial an geeigneten Bewerbern zur Verfügung steht. Daher müssen die Ausbildungsreife verbessert werden, mehr leistungsstarke Jugendliche für eine duale Ausbildung gewonnen und Leistungsschwache integriert werden" (DIHK 2013, S. 9).

Deswegen sehen die Arbeitgeber den Fachkräftemangel in der mangelnden Ausbildungsreife Jugendlicher begründet (bildungswissenschaftlich-pädagogische Perspektive). Selbst wenn wegen des Angebotsüberhangs vermehrt lernschwache Jugendliche eine Chance bekommen (gesellschaftlich-sozialpolitische Perspektive), können die Arbeitgeber die Anforderungen an die Schulabgänger nicht beliebig mindern. Bund und Länder stehen ihrer Ansicht nach in der Verantwortung, das Bildungssystem zu verbessern, wodurch sie zur Fachkräftesicherung beitragen. Das Grundnarrativ hat sich im Vergleich zur Vorperiode und zum Beginn dieser Periode jedoch teilweise verändert. Während in der Vorperiode noch eine mangelnde Ausbildungsreife als zentrale Begründung aufgeführt wurde, warum Unternehmen nicht mehr Ausbildungsplätze bereitstellen (quantitativer Aspekt der Angebotsseite), wird nun nach dem Motto „alle Potenziale nutzen" in dieser Periode vermehrt die Notwendigkeit der Verbesserung des Bildungssystems betont, um den Fachkräftenachwuchs zu sichern (qualitativer und quantitativer Aspekt der Nachfrageseite).

Im Verlauf der Periode wird deutlich, dass aus der Warte der Wirtschaft bereits ein Mentalitätswandel eingesetzt hat:

„Dies [der Rückgang der Anzahl Jugendlicher im Übergangsbereich] ist nicht zuletzt der Bereitschaft der Unternehmen zu verdanken, zunehmend auch lernschwächeren Jugendlichen Ausbildungschancen zu geben" (BMBF 2013, S. 90, Minderheitsvotum Arbeitgeber, Einfügung durch die Autorin; siehe auch im gleichen Wortlaut BMBF 2014, S. 158, Minderheitsvotum Arbeitgeber; BDA 2014, S. 87; DIHK 2013, S. 36).

Überdies blende die Diskussion um eine „Überakademisierung" die bildungspolitische Herausforderung von 50.000 Schulabbrechern und fast 20 Prozent nicht ausbildungsreifen[10] Jugendlichen nach Ansicht des BDA aus (BDA 2014, S. 85).

Die Verantwortung für die Sicherstellung der Ausbildungsreife übertragen die Arbeitgebervertreter an die öffentliche Hand. Grundsätzlich liege sie bei den allgemeinbildenden Schulen (BMBF 2011, S. 71, 2013, S. 90, Minderheitsvotum Arbeitgeber; BDA 2013, S. 92, 2014, S. 87; DIHK 2008, S. 8). Allerdings müsste nicht alles durch die Schulen selbst vermittelt werden. Sie sind aus dem Betrachtungswinkel des DIHK aber oftmals der geeignetste Ort für Projekte und zusätzliche Angebote, da gerade in den allgemeinbildenden Schulen möglichst viele Jugendliche erreicht werden könnten (DIHK 2011, S. 31). Die Schulen müssten bei der Aufgabe der Vermittlung der Ausbildungsreife jedoch stärker, in erster Linie durch die Bildungspolitik der Länder und des Bundes, unterstützt werden (DIHK 2010, S. 33, 2011, S. 11; ZDH 2012, S. 38; BDA 2010, S. 94, 2011, S. 88). Nebstdem fehlt nach Ansicht des DIHK ein Gesamtkonzept und dessen bundesweite Umsetzung (DIHK 2008, S. 5, 2010, S. 33). Als Handlungsvorschläge werden hier die Sicherstellung eines bedarfsgerechten Ganztagsangebotes sowie die Einführung einer ökonomischen Bildung und einer verbindlichen Berufsorientierung (ZDH 2008, S. 52, 2009, S. 49, 2012, S. 38; BDA 2008, S. 105, 2009, S. 94, 2011, S. 92, 2014, S. 87; DIHK 2010, S. 11, 2013, S. 5) sowie mehr Selbständigkeit der Schulen (BDA 2010, S. 94) genannt. Daneben sehen ZDH und DIHK Eltern, Schüler, Lehrkräfte, Erzieher und Politiker in der Verantwortung, eine höhere Ausbildungsreife der Schüler und Schülerinnen zu erreichen (ZDH 2009, S. 49; DIHK 2010, S. 32, 2012, S. 36). Im Verlauf der Periode haben gemäß den Ergebnissen der DIHK-Ausbildungsumfrage die Klagen über die Erziehungsdefizite (z. B. Disziplinlosigkeit, unzulängliche Leistungsbereitschaft, fehlende Zuverlässigkeit) im Vergleich zu den Klagen über Defizite in schulischen Basiskenntnissen zugenommen. Während Erstere im Verlauf der Ausbildung schwer nachholbar sind, können Letzte durch Nachhilfe ausgeglichen werden (DIHK 2012, S. 34 ff., 2014, S. 28).

Wo die Sicherstellung der Ausbildungsreife in der allgemeinbildenden Schule nicht gelinge, müsse ein transparentes und kohärentes Übergangssystem greifen (BMBF 2011, S. 71, Minderheitsvotum Arbeitgeber; BMBF 2012, S. 77, Stellungnahme Arbeitgeber; BDA 2011, S. 95, 2013, S. 92).

Die Arbeitgeberseite fordert vorwiegend die Reduzierung ineffizienter schulischer Maßnahmen und teurer „Reparaturmaßnahmen" (DIHK 2008, S. 8), wie

---

[10]Eine Quelle für die Berechnung der 20 Prozent nicht ausbildungsreifer Jugendlicher wird in dem Bericht der BDA nicht aufgeführt.

6.1 Der deutsche Diskurs im Zeitverlauf

dem Ausbildungsbonus zugunsten von betrieblichen Maßnahmen (z. B. der Einstiegsqualifizierung (EQ) und EQ-Plus[11]) (BMBF 2013, S. 90, 2014, S. 158, Minderheitsvotum Arbeitgeber; ZDH 2011, S. 66, 2012, S. 38; BDA 2014, S. 87; DIHK 2011, S. 10) sowie der Unterstützung bei notwendigen Nachqualifizierungen, beispielsweise durch eine begleitende, sozialpädagogische Betreuung und ausbildungsbegleitende Hilfen (DIHK 2008, S. 8, 2009, S. 12).

Es wird nachvollziehbar, dass in dieser Periode eine zunehmende Einflussnahme – in erster Linie der Arbeitgeberseite – auf die Politikformulierung und –implementierung erreicht werden soll. Das Problem *mangelnde Ausbildungsreife* wird wahrgenommen und ist Bestandteil der politischen Agenda. Nun wird danach getrachtet, die Gestaltung der Maßnahmen im eigenen Interesse zu beeinflussen (siehe Abschnitt 2.2 und 6.1.7)

Die Optimierung des Übergangs zwischen Schule und Ausbildung ist eine Priorität auf der Reformagenda des BMBF (BMBF 2010, S. 3, 2013, S. 5). Der Handlungskatalog enthält die Schwerpunkte „Sicherung ausreichender Ausbildungsplätze" und „Bildungsketten bis zum Ausbildungsabschluss" (BMBF 2010, S. 3, 2013, S. 5). Bei Letzterem soll insbesondere „das sogenannte Übergangssystem auf den Prüfstand gestellt werden" (BMBF 2010, S. 3; siehe auch BMBF 2013, S. 5). Der Hauptausschuss beurteilt dieses Vorhaben positiv und plädiert für eine Systematisierung des Übergangssystems[12] (BMBF 2011, S. 68, Stellungnahme Hauptausschuss).

Zwar verorten die Arbeitnehmervertreter den Grund für die Existenz des Übergangssystems und damit auch die Probleme Jugendlicher bei dem Übergang von der Schule in die Ausbildung in der unzureichenden Bereitstellung von Ausbildungsplätzen. Dennoch fordern sie als Lösung eine transparentere Gestaltung des Übergangssystems und eine bessere Vorbereitung der Jugendlichen durch dasselbe auf den Ausbildungs- und Arbeitsmarkt (BMBF 2010, S. 59, Minderheitsvotum Arbeitnehmer).

„Eine Mitverantwortung an dieser Lage trifft auch die Bundesländer: Es ist ihnen bisher nicht gelungen, Schulsysteme zu entwickeln, die auf Förderung statt Auslese

---

[11] Einstiegsqualifizierungen (EQ) sind Langzeitpraktika von sechs bis zwölf Monaten, die Elemente eines Ausbildungsberufes vermitteln. Einstiegsqualifizierungen-Plus (EQ-Plus) sind EQs, die speziell für förderungsbedürftige Jugendliche bereitgestellt werden (Bundesagentur für Arbeit 2017). Die Übernahmequote Jugendlicher in eine Ausbildung, die zuvor eine EQ absolviert haben, beläuft sich auf 60 Prozent (Bundesagentur für Arbeit 2017).

[12] Auf die einzelnen Vorschläge für Maßnahmen zur Neugestaltung des Übergangssystems soll an dieser Stelle nicht weiter eingegangen werden, da eine Analyse derselben zu umfangreich und eine eigenständige Arbeit darstellen würde.

setzen. Die negativen Folgen sind enorm: Jahr für Jahr verlassen fast 60.000 junge Menschen die Schule ohne einen Abschluss. [...] Eine gute Vorbereitung auf die Ausbildung und die Arbeitswelt sowie die Zusammenarbeit mit anderen Akteuren (Betriebe, Bundesagentur für Arbeit, Jugendsozialarbeit, Kommune) beim Übergang in die Ausbildung gehört mit zu den Aufgaben der allgemeinbildenden Schule. Eine Stigmatisierung der Jugendlichen als ‚nicht ausbildungsreif' ist unbedingt zu vermeiden, stattdessen muss der Übergang in Ausbildung ohne unnötige Warteschleife und ohne Ausgrenzung ermöglicht werden" (BMBF 2012, S. 80, Minderheitsvotum Arbeitnehmer).

Die Problemursache liegt nach Ansicht der Arbeitnehmervertreter dementsprechend in einem unzureichenden Angebot an Ausbildungsplätzen (volkswirtschaftlich-arbeitsmarktbezogene Perspektive). Als Verursacher und Verantwortlichen erachten die Arbeitnehmervertreter jedoch die Bundesländer und das allgemeinbildende Schulsystem, die die Jugendlichen nicht ausreichend auf die Arbeitswelt vorbereiten sowie nicht angemessen beim Übergang in die Ausbildung unterstützen (pädagogisch-bildungswissenschaftliche Perspektive).

Die Bundesländer schätzen die durch die Wirtschaft artikulierten Probleme bei der Besetzung von Ausbildungsplätzen mit geeigneten Bewerbern als weniger kritisch ein:

„Seitens der Wirtschaft wird zunehmend auf Probleme bei der Besetzung freier Ausbildungsplätze mit geeigneten Bewerberinnen und Bewerbern hingewiesen. Gleichwohl gibt die Statistik der Bundesagentur für Arbeit zur Zahl der unbesetzten Ausbildungsplätze bisher keine Hinweise auf erhebliche Probleme der Unternehmen bei der Besetzung ihrer Ausbildungsplätze. Die Zahl der offen gemeldeten Ausbildungsplätze ist gegenüber dem Vorjahr zurückgegangen. Nach wie vor suchen am Ende des Berichtsjahres eine hohe Zahl von Bewerberinnen und Bewerbern einen Ausbildungsplatz, auch wenn diese alternative Angebote zunächst für sich akzeptiert haben. Die Gesamtzahl der Ausbildungsplatzsuchenden übersteigt nach wie vor die Zahl der noch offenen Ausbildungsplätze, die bei der Bundesagentur für Arbeit gemeldet werden" (BMBF 2010, S. 62, Stellungnahme der Länder).

Damit nehmen die Länder eine volkswirtschaftlich-arbeitsmarktbezogene Perspektive der Übergangsproblematik ein und sehen das Problem bei einem, im Vergleich zu den Ausbildungsplatzsuchenden, zu geringem Angebot an Ausbildungsplätzen. Darüber hinaus fassen die Länder die Integration leistungsschwächerer Jugendlicher in die Berufsausbildung als eine zentrale Herausforderung auf, um dem avisierten Fachkräftebedarf entgegenwirken zu können:

„Um künftig den Fachkräftebedarf decken zu können, müssen noch stärker als bisher auch schwächere Jugendliche in das duale Ausbildungssystem integriert

6.1 Der deutsche Diskurs im Zeitverlauf

werden. Aus der sozial- und gesellschaftspolitischen Herausforderung wird zunehmend eine wirtschaftspolitische Herausforderung. Die aktuelle Entwicklung auf dem Arbeitsmarkt bietet die Chance, die Angebote in den Übergangsystemen zu reduzieren und die Jugendlichen unmittelbar nach ihrem Schulabschluss in Ausbildung zu vermitteln. Zur erfolgreichen Integration leistungsschwächerer Jugendlicher in betriebliche Ausbildung wird es dabei vor allem darauf ankommen, die ausbildenden Unternehmen selbst bei der Ausbildung Benachteiligter besser als bisher zu unterstützen. Finanzielle Anreize haben dies bislang kaum vermocht. Die Länder empfehlen daher, die Unternehmen durch externe Bereitstellung sozialpädagogischer und gesprächstherapeutischer Angebote zu unterstützen, die im Rahmen betrieblicher Abläufe von den Unternehmen selbst kaum geleistet werden können. Dazu müssten vor allem die Instrumente nach SGB II/III (Übergangsbegleitung, ausbildungsbegleitende Hilfen, sozialpädagogische Begleitung, Ausbildungsmanagement und zusätzliche begleitende Hilfen) mit einer systematischen assistierten Ausbildungsvermittlung für Schüler mit absehbaren Übergangsproblemen den Unternehmen aus einer Hand und vorausschauend zur Verfügung gestellt werden, um benachteiligte Bewerber in betriebliche Ausbildung integrieren zu können. Die im Modellprojekt ‚Berufseinstiegsbegleiter' gewonnenen Erfahrungen sollten hierbei die Grundlage bieten für eine Weiterentwicklung einer flächendeckenden Angebotsstruktur" (BMBF 2010, S. 62, Stellungnahme der Länder).

Dieses Zitat führt vor Augen, dass auch die Länder die volkswirtschaftlich-arbeitsmarktbezogene Perspektive um die gesellschaftlich-sozialpolitische ergänzen, und Letztere wiederum vor einem volkswirtschaftlich-arbeitsmarktbezogenen Kontext interpretieren (Fachkräftenachwuchs). Die Verantwortung für die Handlung sehen die Länder in der öffentlichen Hand (Bund und Bundesländer). Den Unternehmen müssten Unterstützungsangebote unterbreitet werden, um ihnen die Integration leistungsschwächerer Jugendlicher in die Ausbildung zu ermöglichen bzw. sie zu erleichtern. Die Bundesländerbeauftragten leiten hieraus Handlungsaufforderungen ab:

„Deshalb fordern die Länderbeauftragten

- *von der Wirtschaft, Ausbildung weiterhin attraktiv zu gestalten, sich frühzeitig um Personalentwicklung zu kümmern und Jugendlichen mit schwächeren schulischen Leistungen eine Chance zu geben, um langfristig den Fachkräftebedarf zu decken,*
- *von der Bundesagentur für Arbeit, Betriebe, die leistungsschwächeren Jugendlichen eine Chance geben, effektiv zu unterstützen und ihren Fokus hinsichtlich der beruflichen Weiterbildung stärker auf abschlussbezogene Maßnahmen zu richten,*
- *von der Bundesregierung, Programme zur Verbesserung des Übergangs von der Schule in Ausbildung mit den Ländern besser abzustimmen. […]*

> *Insgesamt sind Unternehmen und Verwaltungen gefordert, auch schwächeren Schulabgängern oder jungen Menschen aus dem sog. Übergangssystem mehr Chancen einzuräumen, um dadurch alle Ausbildungspotenziale zu erschließen. Die Deckung des Fachkräftebedarfs und die gezielte Begleitung und Unterstützung von Jugendlichen mit schlechteren Startchancen werden in der Berufsbildungspolitik der kommenden Jahre noch stärker in den Vordergrund treten. [...] Insbesondere wegen des demografischen Rückgangs ist es zwingend notwendig, alle Bildungskapazitäten und Bildungsreserven zu erschließen. [...] Ein besonderes Augenmerk ist auf die Verbesserung des Übergangs Schule–Beruf zu richten. [...] Dies setzt aber voraus, dass die Agenturen für Arbeit und die beruflichen und allgemeinbildenden Schulen mit Unterstützung der Wirtschaft noch enger zusammenarbeiten und gemeinsam offensiv auf die Jugendlichen zugehen und sie begleiten"* (BMBF 2012, S. 84, Stellungnahme der Länder).

Im Verlauf der Periode verschärfen sich die vom BMBF wahrgenommenen Besetzungsprobleme der Unternehmen:

> *„Probleme im Zusammenhang mit dem Ausbildungsstellenmarkt gibt es nicht nur für einen Teil der nachfragenden jungen Menschen. Auch Unternehmen haben zunehmend Schwierigkeiten, ihre Ausbildungsplätze zu besetzen. [...] Als wesentliche Ursache für unbesetzte Ausbildungsstellen wurden in Betriebsbefragungen bislang meist das mangelnde Leistungsvermögen und die unzureichende schulische Qualifikation der Bewerber und Bewerberinnen genannt. In den letzten Jahren hat der demografisch bedingte Bewerberrückgang als wesentlicher Grund für die Besetzungsprobleme zunehmend an Bedeutung gewonnen"* (BMBF 2011, S. 34 f.).

Gleichzeitig registriert das BMBF zum Ende des Zeitabschnitts eine Leistungssteigerung des deutschen Bildungswesens:

> *„Das Bildungswesen und die Bildungsbeteiligung in Deutschland haben sich in den letzten Jahren grundsätzlich positiv entwickelt, auch im internationalen Vergleich. Die Zahl der Schulabbrecher/Schulabbrecherinnen konnte von 2006 bis 2012 von 8,6 % auf 5,9 % gesenkt werden, die Leistungsstärke von Schulen und Schülern/Schülerinnen nimmt nach den internationalen PISA-Vergleichen deutlich zu und liegt über dem OECD-Durchschnitt"* (BMBF 2014, S. 66).

Ebenso nehmen die Bundesländer die Passungsprobleme im Verlauf der Periode vermehrt wahr. Die Ursache liegt nach ihrer Ansicht auch in dem System der dualen Berufsausbildung verankert, da dieses nicht unabhängig sei von konjunkturellen Einflüssen und regionalen/strukturellen Disparitäten (BMBF 2013, S. 96, 2018, S. 152, Stellungnahme der Länder). Als Lösung führen sie das Treffen einer rechtzeitigen Vorsorge an,

6.1 Der deutsche Diskurs im Zeitverlauf

"vor allem hinsichtlich verbesserter Maßnahmen zur Optimierung der Berufswahl und zur Erhöhung der Qualität der Ausbildung. Dazu gehört auch, dass der Übergangsbereich zwischen Schule und Ausbildung weiter und noch stärker auf die eigentliche Zielgruppe der Jugendlichen, die noch nicht oder nicht vollständig ausbildungsreif sind, konzentriert wird" (BMBF 2013, S. 96, Stellungnahme der Länder).

Die Arbeitnehmerseite stellt als eine Ursache für die Probleme bei der Besetzung der Lehrstellen der Betriebe eine unzureichende Ausbildungsreife derselben fest:

"Die Ergebnisse aus dem Ausbildungsreport der DGB-Jugend zeigen, dass gerade in den Branchen, in denen die Ausbildungsbedingungen nicht akzeptabel sind, zahlreiche Ausbildungsplätze unbesetzt bleiben. Viele Betriebe sind schlicht nicht ausbildungsreif: Sie bieten eine niedrige Vergütung. Sie halten viele Überstunden und unregelmäßige Arbeitszeiten für normal. Hohe Abbrecherquoten von mehr als 40 Prozent und geringe Übernahmequoten sind nicht selten. Dies gilt gerade für den Hotel- und Gaststättenbereich. Wenn junge Menschen als billige Arbeitskräfte ausgenutzt werden und ihnen keine attraktiven Berufsperspektiven für die Zeit nach der Ausbildung angeboten werden, bewerben sie sich in diesen Unternehmen nicht mehr. So kommen auf 100 gemeldete Stellen in der Gastronomie nur 37 registrierte Bewerberinnen und Bewerber. Wenn Betriebe für Bewerber/-innen attraktiv sein wollen, müssen sie ihre Auszubildenden besser bezahlen, die Qualität ihrer Ausbildung verbessern, mehr Auszubildende übernehmen und die Beschäftigungsbedingungen verbessern" (BMBF 2012, S. 80, Minderheitsvotum Arbeitnehmer; siehe auch BMBF 2013, S. 92, Minderheitsvotum Arbeitnehmer).

Mit dieser Aussage legt die Arbeitnehmerseite der Ausbildungsreife ein anderes Deutungsmuster zugrunde. Nicht mehr die Jugendlichen sind danach der Träger des Attributs, sondern die Betriebe. Es liege an den Arbeits- und Ausbildungsbedingungen, dass Bewerber, und damit auch gute Bewerber, ausblieben. Gemäß dieser Deutung sind die Betriebe selber in die Verantwortung zu nehmen, denn ihnen stehen Handlungsmöglichkeiten offen, durch eine Verbesserung der Ausbildungs- und Arbeitsbedingungen können sie verstärkt Bewerber generieren.

Die Arbeitnehmerseite fordert ferner eine transparentere Statistik, die die Lage auf dem Ausbildungsstellenmarkt und die Situation junger Menschen bei der Suche nach einem Ausbildungsplatz ungeschönt und realistisch illustriert (BMBF 2010, S. 58, Minderheitsvotum Arbeitnehmer). Es würden viele Jugendliche in Maßnahmen des Übergangssystems geparkt, die in der Ausbildungsmarktbilanz nicht mehr in Erscheinung treten, weshalb es gelänge, eine entspannte Lage auf dem Ausbildungsstellenmarkt vorzutäuschen (BMBF 2010, S. 58, Minderheitsvotum Arbeitnehmer). Außerdem fügen die Arbeitnehmervertreter hinzu:

> *"Nicht alle Jugendlichen, die sich auf der Suche nach einem Ausbildungsplatz an die Bundesagentur für Arbeit (BA) wenden, werden als ‚Ausbildungsstellenbewerber' gezählt. Die BA sorgt frühzeitig für eine Auslese der jungen Menschen. Jugendliche werden als nicht ausbildungsreif deklariert und verschwinden als Bewerber aus der Statistik. Es darf nicht länger Bewerber erster und zweiter Klasse geben. Jeder Wunsch nach Ausbildung ist gleichviel wert. Möglichen individuellen Defiziten muss durch Beratung, Hilfe oder Förderung begegnet werden"* (BMBF 2010, S. 58, Minderheitsvotum Arbeitnehmer).

Mithin werten die Arbeitnehmervertreter Ausbildungsreife als Ausleseinstrument. Die Einteilung der Jugendlichen in ausbildungsreif und nicht ausbildungsreif nimmt nach ihrer Ansicht Einfluss auf die Statistik und effiziert, dass die Situation auf dem Ausbildungsstellenmarkt nicht realitätsgetreu dargestellt wird.

Die BA-Ausbildungsmarktstatistik untermauert diese Einschätzung, denn im Berufsbildungsbericht 2010 wird verlautbart:

> *"Nicht alle Jugendlichen verfügen nach der allgemeinbildenden Schule über die Voraussetzungen, um eine Ausbildung zu beginnen. Im Rahmen der BA-Ausbildungsmarktstatistik werden nur solche Jugendliche als Bewerber/Bewerberinnen ausgewiesen, die nach Einschätzung der BA das Kriterium ‚ausbildungsreif' erfüllen. Für noch nicht ausbildungsreife Jugendliche stehen Fördermöglichkeiten im Rahmen der Benachteiligtenförderung zur Verfügung, die auf eine Berufsausbildung vorbereiten sollen. Zwischen 1992 und 2005 ist der Anteil der Jugendlichen in Bildungsgängen, die eine berufliche Grundbildung vermitteln, von 32,8 auf 55,0 Prozent angestiegen. Seit 2006 ist ihr Anteil wieder gesunken und lag 2008 bei 47,3 Prozent. Allein die Zahl der Eintritte in berufsvorbereitende Maßnahmen hat sich zwischen 1992 und 2007 mehr als verdoppelt (1992: 70.400; 2007: 148.819). Im Jahr 2008 fiel sie mit 124.183 Eintritten wieder etwas niedriger aus. Der Anstieg bis zum Jahr 2005 ist darauf zurückzuführen, dass diese Maßnahme nicht nur von originär benachteiligten, sondern auch von sogenannten ‚marktbenachteiligten' Jugendlichen, also von Bewerbern/Bewerberinnen, die keinen Ausbildungsplatz gefunden haben, in Anspruch genommen werden. Diese Jugendlichen nutzen die Maßnahmen, um ihre Chancen auf einen Ausbildungsplatz durch weitere Qualifizierung zu verbessern"* (BMBF 2010, S. 23).

Die Argumentationsmuster dieser Periode verdeutlichen mehrere Aspekte. Zum einen hat die Ausbildungsreife als Thema Einzug auf die politische Agenda gehalten. Die Intensität und Vielschichtigkeit der Diskussion hat zugenommen. Zum anderen werden die Übergangsprobleme jugendlicher Schulabgänger in dieser Periode aus unterschiedlichen Perspektiven diskutiert, was auch die zunehmende, durch externe Einflussfaktoren und Veränderungen (wie z. B. durch die gestiegenen Anforderungen an Auszubildende, durch den demografiebestimmten Bewerberrückgang oder durch den Trend zur Höherqualifizierung) bedingte,

Komplexität der Thematik augenscheinlich werden lässt. Der letzte Aspekt umfasst die Veränderung des Grundnarrativs der Arbeitgeberseite sowie des BMBFs. Die Nutzung jeglicher Potenziale prädominiert nun, und zwar bedingt durch die geschilderten Veränderungen der Kontextfaktoren. Die Generierung der Ausbildungsreife der jugendlichen Schulabgänger ist vonnöten, um diese Potenziale zur Geltung zu bringen und dadurch den Fachkräftenachwuchs sicherzustellen. Ausbildungsreife wird nicht mehr als Problem bzw. Ursache, sondern – und dies akteurübergreifend – als Lösung diskutiert.

6.1.8.3 Zusammenfassung und Positionsanalyse der Kausalattributionen

Die in dieser Periode verwendeten Kausalattributionen sind heterogen und sehr differenziert. Während ein Teil der Arbeitgeberverbände klassisch pädagogisch-bildungswissenschaftlich argumentiert, bringt der andere Teil neben der pädagogisch-bildungswissenschaftlichen auch volkswirtschaftlich-arbeitsmarktbezogene Sichtweisen mit Fokus auf den Bewerbermangel um Tragen. Die Rechtfertigung der Arbeitnehmerverbände ist wieder dem volkswirtschaftlich-arbeitsmarktbezogenen Argumentationsmuster zuzuordnen, wobei hier gesellschaftlich-sozialpolitische und pädagogisch-bildungswissenschaftliche Elemente mit hineinspielen. Bund und Länder nehmen dagegen eine gesellschaftlich-sozialpolitische in Verbindung mit einer volkswirtschaftlich-arbeitsmarktbezogenen Kausalattribution in Gebrauch, allerdings mit unterschiedlicher Schwerpunktsetzung (Abbildung 6.9).

Während BDA und ZDH einer klar **pädagogisch-bildungswissenschaftlichen Kausalattribution**, wie sie auch in den vorangegangenen Perioden erkennbar war, folgen, hat sich das Argumentationsmuster der Arbeitgebervertreter im Hauptausschuss und beim DIHK hin zu einem den Bewerbermangel ins Zentrum rückenden **volkswirtschaftlich-arbeitsmarktbezogenen Argumentationsmuster** verschoben. Danach liegt die Ursache für Probleme am Übergang von der Schule in die Ausbildung, und hier hauptsächlich bei der Besetzung vakanter Ausbildungsstellen der Arbeitgeber, in einem Rückgang der Bewerberzahlen. Dieser wird einesteils demografisch, anderenteils durch den Trend zum Studium bedingt. Ein Verursacher kann nicht klar identifiziert werden, da es sich um systemisch-strukturelle Probleme handelt. Die Verbesserung der Ausbildungsreife der verbleibenden Bewerber wird als Lösung des Problems gesehen, um sämtliche Potenziale zu entfalten. Verantwortlich für die Herstellung der Ausbildungsreife sind neben den allgemeinbildenden Schulen die Eltern, die Lehrkräfte, die Erzieher sowie übergeordnet die Bildungspolitik der Bundesländer und des Bundes. Bei den Handlungsaufforderungen durch die Arbeitgebervertretungen kommt mit

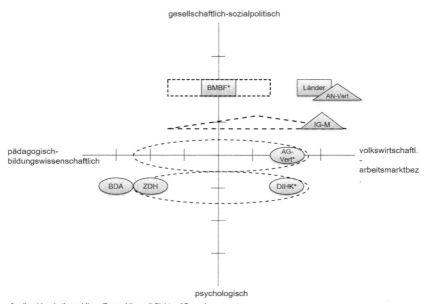

* volkswirt.-arbeitsmarktbez. Perspektive mit Sicht auf Bewerbermangel
AN-Vert / AG-Vert: Positionierung der Minderheitsvoten der Arbeitnehmer bzw Arbeitgeber Vertreter im Berufsbildungsbericht

Abbildung 6.9 Positionsanalyse achte Periode (eigene Darstellung)

der wiederholten Forderung nach einer verstärkten Berufsorientierung zu einem kleinen Teil auch die **psychologische Perspektive** zum Tragen. Damit zeigt die Argumentation der Arbeitgeber in dieser Periode wieder kausalattributorische Elemente, da Ursache und Verantwortung externalisiert werden und ein Verursacher nicht klar identifiziert werden kann. Dies führt zu einer Abschwächung der kausalattributorischen Argumentation.

Festzustellen ist bei den Arbeitnehmervertretern erneut eine primär **volkswirtschaftlich-arbeitsmarktbezogene Kausalattribution mit gesellschaftlich-sozialpolitischen Bezügen**, wie sie bereits in den vorangegangenen Zeitabschnitten zur Anwendung gelangt ist (siehe Abschnitt 6.1.3.3. und 6.1.1.3). In dieser Periode sind jedoch einige Aspekte explizit hervorzuheben. Die Problemursache wird weiterhin in einem Mangel an Ausbildungsplätzen gesehen, Defizite im Bildungssystem, die die Schwierigkeiten leistungsschwächerer Jugendlicher beim Übergang von der Schule in die Ausbildung verstärken, werden in dieser Periode durch die Arbeitnehmervertreter allerdings ebenfalls als

Problemursache definiert. Damit nehmen die Arbeitnehmervertreter zum ersten Mal ebenfalls eine **bildungswissenschaftlich-pädagogische Perspektive** in ihre Argumentation auf. Als Verursacher wird erstens die Wirtschaft identifiziert, da sie für das unzureichende Angebot an Ausbildungsplätzen verantwortlich zeichnet. Zweitens werden die für die Bildungspolitik Verantwortlichen aus Bund und Bundesländern konkret als Verursacher benannt, da diese für die Defizite im Bildungssystem in die Pflicht zu nehmen sind. Die Ausbildungsreife als Konstrukt wird durch die Arbeitnehmervertreter jedoch weiterhin abgelehnt. Dies wird sowohl an der Bezeichnung Ausbildungsreife sei ein „Ausleseinstrument" als auch an der Umdeutung des Begriffes hin zu „mangelnder Ausbildungsreife der Betriebe" augenfällig. Neben den bereits in den vorangegangenen Perioden geforderten Lösungen, wie der Ausbildungsplatzabgabe, werden in dieser Periode Investitionen in das allgemeinbildende Schulwesen, um vorwiegend leistungsschwächere Jugendliche besser auf die Ausbildung vorzubereiten, als Lösung ins Spiel gebracht. Die Argumentation der Arbeitnehmer weist nach wie vor alle kausalattributorischen Elemente auf, in dieser Periode findet jedoch eine Verschiebung der Schwerpunktsetzung statt.

Die Bundesländer argumentieren ebenfalls aus der **volkswirtschaftlich-arbeitsmarktbezogenen in Verbindung mit der gesellschaftlich-sozialpolitischen Perspektive**, bildungswissenschaftlich-pädagogische Elemente werden jedoch nicht mit aufgenommen. Die Ursachen für Probleme am Übergang von der Schule in die Ausbildung liegen demnach in einem zu geringen Angebot an Ausbildungsplätzen, was speziell die Integration Lernschwächerer in dieselbe erschwert. Ein Verursacher wird nicht klar identifiziert, jedoch sehen die Länder die Verantwortung für die Handlung bei der Wirtschaft (Bereitstellung von mehr Ausbildungsplätzen) sowie bei der öffentlichen Hand (Unterstützungsmaßnahmen für lernschwächere Jugendliche in Ausbildung). Damit wohnen auch der Argumentation der Bundesländer kausalattributorische Elemente inne. Die Qualität der Schulbildung, für die diese verantwortlich sind, wird nicht als Ursache identifiziert. Es erfolgt eine klare Externalisierung der Ursachen und in Teilen der Verantwortung für die Handlung.

Das BMBF argumentiert aus einer **gesellschaftlich-sozialpolitischen in Verbindung mit einer volkswirtschaftlich-arbeitsmarktbezogenen Perspektive mit Schwerpunkt auf dem Bewerbermangel sowie einer pädagogisch-bildungswissenschaftlichen Sichtweise**. Demnach haben trotz Angebotsüberhang insbesondere leistungsschwächere Jugendliche Schwierigkeiten am Übergang von der Schule in den Arbeitsmarkt. Ursache hierfür sind höhere Anforderungen an Auszubildende und Fachkräfte wegen des Wandels der Arbeitswelt. Zudem haben Unternehmen Besetzungsschwierigkeiten, da es veranlasst durch den demografischen Wandel und einem Trend zu höherer Bildung zu einem Rückgang der Bewerber kommt. Als Lösung erachtet das BMBF, ähnlich wie die Arbeitgeber- und Arbeitnehmervertreter, eine Qualitätsverbesserung der allgemeinen Bildung. Hierdurch soll erreicht werden, dass jegliche Potenziale zur Geltung kommen, um dem Fachkräftemangel entgegenzuwirken. Bestandteil der Argumentationslinie des BMBF sind damit lediglich wenige kausalattributorische Elemente. Es wird kein Verursacher identifiziert und die Problemursache respektive Lösung wird nicht bzw. nur in Teilen externalisiert.

Zugleich wird in der Argumentation dieser Periode fassbar, dass sich Arbeitgeber, Arbeitnehmer und Bund einig sind, dass Qualitätsverbesserungen im Bildungswesen unumgänglich sind. Eine mangelnde Qualität der allgemeinbildenden Schulen wird zwar nicht einstimmig als Problemursache ausgemacht, jedoch wird sie als Lösung – auch der anderen Ursachen – gewertet. Damit wird deutlich, dass die *mangelnde Ausbildungsreife* oder die *fehlende Qualität im Bildungswesen* als Thema auf der politischen Agenda stehen und als Elemente der Handlung bzw. Maßnahmengestaltung wahrgenommen werden. Die Diskussion um die konkrete Ausgestaltung, wie mehr Qualität im Bildungswesen hergestellt werden kann, wird nicht thematisiert.

6.2 Triangulation der deutschen Ergebnisse durch Experteninterviews

Wie in Abschnitt 5.3 ausgeführt, erfolgt eine Triangulation der Ergebnisse mithilfe von Experteninterviews mit Vertretern der involvierten Akteure. Im Folgenden werden die Ergebnisse präsentiert.

6.2.1 Deutungsmuster: Verständnis von Ausbildungsreife

Der durch den Ausbildungspakt entwickelte Kriterienkatalog für Ausbildungsreife (Bundesagentur für Arbeit 2009) bildet laut des Vertreters[13] der BDA, die Teil des Ausbildungspaktes gewesen ist und an dem Kriterienkatalog mitgewirkt hat, eine gute Grundlage für die Definition von Ausbildungsreife, da er die wesentlichen Inhalte vorweist.

---

[13] Die Interviewpartner waren sowohl männlichen wie auch weiblichen Geschlechts. Aus Gründen der Lesbarkeit wird hier ausschließlich die männliche Form verwendet, die die weibliche mit einschließt.

6.2 Triangulation der deutschen Ergebnisse durch Experteninterviews

„Ausbildungsreife ist das, was ein Jugendlicher oder ein junger Mensch mitbringen sollte an Kompetenzen zu dem Zeitpunkt, zu dem er eine Ausbildung beginnt. Und diese Kompetenzen, die er mitbringt, sollten zu erkennen geben, dass er oder sie eine Ausbildung tatsächlich beginnen und auch erfolgreich beenden kann. Um es noch konkreter zu machen, Sie kennen wahrscheinlich den Kriterienkatalog zur Ausbildungsreife, den der Ausbildungspakt erarbeitet hat. Der ist jetzt zwar schon von 2006, also noch etwas älter, aber unserer Meinung nach stehen da immer noch die wesentlichen Inhalte der Ausbildungsreife drin. Wir haben diesen Katalog damals ja auch selber mitentwickelt und der ist immer noch eine gute Grundlage" (Vertreter der BDA).

Auch die Vertreter des DIHK und des ZDH verweisen bei der Frage um eine Definition von Ausbildungsreife auf den erarbeiteten Kriterienkatalog. Daher kann davon ausgegangen werden, dass die Arbeitgeber unter Ausbildungsreife das im Kriterienkatalog für Ausbildungsreife definierte Verständnis teilen. Die Vertreter des DIHK und des ZDH verweisen jedoch explizit auf den Unterschied zwischen der Ausbildungsreife und der Berufsreife, da Letztere für IHK-Berufe andere Voraussetzungen mitbrächte als z. B. für Handwerksberufe.

Der Vertreter der BDA merkt an, dass es sich bei der Ausbildungsreife um ein sehr strittiges Konstrukt handelt, gerade im Diskurs mit den Arbeitnehmervertretungen, die die durch den Ausbildungspakt erarbeitete Definition im Kriterienkatalog für Ausbildungsreife nicht mittragen.

„Wobei ich sagen muss, dass das Wort Ausbildungsreife, dadurch dass es schon so lange zu einem Streitpunkt geworden ist und weiterhin bestehen bleibt, dass man zwischen den Sozialpartnern – so ist mein Eindruck im aktuellen Diskurs – so ein bisschen davon abgekommen ist, dieses Wort tatsächlich zu verwenden, um ein bisschen konkreter zu diskutieren. Weil die Definition von Ausbildungsreife – deshalb haben Sie das ja vermutlich auch ganz am Anfang gefragt – ein ganz zentraler Teil dieser Debatte, was ist denn überhaupt Ausbildungsreife und wenn man jetzt überlegt, gibt es überhaupt eine Definition, über die sich alle Player der Berufsbildung verständigt haben, so gibt es diese meiner Meinung nach nicht. Also es gibt den Kriterienkatalog zur Ausbildungsreife, wo der alte Ausbildungspakt und deren Mitglieder mitgewirkt haben, aber in der neuen Allianz sind im Gegensatz zu früher Gewerkschaften vertreten, und die haben diesen Kriterienkatalog so nicht unterzeichnet. Und auch die KMK nicht, das muss man auch ganz klar sagen. Und ja, deshalb würde ich sagen, ist nach wie vor die Frage, was ist denn überhaupt konkret Ausbildungsreife. Wie gesagt, es gibt keine allgemeingültige Definition und um sich in diesem sehr konfliktaufgeladenen Terminus nicht ständig von Neuem abzuarbeiten, ist man so nach meinem Empfinden eher dazu übergegangen, bisschen konkreter zu diskutieren, so nach dem Motto, was brauchen denn die jungen Menschen und was brauchen die Unternehmen und dass man dann guckt, wie kann man denen konkret helfen" (Vertreter der BDA).

Diese Entwicklung wird auch durch den Vertreter des DGB bestätigt:

> *„Also die Frage dieser Ausbildungsreife und wie sie definiert wird, sind im Grunde genommen im Ausbildungspakt entstanden. Und zwar haben das die Arbeitgeber und hauptsächlich die Bundesagentur für Arbeit ausgearbeitet und dementsprechend definieren sie, wer in der Lage ist eine Ausbildung zu beginnen und wer nicht, sage ich mal sehr salopp. Der Ausbildungspakt, den gibt es nicht mehr. Es gibt mittlerweile die Allianz für Aus- und Weiterbildung und da spielt das Thema Ausbildungsreife keine Rolle und taucht auch in keinem der Texte auf"* (Vertreter des DGB).

Fragt man die Vertreter der IG Metall sowie des DGB nach ihrem Verständnis von Ausbildungsreife wird offenkundig, dass sie gegen die gesamte Ausbildungsreifediskussion sind und aus diesem Grund auch keine eigene Definition entwickelt haben. Der Vertreter des DGB beschreibt Ausbildungsreife als ein „bildungspolitisches Schlagwort, das zu einem ideologischen Begriff geworden ist". Auch gegen das im Kriterienkatalog für Ausbildungsreife definierte Konzept derselben spricht sich der Vertreter des DGB explizit aus:

> *„Aus unserer Sicht gehört dieses von der BA immer noch benutzte Instrument [Kriterienkatalog zur Ausbildungsreife] auf den Prüfstand. Also wir stellen die Frage, ob es überhaupt geeignet ist, den aktuellen Herausforderungen Rechnung zu tragen und möglichst viele junge Menschen in eine qualifizierte Ausbildung zu bekommen"* (Vertreter des DGB).

Die befragten Arbeitnehmervertreter gehen davon aus, dass jeder Jugendliche, der die Schule verlässt, auch in die betriebliche Ausbildung integrierbar ist, sofern während der Ausbildung die richtigen Rahmenbedingungen existieren[14]. Es geht also nicht um die Frage, ob die Jugendlichen ausbildungsreif sind, sondern ob die Arbeitgeber über die notwendige Ausbildungsreife verfügen, den Jugendlichen das richtige Umfeld für die Ausbildung anzubieten und den Jugendlichen die notwendige Zeit zu geben, sich in das Arbeitsleben einzufinden, ohne von Tag eins an produktiv sein zu müssen:

> *„Und da sprechen wir dann auch über Ausbildungsreife, weil dann natürlich immer das Argument kommt: ‚Wir müssen die Schulanforderung so hoch machen, weil die Schülerinnen und Schüler von den Haupt- oder Realschule haben nicht die Ausbildungsreife, die wir für unseren Beruf brauchen.' Sehe ich anders, sehen wir als IG Metall auch anders. Diese Ausbildungsreifediskussion ist ja eine ganz verquickte Geschichte. Durch den Kollegen auch schon vor dem Gespräch gesagt, ich bin*

---

[14]Ausgenommen sind Jugendliche mit starken psychischen Einschränkungen.

6.2 Triangulation der deutschen Ergebnisse durch Experteninterviews

auch immer gerne in der Diskussion, sind die Arbeitgeber auch ausbildungsreif. Weil das fehlt auch oft. [...] Ich persönlich finde diese Diskussion Ausbildungsreife ist Schwachsinn, denn letztendlich ist jeder ausbildungsfähig. Natürlich kann man darüber diskutieren, dass wenn ich Bankangestellter werden will, muss ich mit Zahlen umgehen können und dann kann ich da keinen einstellen, der in Mathe eine 6 hat. Aber auch solche Leute kann man ausbilden, natürlich hat das immer mit mehr Kapazität in der Ausbildung zu tun, mit Fördermöglichkeiten etc. Von daher ist es eigentlich eine Verwertungsdiskussion, die man bei Ausbildungsreife diskutiert, dass die Schüler, die aus der Schule kommen, sofort in diese Produktivität, in diese Verwertung müssen und gar nicht die Chance haben, sich langsam an das berufliche Alltagsleben zu gewöhnen und darin auch ausgebildet zu werden. Da sehe ich schon einen großen Konfliktpunkt, dass ein Auszubildender sofort mit den Tätigkeiten konfrontiert wird, ohne wirklich teilweise Hintergründe kennenzulernen, weshalb macht man das usw., sondern er muss sofort funktionieren im Betrieb. [...] Das Schulsystem und das Arbeitssystem sind zwei unterschiedliche Systeme und da wird es immer diese Problematiken geben" (Vertreter der IG Metall).

Zusammenfassend kann der Akzent darauf gelegt werden, dass bezogen auf das Deutungsmuster aufseiten der Arbeitgebervertreter Einigkeit herrscht, dass der Kriterienkatalog für die Ausbildungsreife inklusive der Differenzierung zwischen Ausbildungsreife, Berufsreife und Vermittelbarkeit eine gute Definitionsgrundlage darstellt. Sprechen die Arbeitgebervertreter von Ausbildungsreife, liegt dem Begriff die im Kriterienkatalog festgelegte Definition zugrunde. Der – insbesondere in den Perioden ab Gründung des Nationalen Paktes für Ausbildung und Fachkräftenachwuchs im Jahr 2004 – in der Dokumentenanalyse selbstverständliche Gebrauch des Terminus Ausbildungsreife legt nahe, dass mit der Erarbeitung des Kriterienkataloges auch in den schriftlichen Dokumenten ein Konsens zwischen den Arbeitgebervertretern darüber herrscht, dass unter dem Begriff Ausbildungsreife die im Kriterienkatalog festgehaltene Definition verstanden wird.

Die Gewerkschaftsseite lehnt dagegen das Konzept der Ausbildungsreife und damit auch die im Kriterienkatalog erarbeitete Definition ab. Aus ihrer Sicht liegt die Problematik nicht in den durch die Jugendlichen mitgebrachten mangelnden Voraussetzungen, sondern in den zum Teil mangelhaften Rahmenbedingungen während der Ausbildung (Stichwort mangelhafte Ausbildungsreife der Arbeitgeber). Dies erklärt, warum von dem Terminus der Ausbildungsreife in den Dokumenten der Gewerkschaften nicht Gebrauch gemacht wird bzw. warum dies unter einer anderen Deutung (mangelnde Ausbildungsreife der Unternehmen) geschieht.

Durch die Bildung der Allianz für Aus- und Weiterbildung unter Einbeziehung der Gewerkschaften, rückt die Frage nach der Ausbildungsreife vermehrt in den

Hintergrund und stattdessen werden zunehmend konkrete Handlungsalternativen diskutiert.

6.2.2 Phänomenstruktur: Argumentationsmuster und Diskussion um Ausbildungsreife

Nach dem Vertreter der IG Metall bilden in erster Linie nicht die Defizite der Schulabgänger beim Eintritt in die Ausbildung den Kern der Ausbildungsreifeproblematik, sondern die Erwartungen der Arbeitgeber, die ihre Auszubildenden als voll funktionstüchtige Arbeitnehmer ansehen, was wiederum durch einen Auszubildenden nicht geleistet werden kann und soll.

> *„Und da muss man bei der Ausbildungsreife genau darauf gucken, was ist genau diese Ausbildungsreife, die sie definieren, die Arbeitgeber, und da ist uns häufig aufgefallen, dass es nicht wirklich die Ausbildungsreife war, die gefehlt hat bei den Auszubildenden, sondern dass die Arbeitgeber andere Ansprüche gestellt haben für die Tätigkeiten der Auszubildenden, für Voraussetzungen, die sie mitbringen sollen etc., die eigentlich erst später in der Ausbildung vermittelt werden sollen, die aber früher schon gefordert werden"* (Vertreter der IG Metall).

Der Vertreter der IG Metall nimmt bei der Problemidentifikation demzufolge die volkswirtschaftlich-arbeitsmarktbezogene Perspektive ein. Die inhaltliche Ausrichtung seiner Argumentation betrifft jedoch nicht, wie in den Dokumenten hauptsächlich vertreten, die mangelnde Bereitstellung von Ausbildungsplätzen, sondern die, nach seiner Meinung, zu hohen Erwartungen der Arbeitgeber.

Der Vertreter des DGB argumentiert in ähnlicher Weise:

> *„Wir sehen Ausbildungsreife, wie gesagt, weniger als wissenschaftlich messbare Größe sondern als ideologischen Begriff, um über das ein oder andere Defizit, das man – nicht unbedingt nur am Auszubildenden sondern vielleicht auch auf der anderen Seite suchen oder finden könnte – um darüber hinweg zu täuschen. […] Man könnte ja genauso gut die Frage stellen: sind denn die Unternehmen ausbildungsreif? Und wer kontrolliert das?"* (Vertreter des DGB).

Die Arbeitgebervertreter geben dagegen an, dass viele Betriebe willig und bereit seien, lernschwächere und schulmüde Jugendliche im Rahmen der Ausbildung zu unterstützen. Jedoch beträfen die Problembereiche nicht mehr nur die schulischen Leistungen, sondern zunehmend auch die Sozialkompetenzen. Unterstützungen in diesem Bereich seien vonseiten der Betriebe einfach nicht mehr zu leisten, dazu fehle ihnen die Kompetenz.

6.2 Triangulation der deutschen Ergebnisse durch Experteninterviews

"Aber das Neue ist, dass viele Defizite von den Unternehmen im Bereich der sozialen Kompetenzen gesehen werden. Und da geht es nicht nur darum zu sagen, die brauchen ein bisschen Unterstützung in Deutsch, Mathe oder in einer Fremdsprache, damit sie gut in der Berufsschule mitkommen, sondern da geht es um Kompetenzen wie teamfähig zu sein, sich länger konzentrieren zu können, eine gewisse Motivation mitzubringen, für das was man tut, eine gewisse Frustrationstoleranz mitzubringen. Und da ist seit einigen Jahren eine Veränderung da, sodass die Unternehmen sagen: ‚Wir trauen es uns nicht mehr zu, in diesem Bereich die Azubis so zu unterstützen, wie sie es bräuchten.' Da fühlen die sich häufig hilflos, da sagen die, dass ihnen die Kompetenz fehlt, die ein Sozialarbeiter vielleicht hat. Bisschen Mathenachhilfe oder Englischnachhilfe oder was da gebraucht wird, das leisten ja auch ganz viele Betriebe selber, da sind die auch bereit und willig zu unterstützen. Aber was diese von mir genannten Probleme anbelangt, da sagen die: ‚Dazu fühlen wir uns einfach nicht mehr in der Lage.' Wenn jetzt Auszubildende kommen und die wirklich multiple Problemlagen haben im familiären Umfeld, mit Drogen, mit schwierigen Lebensumständen, dann sagen die Unternehmen: ‚Mathenachhilfe kein Problem, aber das schaffen wir einfach nicht'" (Vertreter der BDA).

Diese Problemlage bleibt gemäß dem Vertreter der BDA auch während des zum Zeitpunkt des Interviews[15] existierenden Angebotsüberhangs und Fachkräftemangels bestehen. Zwar sieht der Vertreter der BDA prinzipiell eine höhere Bereitschaft der Betriebe, auch Jugendliche auszubilden, die in Zeiten des Nachfrageüberhangs keine Chance erhalten hätten, jedoch gäbe es hier auch Grenzen bei den Ansprüchen der Betriebe, die nicht unterschritten werden können:

"Die Unternehmen gucken vielleicht ein bisschen genauer hin [in Zeiten des Fachkräftemangels] und die nutzen auch die entsprechenden Förderinstrumente. Das hat aber alles eine bestimmte Grenze. Wir erleben auch, dass Unternehmen, die versuchen, ihre Ausbildungsplätze zu besetzen, aber ihnen das im zweiten oder dritten Jahr nicht gelingt, dass sie aus der Ausbildung aussteigen. Und das ist ein großes Problem. Also man kann jetzt nicht sagen, dass die Unternehmen ihre Ansprüche immer weiter senken, nur um letztendlich jemanden einzustellen, das ist nicht der Fall. Wenn die den Eindruck haben, sie können die jungen Menschen auch nicht mehr zum Ausbildungserfolg führen, dann ist es für die Unternehmen schwierig. Sie bilden ja häufig für den Eigenbedarf aus und wenn die nicht sehen, dass es jemand ist, der ein zukünftiger Mitarbeiter oder Mitarbeiterin sein kann oder sein wird und da die Unterstützung von außen fehlt, dass die dann auch sagen, dass sie den Platz lieber unbesetzt lassen. Und das ist natürlich aus unserer Sicht und auch aus der Sicht der Unternehmen auf mittel- und langfristige Sicht höchst problematisch. Also gerade im Handwerk sieht man diese Problematik sehr stark, weil die halt einfach keine Nachfolger mehr finden, die die Handwerksbetriebe übernehmen, wenn der Meister oder der Inhaber in Rente geht. Das ist ein großes Problem, gerade bei denen" (Vertreter der BDA; Einfügung durch die Autorin).

---

[15] Die Interviews mit den deutschen Experten sind im Jahr 2017 geführt worden.

Der Vertreter der BDA nimmt in der Kennzeichnung der Problemlage infolgedessen eine gesellschaftlich-sozialpolitische in Verbindung mit der pädagogisch-bildungswissenschaftlichen Perspektive ein. Die Zielgruppe der Ausbildungsreife bilden die sogenannten „Problemgruppen". Da der Vertreter der BDA im Zuge der Beschreibung der Problemlage die Sozialkompetenzen und Verhaltensweisen sowie das soziale und familiäre Umfeld als Problemursache im besonderen Maße hervorhebt und nicht auf die Schule als für die Problemlösung verantwortliche Institution eingeht, steht die gesellschaftlich-sozialpolitische Perspektive in ihrer Argumentation im Vordergrund.

Der Vertreter des ZDH charakterisiert die historische Problemlage und geht ferner auf Kontextfaktoren ein:

„Die Diskussionen wurden damals sehr intensiv geführt, weil wir, anders als heute, einen extrem hohen Überschuss an Jugendlichen hatten, die nicht versorgt waren, sodass der verehrte Sozialpartner neue Ideen aufs Tablett setze, z. B. die Ausbildungsgarantie oder eine Ausbildungsumlage, also das berechtigte Interesse der Jugendlichen vertreten hat und gesagt hat: ‚Die, die nicht versorgt sind, müssen versorgt werden, seht zu, dass ihr die auch einfach ausbildet.' Unsere Argumente dagegen waren, dass wir gesagt haben, wir können nur das ausbilden, was am Arbeitsmarkt gebraucht wird, auch in der Quantität, da können wir jetzt nicht einfach in jeden Betrieb drei Auszubildende mehr reinpacken, wenn die hinterher am Arbeitsmarkt gar nicht richtig gebraucht werden. Aber wir mussten natürlich auch qualitativ argumentieren und sagen, wenn Jugendliche unversorgt sind, dann hat das in der Regel – damals wie heute – zwei Hauptursachen, nämlich entweder, es gibt einfach nicht genug Lehrstellen, also muss man sich eben umgucken und dann wird man eben nicht Kfz-Mechatroniker, sondern Maschinenmechaniker oder Zweiradmechaniker, also was anderes. Aber die Plätze können wir ja nicht nach Nachfrage bestimmen. Und das Zweite ist, einfach zu sagen, wer eine Ausbildung macht oder machen will, der muss dafür auch bestimmte Kompetenzen mitbringen und da können wir nicht einfach sagen, wir geben eine Ausbildungsgarantie, weil das würde ja dazu führen, dass die Jugendlichen noch weniger – ich sage es jetzt etwas überspitzt – Schule machen, weil sie ja sagen, dass sie eine Ausbildung in jedem Fall kriegen. Und das spielt da natürlich auch ein wenig rein, dass in einer Situation, in der die quantitative Diskussion nach Lehrstellen, so nach dem Motto ‚Wir brauchen so und so viele mehr Lehrstellen, weil wir noch so viele unversorgte Jugendliche haben', dass die ein wenig den Druck erhöht hat für die seinerzeit Paktpartner, aber eben auch für die Arbeitgeber. Es geht hier nicht nur um Quantität. Unser Ausbildungssystem funktioniert nicht so, dass wir sagen, es hat dafür Sorge zu tragen, dass jeder, der will, eine Ausbildung machen kann. Sondern im Gegenteil, das Ziel des Ausbildungssystems ist es, den Bedarf des Arbeitsmarktes zu sichern und dafür im gleichen Gegenzug die Interessen der Arbeitnehmer zu vertreten, dass wenn sie schon eine Ausbildung machen, dann ist das so eine Art Garantie, dass sie in einen vernünftigen Arbeitsmarkt hereinkommen. Sonst würden wir das System konterkarieren und nur das Problem verschieben, weil dann hat er

6.2 Triangulation der deutschen Ergebnisse durch Experteninterviews

eine Ausbildung zwei, drei Jahre gemacht und dann steht er aber wieder vor dem Problem und kriegt im Anschluss keine Arbeit" (Vertreter des ZDH).

Der Vertreter des ZDH erklärt damit den bereits in der Dokumentenanalyse aufgedeckten Zusammenhang zwischen der um die Jahrtausendwende aufkommenden Diskussion um die Ausbildungsreife und dem bildungspolitischen Kontext, wie der Forderung um eine Ausbildungsgarantie und/oder Ausbildungsumlage. Die Arbeitgebervertretungen haben sowohl aus quantitativer als auch aus qualitativer Sicht argumentiert, um den bildungspolitischen Forderungen der Arbeitnehmerseite entgegenzuwirken. Inhaltlich erfolgt die Problembeschreibung des Vertreters des ZDH sowohl aus der pädagogisch-bildungswissenschaftlichen als auch aus der volkswirtschaftlich-arbeitsmarktbezogenen Perspektive. Bricht man die Aussage des ZDH-Vertreters auf, wird deutlich, dass an erster Stelle das quantitative Problem steht (aufgrund der konjunkturellen Lage können nicht mehr Ausbildungsplätze angeboten werden, da die Betriebe nur so viel ausbilden, wie sie benötigen). Daraus erwachsen die bildungspolitischen Forderungen der Gewerkschaftsseite. Um sich diesen entgegenzustellen, verschärfen die Arbeitgeber ihre Argumentation und bringen die qualitativen Aspekte (mangelnde Ausbildungsreife der Jugendlichen) ein. Somit ist hier eine klare bildungspolitische Verwendung des Arguments der mangelnden Ausbildungsreife erkennbar.

Deswegen sehen die Arbeitgebervertreter die Ausbildungsreife auch explizit als Thema der politischen Diskussion an. Als „hauptpolitischen Kreis" (Vertreter des DIHK) benennen sie insbesondere die Allianz für Aus- und Weiterbildung, da dort „all die Institutionen an einem Tisch [sitzen], die beim Thema Ausbildung eine wesentliche Rolle spielen" (Vertreter der BDA, Einfügung durch die Autorin). Diese Aussage unterstreicht die in der Dokumentenanalyse augenfällig gewordene Bedeutung der Allianz für Aus- und Weiterbildung und den Vorgängerallianzen sowie den in diesen Rahmen erarbeiteten bildungspolitischen Schwerpunkten.

Der Vertreter des ZDH betont in diesem Zusammenhang die Differenzierung zwischen dem politischen, z. B. im Kreis der Allianz geführten, Diskurs und definierten Konstrukt und der operativen Ebene. Das politisch erarbeitete Konzept hätte keine konkrete Auswirkung auf die einzelbetriebliche Entscheidung, ob ein bestimmter Jugendlicher eine Ausbildung erhalte.

„Nur das Konzept der Ausbildungsreife hat ja mit der Beruflichkeit oder der Entscheidung, ob jemand eine Lehrstelle kriegt oder nicht, [...] nichts zu tun [...]. Und dann müssen wir eben gucken, wie wir sie unterstützen. Denn natürlich steigt die Bereitschaft der Betriebe auch – wie sagt man so schön – formal schlechter

> *ausgestattete Jugendliche, also früher hätten sie die mit schlechten Realschulzeugnissen gar nicht genommen, weil sie ja genug Auswahl hatten, und jetzt nicht. Aber die Inhalte, was Ausbildungsreife bedeutet, werden davon überhaupt nicht tangiert. Das heißt, die Betriebe müssen sich jetzt nur mehr anstrengen oder brauchen mehr Förderung, Unterstützung oder Vorbereitung für die Jugendlichen, damit sie nach wie vor am Ende den Kompetenzstandard erreichen, den sie brauchen. Und deshalb gibt es auch immer noch nur das Konzept von 2009, weil es hat sich ja nichts geändert"* (Vertreter des ZDH; Auslassung durch die Autorin).

Aber die Bedürfnisse der operativen Ebene, d. h. der einzelnen Betriebe, beeinflussen umgekehrt den politischen Diskurs. Insofern expliziert der Vertreter des DIHK:

> *„Also wir transportieren in diesem politischen Diskurs die Interessen der Ausbildungsbetriebe, weil die uns ja immer wieder sagen, da gibt es bestimmte Mängel und das ist auch unsere Aufgabe, darauf hinzuweisen. Wir sind sozusagen die Vertreter der Abnehmer, wenn man so will, des Schulsystems"* (Vertreter des DIHK).

Dieser Zusammenhang führt zu einem, je nach Bedarfslage auf der operativen Ebene, angepassten, bildungspolitisch eingesetzten Narrativ, wie durch die oben aufgeführte Problemidentifizierung der Vertreter von ZDH und BDA offenkundig wird. Während der Vertreter der BDA angesichts des aktuellen Fachkräftemangels davon spricht, dass auch formal schlechter ausgestattete Jugendlichen eine Chance gegeben wird, aber die Grenze der Anforderungen nicht unendlich sinken könne, geht der Vertreter des ZDH darauf ein, dass in Zeiten des Nachfrageüberhangs die mangelnde Ausbildungsreife als Argument genutzt worden ist, um zu illustrieren, dass nicht jeder Jugendliche, der einen Ausbildungsplatz suche, auch ausgebildet werden könne. Die Erkenntnisse der Dokumentenanalyse bezogen auf die unterschiedlich eingesetzten Narrative werden damit bestätigt.

Wie bereits im vorangehenden Kapitel zum Deutungsmuster konkretisiert worden ist, erkennt die Gewerkschaftsseite die Ausbildungsreife nicht per se als Problem an. Sie fordert eine differenziertere Betrachtung der Problemlage und die Aufteilung in Einzelprobleme.

Der Vertreter des DGB führt den Ausbildungsmarkt und damit einen Teilaspekt des Systems der dualen Ausbildung – konkret den Zugang zu demselben – als einen Problembereich auf. Damit knüpft er an die Argumentation des Vertreters des ZDH an, der zwischen der einzelbetrieblichen und politischen Ebene unterscheidet. Die Betriebe treffen die Entscheidung darüber, wer ausgebildet wird.

6.2 Triangulation der deutschen Ergebnisse durch Experteninterviews 213

Der Vertreter des DGB stellt die Frage, wie diese bestehenden Marktmechanismen mit Hinblick auf einen besseren Übergang in Ausbildung unterstützt werden können:

> „Und die andere Geschichte ist, wenn man sagt okay, jetzt kommen diese Jugendlichen auf den Ausbildungsmarkt, weil das ist ja eine Marktfrage. In anderen Ländern hat man ja ein Recht eine Ausbildung zu machen. In Deutschland hat man das der Wirtschaft übertragen, dass die die Ausbildung regeln, und da muss man sich als Auszubildender erstmal bewerben und der Betrieb muss den nicht nehmen. Im Gegensatz zum akademischen Bereich. [...] Wenn ich ein Abi habe kann ich auch davon ausgehen, dass ich eine Uni finde, die mich ausbildet. Und das ist beim Auszubildenden nicht der Fall, egal ob er den Stempel „ausbildungsreif" hat oder nicht. [...] Und von daher stellt sich die Frage, wenn man diesen Markt hat, wie kann man die Marktmechanismen unterstützten?" (Vertreter des DGB)

Als Möglichkeit zur Unterstützung dieser Marktmechanismen nennt der Vertreter des DGB eine bessere Verzahnung zwischen den Schnittstellen Schule, Berufsausbildung und Arbeitsleben. Als Beispiel für Ansätze in diese Richtung nennt er den Ausbildungspfad der Allianz für Aus- und Weiterbildung (2014), der verschiedene Instrumente vereint, die den Übergang von der Schule in die Berufsausbildung vereinfachen. Der Vertreter des DGB merkt jedoch kritisch an:

> „Wir haben jede Menge Systeme und Instrumente, die genutzt werden könnten, aber die werden nicht genutzt, stattdessen führt man eine Scheindiskussion über Ausbildungsreife. [...] Das die Instrumente dann auch genutzt werden, wäre das Nächste, damit dieses sogenannte Übergangssystem endlich mal wieder zu einem System wird, anstatt einen Bereich zu haben, der jährlich mehrere Milliarden Euro kostet. Anstatt ein System zu haben, das aufeinander aufbaut, bewegt sich ein Großteil der Jugendlichen auf der gleichen Ebene in Warteschleifen. Und trotz der sogenannten Fachkräftemangel Diskussion, die wir haben, haben wir jetzt einen festen Sockel von rund 250.000, momentan sind es glaube ich 270.000, und der schrumpft nicht und wird es auch zukünftig nicht tun oder nicht maßgeblich. [...] Wir stellen fest, dass Jugendliche, mit nur einem Hauptschulabschluss oder Beeinträchtigungen Schwierigkeiten haben in die Betriebe hinein zu kommen, obwohl die Betriebe händeringend nach Fachkräften suchen" (Vertreter des DGB).

Der Vertreter der IG Metall erfasst die Diskussion auf der Arbeitgeberseite im gesamtgesellschaftlichen Kontext und stellt die Frage der Ursachen und Verantwortung.

> „Die Frage ist, haben wir überhaupt das Problem? Also, das ist ja die Frage, haben wir das Problem, und wenn ja, was ist es? Ist es das Problem, dass sie kein Deutsch können? Dann würde ich sagen, wenn wir eine statistische Hochrechnung

haben, dass 80 Prozent der Schulabgänger nicht richtig Deutsch können, dann würde ich sagen, hat der Staat darauf einzuwirken, dass der Deutschunterricht in der Schule verbessert wird, dass mehr Lehrer eingestellt werden, was auch immer. […] Haben die Leute aber einen Realschulabschluss oder ein Abitur, gehen wir ja davon aus, dass sie erstmal erfolgreich die Schule absolviert haben. […] Ich finde es nur immer schwierig, dass Arbeitgeber immer nach dem Staat rufen und sagen: ‚Der Arbeiter, der Auszubildende muss viel besser für mich verwertbar sein usw., bitte lieber Staat, hilf mir.' Das ist aus meiner Sicht nicht Staatsaufgabe, die Schulabgänger auf die kapitalistische Verwertung vorzubereiten, sondern sie sollen ja gesellschaftliche Personen ausbilden, dass die im Leben klarkommen. Ansonsten muss man das Schulsystem so umstellen und sagen: ‚Okay, unser System heißt, wir wollen nur noch gut ausgebildete Arbeitnehmer, die, wenn sie aus der Schule kommen, schon verwertbar sind usw.' Dann muss ich das Schulsystem so umstellen. Aber meines Wissens ist das Schulsystem so ausgelegt, mündige Bürgerinnen und Bürger heranzuziehen. […] Es wird den Lehrern und Erziehern auch immer mehr Druck aufgelastet: ‚Also ihr müsst das auffangen, was in der Familie nicht mehr vermittelt wird.' Nein, wüsste ich nicht, dass wir irgendwann beschlossen haben, dass Lehrer und Erzieher das auffangen, was gesellschaftlich eigentlich vermittelt werden soll, von Erziehungsberechtigten, von wem auch immer. […]Aber das ist dann auch wieder eine gesellschaftspolitische Diskussion, wo man gucken muss, wo geht die Reise hin. Von daher sage ich, diese Ausbildungsreife ist immer die Diskussion, was wollen sie, wann wollen sie es und wie wollen sie es" (IG Metall; Auslassungen und Einfügungen durch die Autorin).

Indem der Vertreter der IG Metall[16] das Problemfeld differenziert und in einzelne Teilprobleme zergliedert, nimmt er unterschiedliche Perspektiven in der Diskussion ein. Erstens erkennt er, bei ausreichender externer empirischer Evidenz zu den schulischen Basiskenntnissen an, dass die schulische Seite die Defizite in diesem Bereich ausgleichen muss (pädagogisch-bildungswissenschaftliche Perspektive). Ein erfolgreicher Schulabschluss bescheinige den Jugendlichen jedoch zunächst, dass sie über die notwendigen schulischen Basiskenntnisse verfügen. Sollten diese dennoch nicht genügen, könne im Rahmen der Ausbildung Nachhilfe angeboten werden, ob betrieblich und/oder staatlich, sei noch zu diskutieren. Neben dieser Teilproblematik identifiziert der Vertreter der IG Metall eine weitere Schwierigkeit: die grundsätzliche Frage der Verwertbarkeit schulischer Allgemeinbildung im Arbeitsmarkt. Hierbei handelt es sich um einen Grundsatzkonflikt

---

[16]Die Signalwörter „ich würde sagen", „ich finde" und anderes wird deutlich, dass der Vertreter der IG Metall seine eigene Meinung äußert, die nicht zwangsläufig mit der Meinung der IG Metall übereinstimmen muss. Da viele Problembereiche und ihr Zusammenhang angesprochen werden, wird das Zitat dennoch beleuchtet. Die Argumentation kann jedoch nicht der IG Metall als Organisation zugeordnet werden.

über die Frage, welche Inhalte in der allgemeinbildenden Schule vermittelt werden sollten und wie viel Einfluss die Wirtschaft auf diese ausüben soll bzw. darf (Massing 2006). Zweitens betrachtet der Vertreter der IG Metall damit die Diskussion aus einer kritischen pädagogisch-bildungswissenschaftlichen Perspektive (die Frage der Verwertbarkeit) in Verbindung mit einer volkswirtschaftlich-arbeitsmarktbezogenen Perspektive (die Frage der Anforderungen der Wirtschaft). Seiner Ansicht nach steht die allgemeinbildende Schule hauptsächlich in der Pflicht, den Schüler zu einem mündigen Bürger zu erziehen. Sofern die Arbeitgeberseite darüber hinaus Anforderungen an die Jugendlichen stellt, liegt es in ihrer Verantwortung, den Jugendlichen die Merkmale zu vermitteln, damit diese die weiterführenden Anforderungen erfüllen, sofern nicht das System im Interesse der Arbeitgeber angepasst wird. Drittens ist ein Aspekt, den der Vertreter der IG Metall aufwirft, die Frage des Erziehungsauftrages durch die Schulen und ob die Lehrer und Erzieher auffangen müssen, was im familiären Umfeld nicht erfolgt. Auch hier fragt der Vertreter der IG Metall zunächst nach einer Ursachenforschung: Welche Probleme existieren im familiären Umfeld und warum entstehen sie? Also: Warum können immer mehr Familien ihrem Erziehungsauftrag nicht nachkommen? Das Problem sei dann an der Wurzel zu bekämpfen und nicht durch eine Erweiterung des Erziehungsauftrages der Lehrer und Erzieher. In diesem Punkt nimmt der Gewerkschaftsvertreter die gesellschaftlich-sozialpolitische Perspektive ein.

Dieser Problemaspekt wird auch durch die Arbeitgeberseite erkannt.

„Also das ist natürlich schwierig zu sagen, ich kann mir vorstellen, dass da auch mehrere Faktoren eine Rolle spielen und man das nicht nur auf einen Bereich begrenzen kann. Also wir sehen, wie die Schülerinnen und Schüler die allgemeinbildenden Schulen verlassen und daraus schließen wir, dass das auch beim allgemeinbildenden Schulsystem nicht mehr diese Sozialkompetenzen so vermittelt worden sind, wie man sie für eine Ausbildung bräuchte. Natürlich ist das Schulsystem nur ein Teil der ganzen Historie. Wenn man guckt, was prägt so einen jungen Menschen, ist natürlich auch das familiäre Umfeld ganz zentral. Was da ganz genau passiert, ist im Einzelfall ganz unterschiedlich. Aber da dürfte eine Gemengelage sein aus diesen beiden Lebensbereichen, die so einen jungen Menschen prägen und die er durchläuft, bevor er eine Ausbildung beginnt" (Vertreter der BDA).

Damit nimmt der Vertreter der BDA auch die gesellschaftlich-sozialpolitische Perspektive ein, was die Vermittlung der Sozialkompetenzen angeht. Da die Identifizierung und Bekämpfung der Ursachen außerhalb der schulischen Allgemeinbildung jedoch schwieriger ist als in diesem Bereich, fokussieren sich die bildungspolitischen Forderungen auf die Verbesserung des Schulsystems.

Gleichermaßen verweist der Vertreter des DIHK auf Ursachen, die außerhalb der allgemeinbildenden Schule liegen. Aber auch er sieht die Anknüpfung für bildungspolitische Forderungen und Handlungsvorschläge im allgemeinbildenden Schulsystem verortet. Anders als der Vertreter der BDA geht der der DIHK verstärkt auf die Verbesserung der schulischen Grundkenntnisse ein. Die pädagogisch-bildungswissenschaftliche Perspektive steht bei der Ursachenformulierung mithin zweifelsohne im Vordergrund, selbst wenn die gesellschaftlich-sozialpolitischen Aspekte angesprochen werden:

> *„Also die Ursachen sind wahrscheinlich so vielfältig. Natürlich haben oft Jugendliche, die aus bildungsfernen Elternhäusern kommen, Probleme. Die haben ja schon in der Schule die Schwierigkeit, zum Ende der Schulzeit die wirklich notwendigen Kompetenzen erworben zu haben. Das ist das eine, also, dass Jugendliche in ihrem Elternhaus nicht die notwendige Unterstützung zum Teil bekommen. Aber auch die Schule hat nach wie vor Potenziale, mehr individuell zu fördern und zu schauen, wie kann man dem Jugendlichen gezielt helfen. Lehrkräfte haben ja auch ihre Vorgaben, in dem Sinne, dass es zum Beispiel Lehrpläne gibt und die müssen sich daran halten und die wollen natürlich auch so viel wie möglich schaffen von diesen Lehrplänen. Aber die sind meistens so übervoll, dass das Üben zum Beispiel der Grundkompetenzen manchmal zu kurz kommt, gerade für die Jugendlichen, die das brauchen. Also, wir wären eher dafür, einen Katalog von Basiskompetenzen zu entwickeln, die gibt es zum Teil auch schon. Lehrer sagen immer, der Bildungsauftrag geht viel weiter als das, was die Wirtschaft haben möchte. Dem stimmen wir auch zu, also das ist richtig. Weil es geht ja zum Teil auch darum, die Jugendlichen nicht nur auf die Ausbildung vorzubereiten, sondern auch Rüstzeug für ihr zukünftiges Leben, für den Alltag, Entscheidungsfähigkeit, kritische Auseinandersetzung mit der Umwelt usw. mitzugeben. Alles richtig, aber wenn die Basis nicht da ist, gelingt ihnen der Übergang in die Ausbildung nicht und damit wird den Jugendlichen sozusagen praktisch die Grundlage entzogen, sich selbstbestimmt ein Leben aufzubauen"* (Vertreter des DIHK).

Darüber hinaus spricht der Vertreter der IG Metall weitere Ursachen an, die die Diskussion um Probleme beim Übergang von der Schule in die Ausbildung direkt oder indirekt beeinflussen. Zum einen führen einzelbetriebswirtschaftliche Kostenüberlegung zu einer Reduzierung der Ausbildungsplätze (klassische gewerkschaftliche volkswirtschaftlich-arbeitsmarktbezogene Argumentation). Hier liegt eine quantitative Reduzierung auf der Angebotsseite vor:

> *„Es ist eine Geldgeschichte, sie glauben ja immer, dass Ausbildung eine Menge Kohle kostet und nichts einbringt. Was aber Schwachsinn ist. [...] Natürlich kann man darüber diskutieren, ob eine Ausbildungswerkstatt Profit abwirft. Ich kenne aber auch Firmen, die angefangen haben, dass Ausbildungsstätten z. B. die Schaltkästen für die Fabrik herstellen. Und dann stellt die Ausbildungswerkstatt der*

> *Abteilung X wieder in Rechnung, damit da auftaucht, dass sie was produziert haben. Ist eigentlich linke Tasche, rechte Tasche und eigentlich total hirnrissig, aber es ist halt darstellbar, dass man da was macht. Aber ich glaube, da fehlt auch dieser Blick, man ist immer mehr auf dieser Kostenminimierung, Personalminimierung und da passen halt Auszubildende nicht rein. Und man glaubt, dass man mit Studierten oder mit Leiharbeitern das auffangen kann, was man braucht und deswegen wird die Ausbildung sukzessive reduziert. Da treten wir als Gewerkschaften natürlich vehement gegen ein, weil Auszubildende sind auch immer das Rückgrat der Betriebe"* (Vertreter der IG Metall).

Zum anderen gebe es einen Trend zur Höherqualifizierung, der zwei Auswirkungen habe. Auf der einen Seite fangen immer mehr Jugendliche ein Studium an, fehlen demnach als potenzielle Bewerber auf dem Ausbildungsmarkt. Auf der anderen Seite erwarteten auch die Arbeitgeber immer höhere Schulabschlüsse von ihren potenziellen Auszubildenden. Der Vertreter der IG Metall sieht jedoch keinen linearen Zusammenhang zwischen dem erreichten Schulabschluss und der Eignung für die Ausbildung. Als dritten Punkt führt der Vertreter der IG Metall die soziale Verantwortung der Ausbildung ins Feld.

> *„Naja, weil immer wieder gesagt wird: ‚Studiere, dann wird aus dir was.' Aber ich meine, man muss in Frankfurt nur angucken, wer da Taxi fährt und das sind viele Studierte und keine Handwerker, weil die finden immer eine Beschäftigung. Natürlich haben wir auch einen Wandel an Anforderungen, das will ich auch gar verschweigen. Wenn man sich das Sanitär- Heizungs- und Klimagewerbe anguckt zum Beispiel, natürlich haben die auch eine höhere Anforderung, wo man früher den ‚Hauptschüler' mit ‚einfachen' Tätigkeiten betrauen konnte, wandelt sich die Tätigkeit im Wandel der Digitalisierung. […] Von daher ist es auch so, was ich immer sage, muss man schauen, was suche ich als Betrieb, was möchte ich und dann muss ich schauen, wie kriege ich das in meinem Bewerbungsverfahren abgebildet, in dem man z. B. Probearbeiten lässt oder praktische Übungen einführt etc.. Da muss man sich von dem Schulsystem entfernen. Und man muss auch sehen, Ausbildung ist natürlich auch eine soziale Verantwortung"* (Vertreter der IG Metall, Auslassung durch die Autorin).

6.2.3 Zwischenfazit

Subsumierend lässt sich akzentuieren, dass – wie bei den Ergebnissen der Dokumentenanalyse – auch bei den Experteninterviews der pädagogisch-bildungswissenschaftliche sowie der volkswirtschaftlich-arbeitsmarktbezogene Argumentationsstrang dominieren. Der gesellschaftlich-sozialpolitische Haltung nimmt jedoch ebenfalls eine bedeutende Rolle ein. Die Interviews sind im Jahr

2017, also vor dem Hintergrund eines Angebotsüberhangs geführt worden. Die Antworten der Interviewpartner beziehen sich jedoch nicht auf eine konkrete Periode, sondern berücksichtigen auch retroperspektive Elemente – insbesondere für die Zeit seit der Einführung des Ausbildungspaktes. Dies wird daran deutlich, dass die Interviewpartner sich in ihren Antworten auf in der Vergangenheit liegende Ereignisse – wie z. B. die Einführung des Kriterienkatalogs für Ausbildungsreife – beziehen. Die in den Interviews getroffenen Aussagen können aus diesem Grund keiner konkreten Periode zugeordnet werden.

Die Einführung des Kriterienkatalogs für Ausbildungsreife im Jahr 2004 als kritischer Moment in der Diskussion um Ausbildungsreife, wie bereits in der Dokumentenanalyse aufgedeckt, wird durch die Interviews bestätigt. Jeder Interviewpartner bezieht sich in seinen Aussagen auf den Kriterienkatalog. Während die Arbeitgebervertreter diesem positiv gegenüberstehen, nehmen die Arbeitnehmervertreter eine kritische Haltung ein.

Die in den Interviews zu erkennenden Positionen stimmen jedoch nur bedingt mit den in der Dokumentenanalyse identifizierten Positionen überein. Dies ist auch durch die fehlende Möglichkeit der direkten Zuordnung der Aussagen zu einer bestimmten Periode bedingt. Des Weiteren fließen in die Aussagen – bewusst oder unbewusst – die Meinungen der Interviewpartner mit ein, was zu Abweichungen zu den in der Dokumentenanalyse identifizierten Aussagen führt.

Der Vertreter des DIHK nimmt im Interview, wie auch die DIHK in allen in der Dokumentenanalyse betrachteten Perioden, die pädagogisch-bildungswissenschaftliche Perspektive ein. Selbige wird jedoch vermehrt in die Ursachenbeschreibung aufgenommen, die daraus abgeleiteten Forderungen richten sich jedoch explizit auf die in den Schulen zu vermittelnden Kompetenzen.

Der Vertreter der BDA folgt einer ähnlichen Argumentation. Er vertritt die pädagogisch-bildungswissenschaftliche in Verbindung mit der gesellschaftlich-sozialpolitischen Argumentationslinie. Neben den schulischen Basiskenntnissen sieht er verstärkt Defizite im Bereich der Sozialkompetenzen, deren Ursachen nach ihrem Dafürhalten im gesellschaftlich-sozialpolitischen Bereich verankert sind (z. B. im familiären Umfeld). Wie bei dem Vertreter des DIHK richten sich die abgeleiteten Forderungen jedoch an die Schulen. Darüber hinaus erkennt der Vertreter der BDA vermehrt einen Bedarf an Unterstützungsangeboten für die ausbildenden Betriebe, da diese den Defiziten bei den sozialen Kompetenzen nicht alleine entgegenwirken könnten.

Beide Gewerkschaftsvertreter lehnen das Konzept der Ausbildungsreife ab. Betrachtet man die Argumentationsmuster wird deutlich, dass die Argumentation des Vertreters der IG Metall vielschichtiger ist, als es die in der Dokumentenanalyse identifizierten Begründungen sind und sie geht über die reine volkswirtschaftlich-arbeitsmarktbezogene Argumentation hinaus.

Der Vertreter des DGB sieht die Ursachen in erster Linie im System begründet. Zum einen, da die Arbeitgeber über den Zugang oder Nicht-Zugang zu einer dualen Ausbildung entschieden. Zum anderen sieht er die Verzahnung der Schnittstellen Schule, Berufsbildung und Arbeitsleben sowie die Nutzung der vorhandenen Instrumente zur Verbesserung des Übergangssystems als ausbaufähig an, um so den Markt positiv zu beeinflussen. Damit nimmt der Vertreter des DGB die pädagogisch-bildungswissenschaftliche (Verbesserung der Verzahnung, auch in Schule) ein und weicht somit von der in der Dokumentenanalyse vornehmlich identifizierten Position des DGB (volkswirtschaftlich-arbeitsmarktorientierte Perspektive) ab.

Abschließend kann festgehalten werden, dass die Aussagen in den Interviews viele Aspekte widerspiegeln, die in den analysierten Dokumenten aufgedeckt wurden. Insgesamt erkennen die Interviewpartner aber über die in der Dokumentenanalyse hinausgehende multiplere Ursachen an – vorwiegend hinsichtlich der Ursachen, die außerhalb des Schulsystems begründet liegen. Sie geben jedoch auch an, dass sich eine Intervention von staatlicher Seite außerhalb der Schule, z. B. im familiären Umfeld, schwieriger gestaltet als Interventionen in der Schule. Aus diesem Grund richten sich die formulierten Forderungen hauptsächlich auf Interventionen im Bereich der allgemeinbildenden Schulen. Damit werden die Ergebnisse der Dokumentenanalyse bestätigt, da auch in den Schriftstücken darauf hingewiesen wird, dass Schule der geeignetste Ort für Interventionen sei (siehe Abschnitt 6.1.8.2).

6.3 Historische Entwicklung und Schlussfolgerung für den deutschen Diskurs

In dem folgenden Kapitel wird die Entwicklung der Diskussion um Ausbildungsreife für den deutschen Kontext skizziert. Dazu wird zunächst auf die Frage eingegangen, inwiefern Ausbildungsreife im deutschen Kontext historisch wie aktuell ein interessenpolitisch genutztes Argument darstellt und welcher Akteur welche Argumentation in welchem Kontext nutzt. Hierzu werden die ersten drei Forschungsfragen (siehe Abschnitt 1.1) beantwortet.

Anschließend wird in Abschnitt 6.3.3 der Einzug von Ausbildungsreife auf die politische Agenda thematisiert. Wie in Abschnitt 2.2 ausgeführt, wird eine interessenpolitisch motivierte Argumentation insbesondere genutzt, um Themen auf die politische Agenda zu setzten bzw. das Agenda-Setting aktiv zu verhindern. Daher stellt sich die Frage, ob, wie und warum Ausbildungsreife durch die Politik als Problem wahrgenommen und letztendlich auf die politische Agenda gesetzt wurde.

6.3.1 Mangelnde Ausbildungsreife als interessenpolitisch genutztes Argument

Vergleicht man den historischen Diskurs über die Ausbildungsreife im Zeitverlauf in Anbetracht der in Kapitel 1 aufgeworfenen Forschungsfragen, wird evident, dass das Phänomen der (mangelnden) Ausbildungsreife in unterschiedlichen gesellschaftlichen, bildungspolitischen und konjunkturellen Kontexten durch die verschiedenen Akteure aus anderen Perspektiven betrachtet wird. Desgleichen zeigen die Argumentationsmuster in Form der Deutungsmuster, Phänomenstruktur und Narrative Veränderungen im Zeitverlauf auf.

Nachfolgend werden die ersten drei Forschungsfragen für Deutschland beantwortet.

1. *(Wie) hat sich das Verständnis, wann ein Jugendlicher die notwendigen Voraussetzungen für eine Ausbildung bzw. den Eintritt in den Arbeitsmarkt mitbringt, im Zeitverlauf verändert? Unterscheidet sich das Verständnis zwischen den bildungspolitischen Akteuren?*

Das Verständnis über das Konstrukt der Ausbildungsreife variiert im Zeitverlauf und zwischen den Akteuren. Es herrscht ein relativer Konsens zwischen den Arbeitgeberverbänden, dass die Ausbildungsreife bzw. die Berufsreife die Voraussetzungen umreißt, die ein Schulabgänger beim Eintritt in eine Erstausbildung mitbringen sollte. Ab der Veröffentlichung des Kriterienkatalogs für Ausbildungsreife im Jahr 2006 gilt die dort aufgeführte Definition als konsensuales Verständnis der Akteure, mit Ausnahme der Gewerkschaften. Während – im Speziellen von der Arbeitgeberseite – in Zeiten des Nachfrageüberhangs Jugendlichen grundsätzlich die Ausbildungsreife abgesprochen wird, beschränkt sich die Definition während des Angebotsüberhangs auf lern- und leistungsschwächere Jugendliche (hier wird oft der Terminus *Problemgruppen* angewandt), die für eine Ausbildung fit gemacht werden sollen. Dieser Befund ist damit anschlussfähig an bestehende Forschung. So kommt beispielsweise Schulte (2018, 2019) zu dem Ergebnis, dass sich die Zielgruppe von Ausbildungsreife aufgrund der sich veränderten Ausgangslage heute gegenüber den 1990er- und 2000er-Jahren gewandelt hat. Heute werden, anders als zu Beginn der aktuellen Ausbildungsreife Diskussion, die ca. 1998 begann, insbesondere der Zielgruppe der (bildungs-)benachteiligten Jugendlichen oder aber solchen mit Migrationshintergrund die Ausbildungsreife abgesprochen.

Auch die Zusammensetzung des Merkmalsbündels verändert sich über die Zeit und schließt neben den Kulturtechniken verstärkt soziale Kompetenzen mit ein. Die Arbeitnehmerseite erkennt die Ausbildungsreife dagegen als Problem bzw. Konstrukt nicht an. Der Terminus wird durch sie in ihren Berichten einzig im Rahmen von Gegenargumenten verwendet. In jüngster Zeit nutzt sie den Begriff wieder in der ursprünglichen Bedeutung als Beschreibung der Arbeitgeber und ihren Voraussetzungen, einen Jugendlichen auszubilden (siehe Abschnitt 2.1.1.2).

2. *Unter welchen gesellschaftlichen, ökonomischen und bildungspolitischen Rahmenbedingungen (Kontext) wurde bzw. wird das „Klagelied vom schlechten Bewerber" in Deutschland besonders intensiv diskutiert?*

Die Ausbildungsreife ist in jeder Periode ein bildungspolitisches Thema, variiert jedoch in Intensität und Art der Argumentation. Die Intensität der Diskussion steigt von Arbeitgeberseite vorwiegend in den Phasen, in denen die Ausbildungsplatzabgabe von politischer Seite thematisiert (angedroht) wird. Durch die Arbeitgeberseite wird in verschiedenen Perioden auch ein argumentativer Zusammenhang zwischen einem rückläufigen Angebot an Ausbildungsplätzen und der fehlenden Ausbildungsreife hergestellt und als Gegenargument einer Ausbildungsplatzabgabe genutzt. Die Analyse der Argumentationsmuster hat zudem ergeben, dass die Ausbildungsreife gerade von Arbeitgeberseite Elemente einer kausalattributorischen Argumentation aufweist, weshalb von einer interessenpolitischen Nutzung des Konstruktes durch die Arbeitgeber ausgegangen werden kann. Diese Annahme wird durch die Aussagen des Vertreters des ZDH im Rahmen der Experteninterviews noch verstärkt (siehe Abschnitt 6.2.2).

3. *Welche Argumente hinsichtlich der Ausbildungsreife bringen welche bildungspolitischen Akteure unter welchen Rahmenbedingungen hervor? Sind bzw. waren bestimmte Interessengruppen wortführend? Haben sich die Argumentationsstränge im Zeitverlauf verändert?*

Die Positionen der Akteure und ihre Argumentationsmuster sind konträr und über die Zeit relativ konstant (siehe Abbildung 6.10).

Periode	Positionierung			
	Pädagogisch-bildungswissenschaftlich	Gesellschaftlich-sozialpolitisch	Volkswirtschaftlich-arbeitsmarktbezogen (Bewerbermangel)	Volkswirtschaftlich-arbeitsmarktbezogen (Mangel an Ausbildungsplätzen)
1. Periode 1973-1978: Nachfrageüberhang	DIHK, BDA	DGB; BMBF		IG-M
2. Periode 1979-1981: Angebotsüberhang	DIHK	BMBF	BDA	AN-Vert.
3. Periode 1982-1986: Nachfrageüberhang		ZDH	BMBF	IG-M, AN-Vert.
4. Periode 1987-1995: Angebotsüberhang (erste Phase)		BMBF	DIHK, BDA	AN-Vert.
4. Periode 1987-1995: Angebotsüberhang rückläufig (zweite Phase)	DIHK, AG-Vert.	BMBF		AN-Vert.
5. Periode 1996-1999: Nachfrageüberhang	DIHK, BDA, ZDH; BMBF			AN-Vert.
6. Periode 2000-2001: Angebotsüberhang	AG-Vert., DIHK, ZDH; BMBF	BMBF	BDA	AN-Vert.; BMBF
7. Periode 2002-2007: Nachfrageüberhang	AG-Vert., DIHK, ZDH, BDA; BMBF			DGB, AN-Vert.; BMBF
8. Periode 2008-2018: Angebotsüberhang	BDA, ZDH	BMBF	DIHK, AG-Vert.	IG-M, AN-Vert.; Länder

Abbildung 6.10 Primäre Positionierung der Akteure im deutschen Diskurs (eigene Darstellung)

6.3 Historische Entwicklung und Schlussfolgerung ...

Die **Arbeitnehmerseite** argumentiert nachfrageorientiert[17] und sieht ein unzureichendes Angebot an Ausbildungsplätzen als Hauptursache für die Schwierigkeiten Jugendlicher an der Schwelle von der allgemeinbildenden Schule in den Ausbildungsmarkt. Die Perspektive der Ursachenbetrachtung ist demnach volkswirtschaftlich-arbeitsmarktbezogen. Verursacher sind sowohl die Arbeitgeber als auch die Politik als kollektive Akteure. Die Arbeitgeber sind Verursacher, indem sie nicht ausreichend Ausbildungsplätze anbieten; die Politik, indem sie das Ausbildungssystem, in dem Arbeitgebern Anreize gegeben werden, nach einzelbetriebswirtschaftlichen Überlegungen zu handeln, nicht ändert. Da die Arbeitnehmerseite über keinen direkten Einfluss auf die Problemursache sowie den Verursacher verfügt, liegt eine external-variable Argumentation vor. Die Handlungsaufforderung richtet sich an die Arbeitgeber (Schaffung von ausreichend Ausbildungsplätzen) sowie die Politik (Einführung von Maßnahmen, die die Arbeitgeber zur Schaffung eines ausreichenden Angebots an Ausbildungsplätzen anhalten, z. B. die Ausbildungsplatzabgabe). Es handelt sich dementsprechend um eine externe Verantwortung. Die Argumentation erfolgt auch hier aus der volkswirtschaftlich-arbeitsmarktbezogenen Perspektive. Zur Unterstützung ihrer Argumentation beruft sich die Arbeitnehmerseite auf extern erhobene empirische Evidenzen in Form der Angebots-Nachfrage-Relation. Überdies nimmt die Arbeitnehmerseite in einigen Perioden das rhetorische Element der Personalisierung und Intentionalisierung zur Untermauerung, dass die Arbeitgeber verantwortlich sind, in Gebrauch (siehe z. B. erste, fünfte, sechste und siebte Periode).

Die **Arbeitgeberseite** argumentiert dagegen hauptsächlich angebotsorientiert[18]. Sie sieht ein unzureichendes Angebot an geeigneten Bewerbern als Hauptursache für die Schwierigkeiten beim Übergang von der Schule in den Ausbildungsmarkt. Die Merkmale der Argumentation und der genutzte Narrativ variieren jedoch je nach wirtschaftlichem, gesellschaftlichem und bildungspolitischem Kontext.

In Zeiten des Nachfrageüberhangs ist der primär genutzte Narrativ, dass die Jugendlichen nicht ausgebildet werden könnten, da ihnen die notwendigen Voraussetzungen (Ausbildungsreife) fehlen. Die Ursache ist demnach external-variabel (die Jugendlichen sind nicht ausbildungsreif) und die Perspektive der Argumentation pädagogisch-bildungswissenschaftlich (sie wurden durch die Schulen nicht im ausreichenden Maße auf die Ausbildung vorbereitet). Verursacher ist demnach der kollektive Akteur Schule bzw. Politik, der

---

[17]Nachfrage nach Auszubildenden (siehe Abschnitt 2.4).
[18]Angebot an geeigneten Bewerbern.

aus Arbeitgebersicht ebenfalls external-variabel ist. In bestimmten bildungspolitischen Kontexten, zuvorderst wenn von politischer und/oder gewerkschaftlicher Seite die Ausbildungsplatzabgabe als Lösung für die Übergangsproblematik propagiert wird, argumentieren die Arbeitgeber, dass nicht mehr Jugendliche ausgebildet werden könnten, da nicht genügend ausbildungsreife Kandidaten gefunden würden. Somit argumentiert die Arbeitgeberseite klar gegen die Einführung der bildungspolitischen Maßnahme *Ausbildungsplatzabgabe* und führt eine im Vergleich zu der Arbeitnehmerseite konträre Problemdefinition (es gibt nicht ausreichend ausbildungsreife Kandidaten, dies führe zu einem geringeren Angebot an Ausbildungsplätzen) ein. Zur Untermauerung ihrer Argumentation lanciert die Arbeitgeberseite zum einen die einschlägige Bezeichnung *Ausbildungsreife*, die von der Arbeitnehmerseite nicht akzeptiert wird (bzw. wenn dies geschieht, dann mit einem anderen Deutungsmuster: mangelnde Ausbildungsreife der Unternehmen). Zum anderen beruft sich die Arbeitgeberseite auf externe (PISA-Studie) sowie interne (Ausbildungsumfrage der DIHK) empirische Evidenzen, die eine ungenügende Vorbereitung durch die Schulen bzw. eine unzureichende Ausbildungsreife bestätigen.

In Zeiten des Angebotsüberhanges nimmt die Arbeitgeberseite dagegen vermehrt auch eine volkswirtschaftlich-arbeitsmarktbezogene in Verbindung mit einer gesellschaftlich-sozialpolitischen Perspektive für die Ursachenbetrachtung ein und argumentiert mit einem Mangel an (geeigneten) Bewerbern im Sinne eines Nachfragerückgangs. In diesen Kontextsituationen ändert sich fernerhin der genutzte Narrativ der Argumentation hin zu *alle Potenziale nutzen*. Es werden external-variable Verursacher identifiziert. Einesteils die äußeren Rahmenbedingungen (schwache Geburtenjahrgänge), anderenteils die Schulen als kollektiver Akteur, die die vorhandenen Bewerber nicht ausreichend vorbereiten. Die Arbeitgeberseite fordert in diesen Phasen politische Interventionen, um möglichst viele nicht ausbildungsreife Kandidaten zur Ausbildungsreife zu führen, um ihre vakanten Stellen zu besetzen und dem Fachkräftemangel entgegenzuwirken (externe, pädagogisch-bildungswissenschaftliche Verantwortung). Für die Handlung verantwortlich ist demnach die Politik. Die Arbeitgeberseite sieht aber auch sich selbst in der Pflicht, sogar schwächeren Kandidaten eine Ausbildung und entsprechende – ggf. politisch geförderte – Unterstützungsmaßnahmen anzubieten (interne, volkswirtschaftlich-arbeitsmarktbezogene i. V. m. pädagogisch-bildungswissenschaftlicher Verantwortung).

Das **BMBF** wendet keine kausalattributorische Argumentation an (siehe Abschnitt 2.2).

6.3 Historische Entwicklung und Schlussfolgerung ...

Es verändert jedoch seine Perspektive über den Zeitverlauf hinweg und reagiert damit auf die Argumentationen durch die Arbeitgeber- und Arbeitnehmervertretungen sowie die externen Rahmenbedingungen. In den meisten Perioden argumentiert das BMBF aus gesellschaftlich-sozialpolitischer, in anderen Perioden aus pädagogisch-bildungswissenschaftlicher oder auch volkswirtschaftlich-arbeitsmarktbezogener Perspektive.

Insgesamt entwickelt sich die Argumentation des BMBF von einer eher gewerkschaftsnahen hin zu einer eher arbeitgebernahen Sichtweise, wobei die gesellschaftlich-sozialpolitische Perspektive über die Zeit die Argumentation beeinflusst.

In den ersten beiden Perioden unter der Kanzlerschaft der gewerkschaftsnahen SPD argumentiert das BMBF eher gewerkschaftsnah. Seiner Auffassung nach ist für die Jugendarbeitslosigkeit die niedrige Anzahl an Ausbildungsplätzen verantwortlich, vor allem für Jugendliche aus Problemgruppen. Somit ist die Argumentation des BMBF nah an derjenigen der Gewerkschaftsseite, es stellt jedoch die Frage nach der Integration der Problemgruppen in den Vordergrund. Als Lösung kommt eine Ausbildungsplatzabgabe aufgrund des 1976 erlassenen Ausbildungsplatzförderungsgesetzes in Betracht.

Mit dem Regierungswechsel im Jahr 1982 hin zu einer unter der arbeitgebernahen CDU/CSU geführten Koalition mit der FDP ändert sich die Argumentation des BMBF. Die Erhebung einer Ausbildungsplatzabgabe wird ausgeschlossen. Kern der Argumentation bleibt jedoch die Integration von Problemgruppen in die Ausbildung (gesellschaftlich-sozialpolitische Perspektive). Als Lösung dieses Problems werden jedoch finanzielle Förderungen durch die öffentliche Hand propagiert. Hier wird die Nähe zu der Arbeitgeberseite deutlich, jedoch wird den Arbeitgebern eine Teilschuld zugesprochen, indem das BMBF auf überhöhte Anforderungen derselben betreffs der Merkmale der Schulabgänger verweist. Im Verlauf der vierten Periode erkennt das BMBF auch die Argumentation der Arbeitgeber an und übernimmt in der zweiten Phase der vierten Periode ihre pädagogisch-bildungswissenschaftlich ausgerichtete Argumentation. Die mangelnde Ausbildungsreife der Schulabgänger – ohne Einschränkung auf die sogenannten Problemgruppen – wird als Ursache eines zu geringen Angebots an Ausbildungsplätzen anerkannt. Damit reagiert die noch arbeitgebernahe Regierung vor dem Hintergrund der 1998 anstehenden Wahlen auf die verstärkten Forderungen der Arbeitnehmer sowie der arbeitnehmernahen Opposition (insbesondere SPD sowie Bündnis 90/Die Grünen) nach einer Einführung der Ausbildungsplatzabgabe. Die Argumentation des BMBFs ist deshalb zum einen eine Reaktion auf die interessenpolitisch motivierte Argumentation der Akteure, zum anderen stellt sie eine Reaktion auf die durch die Opposition formulierten Forderungen dar.

Nach dem Regierungswechsel 1998 setzt die wieder arbeitnehmernahe Koalition aus SPD und Bündnis 90/Die Grünen ihren während der Oppositionszeit formulierten Gesetzentwurf für die Reform der Finanzierung der betrieblichen Ausbildung nicht um. Sie setzt vielmehr auf eine weichere Lösung in Form einer Selbstverpflichtung der Wirtschaft. Die Perspektive auf die Übergangsproblematik bleibt pädagogisch-bildungswissenschaftlich. Auch in der fünften Periode folgt das BMBF mithin der Sicht der Arbeitgeber. Diese Sichtweise bleibt auch in der sechsten Periode in Teilen bestehen. Zwar nimmt das BMBF mit Blick auf die Ursachenbeschreibung eine gesellschaftlich-sozialpolitische Perspektive ein, indem es die Probleme am Übergang durch die gestiegenen Anforderungen der Arbeitgeber erklärt, die durch manche Jugendliche (Fokus liegt auf Problemgruppen) nicht bewältigt werden könnten. Das Klagelied der Arbeitgeber wird jedoch erhört und die Lösung des identifizierten Problems wird in der Verbesserung der Vorbereitung der Jugendlichen durch die Sekundarschulen gesehen. Die PISA-Ergebnisse werden durch das BMBF als empirische Evidenz angesehen. Daneben appelliert das BMBF jedoch auch an die Wirtschaft, ein qualitativ und quantitativ ausreichendes Angebot an Ausbildungsplätzen bereitzustellen. Ein Verweis auf bildungspolitische Konsequenzen (z. B. die Einführung der Ausbildungsplatzabgabe), wenn die Wirtschaft dem Appell nicht nachkommt, bleibt jedoch aus. Demnach kann die Argumentation des BMBFs in der durch einen Angebotsüberhang geprägten sechsten Periode als neutral mit einer Tendenz zur Arbeitgeberseite gewertet werden. Mit der steigenden Jugendarbeitslosigkeit im Verlauf der siebten Periode droht das BMBF mit der Einführung der Ausbildungsplatzabgabe als Instrument für die Schaffung von mehr Ausbildungsplätzen, sofern die freiwillige Selbstverpflichtung der Wirtschaft nicht funktioniere. Das von Arbeitgeberseite zur Geltung gebrachte Argument der mangelnden Ausbildungsreife wird zwar wegen der PISA-Resultate weiterhin anerkannt, das BMBF sieht die Ursache für den Nachfrageüberhang jetzt jedoch in einem unzureichenden Angebot an Ausbildungsplätzen begründet und folgt so der Argumentation sowie der Forderung der Arbeitnehmerseite nach einer Ausbildungsplatzabgabe.

Nach dem im Verlauf der siebten Periode erneut stattfindenden Regierungswechsel im Jahr 2005 zu einer Koalition aus CDU/CSU und SPD unter der Kanzlerschaft von Angela Merkel (CDU) positioniert sich das BMBF zwischen den beiden Polen der Arbeitgeber und Arbeitnehmer. Insofern wird zum einen die Ausbildungsreife als bestehendes Problem offiziell anerkannt und Teil des Koalitionsvertrages (pädagogisch-bildungswissenschaftliche Perspektive), zum anderen werden die Möglichkeiten einer Umlagefinanzierung sowie

Instrumente zur Steigerung der Anzahl der Ausbildungsplätze durch die Wirtschaft aufgenommen (volkswirtschaftlich-arbeitsmarktbezogene Perspektive). Mit dem Wechsel von einem Nachfrage- zu einem Angebotsüberhang im Verlauf der achten Periode ändert sich die Argumentation des BMBF abermals. Der gesellschaftlich-sozialpolitische Aspekt rückt aufs Neue in den Vordergrund, da bestimmte Gruppen von Jugendlichen aufgrund der gestiegenen Anforderungen am Arbeitsmarkt Schwierigkeiten beim Übergang von der Schule in den Ausbildungsmarkt hätten. Die Ausbildungsreife betrifft in dieser Periode demnach wieder nur eine bestimmte Gruppe von Jugendlichen. Gleichzeitig werden die Besetzungsschwierigkeiten der Arbeitgeber angesichts des demografischen Wandels als zweites Teilproblem anerkannt. Die Lösung beider Probleme wird durch das BMBF sowie die Arbeitgeber- und Arbeitnehmervertreter in einer qualitativen Verbesserung des Bildungswesens gesehen und wird demzufolge im pädagogisch-bildungswissenschaftlichen Bereich verortet.

6.3.2 Zwischenfazit

Insgesamt sind die Arbeitgeber in der konkreten Diskussion um die Ausbildungsreife wortführend (siehe für ein ähnliches Ergebnis Schurgatz 2017, S. 231 ff.). Dies ist auch darauf zurückzuführen, dass, wie oben ausgeführt, die Arbeitnehmerseite die Existenz von Ausbildungsreife als *Problem* nicht anerkennt. In der Diskussion um die grundsätzlichen Probleme beim Übergang von der Schule in die Ausbildung (erweiterte Perspektive der Ausbildungsreife) sind Arbeitgeber und Arbeitnehmer gleichsam präsent.

Die Diskursanalyse hat zutage gefördert, dass sowohl Arbeitgeber als auch Arbeitnehmer konstant konträre Positionen einnehmen. Gleichfalls kann eine kausalattributorische Verwendung des Konstruktes Ausbildungsreife durch die Arbeitgeber nachgewiesen werden. Damit schließen sich die Ergebnisse dieser Untersuchung an die empirischen Befunde von Eberhard (2006) an (siehe Abschnitt 2.3).

Des Weiteren deckt die Diskursanalyse einen Zusammenhang zwischen der Verwendung des Argumentes der mangelnden Ausbildungsreife und dem bildungspolitischen (insbesondere die Thematisierung der Ausbildungsplatzabgabe) sowie wirtschaftlichen (insbesondere Angebots-Nachfrage-Relation) Kontext auf. Damit sind die Ergebnisse der vorliegenden Untersuchung anschlussfähig an die Befunde von Jahn und Brünner (2012) sowie von Schurgatz (2017) (siehe Abschnitt 2.2.2). Die vorliegende Untersuchung deckt jedoch zwei über die bereits existierenden Erkenntnisse hinausgehende Aspekte auf: Während Jahn und Brünner (2012) eine inhaltliche Neuausrichtung der Verwendung der Ausbildungsreife – weg von fehlenden Ausbildungsplätzen, hin zu einem verstärkten Zusammenhang mit einem Bewerber- und Fachkräftemangel – lediglich vermuten, belegt die vorliegende Untersuchung diese Vermutung – sowohl in aktueller als auch in historischer Perspektive. Die mangelnde Ausbildungsreife wird je nach bildungspolitischem und wirtschaftlichem Kontext durch die Arbeitgeberseite argumentativ andersartig verwendet. Die unterschiedliche argumentative Positionierung in der Debatte konnte bereits durch Schurgatz (2017) sowie Eberhard (2006) nachgewiesen werden. Die vorliegende Untersuchung deckt jedoch darüber hinausgehende Zusammenhänge auf: Während sich sowohl Schurgatz (2017) als auch Eberhard (2006) auf das Argument der Defizitbeschreibung Jugendlicher durch die Arbeitgeber als Ursache für die Übergangsproblematik im Vergleich zu dem Argument der mangelnden Ausbildungsbereitschaft durch die Arbeitnehmer fokussieren, macht die vorliegende Untersuchung ferner die Kontextabhängigkeit der Argumentation der Arbeitgeber sichtbar.

6.3.3 Einzug von Ausbildungsreife auf die politische Agenda

Insgesamt hat die Diskussion um die Ausbildungsreife über die Zeit an Intensität gewonnen. Während das Klagelied vom schlechten Bewerber zu Beginn des untersuchten Zeitraumes relativ einseitig durch die Arbeitgeberseite gesungen wird, ist es zum Ende desselben fester Bestandteil der politischen Agenda. Befeuert wird die Intensität sowie der Einzug auf die politische Agenda durch gesellschaftliche und wirtschaftliche Trends sowie den PISA-Schock als fundamentale externe Evidenz (siehe Abbildung 6.11). Mitte der neunziger Jahre nimmt das Angebot an Ausbildungsplätzen konjunkturbedingt ab und es kommt ab 1996 zu einem Nachfrageüberhang, der mit einer marginalen zweijährigen Unterbrechung bis 2007 anhält.

In den Jahren 1997/1998 bringt die Opposition aus SPD, Bündnis 90/Die Grünen sowie PDS einen Gesetzentwurf zur Reform der Finanzierung der betrieblichen Ausbildung in den Bundestag ein. Zwar hält die derzeitige Bundesregierung aus CDU/CSU und FDP unter Kanzler Helmut Kohl an der einzelbetrieblichen Finanzierungsverantwortung fest, vor dem Hintergrund der 1998 anstehenden Wahlen verstärkt der Gesetzentwurf dennoch die Klagen der Arbeitgeber über die Ausbildungsreife der Jugendlichen. Diese wird argumentativ in einen direkten Zusammenhang mit der zurückgehenden Ausbildungsbereitschaft der Betriebe

6.3 Historische Entwicklung und Schlussfolgerung ...

gebracht. Als weiteren Aspekt involvieren die Arbeitgeber die gestiegenen Anforderungen des Arbeitsmarktes in die Argumentation, die wiederum höhere Anforderungen an die Ausbildungsplatzbewerber evozieren. Die Diskussion um die Ausbildungsreife spitzt sich zu und wird politisch als Argumentationsgrundlage von der Arbeitgeberseite, unterstützt durch die Koalition aus CDU/CSU und FDP, zur Verhinderung des Gesetzes zur Reform der Finanzierung der betrieblichen Ausbildung und damit Einführung einer Ausbildungsplatzabgabe genutzt.

Im Jahr 1998 kommt es zu einem Politikwechsel und das BMBF steht nunmehr unter der rot-grünen Koalition unter Kanzler Gerhard Schröder. Im Koalitionsvertrag wird die Einführung einer Ausbildungsplatzabgabe entgegen den Erwartungen jedoch nicht aufgenommen, die Regierung setzt vielmehr auf eine Selbstverpflichtung der Wirtschaft und fordert das Bündnis für Arbeit und Ausbildung zur Bekämpfung der Arbeitslosigkeit (SPD und Bündnis 90/Die Grünen 1998). Das Bündnis soll sich aus Bund, Gewerkschaften und Unternehmen zusammensetzen und u. a. Maßnahmen definieren, die zu einer Erhöhung des Ausbildungsplatzangebotes beitragen, um jedem Jugendlichen einen qualifizierten Ausbildungsplatz zu geben. Sollte diese Selbstverpflichtung nicht greifen, behält sich die Bundesregierung politische und gesetzgeberische Maßnahmen vor. Die Wirtschaft hält dagegen, dass nicht jedem Jugendlichen, sondern nur den ausbildungswilligen und ausbildungsfähigen ein Angebot auf einen Ausbildungsplatz gemacht werden kann. Die Kultusministerkonferenz und das BMBF nehmen diese Problematik wahr.

Um die Jahrtausendwende werden die Ergebnisse der ersten PISA-Studie veröffentlicht. Aufgrund des schlechten Abschneidens der deutschen Schüler kommt es zu dem PISA-Schock. Die Ergebnisse liefern den Arbeitgebern einen Beweis (empirische Evidenz), dass ihre Klagen der letzten Jahre berechtigt waren. Die Problemwahrnehmung durch das BMBF wird gesteigert, dennoch nimmt die Regierung unter Gerhard Schröder in ihrem zweiten Koalitionsvertrag aus dem Jahr 2002 das Thema Ausbildungsreife nicht auf die offizielle politische Agenda. Im Koalitionsvertrag ist weiterhin das Ziel der Sicherung eines ausreichenden Angebots für alle Jugendlichen definiert (SPD und Bündnis 90/Die Grünen 2002). Das BMBF greift den Terminus *Ausbildungsreife* aber im Berufsbildungsbericht auf und erkennt den Zusammenhang zwischen der Diskussion um die Ausbildungsreife und den quantitativ durch die Arbeitgeber offerierten Ausbildungsplätzen zusehends an.

Zu einem Politikwechsel kommt es schließlich erneut im Jahr 2005. Die rot-grüne Koalition wird durch die CDU-geführte große Koalition unter Kanzlerin Angela Merkel abgelöst. Die Ausbildungsreife wird 2005 erstmalig und an mehreren Stellen explizit mit in den Koalitionsvertrag aufgenommen (CDU/CSU und

SPD 2005). Einesteils wird der Nationale Pakt für Ausbildung und Fachkräftenachwuchs in den Vertrag einbezogen. Im Mittelpunkt desselben stehen die „Fragen der Ausbildungsfähigkeit und Möglichkeiten der tariflichen Vereinbarungen" (CDU/CSU und SPD 2005, S. 42). Anderenteils werden Punkte zur Qualitätssteigerung nach PISA sowie bewährte Maßnahmen zur Einstiegsqualifizierung und Verbesserung der Ausbildungsfähigkeit und -reife mit aufgenommen. Die Ausbildungsreife ist aufgrund dessen Bestandteil der politischen Agenda und im Policy-Cycle bereits in die Phasen Politikformulierung und -implementierung vorgedrungen. Dies führt dazu, dass die Ausbildungsreife in der achten Periode nicht mehr als zu identifizierendes Problem, sondern als Element der Maßnahmenformulierung im Mittelpunkt steht. So ist z. B. ein Ziel des 2010 unter dem Motto „Alle Potenziale erschließen" (Ausbildungspakt 2010, S. 5) um drei Jahre verlängerten Ausbildungspaktes die frühzeitige Verbesserung der Ausbildungsreife der Abgänger von Haupt- und Realschulen (Ausbildungspakt 2010, S. 5) durch verschiedene Maßnahmen wie Bildungsketten oder Einstiegsqualifizierungen (BMBF 2012, S. 5).

Der Einzug der Ausbildungsreife auf die politische Agenda wird durch allgemeine gesellschaftliche, wirtschaftliche und bildungspolitische Trends gefördert (siehe Abbildung 6.11).

Zum einen unterstützen kritische Momente, wie der PISA-Schock, die Argumentation der Arbeitgeberseite und verhelfen dem aus Arbeitgebersicht formulierten Einzug des Problems auf die Agenda.

Zum anderen entfalten sich gesellschaftliche Entwicklungen, die die Problemwahrnehmung von Arbeitgeberseite und gleichfalls von politischer Seite verstärken. Deswegen ist ein durch den Wandel von einer Industrie- zur Dienstleistungsgesellschaft sowie durch den technologischen Wandel und die Globalisierung verändertes Anforderungsprofil des Arbeitsmarktes zu beobachten, das sich auch auf die Anforderungen am Ausbildungsmarkt niederschlägt (Edeling und Pilz 2016, S. 1041 f.; World Bank 2019, S. 23 ff.). Diese Veränderung des Anforderungsprofiles bewirkt auf der einen Seite eine im Zeitverlauf zunehmende Bedeutung der Sozialkompetenzen (Edeling und Pilz 2016, S. 1041 f.). Auf der anderen Seite evoziert die Veränderung des Anforderungsprofils in vielen Bereichen, dass sich die Anforderungen von vielen Ausbildungsberufen verändern und dadurch einigen Jugendlichen, die diese Anforderungen nicht erfüllen, der Zugang zum Ausbildungsmarkt teilweise erschwert oder verschlossen wird (Protsch 2013).

Zudem bedingt der Trend zu höheren Bildungsabschlüssen vieler Jugendlicher, dass die mit einem Hauptschulabschluss verbleibenden Jugendlichen durch die Betriebe zunehmend als „normabweichende Minderheit" (Solga 2010, S. 109)

6.3 Historische Entwicklung und Schlussfolgerung ...

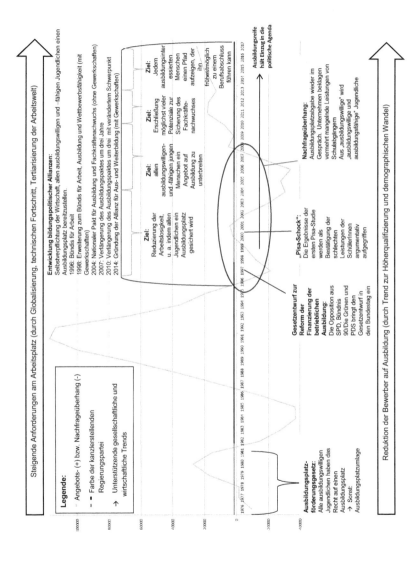

Abbildung 6.11 Einzug von Ausbildungsreife auf die politische Agenda und begünstigende externe Faktoren (eigene Darstellung)

wahrgenommen werden, deren Anstrengungen nicht ausreichen, um einen höheren Bildungsabschluss zu erlangen (Autorengruppe Bildungsberichterstattung 2014, S. 28 ff.; Protsch 2013, S. 22). Sie werden durch die Betriebe schwerer als Auszubildende akzeptiert (Protsch 2013, S. 22). Dieser Trend wird durch den demografischen Wandel, der prinzipiell eine geringere Anzahl an Bewerbern induziert, noch verstärkt (statista 2018).

Die Herstellung der Ausbildungsreife wird in diesem Zusammenhang speziell in Zeiten des Angebotsüberhangs von der Arbeitgeberseite als Argument angewendet, um politische Maßnahmen einzufordern, die Ausbildungsreife der vorhandenen Bewerber zu erhöhen und somit alle vorhandenen Potenziale zu nutzen.

7 Befunde – der englische Diskurs

7.1 Ergebnisse der sondierenden Experteninterviews in England

Wie in Abschnitt 5.2.1 akzentuiert, werden in England vor der eigentlichen Diskursanalyse Experteninterviews zur Sondierung des Untersuchungsfeldes vorgenommen. Um einen unabhängigen Überblick über die Diskussion zu erhalten, sind sieben Professoren[1] mit dem Forschungshintergrund *Vocational Education and Training* zu dieser Debatte befragt sowie zwei für ein privates Forschungsinstitut im Bereich der Arbeitsmarktforschung tätige Wissenschaftler interviewt worden (siehe weiterführend Abschnitt 5.2.1).

Im Fokus der Experteninterviews stehen neben einem allgemeinen Austausch über das Berufsbildungssystem die Überprüfung und Ermittlung der Existenz eines analogen Diskurses über die *Ausbildungsreife* in England. Konkret werden die relevanten Schlagwörter, das Verständnis der Konstrukte, die Existenz eines politischen Diskurses sowie die involvierten Akteure ermittelt.

7.1.1 Verständnis und Schlagwörter relevanter englischer Konstrukte

Um das Verständnis der Interviewpartner über *work readiness* bzw. *employability* aufzudecken, wird zunächst nach der spontanen Assoziation in Bezug

---

[1] Es werden sowohl männliche als auch weibliche Professoren befragt. Um die Anonymität zu gewährleisten und zum Zweck einer besseren Leserlichkeit, wird im Folgenden ausschließlich die männliche Form genutzt. Die Interviewpartner werden mit dem durchnummerierten Synonym Wiss. (für Wissenschaftler) gekennzeichnet.

auf das Konstrukt gefragt. Aus den Antworten werden die Merkmale bzw. Definitionsbestandteile identifiziert, die die Wissenschaftler spontan assoziiert haben. Anschließend werden Detailfragen zu weiteren Merkmalen sowie zu dem Anwendungsbereich formuliert. Die Antworten werden im Folgenden dargestellt.

Bevor auf ein detaillierteres Verständnis von *work readiness* eingegangen wird, wird die Frage der Blickrichtung auf die Problematik aufgeworfen. Das dominierende Konstrukt ist das der „employability", welche die Erwartungshaltung der Arbeitgeber und ihre Anforderungen an die Jugendlichen veranschaulicht.

> *„Well the term as you are probably aware used in England is employability. And that usually means from the perspective of the employer: Is this a person who can be productive for me as soon as possible? And unless you can see that is quite a restrictive notion of readiness. But it is the dominant one in our society and it is the one that's usually used in most discussions of the issue"* (Wiss. 4).

Die Regierung habe die Definition der Arbeitgeber akzeptiert. Vielleicht auch, weil die Gewerkschaften und andere Akteure keine alternative Definition angeboten haben.

> *„I think the government usually accepts the employer's definition of employability. I don't think, as far as I know, the trade unions don't have offered a definition of what they mean by it"* (Wiss. 4).

Ein anderer Wissenschaftler wirft eine andere Blickrichtung auf. Er merkt an, dass man ebenfalls bedenken müsse, dass das System und die Arbeitgeber nicht *ready* seien.

> *„So when you talk about readiness I think it is the system that is probably not ready. And both the school system and the labor market"* (Wiss. 5).

Unter System versteht sie das Schulsystem und den Arbeitsmarkt. Die fehlende *readiness* der Arbeitgeber bezieht sie auf eine mangelnde Qualität der Ausbilder und der Lernumgebungen am Arbeitsplatz.

> *„I mean it is just – the difficulty is because the employers aren't training ready, are they? They are not trainers and they don't see themselves as trainers. And here is not the same degree of monitoring of what is going on in the work process"* (Wiss. 5).

7.1 Ergebnisse der sondierenden Experteninterviews in England

Insgesamt ist das grundlegende und allgemein akzeptierte Verständnis von *employability* der Blick der Arbeitgeber auf die Jugendlichen und die durch die Arbeitgeber vorgenommene Beurteilung, ob die Jugendlichen reif und bereit sind, in den Arbeitsmarkt einzutreten bzw. eine Erstausbildung am Arbeitsmarkt (*initial training*) aufzunehmen. Abgänger allgemeinbildender Schulen bilden neben Universitätsabsolventen eine Teilgruppe, auf die das Konstrukt angewandt wird.

Fragt man konkret nach den Merkmalen bzw. Definitionsbestandteilen von *employability*, wird offenkundig, dass keine allgemeingültige Definition existiert.

Generalisierend formuliert ist jemand *work ready*, wenn die Person bestimmte Eigenschaften bzw. Merkmale vorweist, um grundsätzlich in den Arbeitsmarkt eintreten zu können. Die Merkmale setzen sich aus Verhaltensweisen, dem Auftreten und der Präsentation sowie den schulischen Basiskenntnissen, insbesondere der Beherrschung der Grundrechenarten und grundlegenden Englischkenntnissen, zusammen. Das Set der Merkmale und ihre Ausprägung variieren zwischen den Arbeitgebern.

„Readiness for work means having the attributes. They could be behavioural, presentational, as well as basic literacy, numeracy. That means you could enter a basic type of job in the labour market. So you would say that if the person had a kind of baseline set of characteristics they would be ready for work. It becomes slightly more complicated though because of course not all employers are looking for the same kinds of characteristics and it varies across sectors of the economy" (Wiss. 1).

Das Konstrukt *work readiness* ist jedem Interviewpartner geläufig. Die dominierende Perspektive ist die der Arbeitgeber und ihre Erwartungen an die Schulabgänger. Fragt man nach den Merkmalen, die ein Jugendlicher mit *work readiness* oder *employability* aufweisen sollte, assoziieren die Interviewpartner in erster Linie die Diskussion über die schulischen Basiskenntnisse in Englisch und Mathematik. Fernerhin benennen einige Interviewpartner Verhaltensweisen und Einstellungen als Merkmale von *employability*. Soft Skills wird keine übermäßig große Bedeutung beigemessen. Insgesamt bleibt die Beschreibung der Merkmale unkonkret. Es wird keine Operationalisierung gegeben. Ein Wissenschaftler bringt es wie folgt auf den Punkt:

„When you ask employers what that means, you get very different answers. Or you get answers which are quite vague. Because I think it's become one of those terms that has taken on a sort of mythical status that it's presumed we all know what

we mean. So it's become very loosely used particularly by policy makers who talk about ‚work readiness' as if it is a definable concept" (Wiss. 1).

Wie Wissenschaftler 1 schildert, existiert keine konkrete, operationalisierbare Definition des Konstruktes. Jeder Interviewpartner hat sein eigenes Verständnis von *employability*, welches sich mit dem Verständnis der anderen decken kann, aber nicht muss. Es werden relativ allgemeine Merkmale genannt, welche nicht weiter operationalisiert werden. Häufig setzen sich die Merkmale aus einer Aneinanderreihung von Aussagen zu bestimmten Verhaltensweisen oder Fähigkeiten zusammen: „It is important that you can communicate." „The common characteristics are you turn up for work on time. You dress appropriately." „Young people don't know how to behave at work."

Daneben wird die Sektor- und Betriebsspezifizität von *work readiness* betont. Jeder Arbeitgeber habe sein eigenes Verständnis. Dies bildet einen Unterschied und eine Parallele zu der offiziellen Definition von Ausbildungsreife der Bundesagentur für Arbeit, die eine definitorische Stufung zwischen der grundlegenden Ausbildungsreife und der weiterführenden, spezifischeren Berufs- sowie Betriebsreife vornimmt (Bundesagentur für Arbeit 2009).

7.1.2 Relevanz der Diskussion und involvierte Akteure im englischen Kontext

Die Wissenschaftler sind sich prinzipiell einig, dass *work readiness* bzw. *employability* auf politischer Ebene diskutiert wird und auch schon länger erörtert wurde.

„So there is a debate at policy level, there is no doubt" (Wiss. 7).

Einige Wissenschaftler geben, analog zu der Definition der Merkmale, an, die Diskussion fokussiere das Niveau der schulischen Basiskenntnisse, insbesondere Englisch und Mathematik. Andere Wissenschaftler vermerken, dass das Thema schon lange beleuchtet wird, aber keine entsprechenden Maßnahmen durch die Politik umgesetzt würden. Ein Wissenschaftler drückt es wie folgt aus:

„We have these long debates. But the government takes no notice at all. I mean you always think you kind of – it is not clear that anybody is listening at all" (Wiss. 5).

7.1 Ergebnisse der sondierenden Experteninterviews in England

Gemäß den Wissenschaftlern sind vornehmlich die Regierung, hier zuvorderst das für Bildungsfragen zuständige DfE, sowie Politiker in die Debatte involviert. Ein Wissenschaftler bezeichnet die Regierung als Hauptakteur in Bildungsfragen:

> „It is, the government is – I would say – the main player, the main funder, the one who produce the architecture and obligations and qualifications and so on. And they do so with the view to being as they would put it employer led. One of the problems there is it tends to be the larger employers, which have the most effective voice: the governments. And lot employers are dissatisfied because they don't feel they have much of the say in policy" (Wiss. 4).

Neben der Regierung spielen gemäß der Aussage vieler Wissenschaftler Arbeitgeberverbände eine Kernrolle. Der CBI wird als zentraler Verband in der Diskussion um *work readiness* hervorgehoben:

> „And certainly the CBI, which is – you know – very long standing membership organisation for business. They will produce reports about this" (Wiss. 1).

Während große Unternehmen in der Diskussion ebenfalls eine laute Stimme besitzen, fühlen sich kleine Unternehmen häufig nicht vertreten und durch die Regierung nicht wahrgenommen.

Die Wissenschaftler sind sich einig, dass sich Gewerkschaften in der Diskussion zwar äußern, aber keinen großen Einfluss besitzen. Ein Wissenschaftler merkt beispielhaft an:

> „The trade unions play very little role either in debates – even though that is changing slightly. And also they don't have any role in the structures which govern VET" (Wiss. 4).

Wissenschaftlern selbst wird nach Aussage von einigen Interviewpartnern durch die Regierung nicht mehr so viel Bedeutung beigemessen, insbesondere wenn die Einwände kritisch sind, werden sie gerne überhört.

Ein weiterer Akteur, der nicht zur Sprache kommt, sind die Jugendlichen. Sie äußern sich weder selbst noch durch ihre Interessenvertretungen in Form von z. B. Wohlfahrtsorganisationen:

> „And the young people itself, there are so many of them, are essentially silent. The 15 percent that are inactive between 16 and 24, nobody hears from them. They are outside the system. They are doing – I don't know what they are doing – some of these people. They are not part of the system. They are denied benefit, they are promoted to get on to do some qualifications, but there is nothing to make them

in terms of economic incentives. A large number is doing fine, too, but there is a large minority that doesn't. So the silent minority one would need to talk to young people or people who work with young people to identify a little bit more about how they see the situation. I mean I think it must be terrible for them. Because of housing is expensive, they are not able to leave their parents homes. Many of them don't get along with their parents. Many of them don't have parents around any longer either" (Wiss. 3).

Einige Wissenschaftler bemängeln, dass die Diskussion um *work readiness* eine künstliche Diskussion darstellt. Dies bedeutet, *work readiness* sei ein durch Akteure auf der Makroebene konstruiertes Problem. Auf der Mikroebene sähen die Unternehmen die jugendlichen Schulabgänger weniger kritisch:

„And of course again the problem with the debate is that they tend to be hold at the macro level. And you are getting people who are either very senior in business or you get people who like to talk. But actually on the ground if you go into all sorts of different workplaces, whether it is public sector or private sector, actually you find a more reasonable viewpoint. And I think quite a lot of employers are sympathetic to young people, want to support them. So I think the debate can be somewhat artificial. Because it is often driven by a political – you know a political with a small p – or ideological – it is driven by that rather than the reality of workplaces" (Wiss. 1).

Ein Wissenschaftler bewertet *work readiness* als Konstrukt bzw. Rhetorik und kritisiert die Diskussion. Er wisse nicht, ob das Problem überhaupt existiere:

„Well, I don't know whether there is a problem. I think that is my critique. It is rhetoric. It is a construct, isn't it? What is the evidence, really?" (Wiss. 2).

Bei der Mehrzahl der Wissenschaftlern herrscht Einigkeit, dass die Diskussion um die fehlende *work readiness* von Schulabgängern existiert, seitdem sie „denken können" – und aus Sicht einzelner Wissenschaftler auch noch länger:

„It is very repetitious. I mean that would be a nice historical study in its own right, to look at that evidence on that and on the rhetoric on that. There have been some changes in that. The interaction of the labour market and the education system has shifted so that the concession is that the young people should be in education for longer" (Wiss. 2).

Einige Wissenschaftler geben an, dass Arbeitgeber seit langer Zeit über die *work readiness* junger Schulabsolventen klagen.

> *„If you actually look back in the history of the twenties century, there has never been a time, in the UK at least, where employers have not complained about the skill levels of peoples coming out of school for a work and apprenticeships"* (Wiss. 6).

Ein Wissenschaftler merkt jedoch an, dass sich die Debatte in Bezug auf die *work readiness* verändert und an Bedeutung gewonnen hat.

> *„It's becoming increasingly important. If you go back 50 years it wasn't a major concern because most apprentices didn't learn much anyway. They were used as semi-skilled production workers and they had five years to learn how to run a machine. This was in factory work, so there wasn't much of a concern about low trainability in the 50s and 60s of young people. I'm just trying to think that back. I think that is right. But as the perception of the decline of unskilled factory work and semi-skilled workers has gone in technical change and upskilling, so concern of the low achievements of the young people has become stronger and more widespread, it's become almost a conventional wisdom there. Because it is controversial to blame young people for their own drop outs, you know that they have not worked in school, that they haven't studied properly, and that they are not suitable and very often the circumstances being out of their control. Rates of family brake up have increased enormously; drug use has increased enormously; mental health problems have increased enormously. Young people are often under a lot of pressure"* (Wiss. 3).

Die Gründe für den Bedeutungsgewinn sieht der Wissenschaftler in den sich verändernden Rahmenbedingungen, wie der Arbeitsmarktstruktur oder dem sich verändernden familiären und sozialen Umfeld der Jugendlichen.

Nach Ansicht einiger Wissenschaftler kommt die Diskussion um *work readiness* phasenweise in verstärkter Form in Zeiten hoher Jugendarbeitslosigkeit auf.

> *„Yeah, I think so when there is high youth unemployment the tendency to blame young people, I think I would go so far to say that that's a bit of a cyclical thing"* (Wiss. 2).

Ein Wissenschaftler sieht diesen Zusammenhang. Er führt gleichzeitig auf, dass die Beschwerden über junge Menschen bei Nachwuchsproblemen verschwinden.

> *„And some researchers will point out that in, there is some correlation between when we have high levels of unemployment – that is when you get more of these complaints. At times when employers are in need of young people all of a sudden – you know – these complaints seem to disappear. So that is quite interesting"* (Wiss. 1).

7.1.3 Erkenntnisse der sondierenden Experteninterviews für die Diskursanalyse

Die Experteninterviews haben die aus der Literaturrecherche gewonnene Vermutung eines auf politischer Ebene existierenden Diskurses um ein mit der deutschen *Ausbildungsreife* vergleichbaren Konstruktes bestätigt.

Das für den englischen Diskurs relevante Konstrukt bildet das der *employability*. Anwendungsbereich und Definition unterscheiden sich zwar in Teilen von dem der Ausbildungsreife, beide Konstrukte beschreiben jedoch die Voraussetzungen, die Jugendliche beim Eintritt in den Arbeits- bzw. Ausbildungsmarkt aus Sicht der Arbeitgeber mitbringen sollten.

Weiter bestätigen die Experten die Existenz eines auf politischer Ebene geführten, historisch ebenfalls vermuteten, Diskurses. Diese auf der politischen Ebene geführte Diskussion wird von einigen Wissenschaftlern aber als *künstlich* und *konstruiert* eingeschätzt. Sie spiegelt nach ihrer Meinung die Realität nicht unbedingt wider, und den jungen Individuen hafte oft das Vorurteil an, dass sie nicht *work ready* seien, ohne dass die Akteure, die diese Meinung äußerten, jemals einen Jugendlichen beschäftigt hätten und ohne empirische Evidenz des Phänomens. Diese Einschätzung deutet auf eine interessenpolitisch motivierte Diskussion hin.

Für die hier vorliegende Forschung haben die Interviews demnach auf der einen Seite die Existenz eines zu dem in Deutschland geführten analogen Konstruktes und auf der anderen Seite eine auf politischer Ebene geführten Diskussion um dieses Konstrukt bestätigt.

Als Schlüsselakteure benennen die Wissenschaftler die Regierung, die Arbeitgeberverbände (insbesondere die CBI) sowie große Arbeitgeber. Gewerkschaften, Wissenschaftler sowie die betroffenen Jugendlichen besitzen gemäß den Interviewpartnern keine bzw. lediglich eine leise Stimme in der Debatte. Für die Diskursanalyse werden die von Arbeitgeberverbänden herausgebrachten Dokumente berücksichtigt. Als Akteur wird neben der CBI die BCC gewählt. Die Berücksichtigung von einzelnen Dokumenten großer Arbeitgeber ist wegen der nicht konsistenten Veröffentlichung vor dem Hintergrund der Forschungsfrage wenig sinnvoll. Durch die Einbeziehung der Arbeitgeberverbände wird überdies die Arbeitgebersicht abgebildet.

Von politischer Seite wird in erster Linie das DfE genannt, welches historisch und aktuell durch verschiedene non-departmental public bodies (NDPB) beraten wird, die regelmäßig Dokumente zu aktuellen politischen Fragestellungen veröffentlichen. Diese NDPBs werden aus diesem Grund als die die politische Seite repräsentierenden Organe für die Diskursanalyse hinzugezogen (siehe Abschnitt 3.2 und 5.2.2).

Die Gewerkschaften spielen gemäß den Interviewpartnern in der politischen Diskussion lediglich eine untergeordnete Rolle. Um die Stimme der Gewerkschaften als traditionellen Gegenpol zu den Arbeitgeberverbänden nicht gänzlich zu ignorieren, werden Publikationen des Trade Union Congress – wenn vorhanden – in die Analyse mit aufgenommen.

Des Weiteren teilen die Wissenschaftler die Einschätzung, dass der Diskurs über die mangelnde employability der Jugendlichen in Zeiten hoher Jugendarbeitslosigkeit stärker geführt wird als in Zeiten des Bewerbermangels. Die auf Quellen zum Aufkommen und zur Intensität des deutschen Konstruktes basierende Einteilung auf der Grundlage der Jugendarbeitslosigkeit bzw. auf der ANR vorgenommene Periodeneinteilung (siehe Kapitel 6) kann daher auf den englischen Kontext übertragen werden.

7.2 Der englische Diskurs im Zeitverlauf

Die Analyse der englischen Dokumente vollzieht sich analog zu der Inaugenscheinnahme der deutschen Dokumente, jedoch müssen einige länderspezifische Anpassungen vorgenommen werden (siehe auch Kapitel 3 und 4).

Das englische Literaturkorpus ist infolge des häufigen Wechsels der für die berufliche Bildung zuständigen öffentlichen Institutionen weniger stetig als das deutsche (siehe Abschnitt 3.2). Die Bedeutung der Gewerkschaften hat im Verlauf der Zeit abgenommen und mit ihr Veröffentlichungen zu dem Themengebiet *Probleme Jugendlicher beim Übergang von der Schule in den Arbeitsmarkt* (Charlwood 2013), sodass die Gewerkschaftssicht nur in drei der fünf Perioden mit aufgenommen werden kann. Für die englische Analyse werden je nach Verfügbarkeit sowohl Jahresberichte als auch Positionspapiere zu dem Thema *Übergang Schule-Ausbildung/Schule-Arbeitsmarkt* untersucht.

Aufgrund der verschiedenen Bedeutung des Berufsbildungssystems (siehe Kapitel 3 und Abschnitt 4.3) und unterschiedlicher statistischer Erhebungen erfolgt auch die Einteilung in die jeweiligen Perioden anhand anderer Kennzahlen. Daten zur Angebots-Nachfrage-Relation an Ausbildungsplätzen existieren in England naturgemäß nicht. Die Versorgungsprobleme Jugendlicher stehen jedoch in einem direkten Zusammenhang mit der Jugendarbeitslosenquote (Schneider und Pilz 2001; Hillmert 2001a; siehe für den Zusammenhang im deutschen Kontext Schneider und Pilz 2001; Hillmert 2001b). In Zeiten eines Nachfrageüberhangs sind sowohl die Jugendarbeitslosigkeit als auch die Schwierigkeiten beim Übergang von der Schule in den Ausbildungs- und Arbeitsmarkt höher als in Zeiten eines Angebotsüberhanges. Da die Erfassung der Jugendarbeitslosenquote der 16 bis 24-Jährigen erst seit 1992 als eigene Kennziffer erfolgt, wird in England die Arbeitslosenquote für die Periodeneinteilung zugrunde gelegt. Wie Abbildung 7.1 visualisiert, verläuft die Jugendarbeitslosenquote relativ parallel zu der Arbeitslosenquote, jedoch fällt Erstere deutlich höher aus.

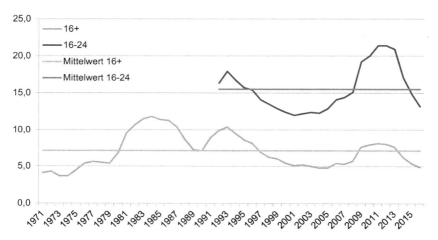

Abbildung 7.1 Arbeitslosenrate und Jugendarbeitslosenrate England, 1971–2016 (eigene Darstellung in Anlehnung an Office for National Statistics 2018)

Für die Einteilung in die Perioden wird der Mittelwert des gesamten Zeitraumes errechnet. Liegt die Arbeitslosenquote über dem Mittelwert, wird diese als hoch angesehen, liegt sie darunter, wird von einer geringen Arbeitslosenquote ausgegangen. Damit ergeben sich folgende Perioden für die Arbeitslosenquote 16+:

1. Periode 1971–1980: geringe Arbeitslosigkeit;
2. Periode 1981–1997: hohe Arbeitslosigkeit;
3. Periode 1998–2008: geringe Arbeitslosigkeit;
4. Periode 2009–2013: hohe Arbeitslosigkeit;
5. Periode 2014–2017: geringe Arbeitslosigkeit.

Legt man die Jugendarbeitslosenquote zugrunde, ergeben sich für die Perioden ab 1991 folgende Abweichungen:

2. Periode bis 1996: hohe Jugendarbeitslosigkeit;
3. Periode 1997–2008: geringe Jugendarbeitslosigkeit;
4. Periode 2009–2015: hohe Jugendarbeitslosigkeit;
5. Periode 2016–2017: geringe Jugendarbeitslosigkeit.

Als Grundstein der Analyse dient wegen des größeren Datensatzes die Arbeitslosenquote.

Vor dem Hintergrund der Forschungsfrage und in Anlehnung an die deutsche Analyse wird beleuchtet, ob das Thema „employability" bzw. „Work-Readiness" in Zeiten hoher Arbeitslosigkeit stärker thematisiert wird als in Zeiten geringer Arbeitslosigkeit und ob die durch die Akteure eingesetzte Rhetorik variiert.

7.2.1 Erste Periode 1971–1980

7.2.1.1 Kontext

Die erste Periode ist durch eine unterdurchschnittliche Arbeitslosigkeit geprägt, da die Arbeitslosenquote unter dem Mittelwert liegt. Subjektiv wird diese zum Ende der vorliegenden Periode jedoch als hoch empfunden:

> „In a year in which high unemployment has given increasing anxiety, we have thought it essential to extend and refine a range of special measures to alleviate its worst effects, especially for young people [...]" (MSC 1977, S. 2; siehe auch MSC 1978a, S. 2).

Die anhaltende Arbeitslosigkeit wirke sich dabei insbesondere negativ auf die Jugendlichen aus, da sie die Chancen derselben verringere, in das Arbeitsleben einzutreten (MSC 1977, S. 5).

Auch die konjunkturelle Lage in dieser Periode wird als schlecht bewertet. Demnach habe die Wirtschaft im Jahr 1976 den Tiefpunkt der schlimmsten Rezession seit dem Zweiten Weltkrieg erreicht (MSC 1977, S. 3).

Politisch wird die Regierung in der vorliegenden Periode durch die arbeitgebernahe Labour-Partei dominiert, die von 1974 bis 1979 zunächst unter Harold Wilson und anschließend unter James Callaghan jeweils als Minderheitsregierung agiert. In Anbetracht der auf den Ölschock 1973 folgenden Rezession ist die Labour-Regierung gezwungen gewesen, die öffentlichen Ausgaben zu reduzieren. Die aus dieser Lage erfolgte Überprüfung der bildungspolitischen Schwerpunktsetzung führt zu einer größeren politischen Unterstützung der beruflichen Bildung sowie zu der Gründung der Manpower Service Commission (Finegold und Soskice 1988, S. 30).

7.2.1.2 Argumentationsmuster

Jugendliche sind in besonderem Maße von Arbeitslosigkeit betroffen, weswegen zuvorderst Schulabgänger Probleme besitzen, Arbeit zu finden (MSC 1978b, S. 7). Die Arbeitgeber argumentierten, dass sie jugendliche Bewerber aufgrund mangelnder Voraussetzungen ablehnen und bei vorhandenen Wahlmöglichkeiten erfahrenere Arbeitnehmer bevorzugen:

> „Employers said they turn down young applicants because of their attitude and personality, their appearance and manners, and their lack of basic education. Given a choice of recruits, many employers prefer others to young people, especially if they can upgrade existing employees or recruit experienced workers or housewives" (MSC 1978b, S. 9).

Die BCC klagt gleicherweise über die schlechten schulischen Grundkenntnisse der Schulabgänger. Die Wirtschaft durchlaufe einen Wandel von der Industrie- hin zu einer Dienstleistungsgesellschaft. Der Wandel führe zu einem abnehmenden Bedarf an ungelernten

Arbeitern und damit zu höheren Erwartungen in Hinsicht auf die schulischen Basiskenntnisse (BCC 1979, S. 3). Viele Schulabgänger erfüllten diese Erwartungen jedoch nicht, weswegen es zu einer im Verhältnis zur gesamten Arbeitslosenquote steigenden Zahl von arbeitslosen Jugendlichen komme (BCC 1979, S. 3). Rund 20 Prozent der Bewerber fielen durch die Eingangstests der BCC (BCC 1979, S. 13). Die Ursache hierfür sieht die BCC im Bildungssystem verankert:

> „The main reasons for fail are a lack of basic arithmetical perception and inability to use simple numerate skills. We believe that a contributory reason for this is the structuring of the subject in the education system" (BCC 1979, S. 13).

Insgesamt erachtet es die BCC als ein Versagen des Schulsystems, den jungen Menschen die notwendige Basis für einen erfolgreichen Start in das Berufsleben zu vermitteln.

> „The most serious charge which could be levelled against any education system is that it has failed to give all our children a decent start to life. Yet that is precisely the charge that is increasingly brought: education has failed to give many children the basic skills which are essential for obtaining a worthwhile job. [...] We do

7.2 Der englische Diskurs im Zeitverlauf

not believe that our interest in this area diverges from the national interest. No responsible education policy can ignore the need to equip school leavers with the qualifications necessary to obtain employment" (BCC 1979, S. 3).

Die BCC nimmt somit die pädagogisch-bildungswissenschaftliche Perspektive mit volkswirtschaftlich-arbeitsmarktbezogener Ursache (die sich wandelnde Arbeitswelt bewirkt höhere Erwartungen) ein. Zielgruppe der Klage sind allgemein die Abgänger des Bildungssystems. Letzteres bildet auch den Verursacher, während die Regierung (und hier das für Bildung zuständige Ministerium) nach Ansicht der BCC verantwortlich zeichnet, Verbesserungen vorzunehmen, wozu die BCC Standards im Bereich der Mathematik vorschlägt, die die Regierung determinieren muss. Die Schulen müssten verpflichtet werden, die festgelegten Standards einzuhalten. Die Einhaltung sei durch regelmäßige Schulinspektionen sicherzustellen (BCC 1979, S. 2). Eine weitere Forderung beinhaltet die Anpassung der Lehrpläne an die Bedürfnisse der Industrie (BCC 1979, S. 2).

Vonseiten der MSC wird die fehlende Vorbereitung der Schüler durch das Bildungssystem als bedenklich angesehen und der Eingang der Bedenken in die durch die Regierung geführten politischen Debatte wird positiv hervorgehoben. So beschreibt z. B. Premierminister James Callaghan in seiner berühmten Rede von 1976 am Ruskin College die benannte Problemlage (Callaghan 1976). Damit nimmt die MSC in dieser Periode die pädagogisch-bildungswissenschaftliche Perspektive ein. Sie setzt diese Diskussion jedoch in einen direkten Zusammenhang mit der Debatte um die berufliche Vorbereitung der Jugendlichen und um die Qualität der (vor)beruflichen Bildung:

„The Commission has identified the inadequacy of vocational preparation for young people as a primary concern of manpower policy. The Commission's concern has been echoed elsewhere, notably in the debate which the Government has initiated about the education system with particular reference to the preparation of school children for work. The MSC is following this debate with interest and has been working to develop and support systems of vocational preparation" (MSC 1977, S. 7).

Viele Jugendliche erhielten keine formale Ausbildung (Training) und/oder weiterführende Bildung (Further Education) nach Verlassen der allgemeinbildenden Schule (MSC 1978b, S. 9). Aus diesen Gründen hat die MSC mithilfe von Mitteln der Regierung Programme aufgelegt, die die Wirtschaft ermutigen sollen, junge Menschen in Apprenticeships und andere langfristigen Trainingsmaßnahmen zu rekrutieren (MSC 1978a, S. 18). Ab dem 1. April 1978 werden diese Programme zu dem Youth Opportunities Programme (YOP) vereint. Das Ziel des YOP ist die

Herstellung der employability der jungen Menschen und deren Übergang in die Arbeit.

> *„The programme will provide a range of opportunities for unemployed young people, with the aim of improving their employability and helping them find suitable permanent employment"* (MSC 1978a, S. 10).

Im Rahmen des YOP sollen für 16 bis 18-jährige arbeitslose Jugendliche beispielsweise Arbeitserfahrungen bereitgestellt werden. Die MSC zahlt den teilnehmenden Jugendlichen eine pauschale Vergütung (MSC 1978a, S. 27 f.). Mit diesem Lösungsvorschlag fließt neben der von den Arbeitgebern übernommenen pädagogisch-bildungswissenschaftlichen Perspektive auch die volkswirtschaftlich-arbeitsmarktbezogene Perspektive mit gesellschaftlich-sozialpolitischen Elementen (arbeitslose Jugendliche) in die Argumentation ein. Eine größere Anzahl an Ausbildungs- und Trainingsplätzen soll den Übergang von der Schule in den Arbeitsmarkt erleichtern und die Jugendarbeitslosigkeit somit verringern. Diese Plätze sollen jedoch nicht marktgesteuert entstehen, sondern beruhen auf Subventionen. Zudem verkörpern sie einen dem eigentlichen Arbeitsmarkt vorgelagerten Schritt, der wiederum dazu fungiert, die *employability* der Jugendlichen zu verbessern. Deswegen überwiegt die pädagogisch-bildungswissenschaftliche Perspektive in der Argumentation der MSC.

Neben der Sammlung von Arbeitserfahrungen im Rahmen des YOP werden durch den Work Experience Act von 1973 im Rahmen der Pflichtschulzeit erstmalig Arbeitserfahrungen durch Schüler legalisiert (TUC 1974, S. 1). Der TUC kritisiert die Erlaubnis der Sammlung von Arbeitserfahrungen innerhalb der Pflichtschulzeit. Er befürchtet, dass die Jugendlichen als unbezahlte Arbeitskräfte ausgenutzt werden könnten und sieht gleichzeitig die Pflichtschulzeit als zu kostbar an, um Unterrichtszeit an *artificial work experience* zu verlieren (TUC 1974, S. 1). Die Verantwortung für die Einführung der Jugendlichen in die Arbeitswelt weist der TUC den Arbeitgebern und dem Staat und weniger den Schulen zu:

> *„Both the State (through protective legislation) and employers (through induction and training arrangements) have major responsibilities. Schools have some responsibilities to prepare their pupils for the transition, but work experience is not essential for this purpose"* (TUC 1974, S. 2).

Die Rolle der Arbeitgeber beinhaltet demnach die Bereitstellung von Trainingsmöglichkeiten, der Staat muss die notwendigen gesetzlichen Rahmenbedingungen für den Schutz der Jugendlichen bereitstellen. Damit nimmt der TUC die volkswirtschaftlich-arbeitsmarktbezogene Perspektive ein. Interpretiert man die

Bereitstellung von Trainingsmöglichkeiten dahin gehend, dass auch und gerade Trainingsmöglichkeiten für Jugendliche geschaffen werden sollen, die sonst nicht in Arbeit kommen würden, spielt die gesellschaftlich-sozialpolitische Perspektive in die Argumentation des TUC mit hinein.

Die BCC kritisiert die Maßnahmen im Rahmen des YOP als pure Schönung der Zahlen, ohne die strukturelle Problematik der Jugendarbeitslosigkeit anzugehen. Sie spricht sich prinzipiell gegen Subventionen vonseiten der Regierung zur Reduzierung der Jugendarbeitslosigkeit aus, da diese nicht die Wurzel des Problems lösten:

> „The fact that the increase in school leaver unemployment seemed to halt in 1978 offers no ground for complacency. This was achieved by the Youth Opportunities Programme subsidy to employers. Such subsidies are undesirable in principle and should be unnecessary in practice. If the subsidy leads to acceptance of an otherwise unacceptable trend it will prove to be disastrous in the long term" (BCC 1979, S. 2).

Daneben sehen die Arbeitgeber die fehlende Gleichwertigkeit (parity of esteem) zwischen der akademischen Bildung und der beruflichen Bildung für den Übergang der Jugendlichen von der Schule in die Ausbildung/Arbeit als kritisch an. Die berufliche Bildung kommt in der Vorbereitung auf die Arbeitswelt im Vergleich zur akademischen Bildung zu kurz und Arbeit in der Industrie wird in den Schulen als „zweite Wahl" vermittelt:

> „Survey revealed considerable concern with the general nature of the relationship between school and work. Employers felt schools regarded industry as ,second best' and that the general tenor of education was too academic. They were concerned over what they thought was too low a priority given to careers education and they wanted young people to be given more information about work and the meaning of ,earning a living'" (MSC 1978b, S. 37).

7.2.1.3 Zusammenfassung und Positionsanalyse der Kausalattributionen

Die Positionsanalyse der Argumentationsmuster der drei in dieser Periode aktiven Akteure ergibt folgendes Bild (Abbildung 7.2). Wie in der Abbildung ersichtlich wird, sind die Argumentationsstränge dieser Periode durch zwei zentrale Perspektiven geprägt: die pädagogisch-bildungswissenschaftliche sowie die volkswirtschaftlich-arbeitsmarktbezogene Perspektive.

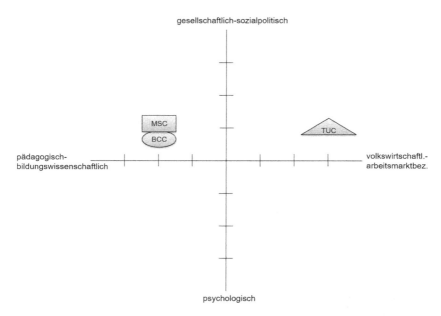

Abbildung 7.2 Positionsanalyse England erste Periode (eigene Darstellung)

Die **volkswirtschaftlich-arbeitsmarktbezogene Perspektive** wird durch die Arbeitnehmervertretung (TUC) vertreten. Hiernach ist der Staat zwar in der Verantwortung, die gesetzlichen Rahmenbedingungen für die Ausbildung der Jugendlichen zu schaffen, die eigentliche Verantwortung obliegt mit der Bereitstellung einer ausreichenden Anzahl an Ausbildungsplätzen (quantitativer Aspekt) jedoch den Arbeitgebern. Die Argumentation der Arbeitnehmer weist jedoch keine kausalattributionstheoretische Logik auf, da weder ein (Teil-)Problem definiert noch die Ursache klar benannt wird.

So folgt die MSC in dieser Periode – wie die Arbeitgebervertretungen – der Argumentationslogik der **pädagogisch-bildungswissenschaftlichen Perspektive**. Demnach erfüllen die Schulabgänger nicht die Erwartungen der Arbeitgeber mit Hinblick auf die schulischen Basiskenntnisse sowie ihrer Persönlichkeit und ihren Eigenschaften (Problem). Als Ursache benennt die BCC die gestiegenen Erwartungen der Arbeitgeber an die Bewerber aufgrund der sich hin zu einer Dienstleistungsgesellschaft wandelnden Arbeitswelt. Als Lösung wird die Anpassung des Bildungssystems gesehen, vorwiegend in Form der Erhöhung der Standards für die schulischen Basiskenntnisse und die Anpassung der Lehrpläne an die Bedürfnisse der Industrie. Das Problem sowie der Verursacher und die vorgeschlagenen Lösungsmöglichkeiten liegen somit zwar im pädagogisch-bildungswissenschaftlichen Bereich, die eigentliche Ursache sind jedoch die gestiegenen Erwartungen der Arbeitgeber aufgrund einer sich wandelnden Arbeitswelt. Diese Auffassung ist demnach der **volkswirtschaftlich-arbeitsmarktbezogenen Perspektive** zuzurechnen. Die Argumentation der BCC folgt demnach den Regeln der Kausalattribution nach Gerhards (1992) und fördert demzufolge den Einzug des Problems auf die politische Agenda. Dass die Ursache in den gestiegenen Erwartungen der Arbeitgeber liegt, ist für die politischen Lösungsmöglichkeiten nicht von Relevanz. Die Dringlichkeit einer politischen Lösung bleibt bestehen, da der Wandel der Arbeitswelt die gesamte Wirtschaft als kollektiven Akteur betrifft. Gleichzeitig ist eine sich wandelnde Wirtschaft ein externes Problem, welches nicht durch die einzelnen Arbeitgeber beeinflusst werden kann, weshalb diesen auch keine direkte Verantwortung zuzuordnen ist. Die Verantwortung zur Handlung wird vielmehr dem Staat zugewiesen, indem er das Bildungssystem und damit die Bildung der Jugendlichen an die sich ändernden Bedürfnisse der Arbeitgeber anpassen soll.

Die MSC folgt in großen Teilen dieser kausalattributionstheoretischen Argumentation. Sie sieht jedoch neben der Anpassung des Bildungssystems auch eine Verbesserung der beruflichen Ausbildung der Jugendlichen nach Verlassen der allgemeinbildenden Schule als Handlungsnotwendigkeit an. Damit erweitert sie in ihrer Argumentation den Kreis der verantwortlichen Verursacher um die Wirtschaft, die keine quantitativ ausreichende Zahl an Ausbildungsplätzen bereitstellt. Die Hauptverantwortung weist aber auch die MSC der Politik zu, indem z. B. die Arbeitgeber durch Subventionen gefördert werden sollen, um die Anzahl der Ausbildungsplätze zu erhöhen.

7.2.2 Zweite Periode 1981–1997

7.2.2.1 Kontext

Politisch wird diese Periode durch die Regierung von Magret Thatcher geprägt, die von 1979 bis 1990 Premierministerin des Vereinten Königreiches gewesen ist. Im Rahmen der marktorientierten Politik unter Margret Thatcher, die 1990 durch ihren konservativen Kollegen John Major (Amtszeit 1990 bis 1997) abgelöst wurde, reift unter anderem der Entschluss, die MSC abzuschaffen (Finegold und

Soskice 1988; Rainbird 2010, S. 249; siehe auch Abschnitt 3.2). Durch verschiedene restriktive Gesetze hat die Thatcher-Regierung des Weiteren den Einfluss und den Handlungsspielraum der Gewerkschaften deutlich eingeschränkt, was evoziert, dass diese an politischem Gewicht verlieren (Mitchell 1987; Deißinger und Greuling 1994, S. 136; Charlwood 2013, S. 64 f.; Fleckenstein und Lee 2018).

Diese Periode ist von einer überdurchschnittlichen Arbeitslosigkeit geprägt. Die Arbeitslosenrate im Jahr 1981 wird als höchste seit 1930 beschrieben (MSC 1981a, S. 6). Gleichzeitig befindet sich die Zahl der offenen Stellen sowie die Zahl der Ausbildungsplätze auf einem Tiefstand (MSC 1981a, S. 5 ff.). Im Verlauf der Periode sinkt die Arbeitslosenquote bis 1990 zunächst auf den Mittelwert ab, um anschließend wieder anzusteigen. Fernerhin wird die konjunkturelle Lage nicht positiv bewertet. Das Land befindet sich nach Angaben der MSC in einer Rezession:

> *„As the year progressed the recession which began in 1979–80 developed more severely than had been anticipated"* (MSC 1981a, S. 6; siehe auch MSC 1981b, S. 9).

Die hohe Arbeitslosigkeit besitzt negative Auswirkungen auf den Arbeitsmarkteintritt der Schulabgänger, denn der wird hierdurch erschwert (MSC 1981b, S. 4 ff.; siehe auch TUC 1983, S. 12). Neben den Schulabgängern haben auch andere benachteiligte Gruppen, wie ältere Personen, ethnische Minderheiten oder körperlich wie geistig beeinträchtigte Personen, Probleme auf dem Arbeitsmarkt:

> *„School leavers and those at a general disadvantage in the labour market, such as the elderly, disabled people and ethnic minorities, continued to experience particular difficulty in finding employment"* (MSC 1982a, S. 7; siehe auch MSC 1981b, S. 11).

Die Einschätzung der Lage durch die MSC fiel 1982 und 1983 ähnlich aus wie 1981 (MSC 1982a, S. 7, 1983, S. 7 ff.). Erst ab 1984 spricht die MSC von einer stetigen Verbesserung der konjunkturellen Lage sowie einer Reduzierung der Jugendarbeitslosigkeit (MSC 1984, S. 7 ff., 1985, S. 10 ff., 1986, S. 9, 1987, S. 10 ff.). Im Jahr 1987 referiert die MSC über eine Verbesserung der Lage auf dem Arbeitsmarkt für die Gruppe der 18- bis 21-Jährigen, selbst wenn diese nach wie vor zu den Benachteiligten auf dem Arbeitsmarkt zählen (MSC 1987, S. 12).

Nebstdem bemerkt die CBI für Großbritannien beträchtliche wirtschaftliche Herausforderungen (CBI 1986, S. 15). Diese identifiziert sie jedoch nicht primär in der konjunkturellen Lage, sondern in dem sich wandelnden Arbeitsmarkt,

7.2 Der englische Diskurs im Zeitverlauf

in dem wettbewerbsfähige *Skills* als Antwort auf die Bedrohungen fungieren (CBI 1986, S. 15). Darin verborgen sind aber weitere Herausforderungen, da das (Berufs–)Bildungssystem Großbritanniens im Vergleich zu den Systemen anderer Staaten, mit denen es im Wettbewerb steht, verbesserungswürdig ist:

> „*Education and training are of the top of nearly everyone's agenda for action. The skills of the United Kingdom workforce compare poorly with those of our principal competitors. Skill shortages combined with falling numbers of young people and the accelerating pace of technological change all add to the seriousness of the situation*" (CBI 1986, S. 7; siehe auch CBI 1988, S. 12).

> „*Competitive skills must be the key response, but here too there is a major challenge. Despite improvements in the 1980s Britain still cannot match the skills of key international competitors in Northern Europe, North America and Japan*" (CBI 1986, S. 15).

Die CBI spricht von einem Rückgang der jugendlichen Schulabgänger als „demographic time bomb" (CBI 1988, S. 12), was wiederum im Gegensatz zu der verhältnismäßig hohen Jugendarbeitslosenquote steht, wobei diese 1986 bereits rückläufig ist. Im Verlauf der Periode erachtet die CBI, trotz anhaltender Rezession, einen Mangel an qualifizierten Fachkräften als Gefahr für die britische Wirtschaft, da diese das Kernelement der Wettbewerbsfähigkeit Großbritanniens bildeten (CBI 1993, S. 5 ff.):

> „*The recession, far from reducing the challenge [of a skill gap and good foundation skills of young people], heightens it. The need for qualified individuals continues and will become all the more acute when the UK emerges from the recession*" (CBI 1993, S. 5, Einfügung durch die Autorin).

Die größte Notwendigkeit stelle dabei die Verbesserung des Übergangs von der Schule in den Arbeitsmarkt dar (CBI 1993, S. 5).

7.2.2.2 Argumentationsmuster

Fehlende Voraussetzungen der Schulabgänger als Grund für einen misslungenen Übergang von der Schule in die Ausbildung und/oder den Arbeitsmarkt werden vonseiten der MSC in den Jahresberichten dieser Periode nicht aufgeführt. Wie in der vorangegangenen Periode erkennt die MSC aber auch in dieser Periode einen Bedarf in der beruflichen Vorbereitung der Jugendlichen (MSC 1982a, S. 7 ff., 1987, S. 6 ff.). Das YOP wird als Maßnahme für die berufliche Vorbereitung der jungen Schulabgänger fortgeführt und später zum Youth Training Scheme (YTS) erweitert. Das YTS wurde zum Kernstück der staatlich gelenkten beruflichen Erstausbildung und jährlich von rund 400.000 Jugendlichen durchlaufen (Deißinger und Greuling 1994, S. 137). Indem die von Betrieben und Behörden bereitgestellten Ausbildungsplätzen subventioniert wurden, sollte das Programm für die Unternehmen attraktiv werden. Eine Festlegung konkreter Qualifikationsprofile blieb jedoch aus (Deißinger und Greuling 1994, S. 137 f.).

Gemäß dem wissenschaftlichen Report „Skills needed for young people's jobs" (MSC 1982b) ist eine der zentralen Aufgaben der MSC die Verbesserung der Qualität der beruflichen Qualifikationen der 16-jährigen Schulabgänger, um ihre Arbeitsmarktchancen zu verbessern (MSC 1982b, S. 1). In diesem Zuge wird diskutiert, wie spezifisch bzw. breit die beruflichen Kenntnisse, Fertigkeiten und Fähigkeiten vermittelt werden sollen. Die Frage der Berufswahl wird dabei in den Mittelpunkt gestellt:

„Central to the research is the argument that job specific vocational preparation alone is no longer appropriate. First, most school leavers are still at the stage of sorting out their ideas and learning about the world of work, as well as discovering their own potential. Second, in a labour market where jobs are scarce, it is important to keep young people's options open with respect to job choice. Third, technological change is likely to alter the structure of many jobs; it is those workers with a good initial training in a range of related vocations rather than for a particular job who are more likely to be the winners" (MSC 1982b, S. 1).

Die MSC folgt somit einer psychologischen Perspektive (Berufswahl) in Verbindung mit der pädagogisch-bildungswissenschaftlichen Perspektive mit Augenmerk auf der Verbesserung der beruflichen Bildung vor dem Eintritt in den Arbeitsmarkt.

Die CBI konstatiert den größten Handlungsbedarf in der Verbesserung der „transition from education to employment" (CBI 1986, S. 7, 1993, S. 5). Sie wertet die Arbeitskräfte als einzigen Wettbewerbsvorteil gegenüber anderen, konkurrierenden Nationen, weshalb der Fokus auf die (Aus-)Bildung dieser gelegt werden müsse. Im Brennpunkt stehen dabei die *foundation skills* Jugendlicher:

„This report sets out the Task Force's programme of action for bridging the skills gap. It is concerned with investment in people – first and foremost the foundation skills of young people" (CBI 1986, S. 9).

Die CBI nimmt nach dieser Argumentation mit Bezug auf die Ursache (Bewerbermangel) die volkswirtschaftlich-arbeitsmarktbezogene Perspektive mit dem

7.2 Der englische Diskurs im Zeitverlauf

Schwerpunkt des Bewerbermangels ein. Die Lösung lässt sich in der pädagogisch-bildungswissenschaftlichen Perspektive (Verbesserung der foundation skills) verankern. Unterstützt wird diese Ansicht auch durch den wissenschaftlichen Report „Towards employability. Adressing the gap between young people's qualitites and employers' recruitment needs" herausgegeben durch den Industry in Education (IiE), einem Zusammenschluss aus Industrieunternehmen, die durch verschiedene Verbände und Organisationen, vornehmlich arbeitgebernah. Zu nennen sind CBI, DfEE, Careers Services und Schools and Teachers (Industry in Education 1996, S. 7). Nach Ansicht der IiE würden mehr Arbeitgeber junge Bewerber einstellen, wenn sie geeignete Bewerbungen erhielten bzw. geeignete Kandidaten finden könnten. Die IiE argumentiert:

> „A narrow-minded view might suggest that in times of relatively high unemployment, industry can pick out the young people it wants and the national costs of poor employability are simply the benefits, allowances and welfare services,consumed' by those that remain unemployed. [...] However, there are also wealth-creation opportunities if more young people can be put into productive work. Recent survey have suggested that many employers would indeed take more young people if they could find suitable applicants. [...] But the remainder, given a better grounding for employability during full-time education, might each be capable on a net contribution to the economy of, say, £3000 p.a." (Industry in Education 1996, S. 6).

Nach dieser Argumentation würde eine Verbesserung der *employability* der Schulabgänger im Rahmen der allgemeinbildenden Schule eine Reduzierung der Jugendarbeitslosigkeit bei gleichzeitiger Steigerung der gesamtwirtschaftlichen Leistung nach sich ziehen. Die IiE nimmt demnach eine pädagogisch-bildungswissenschaftliche Perspektive ein. Die Argumentation folgt jedoch nicht ausschließlich der nachfrageorientierten Kategorie (siehe Abschnitt 2.4: Die Schaffung von Arbeitsplätzen im öffentlichen oder privaten Sektor oder anderer Arbeitsmarktprogramme führt zu einer erhöhten Nachfrage nach Arbeitskräften), sondern auch der angebotsorientierten Kategorie, wonach eine bessere Vorbereitung der jungen Menschen ihre Ausbildungsreife bzw. Arbeitsfähigkeit erhöht und dadurch Arbeitsplätze schafft. Die (Aus-)Bildung der Jugendlichen stellt mithin einen Wettbewerbsvorteil dar.

Gleichzeitig begreifen die IiE und die CBI die (Aus-)Bildung der Jugendlichen jedoch, auch und gerade im internationalen Vergleich („International comparison do not reflect well on the UK" (CBI 1988, S. 7; siehe auch CBI 1986, S. 7 ff.; Industry in Education 1996, S. 7)) als unzureichend. Während die IiE das Hauptgewicht auf die allgemeinbildenden Schulen legt, erweitert die CBI ihre

Argumentation auf eine anschließende Ausbildung. Eine Verbesserung der *skills* und *qualities* müsse demzufolge im Rahmen der allgemeinbildenden Schule sowie einer ggf. anschließenden Ausbildung arrangiert werden:

> *„There is inadequate and insufficient education and training of young people to meet skills needs. The prospect of more young people entering the labour market directly at age 16 or receiving narrow foundation training is simply unacceptable at a time when German employers, for example, are recalling for further strengthening of their system. Employers believe there must be a quantum leap in the education and training of young people to meet the needs of the British economy and to face the competition on even terms, while continuing the effort to improve the skills and competences of the existing workforce"* (CBI 1986, S. 17).

> *„There was a remarkable consensus amongst those we talked to about many of the problems identified in this report – and almost unanimous agreement that far more needs to be done before school leaving age to develop basic underpinning skills and personal qualities for adult life and employment"* (Industry in Education 1996, S.7).

Die wiederholte Betonung des schlechten Abschneidens des englischen Bildungssystems bzw. des geringen *skill-levels* im Vergleich zu anderen europäischen Ländern fungiert dabei als empirische Evidenz (siehe Abschnitt 2.2).

Das Verständnis der benötigten *skills* bzw. *qualities* (auch *core skills* oder *employability* genannt) ist weitestgehend einheitlich. Die CBI definiert in Anlehnung an den Secretary of State for Education, 28.09.1992, folgende Merkmale (*core skills*), die sämtliche Jugendlichen beim Verlassen der allgemeinbildenden Schule aufweisen sollten (CBI 1988, S. 20; siehe für ähnliche Definition auch CBI 1993, S. 15):

- communication skills (inklusive der schriftlichen Beherrschung der englischen Sprache);
- numerical skills (insbesondere Anwendung einfacher mathematischer Regeln);
- screen and keyboard skills (Umgang mit dem Computer);
- interpersonal and life skills;
- problem-solving skills;
- continual self-development and retraining.

Gemäß dem Secretary of State for Education könne die Industrie erwarten, dass die Jugendlichen, die die allgemeinbildenden Schulen verließen, diese Merkmale aufwiesen (*„I think industry can reasonably expect people to leave education at all levels with these skills"* (Secretary of State for Education 28.09.1992, zitiert

7.2 Der englische Diskurs im Zeitverlauf

nach CBI 1993, S. 15). Folgerichtig liegt die Verantwortung für die Vermittlung der aufgeführten Merkmale nach Ansicht des Bildungsministeriums bei den allgemeinbildenden Schulen[2].

Neben diesen Merkmalen erwarten die Arbeitgeber eine positive Einstellung gegenüber dem Lernen und der Weiterentwicklung sowie der Verantwortungsübernahme (positive attitude to learning, development and personal responsibility). Die Relevanz der *qualities and attitudes* (z. B. Initiative, Motivation, Freundlichkeit und Kommunikationsfähigkeit) gegenüber *narrower learned skills* ist gemäß der IiE gestiegen (Industry in Education 1996, S. 9):

> *„A central finding of the MORI survey was the importance that employers placed on candidates qualities and attitudes rather than narrower learned skills. There was general agreement that whilst a keen and enthusiastic candidate could easily pick up the necessary skills – either on the job or through daily release course – qualities such as drive, consideration and self-expression were far harder to inculcate if not developed in early education"* (Industry in Education 1996, S. 6).

Diese Einstellungen können nach Ansicht der CBI jedoch nicht durch Vorgaben in den Lehrplänen herbeigeführt werden. Sie begründet:

> *„Because they arise from, and are conditioned by, experience, positive attitudes obviously cannot be developed by ‚slots' in a curriculum. Rather, they emerge from the environment that the school succeeds in creating and by relating what is learnt to the world of work"* (CBI 1988, S. 20).

Aus diesem Grund ist die Zusammenarbeit zwischen der Schule und der Wirtschaft für die Herausbildung dieser Einstellungen essenziell (CBI 1988, S. 7 ff.). Arbeit ist ein zentraler Bestandteil des Lebens, auf welches die Schulbildung vorbereite. Daher sei auch die Vorbereitung auf die Arbeit essenziell (CBI 1988, S. 18, 1991, S. 11). Jugendliche Schulabgänger müssten beim Verlassen der allgemeinbildenden Schule die Fähigkeiten, Fertigkeiten und Kenntnisse (skills and knowledge) aufweisen, die für das Arbeitsleben, aber auch für das Leben im Allgemeinen (work and life) unabdingbar seien (CBI 1991, S. 11). Um dies zu erreichen, müssten sowohl die Arbeitgeber und die Individuen als auch die Regierung ihren Anteil erbringen und entsprechende Investitionen tätigen (CBI 1991, S. 12). Die Verantwortung der Finanzierung liegt nach Ansicht der CBI bei allen beteiligten Parteien.

---

[2]Da die Primärquelle des Zitates nicht verfügbar ist, musste auf die Sekundärquelle (CBI 1993, S. 15) zurückgegriffen werden. Aus diesem Grund ist leider nicht ersichtlich, in welchem Kontext das Zitat verwendet wurde.

Gemäß der Studie „Towards a skills revolution" der CBI vertreten jedoch mehr als zwei Drittel der Eltern die Anschauung, die Schulen bereiteten ihre Kinder nur unzureichend auf die Anforderungen der Arbeitswelt vor (CBI 1986, S. 23). Diese Kritik richtet sich explizit gegen die (vor)berufliche Bildung (careers education) sowie den Careers Service (Berufsberatung) in allgemeinbildenden Schulen. Die Arbeitgeber stehen dem Careers Service sehr kritisch gegenüber:

> *„Employers have strong reservations about the effectiveness of the Careers Service through their experiences with the Youth Training Scheme. It is primarily a youth and education centered system, and the interface between the Careers Service and the Further Education sector is poor. In many ways Britain's advice and guidance system does not compare well with those of its European competitors"* (CBI 1986, S. 23).

Die Ursache für die Schwierigkeiten beim Übergang von der Schule in den Arbeitsmarkt ist nach Ansicht der CBI mithin auch im (Berufs-)Bildungssystem sowie der Berufsberatung zu verorten (psychologische und pädagogisch-bildungswissenschaftliche Perspektive). Sie ist systemischer Natur. Verantwortlicher für Handlungen ist gemäß CBI primär die Regierung, der eine zentrale Rolle im Aufbau und der Regulierung eines entsprechenden Bildungssystems, die CBI spricht von „training market" (CBI 1986, S. 9), zukommt. Die Arbeitgeber werden aufgefordert, Bildung als Investment zu betrachten.

> *„Yet skill needs can only be met by the creation of effective training markets in which the customers – individuals and their employers – exercise more influence over education and training provision. Employers must be persuaded to manage their skill needs like any other business challenge through systemic investment in training. Government also has a central role to play. It must offer the nation a coherent vocational education and training policy, especially for young people. Exchequer funding must be available to provide the foundation skills which the nation requires"* (CBI 1986, S. 9).

Die Argumentation der CBI wird großteils auch durch den TUC geteilt. Infolgedessen zeichnet der Staat für die Bereitstellung einer kostenlosen und qualitativ hochwertigen Bildung verantwortlich, welche die Bevölkerung auf die sich wandelnde Arbeitswelt vorbereitet:

> *„A system of education, freely open to all and giving all working people and their families high quality education and training throughout their lives, can only be provided by the state. Education is not only important for personal development. The country's economy also needs a well educated and well trained population.*

7.2 Der englische Diskurs im Zeitverlauf

Education and training services must help industrial development and meet the changing needs of workers and employers" (TUC 1983, S. 2).

Die Bildung, die die Jugendlichen in der Schule erfahren sollen, „must be broadly based because their options must stay as broad as possible as long as possible" (TUC 1989; zitiert nach McBride und Moreland 1991, S. 223). Nach Überzeugung des TUC müsste den Jugendlichen in der Schule eine breite Basis an grundlegenden *skills* (*core* bzw. *foundation skills*) vermittelt werden, auf welche sie im Arbeitsleben flexibel aufbauen könnten (McBride und Moreland 1991, S. 223). Damit nimmt auch die Gewerkschaftsseite die pädagogisch-bildungswissenschaftliche Argumentation ein. Kritik richtet sich hauptsächlich gegen die Thatcher-Regierung, welche die Bildungsausgaben kürze und die Privatisierung der Bildung vorantreibe, weswegen sie gegen die freie Bildung für die Gesellschaft arbeite (TUC 1983, S. 2).

Daneben kritisiert der TUC auch die Arbeitgeber, die immer weniger Apprenticeships für jugendliche Schulabgänger offerierten. Reguläre Arbeitsplätze böten häufig nicht die notwendigen Grundlagen an Training und Bildung, die die Jugendlichen für ihr weiteres Arbeitsleben benötigten (TUC 1983, S. 12). Aus diesem Grund fordert der TUC eine Änderung des Gesetzes dahin gehend, dass alle Arbeitgeber ihre jugendlichen Arbeitnehmer (16- bis 18-Jährige) mindestens nach den Standards des YTS ausbilden müssen (TUC 1983, S. 13, 1995). Des Weiteren fordert der TUC die Schaffung von mehr Arbeitsplätzen und qualitativ hochwertigen Ausbildungsmöglichkeiten:

„*The overriding requirement for the economy is to generate more and better jobs and quality training opportunities. The TUC 1994 Budget Submission showed how the tax -benefit system could be changed to generate better quality employment, and how a combination of targeted special labour market measures and public investment in local communities could generate at least 300,000 extra jobs over three years"* (TUC 1995).

Hier nimmt der TUC entsprechend die volkswirtschaftlich-arbeitsmarktbezogene Perspektive ein und führt auch regulative Elemente, wie ein „tax-benefit system" (TUC 1983) bzw. eine „statutory modern training levy" (TUC 1995), auf, die dafür sorgen, dass alle Arbeitgeber gleichermaßen an der Ausbildung der Arbeitnehmerschaft beteiligt würden (TUC 1995).

Eine weitere Ursache für die Probleme beim Übergang von der Schule in die Ausbildung/den Arbeitsmarkt erkennen die CBI sowie der TUC (McBride und Moreland 1991, S. 223) in der fehlenden Gleichwertigkeit zwischen beruflicher und akademischer Bildung (fehlende parity of esteem):

> *"Each individual needs to build up the knowledge, skills and understanding necessary for their chosen path in both life and work. Whether that be by academic or vocational means is less important than that it happens. For too long vocational studies have had a lower status than academic ones and have not provided equal opportunities for progression. This must change [...]"* (CBI 1991, S. 8).

Die IiE befürchtet zudem aufgrund der fehlenden Gleichwertigkeit die Gefahr einer Negativauslese:

> *"Some felt that the trend towards more young people staying on in further and higher education meant that those who applied to them for Jobs from school were, increasingly, the least able. Some simply felt that many young people today were poorly prepared for employment"* (Industry in Education 1996, S. 8).

7.2.2.3 Zusammenfassung und Positionsanalyse der Kausalattributionen

Die Positionsanalyse der vier in dieser Periode aktiven Akteure ergibt das Bild in Abbildung 7.3. Wie die Abbildung visualisiert, lässt sich in dieser Periode kein eindeutig dominanter Argumentationsstrang identifizieren. Ferner weicht die Argumentation aller Akteursgruppen von der in der Vorperiode ab.

Die CBI argumentiert aus einer **volkswirtschaftlich-arbeitsmarktbezogenen Perspektive** mit dem Schwerpunkt Bewerbermangel mit psychologischen und pädagogisch-bildungswissenschaftlichen Elementen. Demnach haben die Arbeitgeber trotz der hohen Jugendarbeitslosigkeit Schwierigkeiten, geeignete Bewerber zu finden. Das identifizierte Problem liegt laut dem Standpunkt der CBI nicht primär in der hohen Jugendarbeitslosigkeit, sondern darin, dass trotz ihrer keine geeigneten Bewerber gefunden werden können, weshalb es angebotsorientiert ist (siehe Abschnitt 2.4). Die Ursache ist wiederum im **pädagogisch-bildungswissenschaftlichen sowie teils psychologischen Bereich zu verorten**, da die CBI zum einen die fehlenden Voraussetzungen der jugendlichen Schulabgänger als Ursache definiert, zum anderen die mangelnde parity of esteem der allgemeinen und beruflichen Bildung, die wiederum falsche Laufbahnentscheidungen durch die Jugendlichen bewirkt. Der Verursacher ist desgleichen dem pädagogisch-bildungswissenschaftlichen Bereich zuzuordnen, da dies nach Ansicht der CBI das Schul- bzw. Ausbildungssystem ist. Verantwortlich ist der Staat, diese Systeme zu verbessern, zum Beispiel mithilfe einer engeren Kooperation zwischen Schule und Wirtschaft. Die Argumentation der CBI folgt somit einer kausalattributorischen Logik. Ursache und Verursacher werden externalvariabel erklärt. Verantwortlich für Handlungen ist größtenteils der Staat, ebenfalls als externer Stakeholder.

7.2 Der englische Diskurs im Zeitverlauf

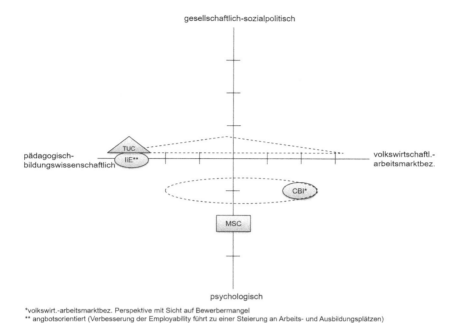

*volkswirt.-arbeitsmarktbez. Perspektive mit Sicht auf Bewerbermangel
** angbotsorientiert (Verbesserung der Employability führt zu einer Steigerung an Arbeits- und Ausbildungsplätzen)

Abbildung 7.3 Positionsanalyse England zweite Periode (eigene Darstellung)

Die MSC folgt in dieser Periode wiederum der **psychologischen Perspektive**. Sie erklärt die Probleme beim Übergang mit einer falschen Berufsorientierung (Careers Education) sowie einer zu engen beruflichen Ausbildung. Es bedürfe einer breiteren beruflichen Grundbildung, um den Übergang zu erleichtern. Die MSC definiert weder ein konkretes Problem noch werden Verursacher oder Verantwortlichkeit identifiziert. Aus diesem Grund ist keine kausalattributorische Argumentation gegeben.

Die IiE argumentiert demgegenüber aus einer rein **pädagogisch-bildungswissenschaftlichen Perspektive**. Als Teilproblem identifiziert sie eine unzureichende Vorbereitung der Schüler auf den Arbeitsmarkt, aufgrund derer durch die Arbeitgeber weniger Arbeitsplätze angeboten werden. Dies erhöhe die Jugendarbeitslosigkeit und bedinge gleichzeitig eine Reduzierung der Wettbewerbsfähigkeit Großbritanniens. Die Probleme Jugendlicher beim Übergang von der Schule in den Arbeitsmarkt bzw. die Ausbildung und damit auch die Jugendarbeitslosigkeit könnten also reduziert werden, wenn die Jugendlichen durch die Schulen eine bessere Vorbereitung erführen. Das identifizierte Problem sowie die Ursache liegen demnach in der schlechten Vorbereitung der Jugendlichen. Verursacher sind die allgemeinbildenden Schulen, die die Jugendlichen nicht ausreichend befähigen. Diese sind zugleich verantwortlich, dem Problem durch eine bessere Qualifizierung entgegenzuwirken. Die IiE argumentiert deswegen ebenfalls kausalattributorisch.

Der TUC identifiziert kein zu lösendes Teilproblem, sondern fixiert vielmehr die Ursache und die Verursacher für die Probleme beim Übergang von der Schule in den Arbeitsmarkt. Die Argumentation folgt der **pädagogisch-bildungswissenschaftlichen in Verbindung mit der volkswirtschaftlich-arbeitsmarktbezogenen Perspektive**. Nach der pädagogisch-bildungswissenschaftlichen Argumentation ist der Grund für die Probleme der Jugendlichen beim Übergang von der Schule in den Arbeitsmarkt eine qualitativ nicht ausreichende schulische wie berufliche Bildung (Ursache). Selbige müsse breiter angelegt werden und Mindeststandards unterliegen, um auf das Arbeitsleben vorzubereiten (Handlungsaufforderung). Als Verursacher stellt der TUC die Thatcher-Regierung fest, die durch die Privatisierung der Bildung und gekürzte staatliche Bildungsausgaben die Verantwortung trage.

Laut der volkswirtschaftlich-arbeitsmarktbezogenen Argumentation ist als eine Teilursache für die Probleme beim Übergang ein qualitativ und quantitativ unzureichendes Angebot an Ausbildungsplätzen zu werten. Verursacher sind die Arbeitgeber, die kein ausreichendes Angebot bereitstellen. Neben der Etablierung von qualitativ und quantitativ ausgerichteten Mindeststandards wird die Einführung einer Ausbildungsplatzabgabe befürwortet, um ein quantitativ ausreichendes Angebot an Ausbildungsplätzen zu gewährleisten. Die Argumentation des TUC enthält somit gleichfalls attributionstheoretische Elemente, selbst wenn sie zwei weitgehend unabhängigen Argumentationssträngen folgt.

7.2.3 Dritte Periode 1998–2008

7.2.3.1 Kontext

Die vorliegende Periode ist von einer geringen Arbeitslosigkeit geprägt. Sowohl aus objektiver (die Arbeitslosigkeit liegt unter dem Mittelwert) als auch aus subjektiver (die Arbeitslosigkeit wird durch die Akteure als gering empfunden) Sicht (LSC 2005, S. viii).

Politisch gab es in der vorliegenden Periode einen Regierungswechsel von der Konservativ zur Labour Partei. 1997 wurde Tony Blair zum Premierminister ernannt und 2007 nach seinem Rücktritt von seinem Parteikollegen Gordon Brown (Amtszeit: 2007 bis 2010) abgelöst.

„Education, Education, Education" sind die drei zentralen Themen der Regierung unter Tony Blair (Glennerster 2001, S. 1). Dieser Fokus hat sich in einer Reihe großer (wie z. B. die Schulreform, die zu einer Privatisierung der Schulen im Sekundarbereich führte) und kleiner Reformen niedergeschlagen, die primär die Schulen der Sekundarstufe betreffen (Glennerster 2001).

Als Reform an der Schwelle zwischen Schule und Arbeitswelt sei der New Deal zur Bekämpfung der Jugendarbeitslosigkeit erwähnt (Mädler und Pilz 1999). Mit dem New Deal Programm soll durch gezielte Maßnahmen die Lücke zwischen durch Jugendliche angebotene und durch die Arbeitgeber nachgefragten Fähigkeiten geschlossen werden, um so die Arbeitslosigkeit der 18 bis 24-Jährigen zu reduzieren (Mädler und Pilz 1999).

7.2.3.2 Argumentationsmuster

In Anbetracht des technologischen Wandels sowie der zunehmenden Globalisierung und der daraus resultierenden veränderten Arbeitswelt argumentiert die CBI, dass die Frage der *employability* der Schulabgänger zunehmend an Bedeutung gewinne (CBI 1998, S. 6). Im Zuge dessen wird employability von der CBI als lebensbegleitendes Konstrukt verstanden:

> *„The possession by an individual of the qualities and competences required to meet the changing needs of employers and customers and thereby help to realise his or her aspirations and potential in work"* (CBI 1998, S. 7).

Die Notwendigkeit der Employability der Individuen (es erfolgt keine Unterscheidung zwischen Jugendlichen, Arbeitnehmern oder Selbstständigen) ergibt sich aus den externen, nicht veränderbaren Rahmenbedingungen wie Globalisierung, Flexibilisierung des Arbeitsmarktes oder technologischer Wandel (CBI 1998, S. 13 f.). Die CBI argumentiert damit vor dem Hintergrund der sich verändernden Arbeitswelt und der sich daraus ergebenden Notwendigkeit der besseren Qualifizierung der arbeitsfähigen Bevölkerung. Daraus entstünden nicht nur Vorteile für das Individuum durch bessere Arbeitsmarktchancen, sondern auch und gerade für die Arbeitgeber und die Gesellschaft durch eine Produktivitätserhöhung und in zweiter Konsequenz sich daraus ergebende Wettbewerbsvorteile für die britische Wirtschaft (CBI 1998, S. 14 ff., 2008, S. 4, S. 15 ff.; siehe auch Anonym 1998, S. 9).

> *„The UK faces significant challenges to remain competitive, particularly at this time of economic uncertainty. The UK's most valuable raw material is the skills of our people – young and old, those in work and those currently unemployed. We must develop those talents so individuals can contribute to, and benefit from, our economic prosperity – and so that firms can continue to thrive"* (CBI 2008, S. 4).

Im Fokus der *employability* steht demnach zwar das Individuum, für die Erreichung derselben sei jedoch eine Partnerschaft aus allen beteiligten Akteuren (Individuum, Arbeitgeber, Regierung, Bildungs- und Trainingsanbieter sowie anderen Support-Organisationen) unabdingbar (CBI 1998, S. 8). Während die Regierung sowie die Bildungs- und Trainingsanbieter u. a. für die Bereitstellung von Bildungsangeboten zwecks Herstellung der *employability* sowie Berufsorientierungen verantwortlich zeichnen, sind auch die Arbeitgeber (u. a. für die Ausbildung ihrer Arbeitnehmer) in die Pflicht zu nehmen (CBI 1998, S. 16 ff.):

> *„Investment by employers and employees must be supported by government action to deliver on its ambitions. Business is clear: the government's number one priority must be for young people to leave school literate and numerate – so that firms can give them the skills to succeed in the workplace. But it's critical too that young people develop softer employability skills (such as team working and problem-solving, underpinned by a positive attitude). Over three quarters of CEOs say they look for these skills when recruiting graduates. Employers are supporting the government's work in schools, colleges and universities: three quarters offer work experience, for example, but business recognises that it can do more"* (CBI 2008, S. 4).

Zu Beginn der vorliegenden Periode sind die Arbeitgeber gemäß der BCC mit der Qualität der Schulabgänger sehr unzufrieden. Auch die BCC sieht die fehlende employability und die daraus resultierenden *skills gaps*[3] der Schulabgänger als einen Wettbewerbsnachteil der britischen Wirtschaft an:

> *„Skills gaps are acting as a brake on the UK's competitiveness and the education system is not delivering the basic skills that all businesses need, failing both employees and employers. [...] Many of the UK's school leavers and graduates are not fully equipped with the basic skills that all businesses look for. Remedial action to address interpersonal and basic literacy and numeracy skills shortfalls has increasingly become the burden of business"* (Anonym 1998, S. 9).

---

[3] Im Gegensatz zu *skills shortages*, die mit dem deutschen Fachkräftemangel vergleichbar sind, rekurrieren *skills gaps* auf das aus Arbeitgebersicht grundlegende Fehlen der *basic skills* zukünftiger Arbeitnehmer. In der Regel wird die Ursache im Bildungssystem angesiedelt (Cappelli 2015, S. 252).

7.2 Der englische Diskurs im Zeitverlauf

Die CBI empfindet Apprenticeships als eine Möglichkeit, das allgemeine Skill Level der Arbeitnehmerschaft zu begünstigen. Dazu sei jedoch eine Reform des Apprenticeship Systems notwendig hin zu qualitativ höherwertigen Apprenticeships sowie einer besseren Beratung, damit mehr Unternehmen Apprenticeships anbieten und mehr Jugendliche diese als Ausbildungsweg wählten:

> *„Apprenticeships could play an important role in raising the skill levels of the UK workforce. But change is necessary so that more young people and adults benefit from high quality apprenticeship training – and more businesses see value in taking on apprentices"* (CBI 2008, S. 19).

Neben der qualitativen Verbesserung des Apprenticeship-Systems sowie dem Abbau von Ausbildungshemmnissen (u. a. fehlende Kapazitäten in den Betrieben, ungeeignete Kandidaten, unpassende Trainingsinhalte, hohe Kosten sowie bürokratische Hindernisse) sehen die CBI sowie die BCC Handlungsoptionen in einem fundierteren Zusammenspiel der Unternehmen mit den Schulen, um die Jugendlichen mit den durch die Arbeitgeber nachgefragten Kenntnissen, Fertigkeiten und Fähigkeiten (*skills and knowledge*) auszustatten (CBI 2008, S. 20, S. 47 ff.; Anonym 1998, S. 9). Im Speziellen das Angebot von Arbeitserfahrungen für die Jugendlichen im Rahmen der allgemeinbildenden Schule werten die Arbeitgeber als Chance für die Entwicklung der *employability skills* derselben (CBI 2008, S. 47).

Gemäß der regelmäßigen Unternehmensbefragung des LSC zum Ende der Periode sind die Arbeitgeber, die 16 bis 24-jährige Schul- und Universitätsabgänger einstellen, dagegen größtenteils mit diesen zufrieden. Eine signifikante Minderheit von annähernd 20 bis 30 Prozent beklage jedoch ihre *work-readiness* (LSC 2006, S. 99, 2008a, S. 18; siehe auch CBI 2008, S. 15):

> *„The employers who source recruits straight from education tend to be happy with the quality of the people they take on, particularly in the case of graduates. However, almost a third of employers recruiting 16-year-old school leavers (31 per cent), a quarter of those recruiting 17- or 18-year-old school or college leavers (24 per cent) and one in eight recruiting graduates (12 per cent) find them to be poorly prepared. Where the recruits are poorly prepared for the jobs they are recruited to, this is most commonly in terms of personal attributes and/or because of their lack of experience, rather than explicitly in terms of skills. The data suggest that the longer an individual spends in education the more likely they are to be equipped with the personal attributes that employers require, although this is perhaps as likely to be a function of age as of the benefits of education per se"* (LSC 2006, S. 16).

Der Fragebogen enthält Merkmale aus drei Kategorien, die wie folgt definiert werden (LSC 2006, S. 102):

„Skills/competencies	Numeracy skills; literacy skills; technical, practical or job-specific skills; basic IT/computer skills Customer service skills; office/ administration skills; written communication skills. Oral communication skills; organisational skills; team working skills
Personal attributes	Lack of motivation/enthusiasm/commitment; work ethic/poor attitude to work; time keeping skills/punctuality; poor attitude (inc. manners/respect); working long hours/hard work; discipline Social/people skills; common sense; initiative; confidence; responsibility; personal appearance/presentation.
Experience/maturity	Poor education/general knowledge/skills; lack of life/working world experience; experience (business/practical)"

Die befragten Arbeitgeber empfinden, dass die Jugendlichen vorwiegend im Bereich der Arbeits- und Lebenserfahrung (*life/working world experience*) sowie der Motivation/dem Enthusiasmus und Committment aus der Kategorie *personal attributes* Defizite aufweisen. Aus dem Bereich der *skills/competencies* fehlt es den Jugendlichen hauptsächlich an *oral communication skills* sowie *numeracy skills* (LSC 2006, S. 101; siehe auch LSC 2008a, S. 19).

Insgesamt steigt die Zufriedenheit der Arbeitgeber mit dem Alter und der Höhe des Abschlusses der Jugendlichen. Ob die längere Teilhabe im Bildungssystem oder die Reifung aufgrund des höheren Alters für die größere Zufriedenheit der Arbeitgeber mit älteren Berufseinsteigern verantwortlich ist, wird nicht differenziert. Eine schlechte Vorbereitung durch die allgemeinbildenden Schulen, was auf eine bildungswissenschaftlich-pädagogische Argumentation deuten würde, wird ebenfalls nicht explizit als Argument aufgenommen.

7.2.3.3 Zusammenfassung und Positionsanalyse der Kausalattributionen

Die Positionsanalyse der Akteure dieser Periode ergibt das Bild in Abbildung 7.4.

Alle in dieser Periode aktiv am Diskurs beteiligten Akteure nehmen die **pädagogisch-bildungswissenschaftliche Perspektive** ein.

Der LSC ist nicht in der Grafik aufgenommen, da sie lediglich die Meinung der befragten Arbeitgeber wiedergeben, ohne eine eigene Argumentation aufzubauen.

7.2 Der englische Diskurs im Zeitverlauf

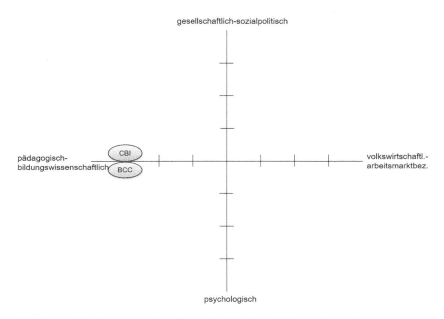

Abbildung 7.4 Positionsanalyse England dritte Periode (eigene Darstellung)

Anders ist dies mit Blick auf die Argumentation der Arbeitgebervertretungen. Sowohl die CBI als auch die BCC nehmen in dieser Periode ebenfalls die pädagogisch-bildungswissenschaftliche Perspektive ein. Die Argumentationslinien weisen Parallelen auf, auch wenn die Argumentation der CBI komplexer ist als die der BCC.

Als Problem identifizieren beide Arbeitgebervertretungen, dass die Schulabgänger nicht die notwendigen Voraussetzungen aufweisen, die von den Arbeitgebern beim Eintritt in die Arbeitswelt nachgefragt werden. Als Ursache begreift die CBI die sich wandelnde Arbeitswelt, die wegen des technologischen Wandelns und der Globalisierung umfassendere Anforderungen an die Arbeitnehmer stellt. Diese erhöhten Anforderungen werden durch die Schulen nur unzureichend vermittelt. Dadurch kommt es zu einem Fachkräftemangel in den britischen Unternehmen, der wiederum international gesehen Wettbewerbsnachteile nach sich zieht. Die BCC spricht auch von Reparaturarbeiten (*remedial action*), die die britischen Unternehmen durchführen müssten, um die Schulabgänger beschäftigen zu können. Die Verantwortung zur Handlung sieht die CBI in einer Kooperation jeglicher beteiligten Akteure: Individuum, Arbeitgeber, Regierung, Bildungs- und Trainingsanbieter sowie andere Support-Organisationen. Die Aufgabe der Regierung ist dabei die Schaffung der notwendigen Rahmenbedingungen, insbesondere für qualitativ hochwertige Apprenticeships sowie für Kooperationsmöglichkeiten zwischen Wirtschaft und Schule (z. B. im Rahmen der Schaffung von Arbeitserfahrungen).

Die Argumentation der Arbeitgebervertretungen weist somit attributionstheoretische Muster auf. Zudem argumentieren beide Organisationen aus pädagogisch-bildungswissenschaftlicher Perspektive. Kern der Argumentation ist eine unzureichende *employability*, die einen Mangel an geeigneten Bewerbern bewirkt, und die aufgeworfene Frage, wie dem entgegengewirkt werden kann. Den Rahmen der Argumentation bilden die Wettbewerbsnachteile der britischen Gesamtwirtschaft infolge des Fachkräftemangels, also ein gesamtwirtschaftliches und gesamtgesellschaftliches Phänomen.

7.2.4 Vierte Periode 2009 bis 2013

7.2.4.1 Kontext

In dieser Periode regiert von 2010 bis 2015 eine Koalition aus den Konservativen mit den Liberal-Democrats unter Premierminister David Cameron. Diese Regierung erkennt gemäß der BCC die Relevanz von Bildung und Ausbildung an. Sie unterstützt unter anderem die Schaffung von 75.000 weiteren Ausbildungsplätzen (LCCI 2010, S. 8).

Kennzeichen der vorliegenden Periode ist eine hohe Arbeitslosigkeit. Die durch die Finanzkrise 2008 ausgelöste Rezession wirkt sich negativ auf die Arbeitslosenquote insgesamt und die Jugendarbeitslosigkeit im Besonderen aus (UKCES 2010b, S. 1, 2012b, S. 1; siehe auch unionlearn 2013, S. 3).

> „Workers between 16 and 24 saw the steepest fall in numbers due to a decline in the activity rate and an increase in the unemployment rate" (UKCES 2010a, S. 7).

Die Erholung der Wirtschaft schreitet im Verlauf der Periode nur langsam voran (CBI 2011a, S. 8, 2012, S. 9), erst ab 2013 spricht die CBI wieder von wirtschaftlichem Wachstum (CBI 2013, S. 11). Neben den Folgen der Finanzkrise ist Großbritanniens Wirtschaft weiteren Herausforderungen, wie der anhaltenden Globalisierung, dem technologischen Wandel und sich ändernden Konsumentenwünschen ausgesetzt (CBI 2009b, S. 17; UKCES 2014b, Foreword). Hinzu kommt eine Ausweitung der wissensintensiven Industriezweige in Verbindung mit einem Trend zur Höherqualifizierung:

> „Between 1979 and 2010 employment in knowledge-intensive industries increased by around 90% compared with 13% across all industries. Nearly half of all UK employment was in the knowledge-intensive industries by 2010" (LCCI 2010, S. 10).

> „In a generation we have gone from a workforce where most people had no formal qualifications and high level qualifications were rare to one where few have no qualifications and higher level qualifications have become much more commonplace" (LCCI 2010, S. 12).

Das bedeutet, dass auf der einen Seite mehr Arbeitsplätze in wissensintensiven Sektoren entstehen als in den anderen Sektoren, auf der anderen Seite verfügen immer mehr Absolventen des Bildungssystems über höhere Qualifikationen, im allgemeinbildenden wie beruflichen Bereich.

7.2.4.2 Argumentationsmuster

Trotz dieser Entwicklung klagen die Arbeitgeber darüber, dass das Bildungssystem die wirtschaftliche Erholung nicht bzw. nur unzureichend unterstütze. Sie argumentieren, dass ein unzureichendes *skill level* der Arbeitnehmerschaft zu einem erheblichen Wettbewerbsnachteil für die britische Wirtschaft führe (CBI 2009b, S. 7; siehe auch CBI 2011a, S. 9, 2012, S. 22, 2013, S. 32). Zum Ende der Periode mit der Erholung der Wirtschaft verschärft sich der Fachkräftemangel (CBI 2013, S. 5). Ferner seien die Kosten der Jugendarbeitslosigkeit für die britische Wirtschaft immens (CBI 2010b, S. 5, 2011a, S. 21, 2012, S. 23). Obwohl die Lage auf dem Arbeitsmarkt angespannt sei, hätten die Unternehmen Probleme, geeignete Kandidaten für ihre offenen Stellen zu finden:

> „Even though the UK currently has a slack labour market, businesses argue that there is a severe lack of the skills that suit their needs. Furthermore, confidence in recruiting individuals that have recently left the education system is low across all businesses. This raises serious implications for the UK labour market in the medium and long-term, with young people, in particular, likely to face significant challenges moving into employment. Whilst apprenticeships may present an excellent opportunity for young people to get that first step on the ladder, this report found that, despite extensive Government encouragement, businesses are finding it increasingly difficult to offer apprenticeships to young people" (BCC 2011b, S. 26; siehe auch LCCI 2010, S. 7; CBI 2011a, S. 4, 2013, S. 5).

Während einesteils immer mehr Arbeitnehmer für ihre Tätigkeit überqualifiziert sind, klagen anderenteils Arbeitgeber, dass viele Absolventen des Bildungssystems – immer noch nicht – über die notwendigen grundlegenden Fähigkeiten und Fertigkeiten verfügen (LCCI 2010, S. 7; CBI 2009a, S. 12, 2011a, S. 4). Die Klagen betreffen nicht allein die Absolventen der allgemeinbildenden Schule, sondern auch die von Colleges und Universitäten. Die BCC verweist in ihrer Argumentation zudem darauf, dass die Klagen der Arbeitgeber alt und die 1989 durch die CBI gestellten Forderungen unerhört geblieben seien (siehe auch Abschnitt 7.2.2).

„Some employers are frustrated that individuals, including some university leavers, do not demonstrate many of the generic skills that employers are looking for – 19% of establishments reported a skills gap in 2009. This is despite long-standing recognition of skills for the workplace being a problem: in 1989, the Confederation of British Industry (CBI) called for a skills revolution, issuing a call for schools, colleges and universities to increase the provision of ‚employability skills'. Twenty years on, there has been no revolution and we are still discussing a lack of ‚employability' skills with the incentives for education providers remaining focused on qualifications targets rather than preparation for the workplace" (LCCI 2010, S. 7).

Im Zentrum der Debatte stehe das Argument

„that the provision of ‚employability skills' in this country is poor, and that vocational education is divorced and considered inferior to academic education. As Roberts states, ‚the emphasis on a set of core academic skills, and a culture of intensive testing, has too often squeezed out another set of skills – how to think creatively, how to collaborate, how to empathise – at the very time when they are needed more ever'" (LCCI 2010, S. 24).

Damit nimmt die BCC die pädagogisch-bildungswissenschaftliche Perspektive ein. Als Ursache identifiziert sie das auf akademische Bildung ausgerichtete System (mangelnde parity of esteem), das zum einen Qualifikationen und nicht die Vorbereitung auf die Arbeitswelt fördere. Dadurch käme die Vermittlung der *soft skills*, wie Kommunikationsfähigkeiten, oder kritisches Denken zu kurz. Diese gewännen jedoch für die Arbeitswelt zunehmend an Bedeutung (LCCI 2010, S. 3 f.).

Ferner nimmt die CBI die pädagogisch-bildungswissenschaftliche Perspektive ein und klagt über ein unzureichendes Niveau an *basic skills* der Schulabsolventen. Sie erkennt an, dass es die Aufgabe der Arbeitgeber sei, die jungen Absolventen für die Ausführung spezifischer Aufgaben auszubilden, ein Mindestmaß an „core skills – literacy, numeracy, and wider employability skills – which

7.2 Der englische Diskurs im Zeitverlauf

enable them to operate effectively from the outset of their working life" (CBI 2011a, S. 21) müsse jedoch vorhanden sein. Zu viele Jugendliche verließen die Schulen ohne dieses Mindestmaß an *core skills* und die Arbeitgeber müssten die Reparaturarbeiten leisten, was jedoch nicht in ihrem primären Aufgabengebiet liege. Es sei vielmehr die zentrale Aufgabe und damit auch die Verantwortung der Schulen, die Jugendlichen auf „successful and fulfilling lives" (CBI 2010b, S. 3, 2011a, S. 6, 2011a, S. 21) vorzubereiten.

> *„More than a third of students leave school without demonstrating strong competence in maths and English – 37% of students fail to achieve an A*-C in English GCSE, and 44% fail to achieve the same benchmark standard in maths. […] But the large number of children falling well below this measure is leading to a basic skills deficit in the UK workforce. To address this, employers invest heavily in remedial training – over half (52%) of employers have provided basic literacy, numeracy or IT training for staff in the last 12 months, according to the most recent CBI/Pearson employment trends survey. There is, however, an understandable level of frustration among employers that they have to pick up the pieces to support those who left full-time education without the most basic skills they will need in their working lives"* (CBI 2009b, S. 23; siehe auch CBI 2010b, S. 6, 2013, S. 6).

Die Ergebnisse der GCSEs dienen als empirische Evidenz für die Untermauerung der Argumentation. Im Verlauf der Periode wird neben den GCSE-Ergebnissen auch Großbritanniens schlechtes Abschneiden in der PISA-Studie als empirische Evidenz für eine unzureichende Schulbildung aufgeführt (CBI 2013, S. 5). Die Notwendigkeit der Verbesserung derselben, auch um die Jugendarbeitslosigkeit zu verringern, wird durch die CBI unterstrichen (CBI 2013, S. 5, 12):

> *„While our two countries [die USA und Großbritannien] are different, there is perhaps sufficient commonality for us to reflect on how we too keep up with the emerging economic superpowers. We should be in no doubt about the critical importance of knowledge, skill and innovation in driving continued prosperity for our nation and for each and every one of us.*
>
> *Youth unemployment remains stubbornly high, so now perhaps more than ever, business, government and the education community must work together to create the right conditions for young people to learn what they need to secure the best employment prospects possible.*
>
> *At the heart of this effort must be a collective ambition to ensure that the qualifications and skills people acquire at school, college, university or in work are truly world class. The UK should set itself the goal of being the global leader in the race for knowledge, skill and innovation. The reputation of our educational institutions and qualifications remains high, but we can do better with much closer engagement*

between these institutions and employers" (CBI 2013, S. 5, Einfügung durch die Autorin).

Neben Defiziten in den schulischen Basiskenntnissen sieht die CBI auch die *employability skills*, im Sinne von Problemlösefähigkeiten, Teamfähigkeit und Zeitmanagement (Verständnis), der Jugendlichen Schulabgänger als defizitär an (CBI 2010a, S. 6, 2011a, S. 9). Die Arbeitgeber erwarteten keine *job ready* Jugendlichen, diese müssten jedoch mindestens die notwendigen *employability skills* sowie *literacy and numeracy skills* aufweisen. Die CBI unterscheidet damit in dieser Periode definitorisch zwischen den *employability skills* auf der einen und den *literacy and numeracy skills* auf der anderen Seite. Während Erstere eher die Seite der soft skills abbilden, sind Letztere mit den schulischen Basiskenntnissen vergleichbar. Beide Elemente werden gleichermaßen von den Schulabgängern erwartet, um den Übergang von der Schule in den Arbeitsmarkt zu bewerkstelligen. Externe Entwicklungen wie die Globalisierung sowie eine veränderte Arbeitswelt führten zu neuen Herausforderungen an die Arbeitnehmer, welchen unter anderem durch die genannten *skills* begegnet werden könnte (CBI 2010a, S. 23). Diese herzustellen sei Aufgabe der Schulen und Colleges, welche durch die Regierung unterstützt werden müssten. Letztgenannte müsse die Vermittlung von *employability skills* in Schulen zu ihrer *top priority* machen (CBI 2010a, S. 4, S. 11; siehe u. a. auch CBI 2010b, S. 3 ff., 2011a, S. 10; LCCI 2010, S. 4 f.).

„Schools and colleges must ensure young people develop the knowledge and skills they will need for their future working lives. Employers do not expect schools, colleges and universities to produce 'job-ready' young people – they recognise it is their responsibility to train employees to do their jobs. But at the very least, young people must enter the labour market literate, numerate and employable" (CBI 2010a, S. 22).

Neben den *employability* und *basic skills* stellt eine positive *attitude to work* aus Arbeitgebersicht ein entscheidendes Merkmal bei der Rekrutierung von jugendlichen Schulabgängern dar (u. a. CBI 2013, S. 23).

Die UKCES erkennt an, dass häufig argumentiert wird, das britische Bildungssystem bereite Jugendliche nur unzureichend auf die Arbeitswelt vor. Um den Klagen zu begegnen führt sie eine eigene Umfrage durch und fragt die Arbeitgeber direkt nach ihrer Zufriedenheit mit den Schulabgängern. Gemäß dieser Umfrage ist ein Großteil der Arbeitgeber mit der Vorbereitung der Jugendlichen auf die Arbeitswelt zufrieden:

7.2 Der englische Diskurs im Zeitverlauf

> „*It is often argued that the UK's education system does not do enough to prepare young people for the world of work. UKCES 2013 asked employers directly how well prepared for work they had found the young people they had recruited from education. In line with 2011 findings, the majority of employers found the majority of education leavers at each educational stage to be well prepared*" (UKCES 2014b, S. 85).

Die wahrgenommene Zufriedenheit in dieser Periode stimmt laut den Unternehmensbefragungen der UKCES mit der Vorperiode überein. Rund 60 Prozent der Unternehmen sind prinzipiell mit der Qualität der Jugendlichen zufrieden, die Zufriedenheit steigt mit der Verweildauer im Bildungssystem (UKCES 2010b, S. 1, 2012c, S. 17, 2014b, S. 85). Die Zahl der Unternehmen, die junge Schulabgänger einstellen, ist im Vergleich zur Vorperiode jedoch signifikant gesunken (UKCES 2010b, S. 27). Entgegen diesen Zahlen vermitteln Unternehmensbefragungen der BCC ein anderes Bild:

> „Business confidence in qualifications is low at all levels. 45% of businesses are very or fairly confident in recruiting a graduate, 28.6% of businesses are very or fairly confident in recruiting a school leaver with A-Levels or equivalent" (BCC 2011b, S. 4).

Nach der BCC-Umfrage ist nur eine Minderheit der Arbeitgeber zuversichtlich für die Rekrutierung von Schulabgängern. Sowohl die UKCES als auch die BCC schaffen somit ihre eigene empirische Evidenz zur Untermauerung ihrer Argumentationslinie. Der Unterschied in den Zahlen beruht auf der Stichprobe. Während die UKCES einzig Unternehmen befragt hat, die Schulabgänger eingestellt haben, hat die BCC jedwede Unternehmen befragt. Das lässt darauf schließen, dass Unternehmen prinzipiell Vorbehalte gegen die Rekrutierung von Jugendlichen vorweisen. Die Erfahrungen, die sie mit ihnen nach der tatsächlichen Rekrutierung machen, sind jedoch in erster Linie positiv.

In einem anderen Bericht der UKCES wird Arbeitslosigkeit in einem direkten Zusammenhang mit einem geringen Bildungsniveau gesehen („Worklessness is a particular problem for those with low skills" (UKCES 2011, S. iii)), da die Arbeitsmöglichkeiten für Schulabgänger mit geringen Qualifikationen, schulischen Basiskenntnissen sowie mangelnder employability beschränkt seien:

> „*There is clear evidence that employment prospects are severely restricted for those leaving education with no qualifications or limited employability or basic skills*" (UKCES 2011, S. iii).

Mit dieser Aussage wird ein klarer Zusammenhang zwischen dem Bildungsniveau der jugendlichen Schulabgänger inklusive ihren *employability skills* und *basic skills* sowie den Chancen auf einen gelungenen Übergang von der Schule in den Arbeitsmarkt hergestellt. Die UKCES nimmt insofern die pädagogisch-bildungswissenschaftliche in Verbindung mit der gesellschaftlich-sozialpolitischen Perspektive ein.

In Ergänzung zu den für den *Employer Skills Survey* erhobenen Daten der UKCES veröffentlicht dieselbe 2012 den Report „Why businesses should recruit young people" (UKCES 2012a). Für diesen Bericht bezieht sich die UKCES auf Daten der CBI (CBI 2011a) und der BCC (BCC 2011a) sowie auf das White Paper von Alison Wolf (Wolf 2011). Hier heißt es:

„There is no denying that some employers have very negative views about hiring young people, questioning their preparedness for work, their basic skills and their attitudes (Wolf 2011; BCC 2011a; CBI 2011a). One problem with this is that they tend to regard all young people as the same – even when this is not the case – and, consequently, are reluctant to recruit anyone from this age group" (UKCES 2012a, S. 2).

Die UKCES erkennt an, dass manche Arbeitgeber Vorbehalte haben, jugendliche Schulabgänger einzustellen. Sie kritisiert jedoch, dass die Jugendlichen dabei von diesen Arbeitgebern allgemein, ohne Differenzierung, als nicht *work ready* angesehen würden. Wie die Arbeitgeberumfrage der UKCES desgleichen offenkundig macht, änderten Erfahrungen mit der Einstellung von Jugendlichen oft die Ansicht der Arbeitgeber über diese (UKCES 2012a, S. 2; siehe auch UKCES 2011).

Die UKCES spricht sich damit gegen die Verallgemeinerung einer unzureichenden Vorbereitung auf die Arbeitswelt von jugendlichen Schulabgängern aus. Sofern die Bedenken begründet sind, weist sie die Verantwortung für Handlungsmaßnahmen den Schulen, Colleges und Jugendlichen zu:

„Clearly where there is a basis for such negative perceptions then remedial action is required by schools and colleges and by young people themselves. Nonetheless, not all employers hold such views and young people are not all the same. Often experience of employing young people will change employers' negative views into a more positive perspective" (UKCES 2012a, S. 2).

Die Gewerkschaftsseite erkennt die Probleme der Jugendlichen bei dem Übergang von der Schule in die Arbeitswelt an, ohne auf die konkreten Ursachen derselben einzugehen (unionlearn 2013). Im Rahmen der Handlungsaufforderungen nimmt

7.2 Der englische Diskurs im Zeitverlauf

der TUC jedoch klar die volkswirtschaftlich-arbeitsmarktbezogene Perspektive ein, indem er folgende Forderungen stellt (unionlearn 2013, S. 3 f.):

- Schaffung von Arbeitsplätzen, auch für junge Menschen, durch wirtschaftsfördernde Investitionen;
- qualitativer und quantitativer Ausbau von Apprenticeships;
- Beteiligung der Finanzierung der Arbeitgeber an der Ausbildung bzw. dem Training junger Schulabsolventen, z. B. durch eine Ausbildungsplatzabgabe (*levy*);
- Schaffung staatlich subventionierter finanzieller Anreize für Arbeitgeber für die Beschäftigung junger Schulabsolventen.

Lediglich eine Maßnahme zielt teilweise auf eine pädagogisch-bildungswissenschaftliche Perspektive ab. Die Schaffung von qualitativ hochwertigen Möglichkeiten zur Sammlung von Arbeitserfahrungen im Rahmen der Schul- und/oder Collegezeit (unionlearn 2013, S. 4).

Dies wird auch vonseiten der Arbeitgeber gefordert. Schulen und Wirtschaft müssten zum einen enger kooperieren und die in der Schule vermittelten Kenntnisse, Fertigkeiten und Fähigkeiten müssen auf die spätere Arbeitstätigkeit vorbereiten, und somit *work relevant* sein (CBI 2013, S. 26). Bei der Identifizierung der *work relevanten* Inhalte könnten die Arbeitgeber unterstützen (CBI 2009a, S. 5, 2013, S. 23). Zum anderen sehen die Arbeitgeber Arbeitserfahrungen als wertvolles Instrument für die Vorbereitung der Jugendlichen auf das Arbeitsleben und, daraus folgend, den gelungenen Übergang von der Schule in die Arbeitswelt an (CBI 2010a, S. 25, 2013, S. 29; siehe auch LCCI 2010, S. 4 f.). Arbeitgeber spielen hier im Rahmen der Bereitstellung solcher Arbeitserfahrungen eine zentrale Rolle:

> „Work experience is crucial in helping the transition from education to work. It is an excellent opportunity to develop employability skills and for young people to gain understanding of why they matter. Employers attach great importance to it, with 88% believing it vital that young people go on work experience before they leave school or college" (CBI 2010a, S. 29; siehe auch LCCI 2010, S. 4 f.).

Als Lösungsmöglichkeit für einen besseren Übergang von der Schule in den Arbeitsmarkt von Jugendlichen, die von der UKCES (UKCES 2011, S. iii) und gleichfalls von den Arbeitgebern vertreten wird (CBI 2009a, S. 12, 2010a, S. 11, 2013, S. 4; BCC 2011b, S. 5), wird die Bildung der *employability* und *basic skills* vor dem Verlassen der allgemeinbildenden Pflichtschule gesehen. Nach Ansicht der CBI müssten Schulen die Entwicklung der *employability skills* zu ihrer "top priority" (CBI 2011a, S. 18) machen. Die Aufgabe der Regierung sei es, die entsprechenden Rahmenbedingungen für die Schulen zu schaffen. So schlägt die BCC vor:

> *„Issue* – *As has been widely reported the education system is failing to provide young people with the skills that businesses are looking for. These include poor numeracy and literacy levels as well as the softer skills such as professionalism or communication skills. Interview technique and CV writing is also often poor.*
>
> **Action required** – *Employable and basic enterprise skills need to be taught to young people in schools in order to prepare them for the work-place. The Department of Education needs to review the content and delivery of core subjects.*
>
> **Recommendations** – *Within each core subject taught in schools, the practicable application of the subject should be a key part of the syllabus, so that young people can transfer what they learn into employable skills that businesses are looking for. For example business economics should be taught alongside theoretical maths to complement the existing syllabus. There is too much emphasis on exam results and not enough on the transfer of learning to practical contexts"* (BCC 2011b, S. 24, Hervorhebung im Original).

Um der fehlenden Gleichwertigkeit von beruflicher und akademischer Bildung entgegenzuwirken und den Übergang von der Schule in die Arbeitswelt für die Jugendlichen zu erleichtern, wird durch die Arbeitgeber als zentrales Element eine Verbesserung der Berufsorientierung (career advice) gefordert. Vielen Jugendlichen würde das Verständnis über die verschiedenen Laufbahnmöglichkeiten (z. B. Apprenticeships) sowie die notwendigen Qualifikationen, um diese einzuschlagen, fehlen (CBI 2012, S. 24, S. 30, 2013, S. 4). Die Arbeitgeber sind willig, die Schulen bei der Berufsorientierung zu unterstützen (CBI 2013, S. 7). Damit berücksichtigen die Arbeitgeber im Hinblick auf die Lösungsvorschläge die psychologische Perspektive.

Apprenticeships bilden eine Option, um den Übergang von der Schule in die Arbeitswelt für die Jugendlichen einfacher zu gestalten. Die Einstellung jugendlicher Auszubildender für die Unternehmen stelle sich jedoch häufig als problematisch dar. Eine Begründung, warum die Einstellung problematisch ist, gibt die CBI jedoch nicht (CBI 2013, S. 8). Die CBI fordert eine Ausweitung der *higher apprenticeships* (siehe weiterführend Brockmann et al. 2010, S. 112; Abschnitt 3.2.2) sowie eine stärkere Nachfrageorientierung des Apprenticeship-Systems, um den Nutzen für die Unternehmen sowie die Steuerzahler zu erhöhen (CBI 2013, S. 50).

7.2 Der englische Diskurs im Zeitverlauf

Die Ausbildungsplatzabgabe als politisches Instrument für die Reduzierung der Jugendarbeitslosigkeit wird erstmals in dieser Periode in den untersuchten Reports erwähnt. Vonseiten der UKCES werden die besagten Reports zwar nicht als Lösungschance thematisiert, nichtsdestotrotz spricht sich die CBI explizit gegen die Einführung der Ausbildungsplatzabgabe und für freiwillige Lösungen aus:

„*And finally – what doesn't work?*

Despite suggestions that compulsion could be revisited, the Leitch Review is right to have focused on incentives and reforms, rather than compelling firms to train, for which a good case has never been made. As Leitch highlights in his final report, a blunt, one size fits all' form of compulsion is unlikely to be effective. CBI members would strongly oppose the introduction of compulsion for training. Training levies add bureaucracy but do not increase training. Training levies failed in the past to deliver increased training, with employers spending their time bureaucratically accounting for training costs to avoid the levy" (CBI 2009a, S. 44; siehe auch CBI 2011b, S. 7).

7.2.4.3 Zusammenfassung und Positionsanalyse der Kausalattributionen

Die Positionsanalyse für diese Periode ergibt das Bild in Abbildung 7.5.

Im Gegensatz zur vorhergehenden nehmen die Akteure in dieser Periode unterschiedliche Positionen ein. Während die Arbeitgebervertretungen weiterhin aus der pädagogisch-bildungswissenschaftlichen Perspektive mit psychologischen Elementen argumentieren, trägt die UKCES ihre Ansicht aus einer pädagogisch-bildungswissenschaftlichen in Verbindung mit der gesellschaftlich-sozialpolitischen Perspektive und der TUC aus einer volkswirtschaftlich-arbeitsmarktbezogenen Perspektive mit pädagogisch-bildungswissenschaftlichen Elementen vor.

Trotz dieser unterschiedlichen Perspektiven in den Argumentationsmustern ist allen vier Akteuren gemein, dass zunächst die Klagen der Arbeitgeber über die unzureichende Bildung der Schulabgänger beachtet werden. Die Reaktion auf diese Erkenntnis fällt jedoch unterschiedlich aus.

Die Arbeitgeberseite vertritt eine **pädagogisch-bildungswissenschaftliche Perspektive mit psychologischen Elementen**. Sie identifizieren die schlechte Vorbereitung der Jugendlichen auf die Arbeitswelt als Problem. Dadurch könnten vakante Stellen, trotz hoher Arbeitslosigkeit, nicht besetzt werden und dies evoziert in zweiter Konsequenz Wettbewerbsnachteile der britischen Wirtschaft. Als empirische Evidenz für ihre Argumentation nutzt die Arbeitgeberseite die GCSE- sowie PISA-Ergebnisse, die das schlechte Abschneiden der englischen Schüler im Bereich der schulischen Basiskenntnisse beweisen. Als Verursacher betrachten

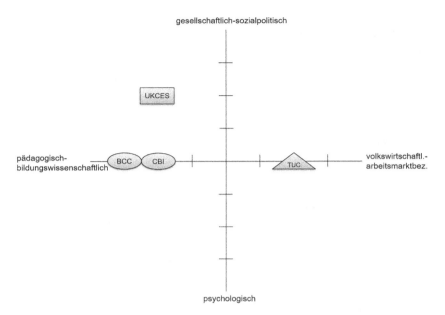

Abbildung 7.5 Positionsanalyse England vierte Periode (eigene Darstellung)

sie die Schulen als kollektiven Akteur, die die Jugendlichen nicht ausreichend auf die Arbeitswelt vorbereiten. Diesen obliegt nach Ansicht der Arbeitgeber auch die Verantwortlichkeit zur Handlung, indem sie die Jugendlichen besser vorbereiten. Daneben soll die Regierung die entsprechenden Rahmenbedingungen schaffen. Sie fordern die Regierung nachdrücklich auf, die Herstellung der *employability skills* auf die politische Agenda zu setzen und zu ihrer Topriorität zu machen. Dadurch könne auch die Jugendarbeitslosigkeit gemindert werden. Als Lösungsvorschläge führen die Arbeitgeber eine engere Kooperation zwischen Schule und Wirtschaft sowie eine Verbesserung der Berufsorientierung und des Apprenticeship-Systems ins Feld. Der erstgenannte Punkt zielt insbesondere auf eine bessere, wirtschaftsorientierte Bildung der Jugendlichen ab, die beiden letztgenannten auf zielgerichtetere Laufbahnen der Jugendlichen und das Einschlagen von in der Wirtschaft nachgefragten Karrieren, die auch auf berufliche Wege ausgelegt sind. Durch den letztgenannten Aspekt wird die psychologische Perspektive in die Argumentation aufgenommen. Damit argumentiert die Arbeitgeberseite klar

7.2 Der englische Diskurs im Zeitverlauf

kausalattributorisch mit dem erklärten Ziel, das Thema *employability skills* oben auf die politische Agenda zu setzen.

Der TUC argumentiert aus einer **volkswirtschaftlich-arbeitsmarktbezogenen Perspektive mit pädagogisch-bildungswissenschaftlichen Elementen**. Als Problem identifiziert er allgemein Schwierigkeiten Jugendlicher bei dem Übergang von der Schule in den Arbeitsmarkt. Eine Ursache und auch ein Verursacher werden nicht klar benannt. In der Verantwortung, das Problem zu lösen, sieht der TUC die Regierung sowie die Arbeitgeber. Letztgenannte sollen qualitativ und quantitativ mehr Ausbildungs- und Arbeitsplätze für jugendliche Schulabgänger schaffen. Die Regierung soll dies durch die Einführung von steuernden Elementen wie einerseits Subventionen für z. B. ausbildende Betriebe und andererseits Abgaben wie die *Training Levy* unterstützen. Damit weist die Argumentation der Gewerkschaftsseite kausalattributorische Elemente auf, eine kausalattributorische Argumentation im Rahmen eines politischen Agenda Settings kann jedoch nicht identifiziert werden.

Die UKCES argumentiert zwar desgleichen aus der **pädagogisch-bildungswissenschaftlichen Perspektive, jedoch mit starken gesellschaftlich-sozialpolitischen Elementen**. Sie akzeptiert, dass die Arbeitgeber die Vorbereitung der Jugendlichen als Problem identifizieren, erkennt dieses Hindernis ihrerseits jedoch explizit nicht an. Sie identifiziert, dass der Übergang von der Schule in die Arbeitswelt von Jugendlichen mit geringeren Bildungsabschlüssen häufig problematisch verläuft. Diese Jugendlichen hätten somit ein erhöhtes Risiko, arbeitslos zu werden. Als Verursacher für die Schwierigkeiten auch anderer Jugendlicher bei dem Übergang von der Schule in die Arbeitswelt sieht die UKCES die Arbeitgeber an, die häufig nicht zwischen den Jugendlichen differenzieren würden. Diese Erkenntnis wird mit einer eigenen empirischen Studie als Evidenz belegt. Konkrete Handlungsvorschläge, um diesem Problem zu begegnen, werden nicht gegeben. Die UKCES räumt aber ein, dass in begründeten Fällen der Bedenken der Arbeitgeber bezüglich der Vorbereitung der Jugendlichen auf die Arbeitswelt die Schulen und die Colleges oder die Jugendlichen selbst verantwortlich seien. Wie diese Verantwortlichkeit aussieht, wird nicht weiter spezifiziert. Die UKCES folgt damit weder der Argumentation der Arbeitgeber- noch derjenigen der Arbeitnehmerseite. Überdies macht ihre Argumentation lediglich einzelne kausalattributorische Elemente augenscheinlich, weshalb auch bei der UKCES eine kausalattributorische Argumentation im Rahmen eines politischen Agenda Settings nicht registriert werden kann.

7.2.5 Fünfte Periode 2014 bis 2017

7.2.5.1 Kontext

Politisch wird 2015 die Koalition aus den Konservativen mit den Liberal-Democrats durch eine rein konservative Regierung ersetzt. David Cameron bleibt bis 2016 Premierminister Nach seinem Rücktritt im Anschluss an das Brexit-Referendum wird Theresa May zur neuen Premierministerin ernannt.

Spezifische Eigenheit diese Periode ist eine unterdurchschnittliche Arbeitslosigkeit. Die britische Wirtschaft hat sich von der durch die Finanzkrise 2008 ausgelösten Rezession erholt und mit ihr der Arbeitsmarkt (UKCES 2014a, S. 5, 2016, S. 1; CBI 2014, S. 10, 2015, S. 10). Auch die Jugendarbeitslosigkeit nimmt signifikant ab (CBI 2014, S. 10), dennoch ist sie im Vergleich zu anderen Industrieländern noch vergleichsweise hoch (CBI 2014, S. 13; UKCES 2014a, S. 5). Als Begründung führt die UKCES auf:

> *„This is a structural problem, reflecting a long-term decline in entry level jobs in industries that young people traditionally go into, and fewer opportunities to combine earning, learning and to progress"* (UKCES 2014a, S. 5).

Auf der einen Seite sinkt damit die Zahl der Arbeitslosen, auf der anderen Seite haben immer mehr Unternehmen Probleme, ihre Stellen zu besetzen. Sie finden nicht die „right people with the right skills" (UKCES 2016a, S. 1; siehe auch CBI 2015, S. 4). Um dem entgegenzuwirken, muss nach Ansicht der CBI am Bildungssystem angesetzt werden:

> *„But we know that to secure long-term growth, education and skills must be the priority. Employers know that there is no more important issue facing the economy than getting our education and skills system right – this is the underpinning of growth and ensuring the UK remains internationally competitive"* (CBI 2014, S. 11).

Jugendliche bei dem Übergang von der Schule in die Arbeitswelt zu unterstützen, sei gerade in Ansehung einer sich verändernden Arbeitswelt von beträchtlichem Belang.

> *„Nowhere is the need for improvement more important than in the transition from school to work. Millions of people in the UK today work in jobs that did not exist when their parents left school and first started work. Changes in technology, markets and customer demand open up new, constantly evolving career opportunities"* (CBI 2014, S. 62).

Neben veränderten Karrieremöglichkeiten seien auch die Anforderungen an die Arbeitnehmer, und damit auch an die jungen Berufseinsteiger, durch die sich veränderte Arbeitswelt und den technologischen Wandel gestiegen (CBI 2015, S. 18, 2016, S. 12, 2017, S. 53). Die (Aus-)Bildung der Arbeitskräfte gewinnt damit (noch mehr) an Bedeutung (CBI 2016, S. 4, 12).

Das im Wahlprogramm der konservativen Regierung definierte Ziel von drei Millionen neuen Ausbildungsverträgen bis 2020 bildet einen Kern der Bildungspolitik der vorliegenden Periode (Conservatives 2015, S. 18).

Um das Ziel der Schaffung von drei Millionen neuen Apprenticeships bis 2020 zu erreichen, hat Großbritannien im April 2017 eine Ausbildungsplatzabgabe für große Unternehmen (Apprenticeship Levy) eingeführt (DfE 2016). Arbeitgeber mit einer jährlichen Lohn- und Gehaltsrechnung von über drei Millionen Pfund müssen 0,5 Prozent derselben als Ausbildungsplatzabgabe zahlen (DfE 2016). Das Geld fließt in Form einer finanziellen Förderung an Unternehmen, die Apprentices ausbilden, zurück (DfE 2016).

Neben der Apprenticeship Levy bestimmt der 2016 beschlossene Brexit den politischen Kontext dieser Periode. Der Brexit hat mittelbaren Einfluss auf die bildungspolitische Diskussion, indem er die Frage aufwirft, „what skills we'll need to ‚home grow' in the absence of free labour movement, and the skills gap is brought into sharper relief" (CBI 2017, S. 6). Durch den Brexit sowie die andauernde unterdurchschnittliche Bildungsleistung in manchen Regionen drohe nach Ansicht der CBI aus dem „skills gap" eine „skills crisis" zu werden (CBI 2017, S. 6).

7.2.5.2 Argumentationsmuster

Um der sinkenden, aber dennoch vergleichsweise hohen Jugendarbeitslosigkeit gegenüberzutreten, müssten die Jugendlichen gemäß der UKCES besser auf die Arbeitswelt vorbereitet werden. Damit nimmt die UKCES die pädagogisch-bildungswissenschaftliche Perspektive in Zusammenhang mit der volkswirtschaftlich-arbeitsmarktbezogenen Perspektive ein. Um dies zu erreichen, spricht sie sich für eine engere Zusammenarbeit zwischen Arbeitgebern und Bildungsanbietern aus:

> *„To create a workforce with the right skills and experience, far greater connectivity is needed between the education system and the world of work – at every level. [...] Exposure to the world of work should be a central feature of every young person's educational experience, regardless of whether they follow a vocational or academic route. Combined with robust and accessible labour market information, this is the backbone of a high quality careers offer for young people. Work experience builds*

attitudes and behaviours in young people that are essential for work and impact positively on educational attainment" (UKCES 2014a, S. 17).

Damit greift die UKCES Forderungen der Arbeitgeber der vergangenen und der aktuellen Periode (CBI 2014, S. 13) nach einer größeren Verzahnung zwischen Arbeitgebern und Bildungssystem auf. Im Vordergrund dieser Zusammenarbeit steht zum einen die Verbesserung der Berufsorientierung (siehe auch CBI 2014, S. 13), zum anderen die Ermöglichung von Arbeitserfahrungen während des Aufenthalts im Bildungssystem. Die UKCES fordert gleichzeitig die Arbeitgeber auf, das Angebot an Plätzen für die Sammlung von Arbeitserfahrungen auszuweiten. Aktuell würden lediglich 30 Prozent der Unternehmen jungen Menschen Plätze für die Sammlung von Arbeitserfahrungen anbieten (UKCES 2014a, S. 17; DfE 2017, S. 59).

Bezüglich der Vorbereitung der Jugendlichen auf die Arbeitswelt (readiness for work) sieht das DfE wenig Handlungsbedarf, da ein Großteil der Arbeitgeber mit den jugendlichen Absolventen zufrieden ist:

> *"A key issue for employers, education providers and policy-makers is whether individuals leaving education to join the workplace are deemed to be well-prepared for their job role. [...] Overall, the majority of employers find their education leavers to be well prepared, and this level of preparedness increases with the level of educational attainment"* (DfE 2017, S. 57).

Wenn Arbeitgeber über die *work readiness* der Jugendlichen klagten, bemängelten sie wie in den vergangenen Perioden in erster Linie „*poor attitude or a perceived lack of working world or life experience*" (DfE 2017, S. 58). Nur wenige Arbeitgeber bemängelten die schulischen Basiskenntnisse der Absolventen (DfE 2017, S. 59).

Diese Ansicht steht teilweise im Gegensatz zu den Aussagen der CBI sowie BCC. Zwar sind auch nach ihnen für die Arbeitgeber die „*wider attitudes and behaviours that set young people up for working life*" (CBI 2014, S. 12) der Jugendlichen von größter Bedeutung („*single most important consideration when young people are seeking that critical first job*" (CBI 2014, S. 48; siehe auch CBI 2016, S. 31)), sie sehen aber auch die schulischen Basiskenntnisse als Grundlage für den Erfolg der Jugendlichen an (CBI 2014, S. 12; BCC 2014a, S. 5). Zu viele Jugendliche verließen jedoch nach wie vor die Schule

> *"without the core of literacy and numeracy they need to be successful in life and work – with 36.4% not achieving a C in GCSE English and 42.4% not reaching this standard in math. The UK's position in international education rankings [PISA]*

7.2 Der englische Diskurs im Zeitverlauf

has stagnated, highlighting the need for action" (CBI 2014, S. 6, Einfügung durch die Autorin; siehe auch CBI 2015, S. 12, 2017, S. 28).

Neben den Defiziten in den schulischen Basiskenntnissen sind 33 Prozent der Arbeitgeber unzufrieden mit den „attitudes to work" und 55 Prozent bemängeln die bestehenden Arbeitserfahrungen („work experience") der Schulabgänger (CBI 2014, S. 48, 2015, S. 37 f., 2016, S. 32, 2017, S. 28 f.; BCC 2014b, S. 18). Diese Erkenntnis sei besorgniserregend, da gerade eine *positive attitude to work* für einen gelungen Übergang von der Schule in die Arbeitswelt von Bedeutung ist. Positive Einstellungen gegenüber der Arbeitswelt müssten daher durch die Schulen aufgebaut werden (CBI 2014, S. 48).

> *„There is no more important contributor to long-term economic success than education, so the quality of our school and college systems is of central importance to employers. Businesses want young people who are rigorous, rounded and grounded – with not only key skills and knowledge, but also, crucially, the attitudes and behaviours needed for success in life and work"* (CBI 2014, S. 45; siehe auch CBI 2015, S. 37).

Damit nimmt die CBI die pädagogisch-bildungswissenschaftliche Perspektive ein. Die GCSE-Ergebnisse sowie Großbritanniens Ergebnisse der PISA-Studie werden – wie in der vorangegangenen Periode – als empirische Evidenz genannt (CBI 2014, S. 6, 11 f., 2015, S. 12). Zuvorderst die Stagnation der britischen Ergebnisse in der PISA-Studie erachtet die CBI als besorgniserregend, da die Bildungsstandards der internationalen Konkurrenz weiter steigen (CBI 2014, S. 11).

Fernerhin klagt die BCC über eine unzureichende Vorbereitung der Jugendlichen auf die Arbeitswelt und nimmt somit ebenfalls die pädagogisch-bildungswissenschaftliche Perspektive ein. Als Lösung stellt sie eine bessere Gleichwertigkeit zwischen akademischer und beruflicher Bildung (parity of esteem) in den Vordergrund, da gerade die berufliche Bildung dazu beitragen könne, Jugendliche auf die Arbeitswelt vorzubereiten:

> *„Employers understand the business case for recruiting young people, but often struggle to identify individuals with the skills and attitude required in the workplace. To prepare young people for their adult lives, schools must combine their focus on academic rigour with strong vocational training opportunities and better preparation of all young people for the realities of work. This will require coordinated interaction with employers"* (BCC 2014a, S. 5).

Als Handlungsfeld sieht auch die CBI die Herstellung einer richtigen Gleichwertigkeit zwischen akademischer und beruflicher Bildung („real parity of esteem" (CBI 2015, S. 4)), zum Beispiel durch die Einführung beruflicher A-Levels.

Als Handlungsaufforderung formuliert die CBI eine Schulreform. Die Schulen sollten dahin gehend reformiert werden, dass diese die Jugendlichen im Sinne der Arbeitgeber ausbilde:

> *„Reform of the education system needs to clearly set out what we want our schools to deliver – young people with not only knowledge and skills but also with the characteristics and behaviours that set them up for success in life and work – and effectively hold schools to account against this"* (CBI 2014, S. 4; siehe auch CBI 2015, S. 4).

Wie sich die Schulreform im Detail ausgestalten soll, wird nicht definiert, ein Vorschlag ist zum Beispiel die Anpassung der Schulüberprüfung, hin zu einem Einbezug der Entwicklung der Verhaltensweisen und Fähigkeiten der Schüler (CBI 2016, S. 32). Neben dieser Reform erkennt die CBI, und auch die BCC, weiterhin Handlungsbedarf im Bereich der Berufsberatung („career guidance") (psychologische Perspektive) (CBI 2014, S. 12, 2015, S. 4; BCC 2014a, S. 7) sowie der Arbeitserfahrung („work experience") (CBI 2014, S. 48, 2016, S. 33). Diese beiden Bereiche zu verbessern, sehen die Arbeitgeber als ihren fokussierten Verantwortungsbereich, durch das Angebot an Plätzen zum Sammeln von Arbeitserfahrungen sowie die Zusammenarbeit mit Schulen im Bereich der Berufsorientierung (CBI 2014, S. 59, 2015, S. 12). Einblicke in die Arbeitswelt, zum Beispiel durch Praktika, beeinflussen die Laufbahnentscheidungen im Zuge dessen positiv (CBI 2015, S. 52). Die BCC schlägt die Einführung einer Career Education vor, die in der Primarschule startet und u. a. die *employability*-Entwicklung der Schüler fokussieren soll (BCC 2014a, S. 3).

Zudem sehen sich die Arbeitgeber in der Verantwortung, ihre Mitarbeiter auszubilden. Dafür benötigen sie jedoch Schul-, College- sowie Universitätsabsolventen, die mit den notwendigen Merkmalen ausgestattet sind (CBI 2014, S. 32). Sie beklagen, dass zu viel Energie in *remedial training* fließe, anstelle von arbeitsplatzrelevanter Aus- und Weiterbildung (CBI 2014, S. 35, 2015, S. 26). Gerade kleine und mittelständische Unternehmen würden beispielsweise mehr Apprentices einstellen, wenn junge Menschen besser auf die Arbeitswelt vorbereitet seien (CBI 2014, S. 40). Damit bringt die CBI die Bereitschaft, Ausbildungsplätze anzubieten, in einen direkten Zusammenhang mit der Vorbereitung der Jugendlichen durch die allgemeinbildenden Schulen.

7.2 Der englische Diskurs im Zeitverlauf

Eine Antwort auf die vergleichsweise hohe Jugendarbeitslosigkeit (DfE 2017, S. 135) und das durch die UKCES wahrgenommene geringe Angebot an Plätzen für die Sammlung von Arbeitserfahrungen sind gemäß DfE und UKCES *Apprenticeships*:

> *„Apprenticeships [...] continue to be at the heart of skills policy. They are designed to raise the level of skills available in the economy, support employability (particularly among young people), and help increase productivity of the workforce. Skills and training are devolved policy areas.*
>
> *A wealth of policy developments and initiatives have been introduced in recent years to foster greater engagement with apprenticeships – such as the UK Government setting itself a target of supporting three million new apprenticeship starts in England by 2020 – and to raise apprenticeship quality – such as putting employers at the heart of the skills system in setting apprenticeship standards and ensuring that employers have greater flexibility in deciding what training apprentices receive.*
>
> *Another significant policy development relating to apprenticeships is the introduction of an apprenticeship levy. From April 2017, large employers in the UK with an annual paybill of over £3 million have been required to invest in apprenticeships by paying a levy of 0.5% of their paybill over this amount. The introduction of the levy represents a significant change in how apprenticeships are funded and its introduction is designed to increase the quantity and quality of apprenticeships"* (DfE 2017, S. 115, Auslassung durch die Autorin).
>
> *Another significant policy development relating to apprenticeships is the introduction of an apprenticeship levy. From April 2017, large employers in the UK with an annual paybill of over £3 million have been required to invest in apprenticeships by paying a levy of 0.5% of their paybill over this amount. The introduction of the levy represents a significant change in how apprenticeships are funded and its introduction is designed to increase the quantity and quality of apprenticeships"* (DfE 2017, S. 115, Auslassung durch die Autorin).

Nach Ansicht der CBI sei für die Förderung von mehr Ausbildungsplätzen unter anderem eine bessere Vorbereitung sowie Berufsorientierung der Schüler durch die Schulen unumgänglich (CBI 2016, S. 27):

> *„Schools and colleges also have an important role to play in partnership with employers to ensure that more of the young people who apply for apprentice places are suitably qualified and motivated. Across businesses as a whole this is seen a priority by one in four (26%), rising to nearer one in three (30%) among SMEs"* (CBI 2014, S. 42; siehe auch CBI 2015, S. 31).

Rund fünfzig Prozent der durch die CBI befragten Arbeitgeber tun kund, Probleme bei der Rekrutierung von geeigneten Kandidaten für die Besetzung vakanter *Apprenticeship*-Plätze zu haben, auch weil viele Jugendliche nicht umfassend über die Möglichkeiten im Rahmen eines *Apprenticeship* informiert seien (CBI 2016, S. 27). Die Berufsorientierung sei oftmals zu sehr auf akademische Karrieren ausgelegt (CBI 2016, S. 27), was bereits zu einer Negativauslese der Bewerber auf *Apprenticeship*-Plätze führt. Die auf akademische Wege ausgerichtete Berufsorientierung ist ein Ausdruck einer fehlenden Gleichwertigkeit zwischen beruflicher und akademischer Bildung.

Die CBI lehnt die Einführung der Ausbildungsplatzabgabe (*Apprenticeship Levy*), die ab 2016 politisch diskutiert wird, ab und spricht sich gegen die Fokussierung auf die Quantität (drei Millionen zusätzliche Ausbildungsplätze) anstelle einer gesteigerten Qualität der Apprenticeships aus (CBI 2016, S. 23, 2017, S. 20 f.).

> *„The apprenticeship levy is high on the business agenda – due to its scale and the potential risks it poses for apprentices, business and the economy if it's not implemented correctly. Businesses that are deeply committed to investing in skills and their apprentices have expressed grave concerns about the current design and timetable for the levy. The risk is real but as our survey indicates, business wants to work with government to give reforms to the apprenticeship system the best chance of working effectively"* (CBI 2016, S. 4).

Anstelle der Abgabe plädieren die Arbeitgebervertreter für eine Reform des Ausbildungssystems, um die Qualität zu steigern und dieses für die Unternehmen sowie Jugendliche attraktiver zu gestalten.

7.2.5.3 Zusammenfassung und Positionsanalyse der Kausalattributionen

In dieser Periode werden zwei gegenläufige Positionen vertreten (Abbildung 7.6).

Auf der einen Seite stehen die Arbeitgebervertretungen, die wieder eine **pädagogisch-bildungswissenschaftliche Perspektive mit psychologischen Elementen** vertreten. Das durch sie identifizierte Problem liegt in einer mangelnden Vorbereitung der Jugendlichen auf die Arbeitswelt. Die grundlegende Argumentation der BCC und der CBI fällt sehr gradlinig aus und weist die fundamentalen kausalattributorischen Elemente auf:

- Problem: Jugendliche sind nicht ausreichend vorbereitet;
- Ursache: Schulen bereiten sie ungenügend vor, da gerade berufliche, arbeitsmarktrelevante Inhalte zu kurz kommen;

7.2 Der englische Diskurs im Zeitverlauf

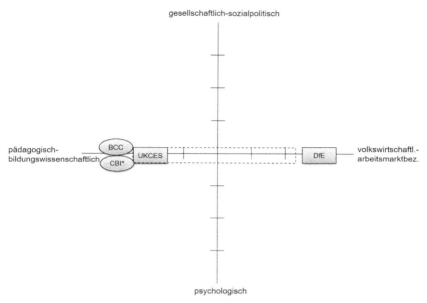

*angebotsorientiert (Verbesserung der Employability führt zu einer Steigerung an Arbeits- und Ausbildungsplätzen)

Abbildung 7.6 Positionsanalyse England fünfte Periode (eigene Darstellung)

- Verursacher: Schulen und Regierung;
- Lösung: Gleichwertigkeit zwischen beruflicher und akademischer Bildung herstellen, Berufsorientierung verbessern, Einführung einer Careers Education;
- Externe Evidenz: GCSE- und PISA-Ergebnisse.

Daneben weist die Argumentation der CBI weitere Elemente einer kausalattributorischen Argumentation auf. In ihrem narrativen Argumentationsstrang betont sie den Zusammenhang zwischen einer guten Vorbereitung durch die allgemeinbildenden Schulen und der Bereitschaft, den Absolventen Ausbildungsplätze anzubieten und dieses Angebot auch quantitativ zu erhöhen. Durch die Aufdeckung dieses Zusammenhangs legt sie den Grundstein für das Argument, dass die Einführung einer Apprenticeship Levy nicht zu der Lösung der Probleme der Jugendlichen beim Übergang von der Schule in den Arbeitsmarkt beitragen kann. Sie spricht sich auch explizit gegen diese Einführung aus und trachtet damit danach, neben dem Agenda-Setting bereits die Politikformulierung zu beeinflussen, indem explizit dargestellt wird, wie die Lösung ihrer Ansicht nach nicht gestaltet werden soll. Über die oben notierten Lösungsvorschläge hinaus spricht sich die CBI vielmehr für eine Reform des Schulsystems, aber auch des Ausbildungssystems aus, indem die unterrichteten Inhalte an die Bedürfnisse der Arbeitgeber angepasst werden, um diese zu befriedigen (insb. Eigenschaften und Verhaltensweisen) und eine Qualitätssteigerung zu erreichen.

Demnach zeigen die Argumentationen beider Arbeitgebervertretungen Elemente einer kausalattributorischen Argumentation auf. Insbesondere die Argumentation der CBI ist klar interessenpolitisch motiviert, da sie nicht nur das Agenda-Setting, sondern auch die Politik-formulierung zu beeinflussen versucht.

Die UKCES folgt ebenso einer **pädagogisch-bildungswissenschaftlichen Argumentation, jedoch mit volkswirtschaftlich-arbeitsmarktbezogenen Elementen**. Die Argumentationslogik weicht aber von derjenigen der Arbeitgebervertretungen ab. Die UKCES identifiziert als Problem eine zwar sinkende, aber dennoch vergleichsweise hohe Jugendarbeitslosigkeit, die es zu bekämpfen gilt. Ursächlich verantwortlich dafür ist die unzureichende Vorbereitung der Jugendlichen auf die Arbeitswelt. Ein weitergehender Verursacher wird nicht klar benannt. In der Verantwortung zur Handlung sieht die UKCES jedoch nicht die Regierung oder die Schulen, sondern primär die Arbeitgeber, die ein größeres Angebot an Möglichkeiten zur Sammlung von Arbeitserfahrungen bereitstellen müssen. Die Sammlung von Arbeitserfahrungen während der Pflichtschulzeit sowie der Ausbau der Apprenticeships stellt neben der Verbesserung der Berufsorientierung auch die vorgeschlagene Lösungsmöglichkeit dar.

Die UKCES reagiert damit nur bedingt auf die Argumentation der Arbeitgebervertretungen, auch wenn das Element der unzureichenden Vorbereitung der Jugendlichen auf die Arbeitswelt in der Argumentation aller drei Akteure vorkommt.

Das DfE vertritt im Gegensatz zu den drei anderen Akteuren die **volkswirtschaftlich-arbeitsmarktbezogene Perspektive**. Ihre Argumentation folgt keiner klassischen kausalattributorischen Logik, sondern verkörpert vielmehr eine Darstellung von Ansichten und Maßnahmen. Sie wertet die Vorbereitung der Jugendlichen auf die Arbeitswelt als ausreichend und bestreitet damit die Existenz des durch die Arbeitgebervertretungen identifizierten Problems. Nebstdem präsentiert sie die Maßnahme des Ausbaus der Apprenticeships sowie die Einführung der Apprenticeship Levy. Das DfE reagiert damit nicht auf die Argumentation der Arbeitgebervertretungen, sondern führt unbeeindruckt ihrer Argumente Maßnahmen zur Erreichung des durch die Regierung festgelegten Zieles, dem Ausbau der Apprenticeships, an.

7.3 Triangulation der englischen Ergebnisse durch Experteninterviews

Wie in Abschnitt 5.3 ausgeführt, erfolgt auch für den englischen Kontext eine Triangulation der Ergebnisse mithilfe von Experteninterviews mit Vertretern der involvierten Akteure. Im Folgenden werden die Resultate erläutert.

7.3.1 Deutungsmuster: Verständnis der Akteure von employability

Employability ist jedem Interviewpartner geläufig. Während das prinzipielle Verständnis zwischen den Akteuren Ähnlichkeiten aufweist, unterscheidet sich die Zusammensetzung und Relevanz der einzelnen Merkmale zwischen den Interviewpartnern in Teilen erheblich. Eine konkrete Definition von *work readiness* oder *employability*, wie sie in Deutschland mit dem Kriterienkatalog für Ausbildungsreife existiert, gibt es in England nicht.

> *„So you know we have the exact same debate. What you've got – I say, joking a little bit, this is very typically German – you've got a word to describe it. And an actual gate – you know it is a sort of gateway, isn't it? You know, initially in preparation for training? We don't have anything quite so formal in our debate, but no as there are formal gateways there, but this question of readiness to take up an apprenticeship is a very very regular feature of business discourse here. And it proms a lot of business discontent"* (Vertreter der BCC).

Fragt man nach den einzelnen Merkmalen, die ein *employable* Jugendlicher aufweisen soll, benennen die Interviewpartner die *soft skills*, und nicht die schulischen Basiskenntnisse als zentralen Aspekt. Der Vertreter der BCC expliziert, dass schulische Basiskenntnisse zu einem bestimmten Grad vorhanden sein müssen, jedoch nicht als ausschließliches Kriterium betrachtet werden dürfen:

> *„Oh, they [Math and English] are an issue. And certainly they matter and the level of competence in those areas is not as high as it should be. So we are not suggesting that, that those issues should be ignored and that, that improving exam results in this areas should be ignored. It is just they have been focused on without any other attention on the soft skill issues. So it's been like a broken record – endless focus on exam results and attainments rather than on the soft skills that you need to put alongside that"* (Vertreter der BCC; Einfügung durch die Autorin).

Neben den schulischen Basiskenntnissen werden *Soft Skills*, teilweise als *Life Skills* bezeichnet, als Bestandteil der *work readiness* aufgeführt. Speziell der Vertreter der BCC betont die Relevanz der *Soft Skills*:

> *„Yeah it is soft skills. It is very much soft skills. Communication skills, teamwork, problem solving. We call them life skills"* (Vertreter der BCC).

Neben den *Soft Skills* werden auch Verhaltensweisen und Einstellungen als zentrale Merkmale der *employability* genannt.

> *„And you'll get into areas like communication skills, being part of the team, the ability to solve problems and – but then there are others who believe this is all about this obviousness, just knowing how to handle yourself in an office environment, knowing how to talk to people, being able to make eye contacts, answer the phone properly. We've got a great apprentice here. [...] And when she first came here, she was picking up the phone answering ‚Hello'. But how should she know? Who has ever told her how to answer the phone properly? You know, she answered like she would do it to a friend. And you know you have to explain to her how to answer the phone. So I think it is that, that's tends to be solved may reason"* (Vertreter der UKCES; Auslassung durch die Autorin).

Der Vertreter der UKCES geht bei ihren Ausführungen bereits weiter und skizziert, dass diese an das Arbeitsumfeld angepassten Verhaltensweisen auch nur am Arbeitsplatz erlernt werden können. Dies führt zu einem weiteren Merkmal von *work readiness* bzw. *employability*, welches von verschiedenen Stellen aufgeführt wird: Kenntnis der Berufswelt bzw. des Berufslebens (Arbeitserfahrung).

> *„When you then ask them [Arbeitgeber]: Why don't you like them in recruit terms? Number one is working experience. A lack of readiness for work. And that I think – but I need to check – I think that comes out higher than issues around Math and English. So in other words: businesses think they broadly can read and write, what they think they lack is experience"* (Vertreter der UKCES).

Zusammenfassend lässt sich betonen, dass *employability* nach Ansicht der Interviewpartner als eine Mischung verschiedener Merkmale konkretisiert werden kann, die Arbeitgeber von Schulabgängern erwarten, die in den Arbeitsmarkt eintreten. Eine konkrete und allgemein akzeptierte Operationalisierung der Merkmale existiert jedoch nicht. Sie werden mit Verhaltensweisen, Einstellungen, schulischem Basiswissen, Soft Skills sowie Kenntnissen der Berufswelt und des Berufslebens umschrieben. Unter den Interviewpartnern herrscht Einigkeit, dass die schulischen Basiskenntnisse zwar einen Kernbestandteil bilden, jedoch nicht im Fokus der Diskussion stehen. Die Verhaltensweisen beziehen sich auf grundlegende Handlungen am Arbeitsplatz. Als Beispiele werden der Augenkontakt, die Begrüßung am Telefon sowie der Umgang mit Kunden und Kollegen aufgeführt. Eine konkrete Definition, was unter Einstellungen und Verhaltensweisen verstanden wird, bleibt aus. Ähnlich ungenau ist die Beschreibung der Soft Skills. Sie werden vorwiegend durch den Vertreter der BCC als bedeutsam hervorgehoben, über eine Aufzählung verschiedener Ausprägungen wie Teamfähigkeit, Kommunikationsfähigkeit oder Präsentationsfähigkeit geht eine Konkretisierung jedoch nicht hinaus.

Die vergleichsweise geringe Bedeutung, die die Akteure den schulischen Basiskenntnissen im Rahmen der Interviews beimessen, spiegelt auf der einen Seite die Ergebnisse der Dokumentenanalyse wider und steht auf der anderen Seite im teilweisen Gegensatz zu den GCSE- und PISA-Ergebnissen, die im Rahmen der Dokumentenanalyse als durch die Arbeitgebervertretungen genutzte empirische Evidenz identifiziert wurden. So betont der Vertreter der BCC auch in den durch sie herausgegebenen untersuchten Dokumenten die zunehmende Bedeutung der *soft skills* und kritisiert die Fokussierung auf die Examen sowie die akademischen Laufbahnen (siehe Abschnitt 7.2.4.2). Der Vertreter der CBI dagegen bemängelt neben den *soft skills* die schulischen Basiskenntnisse der Jugendlichen, die nicht ausreichten, um darauf aufbauend die beruflichen Inhalte zu vermitteln (siehe Abschnitt 7.2.4.2). Im Interview äußert sich der Vertreter der CBI nicht dazu, welche Merkmale für den Eintritt in das Arbeitsleben bzw. in eine Ausbildung von größerer Bedeutung sind.

7.3.2 Phänomenstruktur: Argumentationsmuster und Diskussion um employability

Während sich die Problemdefinitionen zwischen den englischen Akteuren unterscheiden, herrscht mit Bezug auf die Beschreibung der Problemursache weitestgehend Einigkeit.

So identifiziert der Vertreter der UKCES eine zu hohe Erwartungshaltung der Betriebe als Kernproblem im Übergang von der Schule in den Arbeitsmarkt. Sie argumentiert, dass viele Betriebe von Tag eins an perfekte Arbeitnehmer erwarten würden. Diese Haltung sei von der Politik lange Zeit akzeptiert und unterstützt worden. Die Politik hätte sich in der Verantwortung gesehen, die *employability* der Schulabgänger herzustellen und die Arbeitgeber somit zu unterstützen. Um das Jahr 2010 hätte es jedoch ein Umdenken gegeben. Heute sähe die Politik die

Arbeitgeber vermehrt in der Verantwortung (*employer ownership*), zur *employability* der Arbeitnehmer beizutragen. Viele der relevanten Merkmale, die einen Jugendlichen *employable* machten, seien erst am Arbeitsplatz erlernbar (siehe Abschnitt 7.3.1). Diese zu vermitteln, sei somit Aufgabe der Arbeitgeber.

> *„Well it's, so in England skills policy in the 2000s sort of created a narrative that was almost the responsibility of government is to educate and prepare people for work. And we sort of skirt this is sort of making these young people aren't ready. That we had to do is again putting them on the workplace and they will be functional until they run. And that allows that the employers to create an expectation that education were going to provide these fully functional, fantastic, instantly able people, once they run. I mean this is just nonsense, generally nonsense. So, so I think it's like we created a problem that was never solvable in the 2000s, I think probably we didn't really get a cue to hope or a cue to account them up until 2010 probably. So pre 2010 we've had a lot of sort of business groups saying – well all those young people they are not ready for work, they are not able to work. And government then thinks – all right we goanna fix it. It is our responsibility to fix it, for what we can do we will do. And certainly the commissions message post 2010 was: It is not just like that. You never are going to get the perfect employee on the back of education system. [...] And so I think it was a problem that we created and it was like a forced problem, because you can never have an education system, that doesn't interact with employers and actually the more complicated the world of work gets, the more important that linkages becomes. [...] The responsibility of education is to prepare people to A-Level but address some of these softer skills: eye contact, teambuilding, problem solving, you can only do it in the workplace"*
(Vertreter der UKCES; Auslassung durch die Autorin).

Damit nimmt der Vertreter der UKCES die pädagogisch-bildungswissenschaftliche in Verbindung mit der volkswirtschaftlich-arbeitsmarktbezogenen Perspektive ein. Die Verantwortung für die Herstellung der *employability* der Jugendlichen liegt nicht ausschließlich im Schulsystem, sondern die Arbeitgeber tragen eine Teilverantwortung. Während das Schulsystem für die Vermittlung der schulischen Basiskenntnisse verantwortlich sei, könnten viele der darüber hinaus erwarteten Merkmale lediglich am Arbeitsplatz erlernt werden. Die Arbeitgeber seien z. B. durch die Bereitstellung von arbeitsplatzbasierten Lernmöglichkeiten (dazu zählen auch Apprenticeships) für die Herausbildung verantwortlich. Diese Einstellung spiegelt sich in der politischen Ausrichtung der letzten Periode (Fokussierung auf die quantitative Ausweitung der *Apprenticeships* und Einführung der *Apprenticeship Levy,* siehe Abschnitt 7.2.5) wider.

7.3 Triangulation der englischen Ergebnisse durch Experteninterviews

Die Aussage des Vertreters der UKCES erklärt den Wechsel in der Argumentation der UKCES von der vierten auf die fünfte Periode und die verstärkte Fokussierung auf die volkswirtschaftlich-arbeitsmarktbezogene Perspektive (Bereitstellung von mehr Plätzen zur Sammlung von Arbeitserfahrungen durch die Arbeitgeber) vonseiten der UKCES und des DfE.

Zudem widerlegten die empirischen Studien der UKCES die Argumente der Arbeitgebervertretungen.

> *„You will get, you know if you are going to see the British Chamber of Commerce, you will definitely get the business bodies saying that young people aren't fit for work. And then I will go along with my survey and that's not what our survey says"* (Vertreter der UKCES).

Diese Aussage bringt, die im Zuge der Dokumentenanalyse identifizierte, Zitation empirischer Evidenzen durch die unterschiedlichen Akteure zum Ausdruck, die jeweils den eigenen Standpunkt belegen (siehe Abschnitt 7.2.4.2).

Die Arbeitgebervertretungen argumentieren dagegen aus einer rein pädagogisch-bildungswissenschaftlichen Perspektive, wie sie von politischer Seite bis 2010 noch akzeptiert wurde. Sie identifizieren die Versäumnisse des Bildungssystems als Kernproblem beim Übergang von der Schule in den Arbeitsmarkt. Die Arbeitgeber beklagen, zunächst die Reparaturarbeiten vornehmen zu müssen, um die Versäumnisse des Bildungssystems aufzuholen, bevor sie mit der eigentlichen Vermittlung der Fachkenntnisse beginnen könnten.

> *„Well. I mean the business people are very angry about this. They do not believe it is their responsibility to get candidates up to basic work readiness. They believe that is the responsibility of the school system. They believe it is very much their responsibility to invest in the technical and specialist skills required for the individuals to succeed in the business and to perform. But they ask why they pay as tax payers for an education system and then they have to pay again as businesses to remedy what the system has not done properly"* (Vertreter der BCC).

Die durch die Arbeitgeber eingeschlagene Argumentation reflektiert somit die im Rahmen der Dokumentenanalyse identifizierte Argumentation der letzten zwei Perioden (siehe Abschnitt 7.2.4.2 und 2.5.2).

Der Vertreter des TUC identifiziert dagegen work readiness nicht als klares Problem. Seiner Meinung nach wird die fehlende readiness von Arbeitgeberseite als Scheinargument aufgeführt, um die Handlungsverantwortung von sich abzuwenden:

> *"Readiness for apprenticeship? [...] I think sometimes there are employers who will just say this because they do not want to get involved. And I mean I think we've had concerns because the national employer body, the CBI, along with doing surveys and saying that sort of – you know – employers, not just about apprenticeships, their main complains is about sort of that young people are not job ready"* (Vertreter des TUC, Auslassung durch die Autorin).

Damit nimmt der TUC zwar keine klare Perspektive ein, geht man davon aus, dass die Verantwortungsübernahme der Arbeitgeber in Form der Schaffung von Arbeits- und Ausbildungsplätzen erfolgt, ist die Aussage jedoch der volkswirtschaftlich-arbeitsmarktbezogenen Perspektive zuzuordnen.

Auch in den analysierten Dokumenten in der vierten Periode (siehe Abschnitt 7.2.4.2; in der fünften Periode konnte kein für die Analyse relevantes Dokument des TUC identifiziert werden) benennt der TUC kein klares Problem. Es kann daher davon ausgegangen werden, dass die Gewerkschaftsseite den Klagen um die fehlende employability durch die Arbeitgeber kritisch gegenübersteht.

Unabhängig von der konkreten Problemidentifikation weisen sämtliche Akteure auf den Übergang der Jugendlichen von der Schule in den Arbeitsmarkt mittel- oder unmittelbar erschwerende Entwicklungen bzw. Problemfelder hin, die bereits innerhalb der Dokumentenanalyse identifiziert wurden und durch die Interviews nochmals bestätigt werden:

- Gleichwertigkeit von beruflicher und akademischer Bildung,
- Berufsorientierung,
- Arbeitserfahrung.

Als ein Hauptproblem des britischen Berufsbildungssystems, welches ebenfalls die mangelnde *employability* der Schulabgänger beeinflusst, wird die fehlende Gleichwertigkeit zwischen allgemeiner und beruflicher Bildung identifiziert. Viele Interviewpartner mit unterschiedlichem institutionellem Hintergrund (TUC, CBI, BCC) sind sich in der Hinsicht einig, dass die mangelnde Gleichwertigkeit zu einem Fokus der allgemeinen, akademisch ausgeprägten beruflichen Bildung führt, die in dem Schulsystem sowie der Gesellschaft verankert ist. Die Folgen sind auf Universitäten ausgerichtete Schulfächer und Berufsorientierungen; eine Negativauswahl an Bewerbern, sodass i. d. R. nur diejenigen Jugendlichen nach der allgemeinbildenden Schule in eine Ausbildung oder den Arbeitsmarkt eintreten, die es nicht auf die Universität geschafft haben; sowie die Unterstützung der universitären Laufbahn durch die Familien. Ein Akteur veranschaulicht den Zusammenhang wie folgt:

7.3 Triangulation der englischen Ergebnisse durch Experteninterviews

> „*The other thing that occurs to me, the other kind of issue in our education system is that there have been so many young, so many young people going into university. It actually tends to dominate [...]. So there is, I think that has had an impact on sort of the views of parents. And, and, you know many parents when they think it through, they wouldn't even think about an apprenticeship. You know and they are quite critical and amongst their peer apprenticeships are seen as you only do that if you are not good enough. And so we have this kind of system and government sometimes is trying to address this, over the last 10, 15, 20 years but, you know, we have, we are better successful, I think getting, supporting these young people going to university. Whether we should have so many going into university, I think that is a good question. But it does mean the support and the pathways for people who are not going to university are still, are still − you know − they are still poor, really. And I think that is, I think that is recognition amongst all political parties that there is still kind of a major challenge. So I suppose partly the focus in sort of people not been job ready, young people been job ready, in UK and England in particular can be seen in a bigger picture*" (Vertreter des TUC; Auslassung durch die Autorin).

Das Schulsystem ist nach dem Dafürhalten der Interviewpartner auf die Vorbereitung für die Universität ausgelegt. Abschlussprüfungen, insbesondere in Mathematik und Englisch, werden überpriorisiert – durch die Politik in Form von an das Gelingen der Abschlussprüfung geknüpften Bewertungssystemen und infolge dessen auch von den Lehrkräften im Unterricht. In diesem Punkt sind sich Gewerkschaften und Arbeitgebervertretungen gleichfalls einig.

> „*But also because we believe those been in massive failing in both the education system and in families that promoting work readiness amongst young people. So our school system is overprioritising for example exam results rather than the source of social and team working skills for example or the entrepreneurships, problem solving, etc. or even basic things like being in work on time, being dressed properly, customer service, speaking properly to your colleagues and peers. You know all these sorts of things that we consider huge in importance don't get a huge amount of attention in the educational curriculum, because that is focused on pass the exams in English, math, history, science, etc. So what lot of businesses say is yes, that people may come out of the education system with the right exam results but that doesn't mean that they are ready for training or workplace*" (Vertreter der BCC).

> „*There is a big debate about that as well over the last few years in, in, in again especially in England, in English school system. I mean part of it is, that schools are so geared up towards the ones that go off to university. I mean − you know − these are quite − that this isn't, this isn't completely true. But in the big picture, I think the expansion of university education has had a really major impact on that, we have had developments like school leak tables about how well schools are doing with the GCSEs and A-Levels. But there has been such a focus on the academic*

> *route and academic qualifications in schools and different governments have tried different ways of developing high quality vocational routes in schools. But it's been, it's been, it's not been very successful. The labour government started something called diplomas and they were all abandoned when they lost the election, you know. I mean the conservative government are developing a different type of vocational approach"* (Vertreter des TUC).

Eine weitere, den Übergang von der Schule in den Arbeitsmarkt erschwerende Ursache liegt nach Meinung der Interviewpartner in der schlechten bzw. fehlenden Berufsorientierung. Die Jugendlichen sind unzureichend über Alternativen zur Universität nach der Schule informiert.

> *"And what businesses would complain about is that say 11 to 14 years of age not enough young people are told that you don't have to go to university, that you could do an apprenticeship"* (Vertreter der UKCES).

Der Grund hierfür ist laut dem Vertreter des TUC auf der einen Seite, dass die Lehrer nicht gut genug über Karrieremöglichkeiten außerhalb der Universität informiert sind, auf der anderen Seite wird der nicht universitäre Lebensweg wegen des schlechten Ansehens (fehlende parity of esteem) weniger durch die Schulen unterstützt.

> *"They don't know about it. They actually don't go – you know – a lot they don't know about it. And I would say at least in the German system teacher – you know – if an apprenticeship is seen by society and parents as a kind of – not just an accepted step but actually a high status, that's – we lack that. That is maybe about from 20, 30 years ago, when I was – lots of my friends went into apprenticeships. But I was seen as a kind of, that was seen as they were going into high quality, three year apprenticeships. They went to college, a little bit like the kind of traditional apprenticeship you get in sort of. So I think we've lost that since – you know. It is a bit sort of unclear. I think teachers are unclear about young people who are not goanna to higher education. [...] So yes, I suppose that all different factors in play. Teachers don't know very much about apprenticeships. Apprenticeships have a bad name amongst, because a lot are low quality. So there isn't really, so that pathway isn't really supported probably in schools, I don't think"* (Vertreter des TUC; Auslassung durch die Autorin).

Die mangelhafte Berufsorientierung steht auch im Zusammenhang mit – nach Überzeugung einiger Interviewpartner – fehlenden nicht akademischen Laufbahnen. Apprenticeships bilden zwar eine Möglichkeit, diese sind, mit Ausnahme eines Bündels qualitativ sehr hochwertiger Ausbildungen bei großen Unternehmen, häufig von schlechter Qualität und genießen sowohl bei den Arbeitgebern als auch in der Gesellschaft daher ein schlechtes Ansehen (Richard 2012, S. 122 ff.). Es gibt dementsprechend auf der einen Seite nur wenige nicht akademische Laufbahnen, auf die die Beratung hin ausgerichtet sein könnte.

Auf der anderen Seite führt die einseitig auf Universitäten ausgerichtete Berufsorientierung zu einer Negativauswahl der Bewerber. Die Jugendlichen, die sich auf eine Ausbildung bewerben oder direkt nach der Schule in den Arbeitsmarkt eintreten, haben nach Ansicht der Interviewpartner den Schritt auf die Universität i. d. R. aus verschiedenen Gründen nicht geschafft. Die Kohorte, die nach der Pflichtschule in den Arbeitsmarkt eintritt, ist demnach vergleichsweise leistungsschwach. Dies bildet ebenfalls eine Ursache für die beklagte mangelnde readiness bei dem Eintritt in die Ausbildung.

Das letzte Problemfeld am Übergang von der Schule in den Arbeitsmarkt umfasst unzureichende Möglichkeiten zur Sammlung von Arbeitserfahrungen, obwohl fehlende Arbeitserfahrung (work experience) als ein zentrales Hinderungselement für die Einstellung von Schulabgängern identifiziert wurde (siehe Abschnitt 7.3.1). Der verstärkten Integration von Arbeitserfahrungen in der Pflichtschulzeit stehen alle Akteure (CBI, BCC, UKCES und TUC) gleichermaßen positiv gegenüber. Der Vertreter der UKCES betont für das Gelingen die Notwendigkeit einer engeren Zusammenarbeit zwischen Schule und Wirtschaft.

> *„But then what that requires is that businesses and educations need to work a little bit closer. A sort together in terms of how colleges design their curricula in terms that space to people to do work experience. And then how businesses design their jobs, so they have space for education in them"* (Vertreter der UKCES).

Der Vertreter der CBI macht auf die Gefahr des *poachings* aufmerksam, schätzt jedoch gleichzeitig ein, dass dies für die meisten Unternehmen kein Hinderungsgrund für das Anbieten von Arbeitserfahrungen für junge Menschen darstellen dürfte. Eine politische Forderung (z. B. eine Subventionierung der Plätze zur Sammlung von Arbeitserfahrungen) leitet der Vertreter der CBI aus der angeführten *poaching*-Problematik jedoch nicht ab:

> *„They have to be open to take on young people on work experience. And an actual fact that very small investment might be – the return on that investment might go to another firm, because you know it costs you to someone having work experience but then the benefit isn't given to you. But I think most firms that I speak to would recognize the importance and almost an obligation to give young people that opportunity to come in and experience the workplace. So I would say that most employers would be, not just happy to participate but would be eager to participate"* (Vertreter der CBI).

Darüber hinaus plädiert der Vertreter der BCC für einen größeren Einfluss der Wirtschaft auf die Schulen und ihre Lehrplangestaltung.

> *"We've called for business people to be included as governors of every school. So every school has their governing body and we want business people on all of these governing bodies with the role of trying to get business in the schools closer together and interacting more. So that students have a better idea about what business world look like when they leave school"* (Vertreter der BCC).

Während mithin die Problemidentifikation zwischen den Akteuren abweicht, herrscht mit Blick auf die zentralen Handlungsfelder am Übergang von der Schule in den Arbeits- und Ausbildungsmarkt zwischen den Akteuren Einigkeit.

Insgesamt spiegeln die Interviews sowohl das in der Dokumentenanalyse identifizierte Verständnis als auch die Argumentationsstränge der Akteure der letzten Perioden wider. Gleicherweise sind die drei Handlungsfelder innerhalb der Dokumentenanalyse identifiziert worden. Die Interviews verstärken das bereits in der Dokumentenanalyse gezeichnete Bild der Einigkeit zwischen den Akteuren über die drei identifizierten Handlungsfelder Gleichwertigkeit, Berufsorientierung sowie Arbeitserfahrungen.

7.4 Historische Entwicklung und Schlussfolgerung für den englischen Diskurs

In dem folgenden Kapitel wird – analog zu dem Vorgehen bei der Darstellung der deutschen Befunde – die Entwicklung der Diskussion um employability für den englischen Kontext skizziert. Dazu werden zuvorderst die ersten drei Forschungsfragen für den englischen Kontext beantwortet (siehe Abschnitt 1.1).

Für den englischen Kontext konnte der Einzug von employability auf die politische Agenda im Rahmen der Diskursanalyse nicht identifiziert werden.

7.4.1 Mangelnde Employability als interessenpolitisch genutztes Argument

Vergleicht man den historischen Diskurs über employability im Zeitverlauf vor dem Hintergrund der in Kapitel I formulierten Forschungsfragen, wird augenfällig, dass das Phänomen der (mangelnden) employability in unterschiedlichen gesellschaftlichen, bildungspolitischen und konjunkturellen Kontexten konstant,

7.4 Historische Entwicklung und Schlussfolgerung für den englischen Diskurs 297

durch die verschiedenen Akteure jedoch aus unterschiedlichen Perspektiven betrachtet wird. Sogar die Argumentationsmuster in Form der Deutungsmuster, Phänomenstruktur und Narrative sind im Zeitverlauf konstant.

Nachfolgend werden die ersten drei Forschungsfragen für England beantwortet.

1. *(Wie) hat sich das Verständnis, wann ein Jugendlicher die notwendigen Voraussetzungen für eine Ausbildung bzw. den Eintritt in den Arbeitsmarkt mitbringt, im Zeitverlauf verändert? Unterscheidet sich das Verständnis zwischen den bildungspolitischen Akteuren?*

Das Verständnis über das Konstrukt der employability ist über die Zeit und auch zwischen den Akteuren relativ konstant. Es umfasst prinzipiell die Voraussetzungen, die eine Person mitbringen muss, um in den Arbeitsmarkt einzutreten und in demselben produktiv zu sein. Jugendliche Schulabgänger sind eine Teilzielgruppe der employability.

Hinsichtlich der Merkmalszusammensetzung existiert keine allgemeingültige Definition. Selbst die Begrifflichkeiten variieren zu Teilen. Beispielsweise sind die schulischen Basiskenntnisse teilweise Element der employability, teilweise werden sie gesondert als Merkmalsbündel aufgeführt. Nichtsdestotrotz sind sich alle Akteure einig, dass ein gewisses Niveau an schulischen Basiskenntnissen zu einer ausreichenden Vorbereitung auf den Arbeitsmarkt gehört.

Insgesamt stehen in dem englischen Verständnis von *employability* das Individuum und seine Verwertbarkeit am Arbeitsplatz im Mittelpunkt.

Während die Dokumentenanalyse ergab, dass sowohl die NDPBs als auch insbesondere die Arbeitgebervertreter das Konstrukt der employability akzeptieren bzw. befürworten, konnte dies für die Gewerkschaftsseite nicht bestätigt werden. Auch eine eigene Definition oder eine prinzipielle Ablehnung der employability durch die Gewerkschaften kann im Rahmen der Dokumentenanalyse nicht eindeutig erkannt werden, da sich in den analysierten Dokumenten nur wenige Aussagen zu dem Thema identifizieren ließen. Die Aussage des Vertreters des TUC lässt jedoch vermuten, dass die Gewerkschaft dem Konstrukt kritisch gegenübersteht.

2. *Unter welchen gesellschaftlichen, ökonomischen und bildungspolitischen Rahmenbedingungen (Kontext) wurde bzw. wird das „Klagelied vom schlechten Bewerber" in England besonders intensiv diskutiert?*

Für den englischen Kontext kann keine spezifische Kontextabhängigkeit für die Intensivität des Diskurses identifiziert werden. Insgesamt wird jedoch deutlich, dass die Präsenz des Themas employability im Zeitverlauf zunimmt. Ferner befeuern ab 2009 in England die PISA-Ergebnisse in Verbindung mit den englandspezifischen GCSE-Ergebnissen den Diskurs um employability, da beide verhältnismäßig schlecht ausfallen und so als empirische Evidenz für die fehlende employability der Schulabgänger dienen

3. *Welche Argumente hinsichtlich der Ausbildungsreife bringen welche bildungspolitischen Akteure unter welchen Rahmenbedingungen hervor? Sind bzw. waren bestimmte Interessengruppen wortführend? Haben sich die Argumentationsstränge im Zeitverlauf verändert?*

Die Positionen der Akteure und ihre Argumentationsmuster sind über die Zeit relativ konstant, weisen in Teilen jedoch konträre Perspektiven auf (siehe Abbildung 7.7).

Die **Arbeitnehmerseite** beteiligt sich nur in Zeiten von subjektiv (erste Periode) und objektiv (zweite und vierte Periode) hoher Arbeitslosigkeit an dem Diskurs. Sie nimmt primär die volkswirtschaftlich-arbeitsmarktbezogene Perspektive ein. Demnach liegt das Problem am Übergang von der Schule in den Ausbildungs- und Arbeitsmarkt und der daraus resultierenden hohen Jugendarbeitslosigkeit an einem quantitativ unzureichenden Angebot an Ausbildungs- und Arbeitsplätzen. Zur Lösung dieses Problems sieht die Arbeitnehmerseite zum einen die Regierung in Form der Schaffung von entsprechenden Rahmenbedingungen sowie die Arbeitgeber in Form der Bereitstellung eines ausreichenden Angebots an Ausbildungsplätzen in der Verantwortung. Als Instrument schlägt sie die Einführung einer Ausbildungsplatzabgabe vor. Eine kausalattributorische Argumentation ist nicht klar erkennbar.

In der zweiten Periode führt die Arbeitnehmerseite neben den volkswirtschaftlich-arbeitsmarktbezogenen Aspekten ergänzend pädagogisch-bildungswissenschaftliche Aspekte ins Feld. Sie bewertet eine unzureichende Vorbereitung der Jugendlichen als ursächliches Problem für einen misslungenen Übergang von der Schule in den Arbeitsmarkt und schließt sich somit der Argumentation der Arbeitgeber an (siehe unten). Als Ursache, Verursacher und Verantwortlicher wird die Thatcher-Regierung benannt, die durch ihre marktorientierte Politik und durch die Kürzungen der staatlichen Bildungsausgaben zu der Verschlechterung der Bildung beigetragen hat.

Die **Arbeitgeberseite** argumentiert fast ausschließlich aus einer pädagogisch-bildungswissenschaftlichen Perspektive, lediglich in der zweiten Periode (hohe Arbeitslosigkeit) nimmt die CBI eine volkswirtschaftlich-arbeitsmarktbezogene Perspektive mit Blick auf den Bewerbermangel ein. Als Problem identifiziert

7.4 Historische Entwicklung und Schlussfolgerung für den englischen Diskurs

Periode	Positionierung			
	Pädagogisch-bildungswissenschaftlich	Gesellschaftlich-sozialpolitisch	Psychologisch	Volkswirtschaftlich-arbeitsmarktbezogen
1. Periode 1971-1980: geringe Arbeitslosigkeit	BCC / MSC			TUC
2. Periode 1981-1997: hohe Arbeitslosigkeit	IiE / TUC		MSC	CBI (Bewerbermangel) / TUC
3. Periode 1998-2008: geringe Arbeitslosigkeit	CBI, BCC			
4. Periode 2009-2013: hohe Arbeitslosigkeit	CBI, BCC	UKCES		TUC
5. Periode 2014-2017: geringe Arbeitslosigkeit	CBI, BCC / UKCES			DfE, UKCES

Abbildung 7.7 Primäre Positionierung der Akteure im englischen Diskurs (eigene Darstellung)

die Arbeitgeberseite, dass die Schulabgänger die Erwartungen der Arbeitgeber nicht erfüllten. Als Ursache benennen sie die aufgrund der Globalisierung und des technologischen Wandels erhöhten Anforderungen am Arbeitsplatz, auf die die Schulabgänger durch die Schulen nur unzureichend vorbereitet würden. Dadurch träte auch das Problem eines Fachkräftemangels auf. Die Ursache ist demnach nicht der pädagogisch-bildungswissenschaftlichen, sondern der volkswirtschaftlich-arbeitsmarktbezogenen Perspektive zuzuordnen. Als weitere Ursache identifizieren die Arbeitgeber eine fehlende Gleichwertigkeit zwischen akademischer und beruflicher Bildung, die dazu führe, dass zu wenige Jugendliche nach der allgemeinbildenden Schule eine berufliche Laufbahn einschlügen. Da es sich bei diesen Entwicklungen um gesamtwirtschaftlich und -gesellschaftliche Phänomene handelt, die durch die einzelnen Arbeitgeber nur bedingt beeinflusst werden können, liegt eine external-variable Ursachenbeschreibung vor. Verursacher sind wiederum die Schulen als kollektiver Akteur, die die Jugendlichen nicht ausreichend gemäß den gestiegenen Anforderungen vorbereiteten. Verantwortlich für Handlungen, dem Problem entgegenzuwirken, ist wiederum primär die Regierung durch die Schaffung fördernder Rahmenbedingungen. Dies schließt auch die Schaffung von qualitativ hochwertigen Apprenticeships ein. Des Weiteren fordert die Arbeitgeberseite eine engere Kooperation zwischen Schule und Wirtschaft sowie eine bessere Berufsorientierung in der Schule. Die Relevanz des Problems unterstreicht die Arbeitgeberseite mit dem Argument der Wettbewerbsfähigkeit der englischen Wirtschaft, die unter dem Fachkräftemangel leide. Als empirische Evidenz führt die Arbeitgeberseite die GCSE- sowie PISA-Ergebnisse auf.

In der zweiten Periode argumentiert die CBI, dass trotz der hohen Arbeitslosigkeit nicht ausreichend geeignete Bewerber gefunden würden, um vakante Stellen zu besetzen. Das in dieser Periode identifizierte Problem liegt demnach in einem Mangel an geeigneten Bewerbern begründet und ist somit der volkswirtschaftlich-arbeitsmarktbezogenen Perspektive zuzuordnen. Als ursächlich für dieses Problem erachtet die CBI wiederum eine unzureichende Vorbereitung durch die Schulen (pädagogisch-bildungswissenschaftliche Perspektive) sowie eine fehlende Gleichwertigkeit von akademischer und beruflicher Bildung. Verursacher und Lösungsvorschläge sind mit den Ausführungen in den anderen Perioden identisch.

In der letzten Periode, in der die Einführung der *Apprenticeship Levy* ein bildungspolitisch relevantes Thema ist, bringt die Arbeitgeberseite überdies das quantitative Angebot an Ausbildungsplätzen mit der Bewerberqualität in Verbindung. Sie argumentieren, dass Unternehmen ihre Verantwortung anerkennen, Jugendliche auszubilden, es jedoch an geeigneten Kandidaten für eine Ausbildung mangele.

Insgesamt weist die Argumentation der Arbeitgeberseite somit klar kausalattributorische Elemente auf. Als ursächlich für die Probleme werden jedoch nicht primär Defizite in der allgemeinbildenden Schule erachtet, sondern gesellschaftliche und wirtschaftliche Entwicklungsprozesse, die zu einer Veränderung der Erwartungshaltung aufseiten der Arbeitgeber betreffs der Merkmale, die ein Bewerber mitbringen sollte, führen.

Die Argumentation der **MSC** bzw. später der **UKCES** zeigt keine klare Linie auf. Weder ist eine periodenabhängige Argumentation erkennbar noch folgen die non-departmental public bodies (NDPB) klar der Argumentation der Arbeitgeber- oder Arbeitnehmerseite. Das **LSC** zeigt im gesamten Verlauf keine klare Argumentation auf und wird aus diesem Grund im Folgenden nicht weiter berücksichtigt.

7.4 Historische Entwicklung und Schlussfolgerung für den englischen Diskurs

Sowohl das MSC als auch die UKCES erkennen prinzipiell an, dass der Übergang von der Schule in den Arbeitsmarkt für Jugendliche oftmals besonders problematisch sei und dies auch auf eine unzureichende Vorbildung zurückzuführen sei. Die UKCES kritisiert jedoch eine zu enge Sichtweise der Arbeitgeber, wonach diese keine Differenzierung vornehmen würden und alle Jugendliche als nicht ausreichend vorbereitet ansähen. Dies träfe jedoch nur auf bestimmte Zielgruppen (Problemgruppen) zu. Während die MSC auf qualitative Verbesserungen der Vorbereitung durch die Schulen, aber im Speziellen auch der beruflichen Aus- und Grundbildung sowie der Berufsorientierung als Lösung für einen einfacheren Übergang von der Schule in den Arbeitsmarkt setzt, sieht die UKCES eher eine quantitative Ausweitung der Apprenticeships sowie von Plätzen zur Sammlung von Arbeitserfahrungen als Lösung an. Damit folgt die UKCES der politischen Ausrichtung des DfE, das eine quantitative Ausweitung der Apprenticeships – unter Inkaufnahme einer Reduzierung der Qualität – anstrebt (Fleckenstein und Lee 2018). In der Argumentation der NDPBs ist keine klare kausalattributorische Argumentation erkennbar.

7.4.2 Zwischenfazit

Subsumierend formuliert sind im englischen Diskurs die Arbeitgeber in der konkreten Diskussion um *employability* wortführend. Die Ursache für die Dominanz der Arbeitgeber liegt vermutlich in der prinzipiellen Dominanz der Arbeitgebervertreter gegenüber den Gewerkschaften begründet (siehe Abschnitt 2.2 und 3.2).

Die Diskursanalyse für England hat offenkundig werden lassen, dass sowohl Arbeitgeber als auch Arbeitnehmer konträre Positionen einnehmen, die im Zeitverlauf jedoch relativ konstant sind. Während die Arbeitnehmer primär die volkswirtschaftlich-arbeitsmarktbezogene Position einnimmt, argumentieren die Arbeitgeber vornehmlich aus der pädagogisch-bildungswissenschaftlichen Position. Die NDPBs verändern ihre Position über die Zeit (siehe Abbildung 7.7). Des Weiteren konnte eine kausalattributorische Verwendung des Konstruktes employability durch die Arbeitgeber nachgewiesen werden.

Zudem nutzt die Arbeitgeberseite in der letzten Periode, in der die Einführung der *Apprenticeship Levy* (Ausbildungsplatzabgabe) zunächst ein bildungspolitisches Thema darstellt, das im Verlauf der Periode auch umgesetzt wird, eine klar kausalattributorische Argumentation. Es kommt das Argument zum Tragen, dass die Arbeitgeber prinzipiell zu ihrer Verantwortung stünden, ausreichend

Ausbildungsplätze anzubieten, es jedoch an geeigneten Bewerbern fehle. Dieses Argument wird von politischer Seite jedoch nicht anerkannt. Ein Einzug der employability auf die Agenda der politischen Bildungspolitik kann auf Grundlage der analysierten Dokumente in England nicht identifiziert werden. Nebstdem kann ein Zusammenhang zwischen der Verwendung des Argumentes um mangelnde employability und wirtschaftlichen Kontexten (hohe vs. geringe (Jugend-) Arbeitslosigkeit) nicht nachgewiesen werden.

Insgesamt gründet die Argumentation im englischen Diskurs eher auf einer Kritik des Ausbildungssystems, woraus sich auch die entsprechenden Handlungsaufforderungen ableiten. Auf diesen Aspekt soll im folgenden Kapitel näher eingegangen werden.

Vergleichende Betrachtung 8

In den vorangegangenen zwei Kapiteln (Kapitel 6 und 7) wurden die Resultate der Diskursanalyse für die beiden untersuchten Länder Deutschland und England dargestellt. Im Folgenden sollen diese Ergebnisse zur Beantwortung der vierten und letzten Forschungsfrage verglichen werden:

4. *Existieren länderspezifische Unterschiede und/oder Gemeinsamkeiten im Hinblick auf die ersten drei Forschungsfragen? Wenn ja, wie sind sie ausgeformt und wie lassen sie sich begründen?*

Wie in Abschnitt 4.4 dargelegt, unterliegt der folgende Vergleich sowohl der ideografischen als auch der evolutionistischen Funktion. Das Erkenntnisinteresse liegt demzufolge zum einen in der Suche und Erklärung des Besonderen anderer Bildungsräume und daraus resultierender unterschiedlicher Lösungskonzeptionen und Erklärungsmuster (ideografische Funktion). Zum anderen sollen – trotz der Gegensätzlichkeit der Berufsbildungssysteme – möglicherweise länderübergreifende Entwicklungstrends aufgedeckt werden (evolutionistische Funktion).

Der Vergleich des Vergleichsobjekts (Diskurs(e) in Deutschland und England um die Probleme Jugendlicher beim Übergang von der Schule in den Arbeitsmarkt und/oder eine voll oder teilweise am Arbeitsplatz stattfindenden Erstausbildung) erfolgt in den folgenden Unterkapiteln auf Grundlage der in Abschnitt 4.2.2 definierten Vergleichskriterien, die sich den ersten drei Forschungsfragen zuordnen lassen (siehe Tabelle 8.1).

Nachfolgend werden die Diskurse in Abschnitt 8.4 vor dem Hintergrund der länderspezifischen Besonderheiten in den Berufsbildungssystemen betrachtet.

Aufbauend auf dieser Analyse wird anschließend in Abschnitt 8.5 die forschungsleitende Fragestellung

Tabelle 8.1 Struktur des Vergleichs (eigene Darstellung)

Kapitel	Vergleichskriterium	Forschungsfrage
8.1	Kontext • Wirtschaftlicher Kontext • Gesellschaftlicher Kontext • Bildungspolitischer Kontext	Unter welchen gesellschaftlichen, ökonomischen und bildungspolitischen Rahmenbedingungen (Kontext) wurde bzw. wird das „Klagelied vom schlechten Bewerber" in England besonders intensiv diskutiert?
8.2	Deutungsmuster (Verständnis)	(Wie) hat sich das Verständnis, wann ein Jugendlicher die notwendigen Voraussetzungen für eine Ausbildung bzw. den Eintritt in den Arbeitsmarkt mitbringt, im Zeitverlauf verändert? Unterscheidet sich das Verständnis zwischen den bildungspolitischen Akteuren?
8.3	Phänomenstruktur (Argumentationsmuster) • Ursachenbeschreibung; • Verantwortungszuweisung; Handlungsaufforderungen/Lösungsvorschläge; • Narrative Struktur	Welche Argumente hinsichtlich der Ausbildungsreife bringen welche bildungspolitischen Akteure unter welchen Rahmenbedingungen hervor? Sind bzw. waren bestimmte Interessengruppen wortführend? Haben sich die Argumentationsstränge im Zeitverlauf verändert?

Besteht ein Zusammenhang zwischen der Situation am Ausbildungsmarkt und der interessenpolitischen Verwendung des Arguments der mangelnden Ausbildungsreife Jugendlicher im politischen Diskurs?

für beide Länder beantwortet. Abschließend wird eine Schlussfolgerung vor dem Hintergrund des aus dem *most-different-systems-Designs* erwachendem Erkenntnisinteresse gezogen (siehe Abschnitt 4.3): Sind länderübergreifende, d. h. von den länderspezifischen Systemen unabhängige, Entwicklungen erkennbar?

8.1 Vergleich der Kontextfaktoren

Der Kontext lässt sich in unterschiedliche Faktoren untergliedern, die auf unterschiedlichen Ebenen den Diskurs um Ausbildungsreife bzw. employability beeinflussen. In den folgenden Unterkapiteln wird der Einfluss der unterschiedlichen Kontextfaktoren auf den Diskurs analysiert.

8.1.1 Wirtschaftlicher Kontext

Die Höhe der Arbeitslosigkeit und auch das Angebot an Ausbildungsplätzen hängt von der konjunkturellen Lage der Wirtschaft ab (Schneider und Pilz 2001; Hillmert 2001a; 2001b). Die Dokumentenanalyse hat ergeben, dass die Intensität des Diskurses nicht direkt durch die Lage auf dem Ausbildungs- bzw. Arbeitsmarkt beeinflusst wird (siehe zu dem Einfluss auf die Art der Argumentation Abschnitt 8.3).

Die Veränderung der Anforderungen am Arbeitsmarkt führen dagegen zu einer steigenden Relevanz der Ausbildungsreife bzw. employability in beiden betrachteten Ländern. Beide Länder zeigen Parallelen in puncto einer veränderten Priorisierung der durch die Arbeitgeber nachgefragten Merkmalsbereiche auf (siehe auch Abschnitt 8.2). Schulische Basiskenntnisse treten zugunsten der weicheren Skills (insb. psychologische Merkmale des Arbeitsverhaltens und der Persönlichkeit sowie Schlüsselkompetenzen) zunehmend in den Hintergrund. Zurückzuführen ist diese Entwicklung auf eine sich wandelnde Arbeitswelt (siehe Abschnitt 6.3 und 7.4 sowie weiterführend Abschnitt 8.2). Diese Entwicklung ist nicht nur in den beiden untersuchten Ländern präsent, sondern stellt einen globalen Trend dar. Nach Aussage der World Bank (2019, S. 3) sind

> „*three types of skills increasingly important in labor markets: advanced cognitive skills such as complex problem-solving, sociobehavioral skills such as teamwork, and skill combinations that are predictive of adaptability such as reasoning and self-efficacy.*"

Dieser internationale Trend führt zu einer steigenden Relevanz von Ausbildungsreife respektive employability in den untersuchten Ländern im Zeitverlauf, aber auch im internationalen Diskurs (siehe z. B. OECD 2015; Brewer 2013).

So führt die ILO in einem Report die Schwierigkeiten der Jugendlichen beim Übergang von der Schule in den Ausbildungs- oder Arbeitsmarkt in vielen Ländern auf eine Diskrepanz (*mismatch*) zwischen den Anforderungen des Arbeitsmarktes auf der einen Seite und den durch die Jugendlichen mitgebrachten Merkmalsbündeln (inklusive Stand der allgemeinen und beruflichen Bildung) auf der anderen Seite zurück (Brewer 2013, S. 5).

Der Fachkräftemangel als Resultat dieser Diskrepanz wird auch im englischen und deutschen Diskurs thematisiert. Im Unterschied zu der Aussage der ILO, die den Fachkräftemangel trotz hoher Jugendarbeitslosigkeit betont, wird dieser in den untersuchten Diskursen jedoch insbesondere in Zeiten geringer Jugendarbeitslosigkeit (siehe dritte Periode im englischen Diskurs) bzw. eines Angebotsüberhangs (siehe zweite, sechste und achte Periode im deutschen Diskurs) thematisiert. Begründet werden kann dieser Unterschied damit, dass die ILO in ihre Analyse nicht nur Industrienationen, sondern auch Entwicklungsländer mit einbezieht. Letztere weisen ein deutlich geringeres Bildungsniveau auf als Industrienationen. Höhere Bildungsabschlüsse erleichtern jedoch den Übergang in den Ausbildungs- bzw. Arbeitsmarkt (Brewer 2013, S. 5). Da es sich bei der mangelnden Ausbildungsreife bzw. employability jedoch um einen auf die Defizite der Schulabgänger fokussierenden Diskurs handelt, verstärkt sich dieser in England und Deutschland im Zusammenhang mit dem Fachkräftemangel mit sinkender Jugendarbeitslosigkeit. In diesen Kontextsituationen sinkt die Auswahlmöglichkeit der Arbeitgeber bei der Besetzung der vakanten Stellen. Aus diesem Grund beziehen sie für die Besetzung der Vakanzen Jugendliche mit geringerem Qualifikationsniveau mit ein, um *alle Potenziale zu nutzen* (siehe auch Abschnitt 8.2).

8.1.2 Gesellschaftlicher Kontext

Gesellschaftliche Entwicklungen, die zu einem Rückgang der Bewerberzahlen bzw. zu einer Veränderung der Bewerberstruktur am Übergang von der Schule in eine Ausbildung bzw. den Arbeitsmarkt führen und damit den Diskurs um Ausbildungsreife beeinflussen, sind in beiden analysierten Ländern zu beobachten. Zwei Entwicklungen sind dabei von zentraler Relevanz: der demographische Wandel, der zu einem quantitativen Rückgang der Bewerber führt, und ein Trend zu höheren Bildungsabschlüssen, der eine Veränderung der Bewerberstruktur bewirkt

8.1 Vergleich der Kontextfaktoren

(siehe für den deutschen Kontext siebte und achte Periode und für den englischen Kontext zweite und vierte Periode).

Während der demographische Wandel in Deutschland – insbesondere zum Ende des untersuchten Zeitraums – eine zunehmende Rolle im Diskurs spielt, wird dieser im englischen Diskurs lediglich als zukünftige Bedrohung („demographic time bomb" (CBI 1988, S. 12)) aufgenommen. Der größere Einfluss des demographischen Wandels auf den deutschen Diskurs ist dadurch zu erklären, dass dieser in Deutschland deutlich ausgeprägter ist als in England. Während die Altersstruktur der englischen Bevölkerung in den letzten zehn Jahren relativ konstant war (statista 2019a), ist der Anteil der unter 20-jährigen an der deutschen Bevölkerung stark rückläufig (statista 2019b). Dadurch wirkt sich der demographische Wandel auf den quantitativen Rückgang der Bewerber in Deutschland sehr viel stärker aus als in England.

Der Trend zu höheren Bildungsabschlüssen ist wiederum eine Entwicklung, die in beiden Ländern gleichermaßen zu beobachten ist, sich jedoch in unterschiedlicher Weise auf die Diskurse der beiden Länder auswirkt.

In **Deutschland** wird der Trend zu höheren Bildungsabschlüssen ab der vierten Periode thematisiert. Im Rahmen dieser Bildungsexpansion ist die Anzahl der Abiturienten und Realschüler seit den 1960er Jahren stark gestiegen, der Anteil der Hauptschüler, der ehemals größten Bildungsgruppe, ist dagegen kontinuierlich gesunken (Protsch 2011, S. 3; Geißler 2006, S. 275). Als Folge dieses Trends wird eine Verringerung der Anzahl der Bewerber in Verbindung mit einem sich verändernden Bewerberprofil benannt. So nehmen beispielsweise Anzahl und Ansehen von Hauptschulabgängern, die historisch gerade im Bereich des Handwerks die primäre Zielgruppe der dualen Ausbildung darstellten, aufgrund eines abnehmenden Signalwertes des Schulabschlusses sowie ansteigender Anforderungen am Arbeitsmarkt im Zeitverlauf ab (Protsch 2011; siehe auch Abschnitt 8.1.1). Diese Entwicklung beeinflusst den Diskurs um Ausbildungsreife dahingehend, dass zum einen insbesondere Personen mit geringen Bildungsabschlüssen, vornehmlich Hauptschulabschlüssen, als nicht ausbildungsreif tituliert werden (Solga 2005, Protsch 2011). Zum anderen führt die Entwicklung im Zusammenhang mit dem demographischen Wandel und den steigenden Anforderungen am Arbeitsplatz zu der bereits in Abschnitt 8.1.1 beschriebenen narrativen Einbettung des Diskurses *alle Potenziale nutzen*. Das heißt, die Zielgruppe der Ausbildungsreife umfasst zunehmend Personen aus den sogenannten *Problemgruppen*. Die mangelnde Ausbildungsreife wird durch die Arbeitgebervertreter narrativ nicht mehr als zentrales Problem für die Bereitstellung von mehr Ausbildungsplätzen in den Mittelpunkt gestellt. Es wird vielmehr die Förderung der Ausbildungsreife als Lösung der Probleme bei der Besetzung der offenen Lehrstellen deklariert.

In **England** ist ebenfalls ein Trend zu höheren Abschlüssen existent. Dieser ist im englischen Bildungssystem durch die Dominanz der akademischen Bildung tief verwurzelt (Hyland 2002, S. 288). So wirkt sich der Trend zur Höherqualifizierung in anderer Weise auf den Diskurs um employability aus, als dies im deutschen Kontext der Fall ist. Auf der einen Seite ist ein zunehmender Anteil an Arbeitnehmern für ihre Tätigkeit überqualifiziert. Auf der anderen Seite verfügen viele Absolventen des Bildungssystems auf allen Ebenen nicht über die durch die Arbeitgeber nachgefragten notwendigen Fertigkeiten und Fähigkeiten. Sie sind nicht *employable* (siehe Abschnitt 7.2.4). Dies verstärkt den Fachkräftemangel und führt dadurch zu einer sinkenden Wettbewerbsfähigkeit der britischen Wirtschaft (siehe für die ausführliche Einordnung der mangelnden *parity of esteem* auf den englischen Diskurs Abschnitt 8.4). Wie im deutschen Kontext wird auch im englischen Kontext die Förderung der employability als Teil der Lösung des Problems gesehen.

8.1.3 Bildungspolitischer Kontext

Wie in Abschnitt 6.3 dargelegt, beeinflusst der bildungspolitische Kontext den deutschen Kurs in hohem Maße. Auch hier sind verschiedene Einflussfaktoren zu analysieren: Die sich in der Regierung befindende Partei, den Übergang von der Schule in die Ausbildung bzw. den Arbeitsmarkt betreffende diskutierte bildungspolitische Maßnahmen, sowie der Einfluss von externen Evidenzen (wie z. B. der PISA-Studie).

In **Deutschland** ist ein klarer Zusammenhang zwischen der durch die Regierung angedrohten Einführung der Ausbildungsplatzabgabe und einer zunehmenden Intensität im Diskurs zu beobachten, die sich auch auf die Argumentationsmuster der Akteure auswirkt (siehe Abschnitt 6.3 und 8.3). Dieser Zusammenhang wird unmittelbar durch die Zugehörigkeit der die Regierung stellenden Partei beeinflusst. So stellt sowohl Ende der 1970er-Jahre als auch Anfang der 2000er-Jahre, als die Ausbildungsplatzabgabe besonders intensiv diskutiert wurde, die arbeitnehmernahe SPD den Bundeskanzler (siehe Abschnitt 6.3.3). Zu Beginn beider Amtszeiten der SPD-Kanzler liegt zudem ein Nachfrageüberhang vor. Dass die Ausbildungsabgabe ein Drohinstrument bleibt und nicht eingeführt wurde, basierte wiederrum ebenfalls auf der Entscheidung der SPD und war ein Resultat innerparteilicher Unstimmigkeiten zwischen dem linken und rechten Flügel der Partei (siehe Abschnitt 6.1.7 und 6.3.3).

Befeuert wird der Diskurs zudem in Deutschland durch die Veröffentlichung der PISA-Ergebnisse. Die Veröffentlichung der ersten PISA-Studie löste aufgrund des unterdurchschnittlichen Abschneidens einen *Schock* aus (Stanat et al. 2002) und die Ergebnisse werden von Arbeitgeberseite als empirische Evidenz für ihre Klagen herangezogen (siehe Abschnitt 6.1.6).

In **England** wird der Veröffentlichung der ersten PISA-Studie, aufgrund des überdurchschnittlichen Abschneidens, nicht viel Aufmerksamkeit im Diskurs geschenkt (Stanat et al. 2002). Dies ändert sich im Verlauf, als Großbritannien im Vergleich zu Deutschland und anderen Ländern keine wesentliche Verbesserung der Resultate vorweisen kann (OECD 2010). Mehr als die PISA-Ergebnisse werden im englischen Kontext die GCSE-Ergebnisse als empirische Evidenz im Diskurs herangezogen. Die schlechten Resultate dienen der Arbeitgeberseite in den letzten beiden Perioden als empirische Evidenz für die Klagen über die fehlende employability der Schulabgänger und befeuern damit den Diskurs (siehe Abschnitt 7.2.4, 7.2.5 und 7.4).

In beiden Ländern nutzt somit die Arbeitgeberseite unabhängige Testergebnisse zu den schulischen Leistungen der Jugendlichen als empirische Evidenz für die Untermauerung ihrer Klagen.

Daneben kann für den englischen Kontext keine direkte bildungspolitische Kontextabhängigkeit für die steigende Intensivität des Diskurses identifiziert werden. Die regierungsstellenden Parteien beeinflussen aufgrund des im englischen Kontext bestehenden „leaflet laws" (siehe Abschnitt 3.2.2.1) in erster Linie durch Reformen und Gesetzesänderungen die konkrete systemische Ausgestaltung der Berufsbildung (siehe Abschnitt 3.2 und Abschnitt 7.2). So wird beispielsweise im Gegensatz zu Deutschland in der letzten Periode die Ausbildungsplatzabgabe eingeführt. Die Einführung fällt jedoch zum einen in die Regierungszeit der arbeitgebernahen konservativen Partei, sodass hier kein Zusammenhang zwischen der Argumentation der Arbeitgeber und der ihr nahestehenden Partei zu erkennen ist. Zum anderen hat die Einführung im Gegensatz zu der drohenden Ausbildungsplatzabgabe in Deutschland nur eine geringe Auswirkung auf den Diskurs (siehe Periode 7.2.4 und 7.2.5). Sie wirkt sich weniger auf die Intensität als vielmehr auf das Argumentationsmuster aus (siehe Abschnitt 7.4 und 8.3).

8.1.4 Zwischenfazit

Die oben beschriebenen wirtschaftlichen und gesellschaftlichen Entwicklungen – die auch auf internationaler Ebene zu beobachten sind – gehen im Zeitverlauf mit einer steigenden Intensität der Diskussion um die Ausbildungsreife bzw. die employability von Schulabgängern einher. In beiden Ländern ist ein sich im Zeitverlauf verstärkender Fachkräftemangel bzw. Skills Mismatch zu beobachten (Green et al. 2016a, S. 8 ff.; siehe Abschnitt 6.3 und 7.4). Verursacht wird diese Entwicklung zum einen durch die sich aufgrund der Globalisierung, dem technischen Fortschritt sowie der Tertiarisierung der Arbeitswelt wandelnden Anforderungen am Arbeitsplatz (World Bank 2019, S. 23 ff.). Zum anderen wird sie durch eine Reduktion der Bewerber aufgrund des in Deutschland stärker, in Großbritannien schwächer ausgeprägten demografischen Wandels (statista 2018; Office for National Statistics 2017) sowie einem Trend zu höheren Bildungsabschlüssen (Autorengruppe Bildungsberichterstattung 2014, S. 28 ff.; DfE 2018) verstärkt. Eine Erhöhung der Ausbildungsreife bzw. der employability wird sowohl in Deutschland als auch in England als eine Teillösung für diese Problemlagen angesehen (Weiß 2006; Green et al. 2016a, S. 8 f.; siehe Abschnitt 6.3 und 7.4).

Während der Diskurs in Deutschland auf politischer Ebene vorwiegend durch die immer wieder aufflammende Diskussion um die Einführung einer Ausbildungsplatzabgabe geschürt wird (siehe Abschnitt 6.3.2), kann für den englischen Kontext keine ähnliche Entwicklung beobachtet werden. Obwohl die Ausbildungsplatzabgabe (training levy) in England zum Ende des Untersuchungszeitraums umgesetzt wurde, spielt sie im Diskurs lediglich eine untergeordnete Rolle (siehe Abschnitt 7.4.1). Akteurunabhängige empirische Evidenz, wie z. B. die PISA- oder GCSE-Ergebnisse, hat in beiden Ländern dagegen einen verstärkenden Einfluss auf den Diskurs.

Auf Grundlage dieser Ergebnisse kann festgehalten werden, dass länderübergreifende Trends wie die Veränderung der Arbeitswelt sowie demografische Veränderungen das vornehmlich durch die Arbeitgeberseite gesungene *Klagelied vom schlechten Bewerber* positiv verstärken. Die inhaltliche Ausgestaltung der Diskurse hängt jedoch stark von nationalen Rahmenbedingungen ab. Auslöser für eine intensiv geführte interessenpolitisch motivierte Diskussion sind konträr diskutierte bildungspolitische Maßnahmen (wie im Rahmen der Ausbildungsplatzabgabe in Deutschland).

8.2 Vergleich des Deutungsmusters

Die Diskursanalyse hat für den deutschen und englischen Kontext sowohl Gemeinsamkeiten als auch Unterschiede bezüglich des Verständnisses des untersuchten Konstruktes sowie der daraus resultierenden Problemdefinition ergeben (siehe Tabelle 8.2).

Tabelle 8.2 Definition und Deutungsmuster von Ausbildungsreife und employability (eigene Darstellung)

	Ausbildungsreife	Employability
Globaldefinition	Voraussetzungen, die ein Bewerber aus Arbeitgebersicht beim Eintritt in eine betriebliche Ausbildung mitbringen sollte.	Voraussetzungen, die ein Bewerber aus Arbeitgebersicht beim Eintritt in den Arbeitsmarkt (inkl. einer betrieblichen Erstausbildung) mitbringen sollte.
Zielgruppe	Jugendliche Schulabgänger beim Eintritt in eine duale Ausbildung. Die Zielgruppe variiert zwischen Problemgruppen und allen Schulabgängern.	• Abgänger des allgemeinbildenden Bildungssystems (inkl. Universitäten) beim Eintritt in den Arbeitsmarkt. • Schulabgänger beim Eintritt in den Arbeitsmarkt oder eine betriebliche Erstausbildung bilden eine Teilzielgruppe.

(Fortsetzung)

Tabelle 8.2 (Fortsetzung)

	Ausbildungsreife	Employability
Wesentliche Merkmalsbereiche	• Schulische Basiskenntnisse (z. B. Lesen, Schreiben, verbaler Ausdruck, mathematische Grundkenntnisse), • Psychologische Leistungsmerkmale (z. B. logisches Denken, Merkfähigkeit, rechnerisches Denken), • Physische Merkmale (z. B. altersgerechte Entwicklung und Gesundheit), • Psychologische Merkmale des Arbeitsverhaltens und der Persönlichkeit (z. B. Zuverlässigkeit, Kommunikationsfähigkeit, Leistungsbereitschaft, Verantwortungsbewusstsein, Teamfähigkeit), • Berufswahlreife (z. B. Selbsteinschätzungs- und Informationskompetenz) (Kriterienkatalog zur Ausbildungsreife, Bundesagentur für Arbeit 2009).	• Wesentliche Eigenschaften (z. B. Zuverlässigkeit, Leistungsbereitschaft, Bereitschaft, Verantwortung zu übernehmen), • Merkmale der Persönlichkeit (z. B. Initiative, Proaktivität, Durchsetzungsvermögen), • Übertragbare Kenntnisse (z. B. Lesen, Schreiben, mathematische Grundkenntnisse und verbaler Ausdruck), • Übertragbare Schlüsselkompetenzen (z. B. Problemlösekompetenz, Teamfähigkeit, Arbeitsprozessgestaltung), • Formale Qualifikationen (beruflich u/o akademisch), • Arbeitserfahrung, • Status am Arbeitsmarkt, • Demografische Merkmale (u. a. Alter, Geschlecht), • Gesundheitliche Merkmale, • Fähigkeit, einen Arbeitsplatz zu suchen und sich zu bewerben, • Anpassungsfähigkeit und Mobilität (Employability Framework, McQuaid und Lindsay 2005).
Narrative Einbettung	Reduzierung der Anzahl der zu versorgenden Jugendlichen oder Integration von Problemgruppen.	Verwertbarkeit und Wettbewerbsfähigkeit.

8.2 Vergleich des Deutungsmusters

Beiden Ländern ist gemein, dass die Gewerkschaftsseite das Konstrukt der Ausbildungsreife bzw. employability nicht unterstützt. Während sich die Gewerkschaften in Deutschland jedoch explizit gegen das Konstrukt der Ausbildungsreife aussprechen, kann eine prinzipielle Ablehnung der employability durch die englischen Gewerkschaften im Rahmen der Dokumentenanalyse nicht eindeutig festgestellt werden. Die englischen Arbeitnehmervertreter äußern sich in den analysierten Dokumenten vielmehr nicht zu dem Thema. Die Aussage des Vertreters des TUC („*Readiness for apprenticeship? […] I think sometimes there are employers who will just say this because they do not want to get involved.*") im Rahmen der Experteninterviews (siehe Abschnitt 7.3.2) lässt jedoch vermuten, dass die englischen Arbeitnehmervertreter dem Konstrukt kritisch gegenüberstehen.

Die durch die Arbeitgebervertreter sowie grundsätzlich durch das BMBF bzw. die NDPBs unterstützten Definitionen von Ausbildungsreife bzw. employability (siehe Abschnitt 6.3 und Abschnitt 7.4) weisen grundlegende Gemeinsamkeiten auf. Beide Konstrukte beschreiben die Voraussetzungen, die ein Bewerber aus Arbeitgebersicht mitbringen sollte. Während sich die deutsche Ausbildungsreife jedoch auf den Eintritt in eine duale Ausbildung fokussiert, bezieht sich das Konstrukt der employability primär auf den Eintritt in den Arbeitsmarkt. Schulabgänger beim Eintritt in den Arbeitsmarkt bilden eine Teilzielgruppe der employability. Teilweise wird das Konstrukt auch für die Beschreibung des Eintritts in eine betriebliche Erstausbildung genutzt, dies bildet jedoch nicht die primäre Ausrichtung. Anders als in Deutschland erfolgt in England zudem keine Änderung des Deutungsmusters durch eine Fokussierung auf bestimmte Teilgruppen (Problemgruppen) in Perioden, in denen ein Angebotsüberhang vorliegt (siehe Abschnitt 6.3).

In Hinsicht auf die Merkmale der Ausbildungsreife bzw. employability weisen die Definitionen trotz der unterschiedlichen Zielgruppen grundlegende Gemeinsamkeiten auf. Zwar existiert weder in Deutschland noch in England eine von allen Akteuren anerkannte Operationalisierung der Konstrukte, jedoch sind die weithin anerkannten Operationalisierungen (Tabelle 8.2; siehe auch Abschnitt 2.1) in weiten Teilen durch Überschneidungen geprägt. Die Operationalisierung der englischen employability weist weitere über die der deutschen Ausbildungsreife hinausgehende Merkmalsbereiche auf: formale Qualifikation, Arbeitserfahrung und Status am Arbeitsmarkt. Dies ist durch den oben skizzierten weiter gefassten Bezugsrahmen der employability bedingt. Während sich die Ausbildungsreife konkret auf Schulabgänger der allgemeinbildenden Schule beim Übergang in die berufliche Ausbildung bezieht, erfasst die employability auch ältere Individuen beim (Wieder–)Eintritt in den Arbeitsmarkt. Informationen zu den benannten Merkmalsbereichen sind für diese Personengruppe von Bedeutung. Für die betrachtete Zielgruppe der jugendlichen Schulabgänger sind sie jedoch von geringerer Relevanz, da diese Zielgruppe in der Regel noch keine formale Qualifikation oder Arbeitserfahrung mitbringt und der Status am Arbeitsmarkt für alle zunächst der des *Absolvent der allgemeinbildenden Schule* ist.

Psychologische Merkmale des Arbeitsverhaltens (z. B. Zuverlässigkeit, Leistungsbereitschaft, Verantwortungsbewusstsein, Teamfähigkeit) und der Persönlichkeit (beispielsweise Initiative, Proaktivität, Motivation) sowie Schlüsselkompetenzen (Problemlösekompetenz, logisches Denken) gewinnen in beiden Ländern gegenüber den schulischen Basiskenntnissen über die Zeit zunehmend an Bedeutung. Als Begründung werden die sich wandelnde Arbeitswelt sowie der Wechsel von einer Industrie- zu einer Dienstleistungsgesellschaft aufgeführt, die zu einer Veränderung des Anforderungsprofils und damit auch zu einer Neupriorisierung der nachgefragten Merkmalsbereiche führen. Dies betrifft sowohl die berufliche Erstausbildung als auch den Arbeitsmarkt (World Bank 2019, S. 23 ff.; Green et al. 2016a; Green et al. 2016b; Protsch 2013; Ebbinghaus 2011, S. 205 f.). Dieses verschobene Anforderungsprofil auf der Abnehmerseite lässt sowohl Herausforderungen auf der Seite der Schulen als auch auf der Seite der auf das Erwerbsleben vorbereitenden Institutionen hervortreten (Gmelch 1996; Zedler 1990; Schlaffke 2002).

Die hier dargestellten Befunde unterscheiden sich zum Teil von den Befunden von Kraus (2006, 2007), die das deutsche Verständnis von employability – auch in Ansätzen im angelsächsischen Vergleich – untersucht. Die Unterschiede in den Befunden sind darauf zurückzuführen, dass im Zentrum der Arbeit von Kraus (2006) der Diskurs der employability in Deutschland im Mittelpunkt steht. Sie übersetzt „employability" mit „Beschäftigungsfähigkeit" (Kraus 2007, S. 236). Zielgruppe des von Kraus untersuchten employability Konstruktes sind nicht die jugendlichen Schulabgänger beim Übergang von der Schule in den Ausbildungs- oder Arbeitsmarkt, sondern alle Personen, die einer entlohnten Beschäftigung nachgehen (möchten) und in der Regel bereits eine abgeschlossene Berufsausbildung oder ein Studium vorweisen. Schlussfolgernd versteht sie unter employability die „Möglichkeit, einer entlohnten Beschäftigung nachzugehen" (Kraus 2006, S. 55). Gemein ist dem Verständnis der employability im deutschen Diskurs von Kraus und dem hier dargelegten Verständnis von Ausbildungsreife, dass beide Konzepte Merkmalsbündel beschreiben, die es den Individuen ermöglichen oder erleichtern, in eine Beschäftigung (employability) bzw. den Ausbildungsmarkt (Ausbildungsreife) einzutreten. Gemeinsam ist beiden Konzepten des Weiteren, dass die Anforderungen der Unternehmen die inhaltliche

8.2 Vergleich des Deutungsmusters

Ausgestaltung der Definitionen maßgeblich beeinflussen (Kraus 2007, S. 242; Abschnitt 6.3). Diese Dominanz der Arbeitgeber bei der inhaltlichen Gestaltung ist auch für den englischen Diskurs zu beobachten (Abschnitt 7.4).

Beiden Konstrukten liegen demnach das Verständnis bzw. die Erwartungen der Arbeitgeber hinsichtlich ihrer zukünftigen Auszubildenden zugrunde. Die Arbeitgeber bilden somit die zentrale Bestimmungsgröße. Dies ist darauf zurückzuführen, dass die Arbeitgeber in beiden Ländern über die Einstellung oder Nichteinstellung der Bewerber in puncto eines Ausbildungs- oder eines ersten Arbeitsplatzes entscheiden. Bei positiver Entscheidung müssen die Arbeitgeber einen Teil der Ausbildungskosten tragen (siehe Kapitel 3). Die Bruttokosten der Ausbildung verringern sich um die Erträge, die im Zusammenhang mit der Ausbildung entstehen. Je besser ein Auszubildender ist, umso höher ist seine Produktivität und mithin sein erwirtschafteter Ertrag. Die Qualität der Schulabgänger wirkt demnach auf die Höhe der Erträge und damit auf die Nettokosten der Ausbildung ein. Leistungsschwächere Auszubildende erhöhen dagegen die Kosten der Ausbildung, da sie zu einem höheren Betreuungsaufwand beitragen (Dietrich et al. 2004, S. 3 ff.). Deswegen haben die Betriebe ein vordergründiges Interesse an der Qualität der Schulabgänger. Dies ist eine Erklärung, warum die Arbeitgeber in beiden Ländern *das Klagelied vom schlechten Bewerber* besonders laut singen.

Trotz dieser Gemeinsamkeiten lässt sich feststellen, dass das Argument der Verwertbarkeit im Zusammenhang mit der Wettbewerbsfähigkeit der einzelnen Betriebe wie der Volkswirtschaft im englischen Kontext mehr im Vordergrund steht als im deutschen Kontext. Dieses Phänomen kann durch die unterschiedliche Ausgestaltung der Arbeitsmärkte erklärt werden (hierzu und im folgenden Kraus 2006, S. 114 ff.; Streeck 2011; siehe auch Kapitel 3 und 4.3). Der Arbeitsmarkt in England ist durch ein hohes Maß an Deregulierung und Flexibilität gekennzeichnet. Dies führt zu häufigen und schnellen Arbeitsplatzwechseln der Beschäftigten – sei es aus eigenem Antrieb oder aufgrund einer Kündigung. Die Frage, was ein Beschäftigter mitbringen muss, um in wechselnden Arbeitsverhältnissen schnell – wenn nicht gar sofort – produktiv zu sein, ist für den englischen Kontext somit von größerer Relevanz als für den deutschen. Letzterer ist durch ein hohes Maß an Regulierung ausgezeichnet, was zu weniger häufigen Arbeitsplatzwechseln führt. Es lohnt sich mehr für die Betriebe in die Ausbildung bzw. Einarbeitung zu investieren, weshalb die Frage der direkten Verwertbarkeit im deutschen Kontext nicht unmittelbar im Vordergrund steht.

Pilz (2009), der die Ausbildungskulturen deutscher und britischer Unternehmen untersucht hat, kommt zu ähnlichen Befunden. Die oben bereits beschriebene britische *hire-and-fire*-Kultur führt dazu, dass die Unternehmen ihr Training in der Regel auf unternehmensspezifische Aspekte begrenzen und schnell eine hohe

Produktivität erwarten. Deutsche Unternehmen sehen den Nutzen der Ausbildung dagegen in einem mittel- bis langfristigen Kontext, da die Mitarbeiter in der Regel für längere Zeit im Unternehmen bleiben. Der deutschen dualen Ausbildung liegt das Berufskonzept zugrunde (siehe für weiterführende Informationen Pilz 2009; Deißinger 1997; 1998), welches neben anderen das Merkmal der Komplexität und Transferfähigkeit aufweist. Dieses Merkmal sagt aus, dass ein Beruf nicht nur betriebsspezifische Anforderungen umfasst, sondern auf die Erlangung von umfassenden Fähigkeiten und Kenntnissen, die für die Ausübung des Berufes notwendig sind, ausgerichtet ist. Diese der deutschen Ausbildung zugrundeliegende Kultur führt zu einer über den bloßen Verwertungsgedanken hinausgehenden Philosophie.

Kraus (2006, S. 78 ff.) kommt in ihrer Studie zu dem Ergebnis, dass die Frage der Wettbewerbsfähigkeit und mittelbar der Verwertbarkeit durch die employability-Diskussion auch im deutschen Kontext, begründet durch eine sich der britischen annähernden Arbeitswelt, als konzeptionelle Alternative zum Berufskonzept Einzug gehalten hat. Diese Entwicklung kann durch die vorliegenden Befunde für den Eintritt in eine Ausbildung zunächst nicht bestätigt werden.

8.3 Vergleich der Argumentationsmuster

Vergleicht man die Rechtfertigungen der Akteure in Anbetracht der Elemente kausalattributorischer Argumentation, sticht hervor, dass sowohl die Arbeitgeber-, als auch die Arbeitnehmerverbände in den beiden Ländern prinzipiell aus ähnlichen Perspektiven argumentieren (siehe Abschnitt 6.3.1 und 7.4.1). Tabelle 8.3 stellt die dominierenden Argumentationsstränge der Arbeitgeber- und Arbeitnehmervertreter[1] in Anlehnung an die Elemente interessenpolitisch genutzter attributionstheoretischer Argumentation (Abschnitt 2.5, Abbildung 2.2) grafisch dar.

Das deutsche BMBF bzw. die englischen NDPBs weisen im Gegensatz zu den Arbeitgeber- und Arbeitnehmervertretern kein dominierendes Argumentationsmuster und auch keine kausalattributorische Argumentation auf. Auch unterscheidet sich die Argumentation voneinander.

Die Argumentation der NDPBs variiert in **England** zwischen allen Perspektiven (siehe Abschnitt 7.4.1), ohne dass eindeutig der Argumentation eines anderen

---

[1]Da sowohl das BMBF als auch die NDPBs keinem dominierenden Argumentationsmuster folgen, wird ihre Argumentation nicht in der Grafik dargestellt.

Tabelle 8.3 Vergleich der Argumentationsmuster (eigene Darstellung)

	England		Deutschland	
	Arbeitgeber	**Arbeitnehmer**	**Arbeitgeber**	**Arbeitnehmer**
Identifiziertes Problem	Unzureichende Vorbereitung der Jugendlichen auf den Ausbildungs- bzw. Arbeitsmarkt (mangelnde employability) beeinträchtigt die Besetzung von vakanten Stellen und damit die Wettbewerbsfähigkeit der englischen Wirtschaft.	Fehlendes Angebot an Ausbildungs- und Arbeitsplätzen.	**Nachfrageüberhang:** Unzureichende Vorbereitung der Jugendlichen auf die duale Ausbildung (mangelnde Ausbildungsreife). **Angebotsüberhang:** Mangel an geeigneten Bewerbern.	Fehlendes Angebot an Ausbildungsplätzen.
Dominierende Perspektive der Ursachenbetrachtung	Pädagogisch-bildungswissenschaftlich	Volkswirtschaftlich-arbeitsmarktbezogen	Pädagogisch-bildungswissenschaftlich; Volkswirtschaftlich-arbeitsmarktbezogen (Bewerbermangel)	Volkswirtschaftlich-arbeitsmarktbezogen
Empirische Evidenz	• GCSE-Ergebnisse, • ab 2009 auch Ergebnisse der PISA-Studie, • eigene Umfragen.	keine	Ab 2001 Ergebnisse der PISA-Studie.	Angebot-Nachfrage-Relation
Identifizierter Verursacher	**Politik** → Schulsystem (external-variabel, kollektiver Akteur).	Nicht klar identifiziert.	**Politik** → Schulsystem (external-variabel, kollektiver Akteur).	**Politik** → konjunkturabhängiges System der dualen Ausbildung, das auf einzelbetriebswirtschaftlichen Interessen beruhende Entscheidungen begünstigt (external-variabel, kollektiver Akteur). **Arbeitgeber** (external-variabel, kollektiver Akteur).

(Fortsetzung)

Tabelle 8.3 (Fortsetzung)

	England		Deutschland	
	Arbeitgeber	Arbeitnehmer	Arbeitgeber	Arbeitnehmer
Verantwortung zur Handlung und Lösungs-vorschläge	**Politik**: Verbesserung des Schulsystems, Entwicklung der employability skills in Schule priorisieren; Gleichwertigkeit zwischen allgemeiner und beruflicher Bildung herstellen; Berufsorientierung und Apprenticeship-System verbessern (extern, pädagogisch-bildungswissenschaftlich).	**Politik**: Ausbau der Apprenticeships; Änderung der Finanzierung von Ausbildung (durch die Einführung einer Apprenticeship Levy) (extern). **Arbeitgeber**: Schaffung von qualitativ und quantitativ mehr Arbeitsplätzen, auch für junge Menschen (extern, volkswirtschaftlich-arbeitsmarktbezogen).	**Politik**: Verbesserung des Schulsystems (extern, pädagogisch-bildungswissenschaftlich); Unterstützungsmaßnahmen, um „alle Potenziale" nutzen zu können (Angebotsüberhang).	**Politik**: Veränderung des Systems (z. B. durch die Einführung einer Ausbildungsplatzabgabe) (extern). **Arbeitgeber**: Bereitstellung einer ausreichenden Anzahl von Ausbildungsplätzen (extern, volkswirtschaftlich-arbeitsmarktbezogen).
Diskursive Einbettung/ Narrative	Anforderungen an Arbeitnehmer steigen aufgrund der sich wandelnden Arbeitswelt. Diese erhöhten Anforderungen werden durch Schulen unzureichend vermittelt. Dies führt zu einem Fachkräftemangel in britischen Unternehmen, der international zu Wettbewerbsnachteilen führt. **Apprenticeship Levy:** Je besser die Jugendlichen in der Schule auf eine Ausbildung vorbereitet werden, umso mehr Ausbildungsplätze können die Betriebe anbieten. Einführung einer Apprenticeship Levy trägt nicht zur Lösung der Probleme am Übergang bei.	keine	**Nachfrageüberhang (Ausbildungsplatzabgabe):** Die Betriebe würden mehr ausbilden, aber viele Jugendliche sind nicht geeignet (ausbildungsreif). **Angebotsüberhang:** Alle Potenziale ausschöpfen, um dem Mangel an geeigneten Bewerbern entgegen zu wirken (z. B. durch ausbildungsbegleitende Hilfen).	**Teilweise in Zeiten des Nachfrageüberhangs:** Kritik der Arbeitgeber sei keine ernsthafte Kritik, sondern nur „Scheinkritik", um die Verantwortung für Ausbildung von sich wegzuschieben.

8.3 Vergleich der Argumentationsmuster

Akteurs gefolgt wird. Das lässt darauf schließen, dass die Argumentationen der Arbeitgeber- oder Arbeitnehmervertreter die Position der NDPBs nicht beeinflussen. Des Weiteren ist eine kausalattributorische Argumentation der NDPBs in keiner Periode erkennbar. Vielmehr schlagen die NDPBs in den untersuchten Dokumenten Lösungen – insbesondere in Form einer Verbesserung des beruflichen Bildungswesens – vor.

In **Deutschland** variiert die durch das BMBF eingenommene Perspektive des Argumentationsmusters zwar ebenfalls, dennoch sind deutliche Unterschiede zu der Argumentation der englischen NDPBs erkennbar. Das BMBF reagiert in seiner Argumentation auf die Argumentationen der Arbeitgeber- bzw. Arbeitnehmervertreter sowie auf die externen Rahmenbedingungen (siehe Abschnitt 6.3.1). Die Argumentation des BMBF entwickelt sich von einer eher gewerkschaftsnahen hin zu einer eher arbeitgebernahen Sichtweise, wobei die gesellschaftlich-sozialpolitische Perspektive über die Zeit die Argumentation beeinflusst. Die Dokumentenanalyse zeigt für den deutschen Fall zudem, dass das Thema der Ausbildungsreife im Zeitverlauf Teil der politischen Agenda wird (siehe Abschnitt 6.3.3).

Gemeinsam ist in beiden Ländern, dass sowohl das BMBF als auch die NDPBs keine kausalattributorische Argumentation aufweisen. Die Ursache für die fehlende kausalattributorische Argumentation kann jedoch in der Auswahl der analysierten Dokumente begründet sein. Es ist zwar davon auszugehen, dass sowohl die für England untersuchten Dokumente der NDPBs als auch die für Deutschland untersuchten Berufsbildungsberichte die relevanten bildungspolitischen Themen beinhalten, bildungspolitische Entscheidungsprozesse werden in diesen jedoch nicht abgebildet (siehe auch Abschnitt 9.2 zu den Limitationen).

Die dominierende Perspektive der Arbeitgeber ist die pädagogisch-bildungswissenschaftliche. Die identifizierte Ursache für die Probleme am Übergang von der Schule in den Ausbildungs- bzw. Arbeitsmarkt ist demnach die nicht ausreichende Vorbereitung der Jugendlichen, also die fehlende employability oder Ausbildungsreife. Die Arbeitnehmervertreter argumentieren hingegen größtenteils aus der volkswirtschaftlich-arbeitsmarktbezogenen Perspektive. Sie sehen die Ursache für die Schwierigkeiten am Übergang demnach in einem fehlenden Angebot an Ausbildungs- oder Arbeitsplätzen begründet. Auch die Identifikation von Verursachern (Arbeitgeber und Regierung) sowie von Lösungsvorschlägen (freiwillige Schaffung von mehr Ausbildungs- und Arbeitsplätzen durch die Arbeitgeber oder durch regulierende Maßnahmen vonseiten der Regierung, z. B. in Form einer Ausbildungsplatzabgabe) findet in beiden Ländern parallel statt.

Die diskursive Einbettung der Konstrukte sowie die identifizierten Verursacher durch die den Diskurs dominierenden Arbeitgeber weisen dagegen zuweilen erhebliche Unterschiede auf.

In **England** wird employability kontextunabhängig durch die Arbeitgeber als Element zur Steigerung der britischen Wettbewerbsfähigkeit aufgeführt. Diese narrative Einbettung unterstreicht den in der englischen Tradition verankerten marktorientierten Gedanken[2] (siehe Abschnitt 4.3), der durch die konservative Regierung unter Margaret Thatcher Einzug in das Bildungswesen erhalten hat. Das Humankapital der Individuen ist ein Gut, das durch die Arbeitgeber nachgefragt wird. Ein Mangel an dem Gut Humankapital bedingt Wettbewerbsnachteile auf nationaler wie internationaler Ebene. Die in den 1990er-Jahren im Zentrum der europäischen Bildungspolitik stehende Einführung des europäischen Qualifikationsrahmens und das damit verbundene Konzept des lebenslangen Lernens sowie die damit einhergehende Beschäftigungs- und Wettbewerbsfähigkeit folgen dem angelsächsischen Verständnis von employability (Kraus 2007, S. 236 ff.; Deißinger 2010, S. 49 ff.). Teil dieser Politik ist die Förderung und Ausweitung der Berufsbildung als Grundlage für die Ausbildung der employability der Individuen (Kraus 2007).

Dieser in England vorgenommenen Einbettung von employability unterliegt ein Verständnis, welches die Frage der Verwertbarkeit der Schulabgänger am Arbeitsmarkt in den Mittelpunkt stellt (siehe auch Abschnitt 8.2). Dieser Verwertungsgedanke liegt dem angelsächsischen Prinzip der am Lernergebnis (*outcomes*) orientierten beruflichen Bildung zugrunde, in dem die Gestaltungsmacht der Wirtschaft (*employer-led*) durch die Formulierung der Lernergebnisse unmittelbar zum Ausdruck kommt (Deißinger 2010, S. 61; siehe auch Abschnitt 4.3).

In **Deutschland** variiert das Verständnis der Arbeitgeber von Ausbildungsreife dagegen je nach Lage auf dem Ausbildungsstellenmarkt und dem bildungspolitischen Kontext. Der Begriff wird entweder im Kontext der Reduzierung der Anzahl der zu versorgenden Schulabgänger (Nachfrageüberhang und Diskurs um die Ausbildungsplatzabgabe) oder mit Blick auf die Integration der sogenannten Problemgruppen (Angebotsüberhang) verwendet. Obwohl mit dem Kriterienkatalog für die Ausbildungsreife (Bundesagentur für Arbeit 2009) eine weithin anerkannte Operationalisierung von Ausbildungsreife erfolgt ist, variieren die Anwendung und das Niveau derselben. Während in Zeiten des Nachfrageüberhangs rhetorisch eine Reduzierung der zu versorgenden Schulabgänger vorgenommen und das

---

[2]Crouch merkt in diesem Zusammenhang an, dass die Bildungspolitik unter Margaret Thatcher zwar den marktorientierten Gedanken aufweist, in der Umsetzung jedoch eine Synthese aus individueller und gemeinschaftlicher Verantwortung hervorgebracht hat (Crouch 1998).

8.3 Vergleich der Argumentationsmuster

Niveau von Ausbildungsreife vergleichsweise hoch gesetzt wird, erfolgt in Zeiten des Angebotsüberhangs verbal eine Reduzierung des Niveaus der Ausbildungsreife (siehe für ähnliche Ergebnisse Schulte 2018, 2019). Die Schulabgänger, denen während des Nachfrageüberhangs die Ausbildungsreife abgesprochen wird, sollen nun, wegen eines Mangels an Bewerbern, in die Ausbildung integriert werden. Diese unterschiedliche Rhetorik deutet auf ein auf interessenpolitischer Ebene konstruiertes soziales Problem hin (Edelman 1998, S. 176 ff.; Gerhards 1992, S. 310 ff.), das je nach Kontext andere bildungspolitische Forderungen nach sich zieht (siehe auch Abschnitt 2.2).

In England ist in den sondierenden Interviews zwar auf die Verwendung von employability als konstruiertes soziales Problem hingewiesen worden (siehe Abschnitt 7.1.2), die Dokumentenanalyse hat eine solche Rhetorik jedoch nicht eindeutig aufdecken können. Eine Ausnahme bildet die Argumentation der Arbeitgeber im Zusammenspiel mit der Einführung der *Apprenticeship Levy*. Die Arbeitgeberorganisationen greifen in diesem Zusammenhang die auch in Deutschland genutzte Rhetorik auf und nutzen die mangelnde employability als Argument für die Minderung der Anzahl der zu versorgenden Jugendlichen.

Dies untermauert die in Abschnitt 8.1.3 formulierte Schlussfolgerung, dass die Verwendung von employability als interessenpolitisch eingesetztes konstruiertes Problem länderübergreifend im direkten Zusammenhang mit einer Einführung von finanziellen Sanktionen von Arbeitgebern (insb. Ausbildungsplatzabgabe bzw. Apprenticeship Levy) steht, die erhoben werden, wenn diese nicht quantitativ ausreichend Ausbildungsplätze zur Verfügung stellen.

Die Einführung der Ausbildungsplatzabgabe wird in Deutschland historisch infolge der systemischen Ausgestaltung des Berufsbildungssystem und der gesellschaftlichen Erwartungshaltung an dasselbe (siehe Abschnitt 3.1) regelmäßiger diskutiert als in England. Aus diesem Grund kommt es in Deutschland eher zu einer gezielt interessenpolitisch eingesetzten Rhetorik im Zusammenhang mit der mangelnden Ausbildungsreife Jugendlicher. Darüber hinaus umfasst die employability der Schulabgänger beim Eintritt in die betriebliche Ausbildung nur einen kleinen Teilbereich der in der gesamten employability-Diskussion angesprochenen Zielgruppe (siehe Abschnitt 2.1.2 sowie 8.2). Dies reduziert die Bedeutung der Finanzierungsfrage der Apprenticeships in Verbindung mit der employability-Diskussion.

Trotz dieser Gemeinsamkeit in der Verwendung des *Klagelieds vom schlechten Bewerber* als interessenpolitisch eingesetztes Argument durch Arbeitgebervertreter im Zusammenhang mit der Einführung von Ausbildungsplatzabgaben sind auch Unterschiede bei dem Erfolg der Argumentation erkennbar. Während die Arbeitgebervertreter in Deutschland die Einführung der Ausbildungsplatzabgabe, auch durch die erfolgreiche Problemplatzierung der mangelnden Ausbildungsreife, wiederholt abwenden konnten, sind die Arbeitgebervertretungen in England weniger erfolgreich gewesen. Als Begründung für diesen Unterschied in der Durchsetzungskraft der Interessen kann die Rolle der Sozialpartner[3] im Bereich der beruflichen Bildung angesehen werden (siehe Abschnitt 2.2.2 und 4.3). Während den Arbeitgeber- und Arbeitnehmervertretern im Bereich der Berufsbildung in Deutschland die Rolle eines Partners zuteilwird, kommt ihnen in England die Rolle von Beratern zu, die angehört werden können, aber nicht müssen. Bezüglich der Einführung der Ausbildungsplatzabgabe sind die Argumente der Arbeitgebervertreter in England nicht angehört worden. Die Levy wird von politischer Seite als das erfolgversprechendste Instrument angesehen, um das formulierte Ziel von drei Millionen neuen Ausbildungsplätzen zu erreichen (DfE 2016).

8.4 Einfluss der länderspezifischen Besonderheiten der Berufsbildungssysteme auf den Diskurs

Wie anhand der vorangehenden Ausführungen offenkundig wird, haben der bildungspolitische sowie der interessenpolitische Kontext erheblichen Einfluss auf die Art der Argumentation der Akteure.

Daneben beeinflusst jedoch der systemische Kontext die Art der Argumentation ebenfalls im erheblichen Maße. Der Diskurs um die Ausbildungsreife bzw. die employability spiegelt in beiden Ländern systemische Aspekte der Berufsbildung wider, die wegen der Differenzen der beiden Berufsbildungssysteme (siehe Kapitel 3) sehr unterschiedlich ausfallen.

Die Diskursanalyse für **Deutschland** deutet darauf hin, dass der Diskurs um Ausbildungsreife sowie die verhältnismäßig starren Positionen der Akteure Folge der systemischen Ausgestaltung der dualen Ausbildung sind. Die Funktion der beruflichen Erstausbildung in Deutschland steht im Spannungsfeld zwischen der Förderung der sozialen Integration einerseits und der Sicherung der wirtschaftlichen Wettbewerbsfähigkeit andererseits (Granato et al. 2016; Ebbinghaus 2011, S. 206). Das duale Ausbildungssystem in Deutschland bemächtigt die Betriebe, über die Einstellung oder Nichteinstellung von Auszubildenden aufgrund einzelbetrieblicher Interessen jährlich erneut zu entscheiden. Der Grundgedanke ist, dass es im Interesse der Betriebe liegt, auszubilden.

---

[3]Für die Erklärung der Dominanz der Arbeitgebervertreter gegenüber den Gewerkschaften siehe Abschnitt 6.3.2.

In der Wissenschaft werden dementsprechend verschiedene Motive der Unternehmen für oder gegen eine Ausbildung separiert (Schönfeld 2016, S. 13 f.; siehe auch Berger und Pilz 2010; Niederalt et al. 2001, S. 7 ff.):

- Das Produktionsmotiv
  Die Auszubildenden gelten als produktive Arbeitskräfte, d. h., die Kosten der Ausbildung sind geringer als die Erträge.
- Das Investitionsmotiv
  Die Betriebe bilden nach diesem Motiv aus, um ihren zukünftigen Fachkräftebedarf unabhängig vom externen Arbeitsmarkt zu decken. Die Auszubildenden müssen den Ansprüchen der Betriebe genügen. Die Kosten der Ausbildung werden bis zu einem gewissen Maß in Kauf genommen, da mittel- bis langfristig Erträge entstehen. Eine Ausbildung wird demnach vordergründig als Investition in die Zukunft betrachtet.
- Das Screeningmotiv
  Das Screeningmotiv kann als eine Unterform des Investitionsmotivs betrachtet werden. Die Betriebe erachten die Ausbildung als verlängerte Probezeit. Die Auszubildenden können über die Zeit der Ausbildung beobachtet werden, nach deren Abschluss werden diejenigen Auszubildenden übernommen, die langfristig in das betriebliche Anforderungsprofil passen.
- Das Reputationsmotiv
  Nach diesem Motiv ausbildende Unternehmen erhoffen sich durch die Ausbildung einen langfristigen Imagegewinn bei externen Stakeholdern. Die gesteigerte Reputation kann zu einer Verringerung der Ausbildungskosten führen.
- Das Motiv der Ausbildung aus sozialer Verantwortung
  Dieses Motiv ist nicht betriebswirtschaftlicher Natur. Die Betriebe, die nach diesem Motiv ausbilden, sehen sich in der Verantwortung, jungen Menschen durch ihre Offerte den Eintritt in den Arbeitsmarkt zu ermöglichen sowie den Fachkräftebedarf in der Region und der Branche zu sichern.

Vier der fünf Motive für eine Ausbildung sind demzufolge betriebswirtschaftlicher Natur. Die Studien von Schönfeld (2016, S. 145 ff.; siehe auch Niederalt et al. 2001, S. 26 ff.; Pilz 2009) hat ergeben, dass das stärkste Motiv für die Ausbildung das Investitionsmotiv ist, d. h., es wird in Anbetracht der Sicherung des zukünftigen Fachkräftebedarfs ausgebildet, gefolgt von dem Motiv der Ausbildung aus sozialer Verantwortung. Demnach sind sich die ausbildenden Betriebe ihrer sozialen Verantwortung zur Ausbildung bewusst und handeln danach. Die wirtschaftliche Situation und die Ertragslage eines Ausbildungsbetriebes spielen daneben ebenfalls eine bedeutsame Rolle bei der Entscheidung für oder gegen eine Ausbildung (Niederalt et al. 2001, S. 26 ff.). In wirtschaftlich schlechteren Zeiten, wenn der zukünftige Fachkräftebedarf als gering eingeschätzt wird, führt die Dominanz des Investitionsmotiv bei der Entscheidung für oder gegen eine Ausbildung zu einer quantitativen Verringerung der Einstellung von Auszubildenden und damit zu einer Reduktion an Ausbildungsplätzen (Schönfeld 2016, S. 176). Nebstdem werden die konkreten Personalentscheidungen bezogen auf das Investitionsmotiv weniger unter der Berücksichtigung der sozialen und gesellschaftlichen Notwendigkeit, den Bewerber in Ausbildung zu bringen, sondern vielmehr mit Blick auf die Eignung des Bewerbers für eine bestimmte Stelle getroffen. Sind Bewerber, z. B. aufgrund gestiegener Anforderungen am Arbeitsplatz oder einer gesunkenen Qualität in der Vorbereitung durch die allgemeinbildenden Schulen, weniger geeignet, reduziert sich ihre Produktivität und damit mindern sich die durch sie im Rahmen der Ausbildung erwirtschafteten Erträge. Überdies kann es zu einer Steigerung der Kosten wegen eines gestiegenen Betreuungsaufwands kommen (Dietrich et al. 2004, S. 3 ff.).

Daneben existiert die gesellschaftliche sowie die politische Erwartung, die auch und gerade vonseiten der Gewerkschaften vertreten wird, dass die Betriebe unter Berücksichtigung des Gemeinwohls ausbilden und möglichst so viele Ausbildungsplätze zur Verfügung stellen, dass sämtliche Jugendliche einen Ausbildungsplatz erhalten, wodurch die Jugendarbeitslosigkeit reduziert werden kann (Bohlinger und Splittstößer 2011, S. 192 ff.). Diese Forderungen werden gerade in wirtschaftlich schlechteren Zeiten laut, wenn die Arbeitgeber aus oben genannten Gründen ihr Ausbildungsplatzangebot schmälern.

Apelle von Kammern, Verbänden und Politikern, wie sie z. B. im Rahmen des Ausbildungspaktes sowie der Bündnisse für Ausbildung und Weiterbildung formuliert werden, haben dagegen einen eher geringen Einfluss auf die quantitative Ausgestaltung des Ausbildungsangebotes von Arbeitgeberseite (Niederalt et al. 2001, S. 26 ff.).

Diese gegensätzlichen Interessen spiegeln sich in der Diskussion um Ausbildungsreife wider, die somit als Ausdruck der systemischen Gestaltung der dualen Ausbildung im Zusammenspiel mit der gesellschaftlichen und politischen Erwartung an dieselbe bezeichnet werden kann.

Die Argumentation um die mangelnde employability der Schulabgänger der Arbeitgeber- und Arbeitnehmervertreter in **England** fußt dagegen auf gesamtgesellschaftlichen, wirtschaftlichen sowie bildungspolitischen Entwicklungen, die nur mittelbar mit der employability der Schulabgänger in Verbindung stehen. Der Diskurs um die employability der Schulabgänger kann vielmehr als Ausdruck einer generellen Kritik am System der beruflichen Bildung in England gesehen werden, die über den untersuchten Zeitraum relativ konstant und unabhängig von der Zugehörigkeit zu einer bestimmten Akteursgruppe ist (siehe auch Deißinger und Greuling 1994, S. 128).

Die fehlende employability der Schulabgänger, die auf ein im internationalen Vergleich schlecht abschneidendes Bildungs- und Ausbildungssystem zurückgeführt wird, ist als Wettbewerbsnachteil der englischen Wirtschaft zu erachten. England ist durch ein *low-skill high-skill equilibrium* gekennzeichnet (Finegold und Soskice 1988; Fleckenstein und Lee 2018). Auf der einen Seite beschäftigen weite Teile der Wirtschaft gering qualifizierte Arbeitnehmer, die eine niedrige Produktivität aufweisen. Auf der anderen Seite gibt es viele Arbeitsplätze für sehr hoch qualifizierte Arbeitnehmer, mit einer beträchtlichen Produktivität (Finegold und Soskice 1988; Fleckenstein und Lee 2018). Aufgrund der sich verändernden Rahmenbedingungen, etwa der Tertiarisierung sowie einer zunehmende Technologisierung und Globalisierung der Arbeitswelt, steigen die Anforderungen derselben. Die Anzahl der Arbeitsplätze für gering qualifizierte Personen (*low-skill*) nimmt ab. Die employability sowie das Ausbildungsniveau der Schulabgänger wird dadurch bei dem Übergang von der Schule in die Arbeit immer relevanter (siehe auch Daguerre und Taylor-Gooby 2003). Es herrscht ein Fachkräftemangel, der auch auf ein schlechtes Ausbildungssystem für mittlere Qualifikationen zurückgeführt wird (Fleckenstein und Lee 2018; Fuller und Unwin 2003). Dieser beschert den englischen Unternehmen – auch in Zeiten von hoher Arbeitslosigkeit – zusehends Probleme, vakante Stellen zu besetzen (Finegold und Soskice 1988, S. 23). Dies reduziert wiederum die Wettbewerbsfähigkeit der englischen Wirtschaft.

Diese gesamtgesellschaftlichen Tendenzen führen zu den akteursübergreifenden, auch im wissenschaftlichen Diskurs[4] beachteten, bildungspolitischen Forderungen nach

---

[4]siehe für

- die Ausweitung der Apprenticeships z. B. Fuller und Unwin 2003; Ryan et al. 2006b; Lewis et al. 2008; Fuller und Unwin 2009, 2011; Brockmann et al. 2010; Davey und Fuller 2010; Hogarth et al. 2012;
- die Integration von Arbeitserfahrung in die Curricula der allgemeinbildenden Schule z. B. Watts 1983; Petherbridge 1997; Walsh 2006; Weller et al. 2014; McKechnie et al. 2014;
- eine auch auf berufliche Werdegänge ausgerichtete Berufsorientierung z. B. Hodkinson und Sparkes 1993; Watts 2013; Chadderton 2015.

- einer qualitativen Verbesserung und quantitativen Ausweitung der Apprenticeships;
- der Integration von Arbeitserfahrungen (z. B. in Form von Praktika) in die Curricula der allgemeinbildenden Schulen;
- einer auch auf berufliche Werdegänge ausgerichteten Berufsorientierung.

Als übergeordnete Ursache für das Scheitern jeglicher Bemühungen, den Übergang von der Schule in den Arbeitsmarkt zu vereinfachen und der mangelnden Vorbereitung der Jugendlichen auf die Arbeitswelt zu begegnen, wird die fehlende Gleichwertigkeit (parity of esteem) zwischen akademischer und beruflicher Bildung angesehen. Trotz historisch anhaltender politischer Absicht, diesem Ungleichgewicht zwischen akademischer und beruflicher Bildung zu begegnen, bleibt die berufliche Bildung aus der Sicht der Gesellschaft mit dem traditionellen *second class*-Status behaftet (Hyland 2002, S. 288). Die Klagen vom schlechten Bewerber sind zugleich Ursache und Folge der mangelnden *parity of esteem* und führen so zu einem Teufelskreis.

Sie ist Ursache, indem Jugendliche, die eine berufliche Laufbahn einschlagen, dies oftmals einzig tun, wenn ihnen die akademische Laufbahn verschlossen bleibt. Demgemäß erfolgt eine Negativauslese der Bewerber für ein Apprenticeship[5]. Dies mindert die Qualität derselben, was wiederum die negative Ansicht der beruflichen im Vergleich zur akademischen Bildung bestätigt (siehe auch Solga 2010, S. 109; Protsch 2013, S. 22). Des Weiteren werden die Arbeitsmöglichkeiten am unteren Ende des Arbeitsmarktes gesellschaftlich nicht als *occupations*, sondern als enger definierte *jobs* betrachtet. Keep und James veranschaulichen den Zusammenhang für den englischen Kontext:

> „In the UK broad conceptions of the skill needed to enter and prosper within an occupation are lacking for a wide range of jobs. Furthermore, the notion of an occupation at the bottom end of the labour market is somewhat of a misnomer. Research [...] suggest that employers and employees regard the positions at the lower end as jobs with job tasks and workers are recruited to perform a specific job, which in turn can be reduced to a bundle of fairly closed defined tasks" (2012, S. 217; Auslassung durch die Autorin).

Dies reduziert die Bereitschaft für die Teilnahme sowie das Angebot einer beruflichen Ausbildung zur Ausübung dieser „Jobs" (Keep und James 2017, S. 217 f.).

---

[5]Eine Ausnahme bilden Apprenticeships in einigen ausgewählten Branchen bei einigen ausgewählten, großen und sehr anerkannten Arbeitgebern. Diese haben ein sehr hohes Ansehen und ziehen viele, sehr gute Bewerber an (diese Information fußt auf in den Interviews vorzufindenden Aussagen).

Zudem erhöht eine prinzipiell geringe Partizipation der Arbeitgeber in der betrieblichen Ausbildung die Gefahr des *poachings*, d. h. des Abwerbens ausgebildeter Fachkräfte durch konkurrierende Unternehmen, was wiederum eine Zurückhaltung betreffs Investitionen für die Ausbildung in dieselben bewirken könnte (Snape und Brinkworth 1989).

Die Klagen um schlechte Bewerber sind auch Folge der fehlenden *parity of esteem*, da leistungsstärkere Jugendliche primär den akademischen Weg einschlagen und somit für den Eintritt in die Ausbildung eher leistungsschwächere Bewerber verbleiben. So ist beispielsweise auch die Umsetzung einer stärker auf berufliche Laufbahnen ausgerichteten Berufsorientierung fraglich, wenn sowohl Lehrer als auch Schüler und ihre Familien, die akademische Laufbahnen als den besseren Weg ansehen und bevorzugen. Verstärkt wird dies durch ein enges Verständnis von beruflicher Bildung in England, das nur wenige Elemente allgemeiner Bildung aufgreift und somit den Weg von beruflichen zurück in akademische Bildungsgänge verschließt (Keep und James 2012, S. 218). Zu ähnlichen Erkenntnissen kommen auch Pilz et al. (2016; siehe auch Zenner und Pilz 2017) bei einer international komparativen Untersuchung vorberuflicher Bildung für die Länder China und Indien sowie in abgeschwächter Form für die USA.

Während die duale Ausbildung im deutschen Diskurs das Zielobjekt der Ausbildungsreife verkörpert, da es um den Eintritt in dieselbe geht, stellen Apprenticeships im englischen Diskurs Lösungsmöglichkeiten dar. Die Klagen um die mangelnde *employability* von Abgängern der Pflichtschule in England sowie beim Übergang von der Schule in den Arbeitsmarkt können somit als Ausdruck einer Kritik am englischen Bildungs-, aber insbesondere am Ausbildungssystem verstanden werden. Als Best-Practice[6] für ein funktionierendes Ausbildungssystem dient im englischen Diskurs dabei häufig die deutsche duale Ausbildung (z. B. Fuller und Unwin, 2011; Ryan 2000, S. 45; Finegold und Soskice 1988; Deißinger und Greuling 1994, S. 131).

Trotz dieser Unterschiede ist in der systemischen Ausgestaltung beider Länder gemein, dass der Übergang von der Schule in die duale Ausbildung bzw. in ein Apprenticeship oder in den Arbeitsmarkt in beiden Ländern überwiegend marktgesteuert erfolgt. Das bedeutet, dass die Betriebe jeweils über die Einstellung oder Nichteinstellung der jugendlichen Bewerber entscheiden und auch einen großen Teil der Kosten tragen (Ryan et al. 2011). Eine Kosten-Nutzen-Kalkulation der

---

[6]Deutschland dient im englischen Diskurs zwar als Best-Practice, eine schlichte Übertragung des Systems wird aufgrund der institutionellen Unterschiede der beiden Länder jedoch nicht angestrebt (siehe z. B. Fuller und Unwin 2011, S. 202).

Ausbildung spielt in beiden Ländern eine zentrale Rolle bei der Entscheidung für oder gegen eine Ausbildung (Pilz 2009, S. 64 ff.). Der Nutzen wird dabei vordergründig in der Produktivität der Auszubildenden gesehen (Pilz 2009, S. 66). In beiden Ländern haben die Betriebe folglich ein vordergründiges Interesse, welche Merkmalsbündel die Jugendlichen beim Eintritt in die Ausbildung mitbringen.

8.5 Schlussfolgerung aus dem Vergleich

Während in Abschnitt 6.3.1 bereits die ersten drei Forschungsfragen für den deutschen und in Abschnitt 7.4.1 für den englischen Kontext beantwortet worden sind, soll nun auf die forschungsleitende Fragestellung eingegangen werden.

Besteht ein Zusammenhang zwischen der Situation am Ausbildungsmarkt und der interessenpolitischen Verwendung des Arguments der mangelnden Ausbildungsreife Jugendlicher im politischen Diskurs?

Die Diskursanalyse hat gezeigt, dass das Konstrukt der mangelnden Ausbildungsreife bzw. employability in beiden Ländern in einem interessenpolitischen Kontext genutzt wird (siehe Abschnitt 6.3.1 und 7.4.1). Dies lässt sich hauptsächlich durch die prinzipiell unterschiedlichen Standpunkte der Arbeitgeber- wie Arbeitnehmervertreter erklären, die historisch gewachsen sind. Da die Arbeitnehmerseite in Deutschland die Existenz des Konstrukts der Ausbildungsreife negiert und sie in England ebenfalls eher zurückhaltend im Diskurs um employability auftritt, wird die Frage für diesen Akteur verneint. Nachfolgend wird aus diesem Grund im Besonderen auf die Verwendung der Ausbildungsreife bzw. employability als interessenpolitisch genutztes Argument durch die Arbeitgeber eingegangen.

Unter Berücksichtigung der in diesem Kapitel angefertigten Analyse kann die Frage für **Deutschland** bejaht werden. Die Arbeitgeberseite setzt das Argument der mangelnden Ausbildungsreife interessenpolitisch ein. Die argumentative Einbettung variiert zudem stark je nach Situation auf dem Ausbildungsstellenmarkt. In Zeiten des Nachfrageüberhangs bei gleichzeitiger bildungspolitischer Aktualität der Ausbildungsplatzabgabe nutzt die Arbeitgeberseite das Argument der mangelnden Ausbildungsreife klar interessenpolitisch, um die Einführung der Ausbildungsplatzabgabe zu verhindern. Der Zusammenhang zwischen der mangelnden Ausbildungsreife sowie der Ausbildungsbereitschaft der Betriebe wird in diesem Kontext deutlich artikuliert. Die Experteninterviews unterstreichen die Annahme einer nach Kontext variierenden Argumentation durch die Arbeitgebervertretungen.

8.5 Schlussfolgerung aus dem Vergleich

Gleichzeitig ist eine Intensivierung des Diskurses um die Ausbildungsreife über den Zeitverlauf zu beobachten, die durch gesellschaftliche und wirtschaftliche Trends verstärkt wird (siehe Abschnitt 6.3.2). Diese Entwicklung bestärkt die durch die Arbeitgeberseite veränderte argumentative Nutzung des Terminus Ausbildungsreife in den Perioden mit Angebotsüberhang. Diese veränderte argumentative Verwendung lässt die Schlussfolgerung zu, dass es sich bei der mangelnden Ausbildungsreife nicht nur um ein politisch konstruiertes Problem handelt. Vielmehr sind die Arbeitgeber – je nach Lage auf dem Bewerbermarkt – durchaus bereit, Abstriche bei der Qualität der Kandidaten zu machen. Um eine für den Betrieb sinnvoll durchzuführende und für den Auszubildenden mögliche Ausbildung zu gewährleisten, ist jedoch die Erfüllung bestimmter Mindestanforderungen unabdingbar.

Die zwei unterschiedlichen argumentativen Verwendungen von Ausbildungsreife basieren jedoch, wie mittels der Diskursanalyse nachgezeichnet worden ist (siehe Abschnitt 6.3.1), auf einem jeweils abweichenden Verständnis (Deutungsmuster) von Ausbildungsreife. Während die erstgenannte argumentative Verwendung prinzipiell alle Jugendlichen als potenziell nicht ausbildungsreif auffasst und dadurch die Anzahl der zu versorgenden Jugendlichen reduziert, beschränkt sich die zweite argumentative Verwendung der mangelnden Ausbildungsreife auf die sogenannten Problemgruppen.

Schlussfolgernd kann für Deutschland daher davon ausgegangen werden, dass das reale Problem der mangelnden Ausbildungsreife zwar existiert, die argumentative Ausweitung auf viele Lehrstellenbewerber jedoch interessenpolitisch geleitet ist. Es besteht somit ein klarer Zusammenhang zwischen der Situation auf dem Ausbildungsmarkt und der Verwendung des Arguments der mangelnden Ausbildungsreife im politischen Diskurs. Den primären Auslöser für den interessenpolitisch motivierten Einsatz der Ausbildungsreife bildet die durch die Gewerkschaftsseite und in Teilen auch durch die Politik formulierte Forderung nach einer Ausbildungsplatzabgabe. Die Ursache für die Notwendigkeit des interessenpolitischen Einsatzes des Argumentes der mangelnden Ausbildungsreife liegt damit auch in der systemischen Ausgestaltung der dualen Ausbildung in Deutschland begründet (siehe Abschnitt 8.5).

In **England** ist dagegen kein kontextabhängiger interessenpolitisch motivierter Einsatz des Arguments der mangelnden employability im Sinne der forschungsleitenden Fragestellung erkennbar. Sie wird demnach für den englischen Fall verneint. Zwar weisen die Argumentationsmuster der Arbeitgebervertretungen kausalattributorische Merkmale auf, die identifizierten Ursachen liegen jedoch weitgehend in gesellschaftlich wie wirtschaftlich identifizierten Tendenzen. Lediglich in der letzten Periode können im Zusammenhang mit der Einführung der *Apprenticeship Levy* Züge einer interessenpolitisch eingesetzten Argumentation durch die Arbeitgeber im Sinne der forschungsleitenden Fragestellung identifiziert werden.

Die gesellschaftlichen wie wirtschaftlichen Tendenzen sowie das grundlegende Verständnis über Ausbildungsreife und employability weisen **große Parallelen zwischen den Ländern** auf. Das ist ein Indiz dafür, dass – unabhängig von seinem in Deutschland interessenpolitisch eingesetzten Zweck – sowohl die Notwendigkeit einer ausreichenden Ausbildungsreife als auch einer employability reale Phänomene sind. Diese Phänomene liegen in der Hoheit der Arbeitgeber über die Entscheidung für die Vergabe der Ausbildungs- und Arbeitsplätze begründet und werden durch die, auf die Tertiarisierung der Wirtschaft, die Globalisierung sowie den technischen Fortschritt zurückzuführenden, erhöhten Anforderungen der Arbeitswelt an die Bewerber bestärkt. Abbildung 8.1 stellt diesen Zusammenhang grafisch dar.

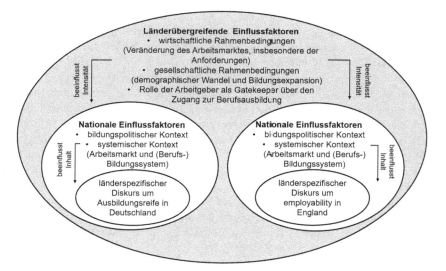

Abbildung 8.1 Nationale und länderübergreifende Einflüsse auf die Diskurse (eigene Darstellung)

Mit Blick auf das *most-different-systems-Design* des Vergleichs sind demzufolge zwei Tendenzen zu beobachten. Zum einen beeinflussen internationale

8.5 Schlussfolgerung aus dem Vergleich

Entwicklungen die Diskurse, zum anderen ist die konkrete Ausgestaltung der Diskurse stark von nationalen Rahmenbedingungen abhängig. Mit Blick auf die Verschiedenartigkeit der Berufsbildungssysteme kann festgehalten werden, dass der Diskurs in Deutschland ein systemisches Problem reflektiert (siehe Abschnitt 3.1 und 8.4). Der Diskurs in England ist dagegen Ausdruck einer Systemkritik (siehe Abschnitt 3.2 und 8.4). Dies ist erstens auf die unterschiedliche Ausgestaltung der Berufsbildungssysteme sowie zweitens auf die Einbindung der Interessenverbände in die (Berufsbildungs–)Politik zurückzuführen (siehe auch Abschnitt 2.2.2 und 4.3). Drittens spielen länderspezifische, gesellschaftliche Faktoren wie die gesellschaftliche Wahrnehmung der dualen Ausbildung bzw. Apprenticeships in die Ausgestaltung der Argumentation hinein.

9 Schlussbetrachtung

Zu Beginn der vorliegenden Arbeit wurde die Frage gestellt, ob ein Zusammenhang zwischen der Situation auf dem Ausbildungsmarkt und der interessenpolitischen Verwendung des Arguments der mangelnden Ausbildungsreife Jugendlicher besteht (siehe Kapitel 1). Dieser Zusammenhang wird von wissenschaftlicher Seite häufig proklamiert (Schurgatz 2017; Ratschinski 2013; Jahn und Brünner 2012; Hilke 2008, S. 109; Großkopf 2005; Brosi 2004). Empirische Studien, welche die historische und internationale Entwicklung berücksichtigen, stellen jedoch ein Forschungsdesiderat dar. Mit dem zugrunde liegenden zweiperspektivisch aufgebauten Forschungsdesign konnte diesem Desiderat begegnet werden: Zum einen blickt die vorliegende Arbeit in die Geschichte, indem ein Zeitraum von ca. 1970 bis 2017 betrachtet wird (Kapitel 6 und 7). Zum anderen ist sie international vergleichend aufgebaut (Kapitel 8). Diese doppelte Perspektive erlaubt Rückschlüsse, die über die bisher existierende Forschung hinausgehen (u. a. Ulrich 2004; Großkopf 2005; Eberhard 2006; Jahn und Brünner 2012; Schurgatz 2017; siehe Abschnitt 6.3, 7.4 und 8).

Die forschungsleitende Fragestellung wurde in vier weiterführenden Forschungsfragen konkretisiert (siehe Abschnitt 1.1). Die ersten drei Forschungsfragen zu der Entwicklung des Verständnisses von Ausbildungsreife über die Zeit, die den Diskurs beeinflussenden Kontextfaktoren sowie dem durch die verschiedenen Akteure genutzten Argumentationsmuster wurden für Deutschland in Abschnitt 6.3.1 und für England in Abschnitt 7.4.1 beantwortet. Vor dem Hintergrund, der in Abschnitt 4.3 formulierten Funktion konnte in Kapitel 8 schließlich ein erkenntnisgenerierender Vergleich durchgeführt werden, um die vierte Forschungsfrage zu beantworten.

1. **Entwicklung des Verständnisses von Ausbildungsreife über die Zeit**
   Das Verständnis über das Konstrukt der Ausbildungsreife variiert in **Deutschland** im Zeitverlauf und zwischen den Akteuren. Die Gewerkschaftsseite lehnt das Konstrukt der mangelnden Ausbildungsreife ab. Zwischen den Arbeitgeberverbänden herrscht dagegen ein relativer Konsens, dass die Ausbildungsreife bzw. die Berufsreife die Voraussetzungen umfasst, die ein Schulabgänger beim Eintritt in eine Erstausbildung mitbringen sollte. Ab der Veröffentlichung des Kriterienkatalogs für Ausbildungsreife im Jahr 2006 gilt die dort aufgeführte Definition als konsensuales Verständnis der Akteure, mit Ausnahme der Gewerkschaften. Die durch die Arbeitgeberseite angesprochene Zielgruppe der als nicht ausbildungsreif angesehenen Jugendlichen verändert sich je nach Lage auf dem Ausbildungsstellenmarkt. In Zeiten des Nachfrageüberhangs wird vielen Jugendlichen die Ausbildungsreife abgesprochen. In Zeiten des Angebotsüberhangs stehen dagegen die sogenannten Problemgruppen im Zentrum. In **England** ist das Verständnis über das Konstrukt der employability über die Zeit und auch zwischen den Akteuren relativ konstant. Es umfasst prinzipiell die Voraussetzungen, die eine Person mitbringen muss, um in den Arbeitsmarkt einzutreten und in demselben produktiv zu sein. Jugendliche Schulabgänger sind eine Teilzielgruppe der employability.
2. **Den Diskurs beeinflussende Kontextfaktoren**
   In **Deutschland** beeinflusst der bildungspolitische Kontext in hohem Maße die Intensität der Diskussion. Inhaltlich sind hier die Lage auf dem Ausbildungsstellenmarkt sowie der damit einhergehenden und im Fokus der Politik stehenden Ausbildungsplatzabgabe zu nennen. In **England** kann keine spezifische Kontextabhängigkeit für die Intensivität des Diskurses identifiziert werden. Insgesamt wird jedoch deutlich, dass das Thema im Zeitverlauf an Relevanz gewinnt. In **beiden Ländern** verstärken externe Evidenzen, wie die PISA-Studie, die Diskurse um die mangelnde Ausbildungsreife bzw. employability.
3. **Durch die Akteure genutzte Argumentationsmuster**
   In **Deutschland** sind die durch die beteiligten Akteure genutzten Argumentationsmuster konträr und über die Zeit relativ konstant. Die Arbeitnehmerseite sieht ein unzureichendes Angebot an Ausbildungsplätzen als Hauptursache für die Schwierigkeiten Jugendlicher an der Schwelle von der allgemeinbildenden Schule in den Ausbildungsmarkt. Die Arbeitgeberseite sieht dagegen ein unzureichendes Angebot an geeigneten Bewerbern als Hauptursache für die Schwierigkeiten beim Übergang von der Schule in den Ausbildungsmarkt. Die Merkmale der Argumentation und der genutzte Narrativ variieren jedoch je

nach Situation auf dem Ausbildungsstellenmarkt. Während in Zeiten des Nachfrageüberhangs Jugendlichen grundsätzlich die Ausbildungsreife abgesprochen wird, beschränkt sich die Definition während des Angebotsüberhangs auf lern- und leistungsschwächere Jugendliche, die für eine Ausbildung fit gemacht werden sollen. Das BMBF verändert seine Argumentation über den Zeitverlauf hinweg und reagiert damit auf die Argumentationen durch die Arbeitgeber- und Arbeitnehmervertretungen sowie die externen Rahmenbedingungen. Die Argumentation der Arbeitnehmerseite in **England** ist analog zu der Argumentation der deutschen Arbeitnehmervertreter. Allerding äußern sich die Arbeitnehmervertreter in den untersuchten Dokumenten lediglich in drei Perioden zu dem Thema. Die englischen Arbeitgebervertreter sehen ähnlich wie die deutschen die Hauptursache für die Probleme am Übergang in einem Mangel an geeigneten Bewerbern. Ein Zusammenhang der Argumentationsmuster und der Situation auf dem Ausbildungsstellenmarkt ist für den englischen Kontext nicht zu erfassen. Die Argumentation der non-departmental public bodies (MSC, LSC und UKCES) zeigt keine klare Linie auf. Weder ist eine periodenabhängige Argumentation erkennbar noch folgen sie der Argumentation der Arbeitgeber- oder Arbeitnehmerseite.

4. **Ländervergleich**
Die Wahl der Länder erfolgte nach dem *most-different-system-Design*, wonach die Länder möglichst große Unterschiede im System aufweisen sollen, um die Irrelevanz nationaler Differenzen zu belegen. Bei einer ähnlichen Entwicklung des Untersuchungsgegenstandes kann davon ausgegangen werden, dass nationale Unterschiede wenig Einfluss auf diesen besitzen. Es konnten sowohl Gemeinsamkeiten in Form von länderübergreifenden Trends als auch Unterschiede aufgezeigt werden. Auf der einen Seite befeuern länderübergreifende Trends wie die Globalisierung, die sich verändernde Arbeitswelt und die Technologisierung derselben die Intensität des Diskurses um die mangelnde Ausbildungsreife bzw. employability der Bewerber (siehe Abschnitt 8.5, Abbildung 26). Auf der anderen Seite ist die inhaltliche Ausgestaltung der Diskurse, insbesondere die narrative Einbettung, von nationalen Kontextfaktoren abhängig. So ist die interessenpolitisch eingesetzte Argumentation von Ausbildungsreife und die Verwendung derselben als Argument zur Reduzierung der zu versorgenden Schulabgänger ein klar dem deutschen Kontext zuzuordnendes Phänomen, das mit den unterschiedlichen bildungs- und interessenpolitischen Rahmenbedingungen erklärt werden kann (siehe Kapitel 8).

Basierend auf den Erkenntnissen kann anschließend die **forschungsleitende Fragestellung** für beide Länder in Abschnitt 8.5 begründet beantwortet werden.

Im deutschen Diskurs ist ein klarer Zusammenhang zwischen der Situation auf dem Ausbildungsmarkt und der interessenpolitisch motivierten Verwendung des Arguments der mangelnden Ausbildungsreife Jugendlicher sowohl in der Vergangenheit als auch in der Gegenwart erkennbar. Für den englischen Diskurs ist dieser Zusammenhang dagegen nicht zu identifizieren.

Auf der Grundlage der durchgeführten Diskursanalyse mit anschließendem Ländervergleich lassen sich folgende **Kernergebnisse** zusammenfassen:

- Länderübergreifende Trends bestärken die Relevanz und damit auch den Diskurs um die Ausbildungsreife bzw. employability. Die wichtigsten in diesem Zusammenhang aufzuführenden Entwicklungen sind die sich verändernde Arbeitswelt, die zu sich verändernden Anforderungen am Arbeitsplatz führt, sowie die sich verändernde Bewerberstruktur aufgrund eines Trends zu höheren Bildungsabschlüssen und des demografischen Wandels. Die narrative Einbettung sowie die inhaltliche Ausgestaltung der Diskussion hängen dagegen stark von den länderspezifischen Rahmenbedingungen ab.
- Die Nutzung von Ausbildungsreife bzw. employability als interessenpolitisch eingesetztes Argument hängt in einem hohen Maße von den länderspezifischen Rahmenbedingungen – insbesondere der Rolle der Arbeitgeber- und Arbeitnehmerverbände im Bereich der beruflichen Bildung – sowie den aktuellen bildungspolitischen Themen ab. Allgemeine gesellschaftliche Entwicklungstrends verstärken zwar den Diskurs, führen jedoch – anders als bildungspolitische Themen wie die Ausbildungsplatzabgabe – nicht zu einer interessenpolitisch motivierten Nutzung des Themas.
- In beiden Ländern wiederholen sich die Diskursstränge im historischen Verlauf regelmäßig.

Die vorliegenden Erkenntnisse sind somit anschlussfähig an Befunde aus den Disziplinen der Wirtschaftspädagogik und der vergleichenden Berufsbildungsforschung.

Im Bereich der **Wirtschaftspädagogik** bestätigen die deutschen Befunde Ergebnisse anderer Untersuchungen, welche die Argumentationsmuster der Arbeitgeber- und Arbeitnehmervertreter mit Blick auf das Argument der mangelnden Ausbildungsreife betrachten. Hervorzuheben sind hier die Arbeiten von Schurgatz (2017), Jahn und Brünner (2012), Riemer (2012), Eberhard (2006) und Ulrich (2004) (siehe für eine detaillierte Darstellung der Ergebnisse Abschnitt 2.2.2.3 und 2.3). Die vorliegenden Befunde gehen jedoch über die Ergebnisse der bestehenden Literatur hinaus, indem sie die Existenz des Diskurses

9 Schlussbetrachtung

im deutschen Kontext seit den 1970er Jahren empirisch bestätigen. Des Weiteren ermöglichen die Ergebnisse eine empirisch fundierte Bewertung der vielfach hervorgebrachten Aussage (z. B. Schurgatz 2017; Ratschinski 2013; Jahn und Brünner 2012; Hilke 2008, S. 109; Großkopf 2005; Brosi 2004), bei den Klagen um mangelnde Ausbildungsreife handele es sich um ein interessenpolitisch motiviertes Argument, das im direkten Zusammenhang mit der Situation auf dem Ausbildungsstellenmarkt stünde. Im Ergebnis kann diese Aussage nur zum Teil bestätigt werden, da die narrative Einbettung der mangelnden Ausbildungsreife in den interessenpolitischen Diskurs stark von dem bildungspolitischen Kontext abhängt (siehe Abschnitt 8.5).

Im Bereich der **international vergleichenden Berufsbildungsforschung** tragen die Befunde zum einen zu dem Diskurs um internationale Einflussfaktoren auf nationale Entwicklungen und in Folge dessen die Konvergenz der nationalen Ausgestaltung beruflicher Bildung bei. So bestätigen die dargelegten Befunde die Aussagen von Green (1999, S. 56 ff.), der eine Konvergenz der allgemeinen Diskurse und der allgemeinen bildungspolitischen Ziele aufgrund internationaler Trends und Herausforderungen (z. B. demographische Entwicklung, Veränderung der Arbeitswelt) sieht. Diese Konvergenz in den allgemeinen Diskursen führt nach Green jedoch nicht zu einer Konvergenz in den Details der konkreten politischen Handlungen. Jedes Land reagiert anders auf ähnliche Probleme. (Zu ähnlichen Ergebnissen kommen u. a. auch Jørgensen und Aarkrog (2008); für eine Konvergenz auf der Mikroebene Bremer (2007); für die Übertragung von konkreten Maßnahmen Li (2017) sowie Brown und Clarke (1994).) Die dargestellten Befunde bilden eine empirische Bestätigung dieser Aussagen, da sie zeigen, dass die Reaktionen auf die globalen Trends mit dem allgemeinen, sich verstärkenden Diskurs um Ausbildungsreife bzw. employability zunächst ähnlich sind. Auch die Positionierungen der Arbeitgeber- und Arbeitnehmerseite beider Länder im Diskurs weisen große Gemeinsamkeiten auf. Die inhaltliche Ausgestaltung in Form der identifizierten Ursachen, Verursacher und Handlungsvorschläge werden jedoch stark durch die politischen wie systemischen Ausprägungen in den beiden Ländern beeinflusst.

Die Relevanz der länderspezifischen Kontexte als Einflussfaktor auf die Ausgestaltung der beruflichen Bildung, gerade in den beiden untersuchten Ländern – Deutschland und England – wird auch in anderen komparativen Studien hervorgehoben. Beispielsweise hat Deißinger (2010) die historische Entwicklung der deutschen und britischen Berufsbildungssysteme nachzeichnet. Er betont die „Begrenzungen der äußeren Beeinflussbarkeit nationaler Strukturen und der auf sie bezogenen Politik" (Deißinger 2010, S. 65; siehe auch Deißinger und Greuling

1994) und reflektiert diese vor dem Hintergrund des Europäischen Qualifikationsrahmens. Deißinger kommt zu dem Schluss, dass supranationale Vorgaben immer vor dem Hintergrund der nationalen Sinnhaftigkeit reflektiert werden müssen. Anders als in der Untersuchung von Deißinger handelt es sich bei den Einflussfaktoren, die den Diskurs um Ausbildungsreife bzw. employability verstärken, nicht um politische Vorgaben von supranationalen Organisationen, sondern um internationale Entwicklungen. Auch die im Diskurs entstehenden Inhalte und Forderungen sind vor dem Hintergrund der Passung zu länderspezifischen Ausprägungen zu sehen.

9.1 Limitationen

Nichtsdestotrotz beinhaltet das vorliegende Forschungsdesign auch Limitationen, auf die im Folgenden kurz eingegangen werden soll.

Wie in Abschnitt 5.2 bereits ausgeführt wurde, bildet der Literaturkorpus das zentrale Element der auf Dokumenten basierenden Diskursanalyse. Gleichzeitig herrscht ein Ungleichgewicht zwischen den beiden Ländern bezüglich der Verfügbarkeit und Kontinuität der analysierten Dokumente (siehe Abschnitt 5.2.2). Während die Datenlage in Deutschland sehr gut und von einem hohen Maße an Kontinuität geprägt ist, ist sie in England weniger umfangreich und von Diskontinuität gezeichnet. Diese Dysbalance in den zu untersuchenden Dokumenten führt zu einer Dysbalance in den im Rahmen der Dokumentenanalyse erzielten Ergebnissen (siehe Kapitel 6 und 7).

Ein weiterer Faktor, der das Ungleichgewicht der Ergebnisse beeinflusst, ist die Nationalität der Autorin und die in Abschnitt 4.2 thematisierte Problematik der Nostrifizierung. Dieses Ungleichgewicht wurde mithilfe der sondierenden Experteninterviews abgemildert (Abschnitt 5.2.1 und 7.1).

Auch die Auswahl der Dokumentenart, insbesondere der die staatliche Seite repräsentierenden Dokumente, führt zu Limitationen, welche die Analyse und Interpretation der Ergebnisse beeinträchtigen. Bei der Zusammenstellung des Literaturkorpus wurde auf möglichst kontinuierliche und über die Zeit verfügbare Dokumente geachtet. Deshalb wurde – soweit möglich – auf die jährlich erscheinenden Jahresberichte zurückgegriffen. Die Berufsbildungsberichte sowie die Dokumente der NDPBs spiegeln jedoch nicht den politischen Entscheidungsprozess, sondern in erster Linie die bildungspolitisch relevanten Themen wider (siehe Abschnitt 5.2.2). Zwar kann somit anhand der Dokumente festgestellt werden, ob Ausbildungsreife bzw. employability ein bildungspolitisch relevantes Thema darstellen, die Argumentationsmuster der staatlichen Seite werden jedoch nicht zwangsläufig abgebildet (siehe Abschnitt 8.3). Schriftliche Dokumente, die keine reine Verschriftlichung von gesprochenem Wort darstellen (z. B. Parlamentsmitschriften) und die Argumentationsmuster der staatlichen Akteure besser widerspiegeln als die untersuchten Dokumente, konnten – insbesondere für den englischen Kontext – jedoch auch in der Diskussion mit den Experten nicht identifiziert werden.

9.2 Ausblick

Die präsentierten Befunde reißen Problemfelder an, die sich für zukünftige Forschungsvorhaben als fruchtbar erweisen können.

Die vorliegende Forschung beschäftigt sich in erster Linie mit dem Phänomen der Ausbildungsreife und employability im Diskurs auf der politischen Ebene (Kell (2006, S. 460 ff.) spricht von Makroebene). Zwar werden Dokumente und Aussagen der Vertretungen der Arbeitgeber- und Arbeitnehmerseite berücksichtigt, nicht jedoch die eigentlich betroffenen Parteien in Form von ausbildenden Betrieben und sich um Ausbildungsplätze bemühende Jugendliche. Auch andere, am unmittelbaren Ausbildungsprozess beteiligte Personen, wie beispielsweise Berufsschullehrer, bleiben unberücksichtigt. Des Weiteren wird die Entwicklung des Kompetenzniveaus der jugendlichen Schulabgänger über die Zeit nicht thematisiert. Es wäre von großem Erkenntnisgewinn, diese auf der Mikroebene angesiedelten Personen in ein zukünftiges Forschungsdesign einzubeziehen und die auf der Makroebene erlangten Erkenntnisse mit Wahrnehmungen auf der Mikroebene zu vergleichen. Dieses Vorgehen würde vorwiegend Aufschluss über das Vorliegen eines auf politischer Ebene bestehenden konstruierten Problems geben. Desgleichen bietet sich in diesem Kontext ein international und historisch vergleichender Ansatz an, auch wenn die Umsetzung eines historischen Vergleichs angesichts der Datenlage auf seine Machbarkeit überprüft werden müsste.

Ein weiteres an dieses Forschungsvorhaben anknüpfendes Design läge in einer analogen Durchführung des Forschungsvorhabens in Anbetracht eines *most-similiar-system-Designs* (Georg 2005). Dies würde eine Bestätigung (oder Negierung) des zweiten Kernergebnisses bewirken. Wenn in zwei Ländern unter sehr ähnlichen Kontextbedingungen Argumentationen durch die Interessenverbände in unterschiedlicher Weise in Gebrauch genommen werden, kann auf eine hohe nationale Ausprägung der interessenpolitischen Argumentation geschlossen werden.

Literaturverzeichnis

Abusland, Torjus (2013): United Kingdom. VET in Europe – Country report. Hg. v. Cedefop ReferNet. Online verfügbar unter http://www.cedefop.europa.eu/en/publicati ons-and-resources/country-reports, zuletzt geprüft am 25.07.2019.

Abusland, Torjus (2016): United Kingdom. Vocational Education and Training in Europe. Hg. v. Cedefop ReferNet. Online verfügbar unter https://cumulus.cedefop.europa.eu/files/vetelib/2016/2016_CR_UK.pdf, zuletzt geprüft am 25.07.2019.

Allianz für Aus- und Weiterbildung (2014): Allianz für Aus- und Weiterbildung 2015–2018. Berlin, Online verfügbar unter http://www.efas-web.de/files/allianz-fuer-aus-und-weiterbildung-2015-2018.pdf, zuletzt geprüft am 16.07.2019.

Althaus, Dieter (2002): Schule, ein Seismograph unserer Gesellschaft – PISA offenbart kulturelle Defizite. In: Dieter Althaus und Hartmut Grewe (Hg.): PISA und die Folgen. Neue Bildungsdebatte und erste Reformschritte. Sankt Augustin: Konrad-Adenauer-Stiftung (Zukunftsforum Politik, 40), S. 46–59.

Althaus, Dieter; Grewe, Hartmut (Hg.) (2002): PISA und die Folgen. Neue Bildungsdebatte und erste Reformschritte. Konrad-Adenauer-Stiftung. Sankt Augustin: Konrad-Adenauer-Stiftung (Zukunftsforum Politik, 40). Online verfügbar unter http://www.kas.de/db_files/dokumente/zukunftsforum_politik/7_dokument_dok_pdf_203_1.pdf, zuletzt geprüft am 25.07.2019.

Anderson, Don (1981): Transition from school. A review of Australian research. In: International Journal of Educational Development 1 (2), S. 44–61. https://doi.org/10.1016/0738-0593(81)90005-5.

Anonym (1998): Education isn't working – business calls for urgent action. In: Management Services 42, August 1998 (8), S. 9.

Atkins, Liz; Flint, Kevin J. (2015): Nothing changes. Perceptions of vocational education in England. In: International Journal of Training Research 13 (1), S. 35–48. https://doi.org/10.1080/14480220.2015.1051344.

Ausbildungspakt (2010): Nationaler Pakt für Ausbildung und Fachkräftenachwuchs in Deutschland 2010–2014. Online verfügbar unter https://www.kmk.org/fileadmin/Dateien/veroeffentlichungen_beschluesse/2010/2010_10_26-Ausbildungspakt-2010-2014.pdf, zuletzt geprüft am 25.07.2019.

Autorengruppe Bildungsberichterstattung (2014): Bildung in Deutschland 2014. Ein indikatorengestützter Bericht mit einer Analyse zur Bildung von Menschen mit Behinderungen. Bielefeld: W. Bertelsmann Verlag.

BBiG (2005): Berufsbildungsgesetz. Bundestag, vom BGBl. I S. 931. Online verfügbar unter https://www.gesetze-im-internet.de/bbig_2005/BBiG.pdf, zuletzt geprüft am 02.02.2015.

BCC (1979): Education and Employment. Hg. v. The Association of British Chambers of Commerce. London.

BCC (2011a): The Workforce Survey. Micro Businesses. Hg. v. British Chambers of Commerce London. London.

BCC (2011b): Skills for business: More to learn? Hg. v. British Chambers of Commerce (BCC). London.

BCC (2014a): Skills & Employment Manifesto. Hg. v. British Chambers of Commerce (BCC). London.

BCC (2014b): Young people not ready for work. In: Educational Journal (210), S. 18.

BDA (1973): Jahresbericht der Bundesvereinigung der deutschen Arbeitgeberverbände. Hg. v. Bundesvereinigung der deutschen Arbeitgeberverbände. Bonn.

BDA (1976): Jahresbericht der Bundesvereinigung der deutschen Arbeitgeberverbände. Hg. v. Bundesvereinigung der deutschen Arbeitgeberverbände. Bonn.

BDA (1977): Jahresbericht der Bundesvereinigung der deutschen Arbeitgeberverbände. Hg. v. Bundesvereinigung der deutschen Arbeitgeberverbände. Bonn.

BDA (1978): Jahresbericht der Bundesvereinigung der deutschen Arbeitgeberverbände. Hg. v. Bundesvereinigung der deutschen Arbeitgeberverbände. Bonn.

BDA (1980): Jahresbericht der Bundesvereinigung der deutschen Arbeitgeberverbände. Hg. v. Bundesvereinigung der deutschen Arbeitgeberverbände. Bonn.

BDA (1983): Jahresbericht der Bundesvereinigung der deutschen Arbeitgeberverbände. Hg. v. Bundesvereinigung der deutschen Arbeitgeberverbände. Bonn.

BDA (1989): Jahresbericht 1989. Vorgelegt der Mitgliederversammlung in Bonn-Bad Godesberg am 14. Dezember 1989. Hg. v. Bundesvereinigung der deutschen Arbeitgeberverbände. Bonn.

BDA (1990): Jahresbericht 1990. Vorgelegt der Mitgliederversammlung in Bonn-Bad Godesberg am 13. Dezember 1990. Hg. v. Bundesvereinigung der deutschen Arbeitgeberverbände. Bonn.

BDA (1997): Geschäftsbericht 1997. Hg. v. Bundesvereinigung der deutschen Arbeitgeberverbände. Berlin.

BDA (1998): Geschäftsbericht 1998. Hg. v. Bundesvereinigung der deutschen Arbeitgeberverbände. Köln.

BDA (1999): Geschäftsbericht 1999. Hg. v. Bundesvereinigung der deutschen Arbeitgeberverbände. Berlin.

BDA (2000): Geschäftsbericht 2000. Hg. v. Bundesvereinigung der deutschen Arbeitgeberverbände. Berlin.

BDA (2002): Geschäftsbericht 2002. Hg. v. Bundesvereinigung der deutschen Arbeitgeberverbände. Berlin.

BDA (2003): Geschäftsbericht 2003. Hg. v. Bundesvereinigung der deutschen Arbeitgeberverbände. Berlin.

BDA (2004): Geschäftsbericht 2004. Hg. v. Bundesvereinigung der deutschen Arbeitgeberverbände. Berlin.
BDA (2005): Geschäftsbericht 2005. Hg. v. Bundesvereinigung der deutschen Arbeitgeberverbände. Berlin.
BDA (2006): Geschäftsbericht 2006. Hg. v. Bundesvereinigung der deutschen Arbeitgeberverbände. Berlin.
BDA (2007): Geschäftsbericht 2007. Hg. v. Bundesvereinigung der deutschen Arbeitgeberverbände. Berlin.
BDA (2008): Geschäftsbericht 2008. Hg. v. Bundesvereinigung der deutschen Arbeitgeberverbände. Berlin.
BDA (2009): Geschäftsbericht 2009. Hg. v. Bundesvereinigung der deutschen Arbeitgeberverbände. Berlin.
BDA (2010): Geschäftsbericht 2010. Hg. v. Bundesvereinigung der deutschen Arbeitgeberverbände. Berlin.
BDA (2011): Geschäftsbericht 2011. Hg. v. Bundesvereinigung der deutschen Arbeitgeberverbände. Berlin.
BDA (2012): Geschäftsbericht 2012. Hg. v. Bundesvereinigung der deutschen Arbeitgeberverbände. Berlin.
BDA (2013): Geschäftsbericht 2013. Hg. v. Bundesvereinigung der deutschen Arbeitgeberverbände. Berlin.
BDA (2014): Geschäftsbericht 2014. Hg. v. Bundesvereinigung der deutschen Arbeitgeberverbände. Berlin.
Bereday, George Z.F. (1961): Theorie und Methode der Vergleichenden Erziehungswissenschaft. In: Wolfgang Brezinka (Hg.): Weltweite Erziehung. Festschrift für Friedrich Schneider. Freiburg, S. 136–162.
Berger, Susanne; Pilz, Matthias (2010): Benefits of VET. In: Ute Hippach-Schneider und Bernadette Toth (Hg.): VET research report Germany (ReferNet-Research Report 2009). Bonn: Bundesinstitut für Berufsbildung (BIBB), S. 6–49.
Billig, Michael (1987): Arguing and thinking. A rhetorical approach to social psychology. Cambridge, New York, Paris: Cambridge University Press; Editions de la Maison des sciences de l'homme (European monographs in social psychology).
Blum, Sonja; Schubert, Klaus (2011): Politikfeldanalyse. 2., aktualisierte Aufl. Wiesbaden: VS Verl. für Sozialwissenschaften (Elemente der Politik).
BMBF (1995): Berufsbildungsbericht 1995. Hg. v. Bundesministerium für Bildung, Wissenschaft, Forschung und Technologie. Bonn.
BMBF (1996): Berufsbildungsbericht 1996. Hg. v. Bundesministerium für Bildung, Wissenschaft, Forschung und Technologie. Bonn.
BMBF (1997): Berufsbildungsbericht 1997. Hg. v. Bundesministerium für Bildung, Wissenschaft, Forschung und Technologie. Bonn.
BMBF (1998): Berufsbildungsbericht 1998. Hg. v. Bundesministerium für Bildung, Wissenschaft, Forschung und Technologie. Bonn.
BMBF (1999): Berufsbildungsbericht 1999. Hg. v. Bundesministerium für Bildung und Forschung. Bonn.
BMBF (2000): Berufsbildungsbericht 2000. Hg. v. Bundesministerium für Bildung und Forschung. Bonn.

BMBF (2001): Berufsbildungsbericht 2001. Hg. v. Bundesministerium für Bildung und Forschung. Bonn.
BMBF (2002): Berufsbildungsbericht 2002. Hg. v. Bundesministerium für Bildung und Forschung. Bonn.
BMBF (2003): Berufsbildungsbericht 2003. Hg. v. Bundesministerium für Bildung und Forschung. Bonn.
BMBF (2004): Berufsbildungsbericht 2004. Hg. v. Bundesministerium für Bildung und Forschung. Bonn, Berlin.
BMBF (2005): Berufsbildungsbericht 2005. Hg. v. Bundesministerium für Bildung und Forschung. Bonn, Berlin.
BMBF (2006): Berufsbildungsbericht 2006. Hg. v. Bundesministerium für Bildung und Forschung. Bonn, Berlin.
BMBF (2007a): 10 Leitlinien zur Modernisierung der beruflichen Bildung. Ergebnisse des Innovationskreises berufliche Bildung. Hg. v. Bundesministerium für Bildung und Forschung (BMBF). Bonn, Berlin. Online verfügbar unter http://www.bosy-online.de/ duale_Ausbildung/IKBB-Broschuere-10_Leitlinien.pdf, zuletzt geprüft am 24.07.2019.
BMBF (2007b): Berufsbildungsbericht 2007. Hg. v. Bundesministerium für Bildung und Forschung. Bonn, Berlin.
BMBF (2008): Berufsbildungsbericht 2008. Hg. v. Bundesministerium für Bildung und Forschung. Bonn, Berlin.
BMBF (2009): Berufsbildungsbericht 2009. Hg. v. Bundesministerium für Bildung und Forschung. Bonn, Berlin.
BMBF (2010): Berufsbildungsbericht 2010. Hg. v. Bundesministerium für Bildung und Forschung. Bonn, Berlin.
BMBF (2011): Berufsbildungsbericht 2011. Hg. v. Bundesministerium für Bildung und Forschung. Bonn, Berlin.
BMBF (2012): Berufsbildungsbericht 2012. Hg. v. Bundesministerium für Bildung und Forschung. Bonn, Berlin.
BMBF (2013): Berufsbildungsbericht 2013. Hg. v. Bundesministerium für Bildung und Forschung. Bonn, Berlin.
BMBF (2014): Berufsbildungsbericht 2014. Hg. v. Bundesministerium für Bildung und Forschung. Bonn, Berlin.
BMBF (2015): Berufsbildungsbericht 2015. Hg. v. Bundesministerium für Bildung und Forschung. Bonn, Berlin.
BMBF (2016): Berufsbildungsbericht 2016. Hg. v. Bundesministerium für Bildung und Forschung. Bonn, Berlin.
BMBF (2017): Berufsbildungsbericht 2017. Hg. v. Bundesministerium für Bildung und Forschung. Bonn, Berlin.
BMBF (2018): Berufsbildungsbericht 2018. Hg. v. Bundesministerium für Bildung und Forschung. Bonn, Berlin.
BMBW (1977): Berufsbildungsbericht 1977. Hg. v. Der Bundesminister für Bildung und Wissenschaft. Bonn.
BMBW (1979): Berufsbildungsbericht 1979. Hg. v. Der Bundesminister für Bildung und Wissenschaft. Bonn.
BMBW (1980): Berufsbildungsbericht 1980. Hg. v. Der Bundesminister für Bildung und Wissenschaft. Bonn.

BMBW (1981): Berufsbildungsbericht 1981. Hg. v. Der Bundesminister für Bildung und Wissenschaft. Bonn.
BMBW (1982): Berufsbildungsbericht 1982. Hg. v. Der Bundesminister für Bildung und Wissenschaft. Bonn.
BMBW (1983): Berufsbildungsbericht 1983. Hg. v. Der Bundesminister für Bildung und Wissenschaft. Bonn.
BMBW (1984): Berufsbildungsbericht 1984. Hg. v. Der Bundesminister für Bildung und Wissenschaft. Bonn.
BMBW (1985): Berufsbildungsbericht 1985. Hg. v. Der Bundesminister für Bildung und Wissenschaft. Bonn.
BMBW (1986): Berufsbildungsbericht 1986. Hg. v. Der Bundesminister für Bildung und Wissenschaft. Bonn.
BMBW (1987): Berufsbildungsbericht 1987. Hg. v. Der Bundesminister für Bildung und Wissenschaft. Bonn.
BMBW (1988): Berufsbildungsbericht 1988. Hg. v. Der Bundesminister für Bildung und Wissenschaft. Bonn.
BMBW (1989): Berufsbildungsbericht 1989. Hg. v. Der Bundesminister für Bildung und Wissenschaft. Bonn.
BMBW (1990): Berufsbildungsbericht 1990. Hg. v. Der Bundesminister für Bildung und Wissenschaft. Bonn.
BMBW (1991): Berufsbildungsbericht 1991. Hg. v. Der Bundesminister für Bildung und Wissenschaft. Bonn.
BMBW (1992): Berufsbildungsbericht 1992. Hg. v. Der Bundesminister für Bildung und Wissenschaft. Bonn.
BMBW (1993): Berufsbildungsbericht 1993. Hg. v. Der Bundesminister für Bildung und Wissenschaft. Bonn.
BMBW (1994): Berufsbildungsbericht 1994. Hg. v. Der Bundesminister für Bildung und Wissenschaft. Bonn.
Bohlinger, Sandra; Splittstößer, Sonja (2011): Arbeitsmarktintegration benachteiligter Jugendlicher im europäischen Vergleich. In: Elisabeth M. Krekel (Hg.): Neue Jugend, neue Ausbildung? Beiträge aus der Jugend- und Bildungsforschung. Bielefeld: Bertelsmann (Berichte zur beruflichen Bildung), S. 189–201.
Bornemann, E. (1960): Das Wesen der Berufsreife. In: Psychologie und Praxis 4, S. 1–8.
Bosch, Gerhard (2010): Zur Zukunft der dualen Berufsausbildung in Deutschland. In: Gerhard Bosch, Sirikit Krone und Dirk Langer (Hg.): Das Berufsbildungssystem in Deutschland. Aktuelle Entwicklungen und Standpunkte. Wiesbaden: VS Verlag für Sozialwissenschaften, S. 37–61.
Bremer, Rainer (2007): Wie europäisch ist die Ausbildung in einem europäischen Unternehmen? In: Berufsbildung in Wissenschaft und Praxis (BWP), (4), S. 27–31.
Brewer, Laura (2013): Enhancing youth employability: What? Why? And How? Guide to core work skills. International Labour Office, Skills and Employability Department. – Geneva: ILO. Online verfügbar unter http://www.ilo.org/wcmsp5/groups/public/—ed_emp/—ifp_skills/documents/publication/wcms_213452.pdf, zuletzt geprüft am 25.07.2019.
Brockmann, Michaela; Clarke, Linda; Winch, Christopher (2008): Knowledge, skills, competence: European divergences in vocational education and training (VET) – the

English, German and Dutch cases. In: Oxford Review of Education 34 (5), S. 547–567. https://doi.org/10.1080/03054980701782098.

Brockmann, Michaela; Clarke, Linda; Winch, Christopher (2010): The Apprenticeship Framework in England: a new beginning or a continuing shame? In: Journal of Education and Work 23 (2), S. 111–127. https://doi.org/10.1080/13639081003627439.

Brosi, Walter (2004): Beitrag des Referenten Walter Brosi, Bundesinstitut für Berufsbildung. Fachtagung „Fit für die Ausbildung – Können was Zukunft hat". Düsseldorf, 31.08.2004.

Brown, Alan; Evans, Karen (1994): Changing the training culture: lessons from Anglo-German comparisons of vocational education and training. In: British Journal of Education and Work, 7(2), S. 5–15.

Bundesagentur für Arbeit (2009): Nationaler Pakt für Ausbildung und Fachkräftenachwuchs in Deutschland. Kriterienkatalog zur Ausbildungsreife. Nachdruck. Unter Mitarbeit von Nationaler Pakt für Ausbildung und Fachkräftenachwuchs in Deutschland. Hg. v. Bundesagentur für Arbeit (BA). Online verfügbar unter https://monami.hs-mittweida.de/frontdoor/deliver/index/docId/3674/file/Anlage_4_Kriterienkatalog_zur_Ausbildungsreife.pdf, zuletzt geprüft am 07.07.2019.

Bundesagentur für Arbeit (2017): Brücke in die Berufsausbildung. Betriebliche Einstiegsqualifizierung (EQ). Nürnberg.

Bundesagentur für Arbeit (BA) (2005): Nationaler Pakt für Ausbildung und Fachkräftenachwuchs in Deutschland vom 16. Juni 2004. Berichte und Dokumente zu den Ergebnissen des Paktjahres 2004 und Ausblick auf 2005. Hg. v. Bundesagentur für Arbeit im Auftrag des Nationalen Pakts für Ausbildung und Fachkräftenachwuchs in Deutschland. Nürnberg.

Bundesinstitut für Berufsbildung (2019): Was ist Ausbildungsreife? Online verfügbar unter: https://www.bibb.de/ausbildungsreife, zuletzt geprüft am 16.07.2019.

Buonanno, Laurie; Nugent, Neil (2013): Policies and Policy Processes of the European Union. New York: Palgrave Macmillan.

Busch, Adelheit; Busch, Friedrich Wilhelm; Krüger, Bernd; Krüger-Potratz, Marianne (1974): Vergleichende Erziehungswissenschaft. Texte zur Methodologie – Diskussion. Pullach bei München: Verlag Dokumentation (Uni-Taschenbücher, 410).

Busemeyer, Marius R. (2009): Wandel trotz Reformstau. Die Politik der beruflichen Bildung seit 1970. Frankfurt am Main: Campus (Schriften aus dem Max-Planck-Institut für Gesellschaftsforschung, Bd. 65).

Busemeyer, Marius R. (2013): Fachkräftequalifizierung im Kontext von Bildungs- und Beschäftigungssystemen. In: Berufsbildung in Wissenschaft und Praxis (BWP), (5), S. 5–10.

Busemeyer, Marius R. (2015): Aufbruch oder Stillstand in der Berufsbildungspolitik?: Die neue Allianz für Aus- und Weiterbildung. In: WISO direkt (Juli).

Busemeyer, Marius R.; Trampusch, Christine (2012a): The Comparative Political Economic of Collective Skill Formation. In: Marius R. Busemeyer und Christine Trampusch (Hg.): The political economy of collective skill formation. Oxford, New York: Oxford University Press, S. 3–38.

Busemeyer, Marius R.; Trampusch, Christine (Hg.) (2012b): The political economy of collective skill formation. Oxford, New York: Oxford University Press.

Busse, Ulrich; Carstensen, Broder; Schmude, Regina (1994): Anglizismen-Wörterbuch. Berlin: De Gruyter (Band 2).
BVerfG (1980): Urteil vom 10. Dezember 1980, Az: 2 BvF 3/77. Online verfügbar unter: https://www.zaar.uni-muenchen.de/download/doku/gesetzgebung/abgabe/bverfg1980.pdf, zuletzt geprüft am 10.07.2019.
Callaghan, James (1976): ‚The Great Education Debate'. Rede, gehalten am Ruskin College, Oxford.
Cappelli, Peter H. (2015): Skill Gaps, Skill Shortages, and Skill Mismatches. In: ILR Review 68 (2), S. 251–290. https://doi.org/10.1177/0019793914564961.
CBI (1986): Towards a skills revolution. Hg. v. Confederation of British Industrie. London.
CBI (1988): Business Education. Building a stronger partnership between business and secondary education. Hg. v. Confederation of British Industrie. London.
CBI (1991): World class targets. A joint initiative to achieve Britain's skills initiative. Hg. v. Confederation of British Industrie. London.
CBI (1993): Routes for success. Careership: a strategy for all 16–19 year old learning. Hg. v. Confederation of British Industrie. London.
CBI (1998): In search for employability. A CBI discussion document. Hg. v. Confederation of British Industrie. London.
CBI (2007): Time well spent. Embedding employability in work experience. Hg. v. Confederation of British Industrie (CBI). London.
CBI (2008): Taking stock. CBI education and skills survey 2008. Hg. v. Confederation of British Industrie. London.
CBI (2009a): Shaping up for the future. The business vision for education and skills. Hg. v. Confederation of British Industrie (CBI). London.
CBI (2009b): Emerging stronger. the value of education and skills in turbulent times. Education and skills survey. Hg. v. Confederation of British Industrie (CBI). London.
CBI (2010a): Ready to grow. Business priorities for education and skills : Education and skills survey 2010. Hg. v. Confederation of British Industrie (CBI). London.
CBI (2010b): Fulfilling Potential. The business role in education. Hg. v. Confederation of British Industrie (CBI). London.
CBI (2011a): Building for growth. Business priorities for education and skills. Education and skills survey 2011. Hg. v. Confederation of British Industrie (CBI). London.
CBI (2011b): Business investment in skills. The road back to growth. Hg. v. Confederation of British Industrie (CBI). London.
CBI (2012): Learning to grow. what employers need from education and skills. Education and skills survey 2012. Hg. v. Confederation of British Industrie (CBI). London.
CBI (2013): Changing the pace. CBI/Pearson education and skills survey 2013. Confederation of British Industrie (CBI). London.
CBI (2014): Gateway to growth. CBI/Pearson Education and Skills Survey 2014. Hg. v. Confederation of British Industrie (CBI). London.
CBI (2015): Inspiring Growth. CBI/Pearson Education and Skills Survey 2015. Hg. v. CBI, Confederation of British Industrie. London.
CBI (2016): The right combination. CBI/Pearson Education and Skills Survey 2016. Hg. v. Confederation of British Industrie (CBI). London.
CBI (2017): Helping the UK thrive. CBI/Pearson Education and Skills Survey 2017. Hg. v. Confederation of British Industrie (CBI). London.

CDU/CSU; SPD (2005): Gemeinsam für Deutschland. Mit Mut und Menschlichkeit. Koalitionsvertrag von CDU, CSU und SPD. Berlin. Online verfügbar unter http://www.kas.de/upload/ACDP/CDU/Koalitionsvertraege/Koalitionsvertrag2005.pdf, zuletzt geprüft am 24.07.2019.

Chadderton, Charlotte (2015): The new statutory requirements in careers guidance in England and the implications for careers provision under the Coalition Government. In: London Review of Education 13 (2), S. 84–97. https://doi.org/10.18546/lre.13.2.08.

Charlwood, Andrew Mark (2013): The Anatomy of Union Membership Decline in Great Britain 1980–1998. Thesis submitted for the degree of Doctor of Philosophy. London: London School of Economic and Political Science.

Clarke, Adele E. (2012): Situationsanalyse. Grounded Theory nach dem postmodern turn. Hg. v. Reiner Keller. Wiesbaden: VS Verlag für Sozialwissenschaften (Interdisziplinäre Diskursforschung).

Conservatives (2015): Strong Leadership, A Clear Economic Plan, A Brighter, More Secure Future. The Conservative Party Manifesto 2015. Online verfügbar unter https://www.conservatives.com/manifesto2015, zuletzt geprüft am 27.07.2019.

Crouch, Colin (1998): Staatsbürgerschaft und Markt. Das Beispiel der neueren britischen Bildungspolitik. In: Berliner Journal für Soziologie 8, S. 453–472.

Cuddy, Natalia; Leney, Tom (2005): Berufsbildung im Vereinigten Königreich. Kurzbeschreibung. Luxemburg: Amt für Amtliche Veröff. der Europ. Gemeinschaften (CEDEFOP panorama series, 112).

Daguerre, Anne; Taylor-Gooby, Peter (2003): Adaptation to Labour Market Change in France and the UK: Convergent or Parallel Tracks? In: Social Policy and Administration 37 (6), S. 625–638.

Dalbert, Claudia (1980): Verantwortlichkeit und Handeln. In: Berichte aus der Arbeitsgruppe „Verantwortung, Gerechtigkeit, Moral" (005).

Darnstädt, Thomas; Koch, Julia; Mohr, Joachim; Neumann, Conny; Wensierski, Peter (2001): Sind deutsche Schüler doof? In: Spiegel Online, 13.12.2001. Online verfügbar unter http://www.spiegel.de/lebenundlernen/schule/die-pisa-analyse-sind-deutsche-schueler-doof-a-172357.html, zuletzt geprüft am 17.07.2019.

Davey, Gayna; Fuller, Alison (2010): Hybrid qualifications – increasing the value of vocational education and training in the context of lifelong learning. Southhampton: University of Southhampton.

Deißinger, Thomas (1992): Die englische Berufserziehung im Zeitalter der industriellen Revolution. Ein Beitrag zur Vergleichenden Erziehungswissenschaft. Würzburg: Könighausen und Neumann.

Deißinger, Thomas (1995): Das Konzept der „Qualifizierungsstile" als kategoriale Basis idealtypischer Ordnungsschemata zur Charakterisierung und Unterscheidung von „Berufsbildungssystemen". In: Zeitschrift für Berufs- und Wirtschaftspädagogik 91 (4), S. 367–387.

Deißinger, Thomas (1997): The German dual system – a model for Europe? In: Education and Training, 39(8), S. 297–302.

Deißinger, Thomas (1998): Beruflichkeit als „organisierendes Prinzip" der deutschen Berufsbildung. In: Wirtschaftspädagogisches Forum, Bd. 4., Markt Schwaben.

Deißinger, Thomas (2010): Historisch-vergleichende Berufsbildungsforschung. Aktualität und Desiderate im Kontext der Europäisierung der Berufsbildung. In: Eveline

Wuttke und Klaus Beck (Hg.): Was heisst und zu welchem Ende studieren wir die Geschichte der Berufserziehung? Beiträge zur Ortsbestimmung an der Jahrhundertwende. Festschrift für Manfred Horlebein anlässlich seines Ausscheidens aus dem Amt eines Professors für Wirtschaftspädagogik an der Johann-Wolfgang-Goethe-Universität Frankfurt. Opladen: Budrich UniPress, S. 49–71.

Deißinger, Thomas (2016): Die Lehrlingsausbildung in England: das „historische Erbe" und aktuelle Ansätze zur Überwindung ihres randständigen Status. In: Berufs- und Wirtschaftspädagogik – online. September 2016. Online verfügbar unter http://www.bwpat.de/profil4/deissinger_profil4.pdf, zuletzt geprüft am 27.06.2019.

Deißinger, Thomas; Greuling, Oliver (1994): Die englische Berufsbildungspolitik der achtziger Jahre im Zeichen der Krise eines „Ausbildungssystems": Historische Hintergründe und aktuelle Problemlagen. In: Zeitschrift für Berufs- und Wirtschaftspädagogik, 90(2), S. 127–146.

Deutscher Bundestag (1976): Gesetz zur Förderung des Angebots an Ausbildungsplätzen in der Berufsausbildung (Ausbildungsplatzförderungsgesetz). In: Bundesgesetzblatt. Online verfügbar unter http://dipbt.bundestag.de/doc/btd/07/052/0705236.pdf, zuletzt geprüft am 25.07.2019.

Deutscher Bundestag (Freitag, den 14.03.2003): Stenografischer Bericht. 32. Sitzung. Plenarprotokoll 15/32. Berlin. Online verfügbar unter http://dipbt.bundestag.de/doc/btp/15/15032.pdf#site=6, zuletzt geprüft am 22.07.2019.

Deutscher Gewerkschaftsbund Bundesvorstand (2006): Reife ist eine Frage des Förderns und Forderns. Eine Handreichung des DGB zur Ausbildungsreife. Hg. v. DGB-Bundesvorstand. Berlin.

DfE (2016): Apprenticeship funding. Apprenticeship funding in England from May 2017. Hg. v. Department for Education (DfE). Online verfügbar unter https://assets.publishing.service.gov.uk/government/uploads/system/uploads/attachment_data/file/730064/Apprenticeship_funding_from_May_2017.pdf, zuletzt geprüft am 25.07.2019.

DfE (2017): Employer Perspectives Survey 2016. Hg. v. Department for Education (DfE).

DfE (2018): Participation Rates in Higher Education. Academic Years 2006/2007–2016/2017. Hg. v. Department for Education (DfE). London. Online verfügbar unter https://www.gov.uk/government/statistics/participation-rates-in-higher-education-2006-to-2017, zuletzt aktualisiert am 27.09.2018, zuletzt geprüft am 19.10.2018.

DfE (2019): Apprenticeship and traineeship data. Online verfügbar unter https://www.gov.uk/government/statistical-data-sets/fe-data-library-apprenticeships#apprenticeship-and-traineeships-annual-data, zuletzt aktualisiert am 28.03.2019, zuletzt geprüft am 25.07.2019.

DGB (1974): Geschäftsbericht des Bundesvorstandes des deutschen Gewerkschaftsbundes 1972 bis 1974. Hg. v. Deutscher Gewerkschaftsbund Bundesvorstand. Bonn.

DGB (1977): Geschäftsbericht des Bundesvorstandes des deutschen Gewerkschaftsbundes 1975 bis 1977. Hg. v. Deutscher Gewerkschaftsbund Bundesvorstand. Bonn.

DGB (1981): Geschäftsbericht des Bundesvorstandes des deutschen Gewerkschaftsbundes 1978 bis 1981. Hg. v. Deutscher Gewerkschaftsbund Bundesvorstand. Bonn.

DGB (1985): Geschäftsbericht des Bundesvorstandes des deutschen Gewerkschaftsbundes 1982 bis 1985. Hg. v. Deutscher Gewerkschaftsbund Bundesvorstand. Bonn.

DGB (1989): Geschäftsbericht des Bundesvorstandes des deutschen Gewerkschaftsbundes 1986 bis 1989. Hg. v. Deutscher Gewerkschaftsbund Bundesvorstand. Bonn.

DGB (1997): Geschäftsbericht. Hg. v. Deutscher Gewerkschaftsbund Bundesvorstand. Bonn.

DGB (2005): Geschäftsbericht 2002–2005. Hg. v. Deutscher Gewerkschaftsbund Bundesvorstand. Berlin.

DGB (2009): Geschäftsbericht 2006–2009. Hg. v. Deutscher Gewerkschaftsbund Bundesvorstand. Berlin.

Diaz-Bone, Rainer (2003): Entwicklungen im Feld der foucaultschen Diskursanalyse. Sammelbesprechung. In: Historical Social Research 28 (4), S. 60–102.

Dietrich, Hans; Koch, Susanne; Stops, Michael (2004): Ausbildung muss sich lohnen – auch für die Betriebe. In: IAB Kurzbericht (6), S. 1–7.

DIHK (2001): Berufsbildung Weiterbildung Bildungspolitik 2000/2001. Die Berufs- und Weiterbildungsarbeit der Industrie- und Handelskammern. Hg. v. Deutscher Industrie- und Handelskammertag e. V. Berlin.

DIHK (2002): Berufsbildung Weiterbildung Bildungspolitik 2001/2002. Die Berufs- und Weiterbildungsarbeit der Industrie- und Handelskammern. Hg. v. Deutscher Industrie- und Handelskammertag e. V. Berlin.

DIHK (2003): Berufsbildung Weiterbildung Bildungspolitik 2002/2003. Die Berufs- und Weiterbildungsarbeit der Industrie- und Handelskammern. Hg. v. Deutscher Industrie- und Handelskammertag e. V. Berlin.

DIHK (2004): Berufsbildung Weiterbildung Bildungspolitik 2003/2004. Die Berufs- und Weiterbildungsarbeit der Industrie- und Handelskammern. Hg. v. Deutscher Industrie- und Handelskammertag e. V. Berlin.

DIHK (2005): Berufsbildung Weiterbildung Bildungspolitik 2004/2005. Die Berufs- und Weiterbildungsarbeit der Industrie- und Handelskammern. Hg. v. Deutscher Industrie- und Handelskammertag e. V. Berlin.

DIHK (2006a): Berufsbildung Weiterbildung Bildungspolitik 2005/2006. Die Berufs- und Weiterbildungsarbeit der Industrie- und Handelskammern. Hg. v. Deutscher Industrie- und Handelskammertag e. V. Berlin.

DIHK (2006b): Ausbildung 2006. Impulse für mehr Ausbildung. Die Sicht der Unternehmen. Ergebnisse einer Online-Befragung von 7.500 Unternehmen. Hg. v. DIHK – Deutscher Industrie- und Handelskammertag e. V. Berlin.

DIHK (2007): Ausbildung 2007. Ergebnisse einer Online-Unternehmensbefragung im April 2007. Hg. v. DIHK – Deutscher Industrie- und Handelskammertag e. V. Berlin.

DIHK (2008): DIHK-Bildungsbericht 2007/2008. Hg. v. DIHK – Deutscher Industrie- und Handelskammertag e. V. Berlin.

DIHK (2009): DIHK-Bildungsbericht 2008/2009. Berufsbildung Weiterbildung Bildungspolitik. Hg. v. DIHK – Deutscher Industrie- und Handelskammertag e. V. Berlin.

DIHK (2010): DIHK-Bildungsbericht. Berufsbildung Weiterbildung Bildungspolitik. Hg. v. DIHK – Deutscher Industrie- und Handelskammertag e. V. Berlin.

DIHK (2011): DIHK Bildungsbericht. Berufsbildung Weiterbildung Bildungspolitik. Hg. v. DIHK – Deutscher Industrie- und Handelskammertag e. V. Berlin.

DIHK (2012): Ausbildung 2012. Ergebnisse einer DIHK-Online-Unternehmensbefragung. Hg. v. DIHK – Deutscher Industrie- und Handelskammertag e. V. Berlin.

DIHK (2013): Ausbildung 2013. Ergebnisse einer DIHK-Online-Unternehmensbefragung. Hg. v. DIHK – Deutscher Industrie- und Handelskammertag e. V. Berlin.

DIHK (2014): Ausbildung 2014. Ergebnisse einer DIHK-Online-Unternehmensbefragung. Unter Mitarbeit von Ulrike Friedrich, Berit Heintz, Simon Grupe. Hg. v. DIHK – Deutscher Industrie- und Handelskammertag e. V. Berlin, Brüssel.

DIHT (1974): Berufsbildung 1973/74. Die Berufsbildungsarbeit der Industrie- und Handelskammern. Hg. v. Deutscher Industrie- und Handelstag e. V. Bonn.

DIHT (1975): Berufsbildung 1974/75. Die Berufsbildungsarbeit der Industrie- und Handelskammern. Hg. v. Deutscher Industrie- und Handelstag e. V. Bonn.

DIHT (1976): Berufsbildung 1975/76. Die Berufsbildungsarbeit der Industrie- und Handelskammern. Hg. v. Deutscher Industrie- und Handelstag e. V. Bonn.

DIHT (1977): Berufsbildung 1976/77. Die Berufsbildungsarbeit der Industrie- und Handelskammern. Hg. v. Deutscher Industrie- und Handelstag e. V. Bonn.

DIHT (1980): Berufsbildung 1979/80. Die Berufsbildungsarbeit der Industrie- und Handelskammern. Hg. v. Deutscher Industrie- und Handelskammertag e. V. Bonn.

DIHT (1981): Berufs- und Weiterbildung 1980/81. Die Berufs- und Weiterbildungsarbeit der Industrie- und Handelskammern. Hg. v. Deutscher Industrie- und Handelstag e. V. Bonn.

DIHT (1983): Berufs- und Weiterbildung 1982/83. Die Berufs- und Weiterbildungsarbeit der Industrie- und Handelskammern. Hg. v. Deutscher Industrie- und Handelstag e. V. Bonn.

DIHT (1988): Berufsbildung Weiterbildung Bildungspolitik 1987/88. Die Berufs- und Weiterbildungsarbeit der Industrie- und Handelskammern. Hg. v. Deutscher Industrie- und Handelstag e. V. Bonn.

DIHT (1989): Berufsbildung Weiterbildung Bildungspolitik 1988/89. Die Berufs- und Weiterbildungsarbeit der Industrie- und Handelskammern. Hg. v. Deutscher Industrie- und Handelstag e. V. Bonn.

DIHT (1995): Berufsbildung Weiterbildung Bildungspolitik 1994/95. Die Berufs- und Weiterbildungsarbeit der Industrie- und Handelskammern. Hg. v. Deutscher Industrie- und Handelstag e. V. Bonn.

DIHT (1996): Berufsbildung Weiterbildung Bildungspolitik 1995/96. Die Berufs- und Weiterbildungsarbeit der Industrie- und Handelskammern. Hg. v. Deutscher Industrie- und Handelstag e. V. Bonn.

DIHT (1997): Berufsbildung Weiterbildung Bildungspolitik 1996/97. Die Berufs- und Weiterbildungsarbeit der Industrie- und Handelskammern. Hg. v. Deutscher Industrie- und Handelstag e. V. Bonn.

DIHT (1998): Berufsbildung Weiterbildung Bildungspolitik 1997/98. Die Berufs- und Weiterbildungsarbeit der Industrie- und Handelskammern. Hg. v. Deutscher Industrie- und Handelstag e. V. Bonn.

DIHT (2000): Berufsbildung Weiterbildung Bildungspolitik 1999/2000. Die Berufs- und Weiterbildungsarbeit der Industrie- und Handelskammern. Hg. v. Deutscher Industrie- und Handelstag e. V. Bonn.

Dobashi, Takara; Marsal, Eva; Pilz, Matthias; Frey, Urs (2008): Lernen für das künftige Berufsleben (I). Die Vermittlung von Selbst- und Sozialkompetenz in der Schule. In: Bulletin of the Graduate School of Education 57 (Part 1), S. 1–6.

Döbert, Hans (2017): Deutschland. In: Botho von Kopp, Hans Döbert, Wolfgang Hörner und Lutz R. Reuter (Hg.): Die Bildungssysteme Europas. Liechtenstein. 4th ed. Baltmannsweiler: Schneider Verlag Hohengehren (Grundlagen der Schulpädagogik), S. 158–186.

Dobischat, Rolf (2010): Schulische Berufsbildung im Gesamtsystem der beruflichen Bildung. Herausforderungen an der Übergangspassage von der Schule in den Beruf. In: Gerhard

Bosch, Sirikit Krone und Dirk Langer (Hg.): Das Berufsbildungssystem in Deutschland. Aktuelle Entwicklungen und Standpunkte. Wiesbaden: VS Verlag für Sozialwissenschaften, S. 101–131.

Dobischat, Rolf; Kühnlein, Gertrud; Schurgatz; Robert (2012): Ausbildungsreife. Ein umstrittener Begriff beim Übergang Jugendlicher in eine Berufsausbildung. Hg. v. Hans-Böckler-Stiftung (Arbeitspapier, 189). Online verfügbar unter https://www.boeckler.de/pdf/p_a rbp_189.pdf, zuletzt geprüft am 25.07.2019.

Dobischat, Rolf; Schurgatz, Robert (2015): „Mangelnde Ausbildungsreife": ein Grund für den gescheiterten Übergang in die Ausbildung? In: ARCHIV für Wissenschaft und Praxis der sozialen Arbeit (3), 48–58.

Ebbinghaus, Margit (2011): Was soll betriebliche Berufsausbildung leisten? Eine clusteranalytische Untersuchung von Anspruchsmustern ausbildender Betriebe an Outputqualität. In: Elisabeth M. Krekel (Hg.): Neue Jugend, neue Ausbildung? Beiträge aus der Jugend- und Bildungsforschung. Bielefeld: Bertelsmann (Berichte zur beruflichen Bildung), S. 205–220.

Eberhard, Verena (2006): Das Konzept der Ausbildungsreife – ein ungeklärtes Konstrukt im Spannungsfeld unterschiedlicher Interessen. Ergebnisse aus dem BIBB. Hg. v. Bundesinstitut für Berufsbildung (BIBB) Bonn. Bonn (Wissenschaftliche Diskussionspapiere, Heft 83). Online verfügbar unter https://www.bibb.de/veroeffentlichungen/de/publication/show/2102, zuletzt geprüft am 28.07.2019.

Eckert, Manfred (2008): Defizite in der Berufsvorbereitung – Was ist ein gelingender Übergang von der Schule in den Beruf? In: Elisabeth Schlemmer und Herbert Gerstberger (Hg.): Ausbildungsfähigkeit im Spannungsfeld zwischen Wissenschaft, Politik und Praxis. Wiesbaden: VS Verl. für Sozialwissenschaften, S. 149–159.

Edeling, Sabrina (2016): Additive Doppelqualifikation bei Hochschulzugangsberechtigten: eine empirische Untersuchung von Einflussfaktoren. Bielefeld: wbv.

Edeling, Sabrina; Pilz, Matthias (2016): Teaching self- and social competencies in the retail sector. In: Education & Training, 58(9), S. 1041–1057.

Edeling, Sabrina; Pilz, Matthias (2017): ‚Should I stay or should I go?' – the additive double qualification pathway in Germany. In: Journal of vocational education & training 69(1), S. 81–99.

Edelman, Murray (1998): Die Erzeugung und Verwendung sozialer Probleme. In: Journal für Sozialforschung 28 (2), S. 175–192.

Education Reform Act (1988): Education Reform Act. Online verfügbar unter https://www.legislation.gov.uk/ukpga/1988/40/contents, zuletzt geprüft am 25.07.2019.

Ehrenthal, Bettina; Eberhard, Verena; Ulrich, Gerd (2005): Ausbildungsreife – auch unter den Fachleuten ein heißes Eisen. Ergebnisse des BIBB-Expertenmonitors. Hg. v. Bundesinstitut für Berufsbildung (BIBB). Online verfügbar unter https://www.bibb.de/de/16633.php, zuletzt geprüft am 25.07.2019.

Elizabeth II (1964): Industrial Training Act. Online verfügbar unter http://www.legislation.gov.uk/ukpga/1964/16/contents/enacted, zuletzt geprüft am 25.07.2019.

Elizabeth II (1973): Employment and Training Act. Online verfügbar unter http://www.legislation.gov.uk/ukpga/1973/50/pdfs/ukpga_19730050_en.pdf, zuletzt geprüft am 25.07.2019.

Finegold, David; Soskice, David (1988): The Failure of Training in Britain: Analysis and Prescription. In: Oxford Review of Economic Policy 4 (3).

Fischer, Daniel (2011): Strategiefähigkeit und Kampagnenführung von Unternehmerverbänden. Interessenvertretung am Beispiel des Verbandes Die Familienunternehmer – ASU. Dissertation. Wiesbaden: Springer.

Fleckenstein, Timo; Lee, Soohyun Christine (2018): Caught up in the past? Social inclusion, skills, and vocational education and training policy in England. In: Journal of Education and Work 31 (2), S. 109–124. https://doi.org/10.1080/13639080.2018.1433820.

Flick, Uwe (2011): Triangulation. Eine Einführung. 3. aktualisierte Auflage (Qualitative Sozialforschung, 12). Wiesbaden: VS Verlag für Sozialwissenschaften.

Foucault, Michel (1977): Sexualität und Wahrheit. Erster Band: Der Wille zum Wissen. Frankfurt am Main: Suhrkamp.

Foucault, Michel (2013): Archäologie des Wissens. 13. Auflage. Frankfurt am Main: Suhrkamp.

Frommberger, Dietmar (2010): Ausbildungsreife/Ausbildungsfähigkeit beim Übergang von der Allgemeinbildung in die Berufsbildung. In: Magdeburger Schriften zur Berufs- und Wirtschaftspädagogik (1). Online verfügbar unter https://d-nb.info/1001153170/34, zuletzt geprüft am 25.07.2019.

Frommberger, Dietmar; Reinisch, Holger (1999): Ordnungsschemata zur Kennzeichnung und zum Vergleichen von „Berufsbildungssystemen" in deutschsprachigen Beiträgen zur international-vergleichenden Berufsbildungsforschung. Methodologische Fragen und Reflexionen. In: Zeitschrift für Berufs- und Wirtschaftspädagogik 95 (3), S. 323–343.

Froschauer, Ulrike; Lueger, Manfred (2003): Das qualitative Interview. Zur Praxis interpretativer Analyse sozialer Systeme. 1. Aufl. Stuttgart: UTB GmbH.

Fuller, Alison; Unwin, Lorna (2003): Creating a ‚Modern Apprenticeship': A critique of the UK's multi-sector, social inclusion approach. In: Journal of Education and Work 16 (1), S. 5–25. https://doi.org/10.1080/1363908022000032867.

Fuller, Alison; Unwin, Lorna (2009): Change and continuity in apprenticeship: the resilience of a model of learning. In: Journal of Education and Work 22 (5), S. 405–416. https://doi.org/10.1080/13639080903454043.

Fuller, Alison; Unwin, Lorna (2011): Vocational education and training in the spotlight: back to the future for the UK's Coalition Government? In: London Review of Education 9 (2), S. 191–204. https://doi.org/10.1080/14748460.2011.585879.

Fürstenau, Bärbel; Pilz, Matthias; Gonon, Philipp (2014): The Dual System of Vocational Education and Training in Germany – What Can Be Learnt About Education for (Other) Professions. In: Christian Harteis, Hans Gruber und Stephen Billett (Hg.): International Handbook of Research in Professional and Practice-based Learning. Dordrecht: Springer Netherlands (Springer International Handbooks of Education), S. 427–460.

Geißler, Rainer (2006): Bildungsexpansion und Wandel der Bildungschancen. Veränderungen im Zusammenhang von Bildungssystem und Sozialstruktur. In: Rainer Geißler (Hg.): Die Sozialstruktur Deutschlands, Wiesbaden: VS Verlag für Sozialwissenschaften, S. 273–299

Georg, Walter (2005): Vergleichende Berufsbildungsforschung. In: Felix Rauner (Hg.): Handbuch Berufsbildungsforschung. Bielefeld: Bertelsmann, S. 186–193.

Gerhards, Jürgen (1992): Dimensionen und Strategien öffentlicher Diskurse. In: Journal für Sozialforschung 32 (3/4), S. 307–318.

Gläser, Jochen; Laudel, Grit (2010): Experteninterviews und qualitative Inhaltsanalyse. Als Instrumente rekonstruierender Untersuchungen. 4. Aufl. Wiesbaden: VS Verlag für Sozialwissenschaften.

Glennerster, Howard (2001): United Kingdom Education 1997–2001. CASEpaper 50. Centre for Analysis of Social Exclusion, London School of Economic: London. Online verfügbar unter: http://eprints.lse.ac.uk/3983/, zuletzt geprüft am 17.07.2019.

Gmelch, Andreas (1996): Veränderte Arbeits- und Berufswelt – eine Herausforderung für die Arbeitslehre. In: Unterrichten, erziehen (4), S. 6–9.

Granato, Mona; Krekel, Elisabeth M.; Ulrich, Joachim Gerd (2016): Allen Jugendlichen ein Ausbildungsangebot!?: wie die „Ausbildungsneigung" und „Ausbildungsreife" der Jugendlichen im Spannungsfeld politischer Auseinandersetzung verhandelt wird. In: Jens Luedtke und Christine Wiezorek [Hg.]: Jugendpolitiken: wie geht Gesellschaft mit „ihrer" Jugend um? Weinheim, Basel: Beltz Juventa, S. 162–185.

Green, Anne E.; Hogarth, Terence; Barnes, Sally-Anne; Gambin, Lynn; Owen, David; Sofroniou, Nicholas (2016a): The UK's skills system: training, employability and gaps in provision. Foresight, Government Office for Science.

Green, Francis; Felstead, Alan; Gallie, Duncan; Henseke, Golo (2016b): Skills and work organisation in Britain. A quarter century of change. In: Journal for Labour Market Research, (49), S. 121–132. https://doi.org/10.1007/s12651-016-0197-x.

Greinert, Wolf-Dietrich (1988): Marktmodell – Schulmodell – duales System. Grundtypen formalisierter Berufsbildung. In: Die berufsbildende Schule 40 (3), S. 145–156.

Greinert, Wolf-Dietrich (2006): Geschichte der Berufsausbildung in Deutschland. In: Rolf Arnold und Antonius Lipsmeier (Hg.): Handbuch der Berufsbildung. 2., überarbeitete und aktualisierte Auflage. Wiesbaden: VS Verlag für Sozialwissenschaften, S. 499–508.

Großkopf, Steffen (2005): „Ausbildungsfähigkeit". Vom Begriffsdschungel zur Realität jugendlicher Lehrstellenwelten. In: Sozialextra, S. 6–11.

Haasler, Simone R. (2013): Employability skills and the notion of ‚self'. In: International Journal of Training and Development 17 (3), S. 233–243. https://doi.org/10.1111/ijtd.12012.

Hagmüller, Peter; Müller, Wolfgang; Schweizer, Helge (1975): Berufsreife. Merkmale und Instrumente zu ihrer Untersuchung. Hannover: Schroedel (Schriften zur Berufsbildungsforschung, Bd. 31).

Hajer, Maarten A. (1997): The politics of environmental discourse. Ecological modernization and the policy process. Oxford, New York: Clarendon Press; Oxford University Press.

Hajer, Maarten A. (2008): Diskursanalyse in der Praxis. Koalitionen, Praktiken und Bedeutung. In: Frank Janning und Katrin Toens (Hg.): Die Zukunft der Policy-Forschung. Theorien, Methoden, Anwendungen. 1. Aufl. Wiesbaden: VS Verlag für Sozialwissenschaften, S. 211–222.

Hall, Peter A.; Soskice, David (2001a): An Introduction to Varieties of Capitalism. In: Peter A. Hall und David Soskice (Hg.): Varieties of Capitalism. The Institutional Foundations of Comparative Advantage. Oxford: Oxford University Press, S. 1–68.

Hall, Peter A.; Soskice, David (Hg.) (2001b): Varieties of Capitalism. The Institutional Foundations of Comparative Advantage. Oxford: Oxford University Press.

Harris, Neville; Gorard, Stephen (2009): Education policy, law and governance in the United Kingdom. In: Trends in Bildung international (22), S. 1–30.

Harris, Neville; Gorard, Stephen (2017): Vereinigtes Königreich von Großbritannien. In: Botho von Kopp, Hans Döbert, Wolfgang Hörner und Lutz R. Reuter (Hg.): Die Bildungssysteme Europas. Liechtenstein. 4. Aufl. Baltmannsweiler: Schneider Verlag Hohengehren (Grundlagen der Schulpädagogik), S. 842–876.

Heckmann, Carsten (2001): An uns Schülern liegt's am wenigsten. In: Spiegel Online, 07.12.2001. Online verfügbar unter http://www.spiegel.de/lebenundlernen/schule/pisa-studie-an-uns-schuelern-liegt-s-am-wenigsten-a-171625.html, zuletzt geprüft am 17.07.2019.

Heider, Fritz (1958): The Psychology of Interpersonal Relations. New York: John Wiley.

Heindl, Andreas (2015): Diskursanalyse. In: Achim Hildebrandt, Sebastian Jäckle, Frieder Wolf und Andreas Heindl (Hg.): Methodologie, Methoden, Forschungsdesign. Ein Lehrbuch für fortgeschrittene Studierende der Politikwissenschaft. Wiesbaden: Springer Fachmedien Wiesbaden, S. 257–298.

Hellbrügge, Theodor; Rutenfranz, Joseph (1966): Anhang zu Vor- und Fürsorge für das Schul- und Jugendalter. In: Theodor Hellbrügge und Wolfram Aust (Hg.): Immunologie, soziale Pädiatrie. Berlin: Springer (Handbuch der Kinderheilkunde, 3), S. 1173–1217.

Hilke, Reinhard (2004): Beitrag des Referenten Prof. Reinhard Hilke, Psychologischer Dienst der Bundesagentur für Arbeit. In: KAUSA (Hg.): Fachtagung: Fit für die Arbeit – Können, was Zukunft hat. Bielefeld: W. Bertelsmann, S. 99–104.

Hilke, Reinhard (2008): Vom Begriff der Eignung zum Begriff der Ausbildungsreife: ein pragmatischer Vorschlag. In: Elisabeth Schlemmer und Herbert Gerstberger (Hg.): Ausbildungsfähigkeit im Spannungsfeld zwischen Wissenschaft, Politik und Praxis. Wiesbaden: VS Verlag für Sozialwissenschaften.

Hillage, Jim; Pollard, Emma (1998): Employability. Developing a framework for policy analysis. Suffolk: DfEE (Research report, 85).

Hillmert, Steffen (2001a): Ausbildungssysteme und Arbeitsmarkt. Lebensverläufe in Großbritannien und Deutschland im Kohortenvergleich. 1. Aufl. Wiesbaden: Westdeutscher Verlag (Studien zur Sozialwissenschaft, Bd. 212).

Hillmert, Steffen (2001b): Kohortendynamik und Konkurrenz an den zwei Schwellen des dualen Ausbildungssystems. Übergänge zwischen Schule und Arbeitsmarkt im Kontext ökonomischen und demographischen Wandels. Arbeitspapier Nr. 2 des Projektes Ausbildungs- und Berufsverläufe der Geburtskohorten 1964 und 1971 in Westdeutschland. Berlin.

Hodkinson, Phil; Sparkes, Andrew C. (1993): Young people's career choices and careers guidance action planning: A case-study of training credits in action. In: British Journal of Guidance & Counselling 21 (3), S. 246–261.

Hogarth, Terence; Gambin, Lynn; Hasluck, Chris (2012): Apprenticeships in England: What next? In: Journal of Vocational Education and Training 64 (1), S. 41–55.

Holmén, Martin (2012): Agenda-setting, the policy process & Kingdon: A study of the Swedish reduction of VAT applied to restaurant services. Sweden, Europe: Linnéuniversitetet, Institutionen för samhällsvetenskaper.

Hörner, Wolfgang (1996): Einführung. Bildungssysteme in Europa – Überlegungen zu einer vergleichenden Betrachtung. In: Oskar Anweiler (Hg.): Bildungssysteme in Europa. Entwicklung und Struktur des Bildungswesens in zehn Ländern: Deutschland, England, Frankreich, Italien, Niederlande, Polen, Russland, Schweden, Spanien, Türkei. 4., völlig überarb. und erweiterte Aufl. Weinheim, Basel: Beltz (Reihe Pädagogik), S. 13–29.

Hörner, Wolfgang (1997): „Europa" als Herausforderung für die Vergleichende Erziehungswissenschaft. Reflexionen über die politische Funktion einer pädagogischen Disziplin.

In: Christoph Kodron, B. v. Kopp, Uwe Lauterbach und G. Schmidt Schäfer (Hg.): Vergleichende Erziehungswissenschaft. Herausforderung, Vermittlung, Praxis. Festschrift für Wolfgang Mitter zum 70. Geburtstag. Köln: Böhlau, S. 65–80.

Huisken, Freerk (2005): Der „Pisa-Schock" und seine Bewältigung. Wieviel Dummheit braucht, verträgt die Republik? Hamburg: VSA-Verl.

Huth, Albert (1953): Handbuch psychologischer Eignungsuntersuchung. Speyer: Pilger-Verlag.

Hyland, Terry (2002): On the Upgrading of Vocational Studies. Analysing prejudice and subordination in English education. In: Educational Review 54 (3), S. 287–296. https://doi.org/10.1080/0013191022000016338.

Hyland, Terry (2007): Entwicklung der beruflichen Bildung im Vereinigten Königreich. Die kompetenzorientierte Berufsbildung. In: Berufsbildung in Wissenschaft und Praxis (BWP) (3), S. 36–40.

IG Metall (1970): Geschäftsbericht 1968 bis 1970 des Vorstandes der Industriegewerkschaft Metall für die Bundesrepublik Deutschland. g. v. Industriegewerkschaft Metall für die Bundesregierung Deutschland Vorstand. Frankfurt am Main.

IG Metall (1973): Geschäftsbericht 1971 bis 1973 des Vorstandes der Industriegewerkschaft Metall für die Bundesrepublik Deutschland. Hg. v. Industriegewerkschaft Metall. Frankfurt am Main.

IG Metall (1976): Geschäftsbericht 1974 bis 1976 des Vorstandes der Industriegewerkschaft Metall für die Bundesrepublik Deutschland. Hg. v. Industriegewerkschaft Metall. Frankfurt am Main.

IG Metall (1979): Geschäftsbericht 1977 bis 1979 des Vorstandes der Industriegewerkschaft Metall für die Bundesrepublik Deutschland. Hg. v. Industriegewerkschaft Metall. Frankfurt am Main.

IG Metall (1982): Geschäftsbericht 1980 bis 1982 des Vorstandes der Industriegewerkschaft Metall für die Bundesrepublik Deutschland. Hg. v. Industriegewerkschaft Metall. Frankfurt am Main.

IG Metall (1985): Geschäftsbericht 1983 bis 1985 des Vorstandes der Industriegewerkschaft Metall für die Bundesrepublik Deutschland. Hg. v. Industriegewerkschaft Metall. Frankfurt am Main.

IG Metall (1991): Geschäftsbericht 1989 bis 1991 des Vorstandes der Industriegewerkschaft Metall. Hg. v. Industriegewerkschaft Metall. Frankfurt am Main.

IG Metall (1994): Geschäftsbericht 1992 bis 1994 des Vorstandes der Industriegewerkschaft Metall. Hg. v. Industriegewerkschaft Metall. Frankfurt am Main.

IG Metall (2002): Geschäftsbericht 1999–2002. Hg. v. Industriegewerkschaft Metall. Frankfurt am Main.

IG Metall (2006): Geschäftsbericht 2003–2006. Hg. v. Industriegewerkschaft Metall. Frankfurt am Main.

IG Metall (2010): Geschäftsbericht 2007–2010. Hg. v. Industriegewerkschaft Metall. Frankfurt am Main.

IG Metall (2014): Geschäftsbericht 2011–2014. Hg. v. Industriegewerkschaft Metall. Frankfurt am Main.

Industry in Education (1996): Towards employability. Adressing the gap between young people's qualities and employers' recruitment needs. London.

Institut der Deutschen Wirtschaft (Hg.) (1979): Jugend mit Zukunft. Podiumsdiskussion des Instituts der Deutschen Wirtschaft. Institut der Deutschen Wirtschaft (Köln). Köln: Deutscher Instituts-Verlag.

Jahn, Robert; Brünner, Kathrin (2012): Ausbildungsreife als Thema der öffentlichen Berichterstattung. In: Berufsbildung in Wissenschaft und Praxis (BWP) (4), S. 53–57.

Jann, Werner; Wegrich, Kai (2014): Phasenmodell und Politikprozesse: Der Policy-Cycle. In: Klaus Schubert und Nils C. Bandelow (Hg.): Lehrbuch der Politikfeldanalyse. 3., überarbeitete Auflage. München: Oldenbourg Wissenschaftsverlag (Lehr- und Handbücher der Politikwissenschaft), S. 97–130.

Jones, Edward Ellsworth; Nisbett, Richard E. (1972): The Actor and the Observer. Divergent Perceptions of the Causes of Behavior. In: Edward Ellsworth Jones, David E. Kanouse, Harold H. Kelley, Richard E. Nisbett, Stuart Valins und Bernard Weiner (Hg.): Attribution. perceiving the causes of behavior. Morristown, N.J.: General Learning Press, S. 79–94.

Jung, Bernhard (2008): Reife, Fähigkeit oder Kompetenz? Über die pädagogisch-didaktische Bedeutung von Leitbegriffen im Arbeits- und Berufsfindungsprozess. In: Elisabeth Schlemmer und Herbert Gerstberger (Hg.): Ausbildungsfähigkeit im Spannungsfeld zwischen Wissenschaft, Politik und Praxis. Wiesbaden: VS Verl. für Sozialwissenschaften, S. 131–147.

Jungmann, Christel (2008): Die Gemeinschaftsschule. Münster: Waxmann Verlag.

Kaufhold, Marisa (2006): Kompetenz und Kompetenzerfassung. Analyse und Beurteilung von Verfahren der Kompetenzerfassung. 1. Aufl. Wiesbaden: VS Verlag für Sozialwissenschaften.

Keep, Ewart; James, Susan (2012): A Bermuda triangle of policy? ‚Bad jobs', skills policy and incentives to learn at the bottom end of the labour market. In: Journal of Education Policy 27 (2), S. 211–230.

Kell, Adolf (2006): Organisation, Recht und Finanzierung der Berufsbildung. In: Rolf Arnold und Antonius Lipsmeier (Hg.): Handbuch der Berufsbildung. 2., überarbeitete und aktualisierte Auflage. Wiesbaden: VS Verlag für Sozialwissenschaften, S. 453–484.

Keller, Gustav (1989): Das Klagelied vom schlechten Schüler. Eine aufschlussreiche Geschichte der Schulprobleme. Heidelberg: Asanger.

Keller, Reiner (1997): Diskursanalyse. In: Ronald Hitzler und Anne Honer (Hg.): Sozialwissenschaftliche Hermeneutik. Eine Einführung. Opladen: Leske + Budrich, S. 309–333.

Keller, Reiner (2008): Diskurse und Dispositive analysieren. Die Wissenssoziologische Diskursanalyse als Beitrag zu einer wissensanalytischen Profilierung der Diskursforschung. In: Historical Social Research 33 (1).

Keller, Reiner (2011a): Diskursforschung. Eine Einführung für SozialwissenschaftlerInnen. 4. Aufl. Wiesbaden: VS Verlag für Sozialwissenschaften (Qualitative Sozialforschung, 14).

Keller, Reiner (2011b): Wissenssoziologische Diskursanalyse. Grundlegung eines Forschungsprogramms. 3. Aufl. Wiesbaden: VS Verlag für Sozialwissenschaften (Interdisziplinäre Diskursforschung).

Kiepe, Klaus (1998): Sieben Statements zur Ausbildungsreife. Unter Mitarbeit von BASF AG. In: Werner Dostal, Klaus Parmentier und Karen Schober (Hg.): Mangelnde Schulleistung oder überzogene Anforderungen? Zur Problematik unbesetzter/unbesetzbarer Ausbildungsstellen. Dokumentation eines Workshops in der Bundesanstalt für Arbeit am 16. Oktober 1997 in Nürnberg. Nürnberg: Institut für Arbeitsmarkt- und Berufsforschung der Bundesanstalt für Arbeit (Beiträge zur Arbeitsmarkt- und Berufsforschung, 216), S. 24–37.

Kiepe, Klaus (2001): Ausbildungsreife – was ist das? In: Günther Cramer (Hg.): Jahrbuch Ausbildungspraxis. Köln: Fachverlag Deutscher Wirtschaftsdienst, S. 225–230.

Kiepe, Klaus (2002): Ausbildungsreife – was ist das. In: Klaus Kiepe und Günther Cramer (Hg.). Jahrbuch Ausbildungspraxis 2002. Köln: Fachverlag Deutscher Wirtschaftsdienst, S. 73–78.

Kingdon, John W. (2011): Agendas, alternatives, and public policies. Boston: Longman (Longman classics in political science).

Klein, Helmut E.; Schöpper-Grabe, Sigrid (2012): Was ist Grundbildung? Bildungstheoretische und empirische Begründung von Mindestanforderungen an die Ausbildungsreife. Köln: Institut der dt. Wirtschaft (IW-Analysen, 76).

Klein, Helmut E.; Schöpper-Grabe, Sigrid (2013): Was ist Grundbildung? Schulische Anforderungen an die Ausbildungsreife. In: bwp@: Berufs- und Wirtschaftspädagogik – online 17. Hochschultage Berufliche Bildung (Spezial 6), S. 1–19. Online verfügbar unter http://www.bwpat.de/ht2013/ft18/klein_schoepper-grabe_ft18-ht2013.pdf, zuletzt geprüft am 25.07.2019.

Kleinert, Corinna; Jacob, Marita (2012): Strukturwandel des Übergangs in eine berufliche Ausbildung. In: Rolf Becker und Heike Solga (Hg.): Soziologische Bildungsforschung, Bd. 52. Wiesbaden: VS Verlag für Sozialwissenschaften (Kölner Zeitschrift für Soziologie und Sozialpsychologie Sonderhefte), S. 211–233.

Knodt, Michèle; Quittkat, Christine (2005): Interessenvermittlung im europäischen Mehrebenensystem. In: Wichard Woyke (Hg.): Verbände. Eine Einführung. Schwalbach: Wochenschau Verlag, S. 111–137.

Knoll, Joachim (1979): Die Chance der jungen Generation. In: Institut der Deutschen Wirtschaft (Hg.): Jugend mit Zukunft. Podiumsdiskussion des Instituts der Deutschen Wirtschaft. Köln: Deutscher Instituts-Verlag, S. 41–101.

Kraus, Katrin (2006): Vom Beruf zur Employability? Zur Theorie einer Pädagogik des Erwerbs. Wiesbaden: VS Verlag für Sozialwissenschaften.

Kraus, Katrin (2007): Beruflichkeit, Employability und Kompetenz. Konzepte erwerbsorientierter Pädagogik in der Diskussion. In: Peter Dehnbostel, Uwe Elsholz und Julia Gillen (Hg.): Kompetenzerwerb in der Arbeit. Perspektiven arbeitnehmerorientierter Weiterbildung. Berlin: edition sigma, S. 235–248.

Lamnek, Siegfried (2010): Qualitative Sozialforschung. 5., überarb. Aufl. Weinheim, Basel: Beltz.

Lanzerath, Karl (1966a): Berufswahl – Berufseignung – Berufsreife (Vortrags- und Lehrunterlagen der wirtschafts- und sozialpolitischen Grundinformation).

Lanzerath, Karl (1966b): Pädagogisch bedeutsame Probleme des Eintritts in das erwerbstätige Leben. Dissertation. Köln: Photostelle der Universität zu Köln.

Li, Junmin (2017): Policy-Transfer von deutschen Evaluationskonzepten der Berufsbildung nach China: Eine Analyse am Beispiel des Peer-Review-Verfahrens. Wiesbaden: VS Verlag für Sozialwissenschaften.

Lauterbach, Uwe (2003): Vergleichende Berufsbildungsforschung. Theorien, Methodologien und Ertrag am Beispiel der Vergleichenden Berufs- und Wirtschaftspädagogik mit Bezug auf die korrespondierende Disziplin comparative education/vergleichende Erziehungswissenschaft. Baden-Baden: Nomos (Bildung und Arbeitswelt, Bd. 8).

LCCI (2010): Employability and Skills in the UK. Redefining the debate. A report prepared for the London Chamber of Commerce and Industry. Unter Mitarbeit von Jonathan Wright, Ian Brinkley und Naomi Clayton. Hg. v. London Chamber of Commerce and Industry (LCCI).

Learning and Work Institute (2016): Three million careers. Making the Apprenticeship Levy Work. Hg. v. Learning and Work Institute. Leicester. Online verfügbar unter https://www.learningandwork.org.uk/resource/three-million-careers-making-the-apprenticeship-levy-work/, zuletzt geprüft am 28.07.2019.

Leffers, Jochen (2001): Behler wirft Lehrern „Bunker-Mentalität" vor. In: Spiegel Online, 12.12.2001. Online verfügbar unter http://www.spiegel.de/lebenundlernen/schule/nach-dem-pisa-schock-behler-wirft-lehrern-bunker-mentalitaet-vor-a-172425.html, zuletzt geprüft am 17.07.2019.

Lewis, Paul; Ryan, Paul; Gospel, Howard (2008): A hard sell? The prospects for apprenticeship in British retailing. In: Human Resource Management Journal 18 (1), S. 3–19.

Lex, Tilly; Geier, Boris (2010): Übergangssystem in der beruflichen Bildung. Wahrnehmung einer zweiten Chance oder Risiken des Ausstiegs? In: Gerhard Bosch, Sirikit Krone und Dirk Langer (Hg.): Das Berufsbildungssystem in Deutschland. Aktuelle Entwicklungen und Standpunkte. Wiesbaden: VS Verlag für Sozialwissenschaften, S. 165–187.

Lipsmeier, Antonius (1969): Technik, allgemeine Pädagogik und Berufspädagogik im 19. Jahrhundert. Ein Beitrag zur Geschichte der vergleichenden Berufspädagogik. In: Technikgeschichte 36 (2), S. 133–146.

Lösche, Peter (2007): Verbände und Lobbyismus in Deutschland. Stuttgart: Kohlhammer.

LSC (2005): National Employers Skills Survey 2004. Main Report. Hg. v. Learning and Skills Council National Office. Coventry.

LSC (2006): National Employers Skills Survey 2005. Main Report. Hg. v. Learning and Skills Council National Office. Coventry.

LSC (2008a): National Employers Skills Survey 2007. Key Findings. Hg. v. Learning and Skills Council National Office. Coventry.

LSC (2008b): Research into Expanding Apprenticeships. Final Report. Learning and Skills Council National Office (LSC). Coventry.

Lüders, Christian (1991): Deutungsmusteranalyse: Annäherungen an ein risikoreiches Konzept. In: Detlef Garz und Klaus Kraimer (Hg.): Qualitativ-empirische Sozialforschung: Konzepte, Methoden, Analysen. Opladen: Westdt. Verl, S. 377–408.

Lüders, Christian; Meuser, Michael (1997): Deutungsmusteranalyse. In: Ronald Hitzler und Anne Honer (Hg.): Sozialwissenschaftliche Hermeneutik. Eine Einführung. Opladen: Leske + Budrich, S. 57–79.

Mädler, Carola; Pilz, Matthias (1999): Der „New Deal" zur Bekämpfung der Jugendarbeitslosigkeit in Großbritannien. In: Erziehungswissenschaft und Beruf, Heft 2, S. 169–176.

Marsal, Eva; Frey, Urs; Pilz, Matthias (2009): Problemfeld Ausbildungsreife. Förderung von Selbst- und Sozialkompetenz bei Hauptschülern. In: berufsbildung – Zeitschrift für Praxis und Theorie in Betrieb und Schule 63 (115), S. 31–33.

Massing, Peter (2006): Ökonomische Bildung in der Schule. Positionen und Kontroversen. In: Georg Weißeno (Hg.): Politik und Wirtschaft unterrichten. Wiesbaden: VS Verlag für Sozialwissenschaften, S. 80–92.

Matthes, Joachim (1992): The Operation Called „Vergleichen". In: Joachim Matthes (Hg.): Zwischen den Kulturen? Die Sozialwissenschaften vor dem Problem des Kulturvergleichs. Göttingen: O. Schwartz (Soziale Welt. Sonderband, 8), S. 75–99.

Mayring, Philipp (2002): Einführung in die qualitative Sozialforschung. Eine Anleitung zu qualitativem Denken. 5. Auflage. Weinheim und Basel: Beltz.

Mayring, Philipp (2015): Qualitative Inhaltsanalyse. Grundlagen und Techniken. 12., vollständig überarbeitete und aktualisierte Aufl. Weinheim: Beltz.

Mayring, Philipp (2016): Einführung in die qualitative Sozialforschung. Eine Anleitung zu qualitativem Denken. 6., überarbeitete Auflage. Weinheim und Basel: Beltz Verlag.

McBride, Peter; Moreland, Neil (1991): Skills 2000. A summary and critique. In: The Vocational Aspect of Education 43 (3), S. 217–224. https://doi.org/10.1080/0311551910861 9455.

McKechnie, Jim; Howieson, Cathy; Hobbs, Sandy; Semple, Sheila (2014): School students' introduction to the world of work. In: Education + Training 56 (1), S. 47–58.

McQuaid, Ronald W.; Lindsay, Colin (2005): The Concept of Employability. In: Urban Studies 42 (2), S. 197–219.

Menz, Georg (2007): Employers, Trade Unions and Labor Migration Policies: Examining the Role of Non-State Actors. Paper prepared for presentation at the European Unions Studies Association Tenth Biennial Conference in Montreal, Canada. Montreal, 17.05.2007.

Mertens, Dieter (1974): Schlüsselqualifikationen. Thesen zur Schulung für eine moderne Gesellschaft. In: Mitteilungen aus der Arbeitsmarkt- und Berufsforschung 7 (1974), S. 36–43.

Mertens, Dieter (1976): Beziehungen zwischen Qualifikation und Arbeitsmarkt. In: Schlaffke, Wilfried (Hg.): Jugendarbeitslosigkeit – Unlösbare Aufgabe für das Bildungs- und Beschäftigungssystem, S. 68–97.

Mertens, Dieter (1984): Das Qualifikationsparadox. Bildung und Beschäftigung bei kritischer Arbeitsmarktperspektive. In: Zeitschrift für Pädagogik 30 (1984), S. 439–456.

Miller, Linda; Biggart, Andy; Newton, Becci (2013): Basic and employability skills. In: International Journal of Training and Development 17 (3), S. 173–175. https://doi.org/10.1111/ijtd.12007.

Ministry of Education (1944): Education Act. Online verfügbar unter http://www.legislation.gov.uk/ukpga/1944/31/pdfs/ukpga_19440031_en.pdf, zuletzt geprüft am 25.07.2019.

Mitchell, Neil J. (1987): Where traditional Tories fear to tread. Mrs Thatcher's trade union policy. In: West European Politics 10 (1), S. 33–45. https://doi.org/10.1080/01402388708424612.

MSC (1977): Annual Report 1976–77. Hg. v. Manpower Services Commission. London.

MSC (1978a): Annual Report 1977–78. Hg. v. Manpower Services Commission. London.

MSC (1978b): Young People and Work. Hg. v. Manpower Services Commission. London (Manpower Studies No. 19781).

MSC (1981a): Annual Report 1980–81. Hg. v. Manpower Services Commission. London.

MSC (1981b): Skills for working life. Residential conference Stoke Rochford Hall, near Grantham, Lincs. 22–24 June 1981. Hg. v. Manpower Services Commission. London.

MSC (1982a): Annual Report 1981–82. Hg. v. Manpower Services Commission. London.

MSC (1982b): Skills needed for young people's jobs. Volume 1. Hg. v. Manpower Services Commission. Brighton, UK.

MSC (1983): Annual Report 1982–83. Hg. v. Manpower Services Commission. London.

MSC (1984): Annual Report. 1983–84. Hg. v. Manpower Services Commission. London.

MSC (1985): Annual Report 1984–85. Hg. v. Manpower Services Commission. London.

MSC (1986): Annual Report 1985–86. Hg. v. Manpower Services Commission. London.

MSC (1987): Annual Report 1986–87. Hg. v. Manpower Services Commission. London.
Müller, Wolfgang (1983): Die Förderung der Berufsreife und der Berufswahlreife. Heidelberg: Esprint-Verlag (Schriftenreihe Wirtschaftsdidaktik, Berufsbildung und Konsumentenerziehung, Bd. 3).
Müller-Kohlenberg, Lothar; Schober, Karen; Hilke, Reinhard (2005): Ausbildungsreife – Numerus clausus für Azubis? Ein Diskussionsbeitrag zur Klärung von Begriffen und Sachverhalten. In: Berufsbildung in Wissenschaft und Praxis (BWP) 34 (3), S. 19–23.
Münch, Joachim (2006): Berufsbildungspolitik. In: Rolf Arnold und Antonius Lipsmeier (Hg.): Handbuch der Berufsbildung. 2., überarbeitete und aktualisierte Auflage. Wiesbaden: VS Verlag für Sozialwissenschaften, S. 485–498.
National Apprenticeship Service (2018): A guide to apprenticeships. Hg. v. Education and Skills Funding Agency. Online verfügbar unter https://www.gov.uk/topic/further-education-skills/apprenticeships, zuletzt geprüft am 04.09.2018.
Newton, Becci; Hurstfield, Jennifer; Miller, Linda; Page, Rosie; Akroyd, Karen (2005): What employers look for when recruiting the unemployed and inactive: Skills, characteristics and qualifications. Hg. v. Department for Work and Pensions. Institute for Employment Studies. Leeds (Research Report No 295).
Niederalt, Michael; Schnabel, Claus; Kaiser, Christian (2001): Betriebliches Ausbildungsverhalten zwischen Kosten-Nutzen-Kalkül und gesellschaftlicher Verantwortung. Einflussfaktoren der Ausbildungsintensität von deutschen Betrieben. Nürnberg: Lehrstuhl für Arbeitsmarkt- und Regionalpolitik Erlangen-Nürnberg (Diskussionspapier).
Nonhoff, Martin (2006): Politischer Diskurs und Hegemonie. Das Projekt „Soziale Marktwirtschaft". Bielefeld: transcript (Sozialtheorie).
Nordhaus, Hans Ulrich (1997): Mangelnde Ausbildungsreife der Jugend? In: Gewerkschaftliche Bildungspolitik, (5/6), S. 18–20.
OECD (2001): Knowledge and Skills for Life. First Results from the OECD Programme for International Student Assessment (PISA) 2000. Hg. v. Organisation for Economic Co-Operation and Development (OECD). Online verfügbar unter http://www.oecd.org/education/school/programmeforinternationalstudentassessmentpisa/33691620.pdf, zuletzt geprüft am 25.07.2019.
OECD (2010): PISA 2009 Ergebnisse: Zusammenfassung. Hg. v. Organisation for Economic Co-Operation and Development (OECD). Online verfügbar unter https://www.oecd.org/pisa/pisaproducts/46619755.pdf, zuletzt geprüft am 19.07.2019.
OECD (2015): OECD Skills Outlook 2015: Youth, Skills and Employability. OECD Publishing. DOI: https://doi.org/10.1787/9789264234178-en.
Oevermann, Ulrich (1973): Zur Analyse der Struktur von sozialen Deutungsmustern. Unveröffentlicht.
Oevermann, Ulrich (2001): Kommentar zu Christine Plaß und Michael Schetsche: „Grundzüge einer wissenssoziologischen Theorie sozialer Deutungsmuster". In: Sozialer Sinn (3), S. 537–546.
Office for National Statistics (2017): Overview of the UK population: July 2017. Online verfügbar unter https://www.ons.gov.uk/peoplepopulationandcommunity/populationandmigration/populationestimates/articles/overviewoftheukpopulation/july2017#main-points, zuletzt aktualisiert am 21.07.2017, zuletzt geprüft am 19.07.2019.

Olberding, Benedikt (2013): Rechtliche Möglichkeiten der Steuerung von Interessenpolitik. Eine Untersuchung am Beispiel der Gesetzgebung des Deutschen Bundestages. Göttingen: V & R Unipress (Osnabrücker Beiträge zur Parteienforschung – Band 007).

Patton, M. Q. (1990): Qualitative evaluation and research methods. Second edition. Newbury Park Calif: Sage.

Patton, Michael Quinn (2002): Qualitative research & evaluation methods. 3. Aufl. Thousand Oaks, CA: Sage Publications.

Petherbridge, Jeanette (1997): Work experience: Making an impression. In: Educational Review 49 (1), S. 21–27.

Phillips, Nelson; Hardy, Cynthia (2002): Discourse analysis. Investigating processes of social construction. Thousand Oaks, CA: Sage Publications (Qualitative research methods, v. 50).

Pilz, Matthias; Deißinger, Thomas (2001): Systemvarianten beruflicher Qualifizierung: Eine schottisch-englische Vergleichsskizze im Zeichen der Modularisierungsdebatte. In: Bildung und Erziehung, 54(4), S. 439–458.

Pilz, Matthias (2004): Die Übergangsproblematik im Kontext beruflicher Erstausbildung in Deutschland. In: Bildung und Erziehung 57 (2), S. 175–195.

Pilz, Matthias (2009): Initial Vocational Training from a Company Perspective: a Comparison of British and German In-House Training Cultures. In: Vocations and Learning 2 (1), S. 57–74. https://doi.org/10.1007/s12186-008-9018-x.

Pilz, Matthias (2012): International Comparative Research into Vocational Training. Methods and Approaches. In: Matthias Pilz (Hg.): The Future of Vocational Education and Training in a Changing World. Wiesbaden: VS Verlag für Sozialwissenschaften, S. 561–588.

Pilz, Matthias (2016): Typologies in Comparative Vocational Education. Existing Models and a New Approach. In: Vocations and Learning 9 (3), S. 295–314. https://doi.org/10.1007/s12186-016-9154-7.

Pilz, Matthias; Krisanthan, Balasundaram; Michalik, Bjoern; Zenner, Lea; Li, Jun (2016): Learning for life and/or work. The status quo of pre-vocational education in India, China, Germany and the USA. In: Research in Comparative and International Education 11 (2), S. 117–134. https://doi.org/10.1177/1745499916637173.

Pool, Lorraine D.; Sewell, Peter (2007): The key to employability. Developing a practical model of graduate employability. In: Education + Training 49 (4), S. 277–289.

Powell, Andy (2018): Apprenticeship statistics for England. Commons Briefing papers. Hg. v. House of Commons Library. Online verfügbar unter https://researchbriefings.parliament.uk/ResearchBriefing/Summary/SN06113#fullreport, zuletzt geprüft am 24.07.2019.

Protsch, Paula (2011): Zugang zu Ausbildung: Eine historisch vergleichende Perspektive auf den segmentierten Ausbildungsmarkt in (West-)Deutschland, WZB Discussion Paper, Berlin: Wissenschaftszentrum Berlin für Sozialforschung (WZB).

Protsch, Paula (2013): Höhere Anforderungen in der beruflichen Erstausbildung? In: WSI 66 (1), S. 15–22. https://doi.org/10.5771/0342-300x-2013-1-15.

Przeworski, Adam; Teune, Henry (1970): The logic of comparative social inquiry. New York: Wiley-Interscience (Comparative studies in behavioral science).

Raffe, David; Brannen, Karen; Fairgrieve, Joan; Martin, Chris (2001): Participation, Inclusiveness, Academic Drift and Parity of Esteem: a comparison of post-compulsory education and training in England, Wales, Scotland and Northern Ireland. In: Oxford Review of Education 27(2), S. 173–203.

Rainbird, Helen (2010): Vocational Education and Training in the United Kingdom. In: Gerhard Bosch und Jean Charest (Hg.): Vocational training. International perspectives. New York: Routledge (Routledge studies in employment and work relations in context, 4), S. 242–270.

Räth, Norbert (2003): Rezessionen in historischer Betrachtung. In: Wirtschaft und Statistik (3), S. 203–208.

Ratschinski, Günter (2013): ‚Ausbildungsreife'. Kritische Betrachtung eines populären Begriffs. In: Zeitschrift für Jugendsozialarbeit 6 (9), S. 14–17.

Richard, Doug (2012): Richard Review of Apprenticeships. Online verfügbar unter: https://www.gov.uk/government/publications/the-richard-review-of-apprenticeships, zuletzt geprüft am 17.07.2019.

Riemer, André (2012): Ausbildungsversorgung und Ausbildungsreife im Policy-Prozess. In: Günter Ratschinski und Ariane Steuber (Hg.): Ausbildungsreife. Kontroversen, Alternativen und Förderansätze. Wiesbaden: VS Verlag für Sozialwissenschaften, S. 33–52.

Röhrs, Hermann (1975): Forschungsstrategien in der vergleichenden Erziehungswissenschaft. Eine Einführung in die Probleme der vergleichenden Erziehungswissenschaft. Weinheim: Beltz (Beltz-Studienbuch, 87).

Rose, Richard; Wignanek, Guenter (1990): Training without trainers. How Germany avoids Britain's supply-side bottleneck. London: Anglo-German Foundation.

Rothwell, Andrew; Arnold, John (2004): Self-perceived employability development and validation of a scale. In: Personnel Review 3 (1), S. 23–41.

Rudzio, Wolfgang (2015): Das politische System der Bundesrepublik Deutschland. 9., aktualisierte und erw. Aufl. Wiesbaden: VS Verlag für Sozialwissenschaften. DOI: https://doi.org/10.1007/978-3-658-06231-6.

Ryan, Paul (2000): The institutional requirements of apprenticeship. Evidence from smaller EU countries. In: International Journal of Training and Development 4 (1), S. 42–65.

Ryan, Paul (2010): Training Markets. In: Penelope Peterson, Eva Baker und Barry McGaw (Hg.): International Encyclopedia of Education. Oxford: Elsevier (vol. 8), S. 496–502.

Ryan, Paul; Gospel, Howard; Lewis, Paul (2006a): Educational and contractual attributes of the apprenticeship programmes of large employers in Britain. In: Journal of Vocational Education & Training 58 (3), S. 359–383.

Ryan, Paul; Gospel, Howard; Lewis, Paul (2006b): Large employers and apprenticeship training in Britain. Wissenschaftszentrum Berlin für Sozialforschung gGmbH. Berlin (Working Paper).

Ryan, Paul; Unwin, Lorna (2001): Apprenticeship in the British ‚Training Market'. In: National Institute Economic Review 178 (1), S. 99–114. DOI: https://doi.org/10.1177/002795010117800114.

Ryan, Paul; Wagner, Karin; Teuber, Silvia; Backes-Gellner, Uschi (2011): Finanzielle Aspekte der betrieblichen Ausbildung in Deutschland, Großbritannien und der Schweiz. Arbeitspapier 241. Düsseldorf: Hans-Böckler-Stiftung.

Schelten, Andreas (2010): Einführung in die Berufspädagogik. 4., überarb. und aktualisierte Aufl. Stuttgart: Steiner (Pädagogik).

Schlaffke, Winfried (2002): Bildung und Wirtschaft. Veränderte Arbeitsmarkt- und Arbeitsplatzstrukturen stellen neue Anforderungen an die Schulen. In: Festschrift für Jochen F. Kirchhoff zum 75. Geburtstag. Unter Mitarbeit von Jochen F. Kirchhoff. Köln: Schmidt, S. 77–99.

Schlemmer, Elisabeth (2008): Was ist Ausbildungsfähigkeit? Versuch einer bildungstheoretischen Einordnung. In: Elisabeth Schlemmer und Herbert Gerstberger (Hg.): Ausbildungsfähigkeit im Spannungsfeld zwischen Wissenschaft, Politik und Praxis. Wiesbaden: VS Verlag für Sozialwissenschaften, S. 13–33.

Schmedes, Hans-Jörg (2008): Wirtschafts- und Verbraucherschutzverbände im Mehrebenensystem. Lobbyingaktivitäten britischer, deutscher und europäischer Verbände. Wiesbaden: VS Verlag für Sozialwissenschaften.

Schneider, Susan; Pilz, Matthias (2001): Jugendarbeitslosigkeit als Gütekriterium für berufliche Bildungssysteme? Eine kritische Analyse der zugrunde gelegten Objektbereiche und verwendeten Messinstrumente. In: Zeitschrift für Berufs- und Wirtschaftspädagogik, 97(1), S. 108–124.

Schönfeld, Gudrun (2016): Kosten und Nutzen der dualen Ausbildung aus Sicht der Betriebe. Ergebnisse der fünften BIBB-Kosten-Nutzen-Erhebung. 1. Aufl. Bielefeld: Bertelsmann Verlag.

Schreier, Margrit (2012): Qualitative content analysis in practice. Thousand Oaks, California: Sage Publications.

Schulte, Sven (2018): Ausbildungsreife: Bewertung eines Konstruktes. Die Indikatoren der Bundesagentur für Arbeit im mehrperspektivischen Vergleich. Bielefeld: wbv.

Schulte, Sven (2019): Ausbildungsreife. Bildung für den Beruf – Was macht „Ausbildungsreife" aus Sicht der Lehrer und Schüler aus. In: Bildung und Beruf, 2. Jg., Juli/August, S. 258–264.

Schurgatz, Robert (2017): Die Debatte um „Ausbildungsreife"- Zur legitimatorischen Funktion eines bildungspolitischen Schlagwortes in der Tagespresse der Jahre 2003–2007. Hamburg: Verlag Dr. Kovač (Schriftenreihe Studien zur Berufspädagogik, Band 55).

Seidenfaden, Fritz (1966): Der Vergleich in der Pädagogik. Braunschweig: Westermann.

Seifert, Ruth (1992): Entwicklungslinien und Probleme der feministischen Theoriebildung. Warum an der Rationalität kein Weg vorbeiführt. In: Gudrun-Axeli Knapp und Angelika Wetterer (Hg.): Traditionen. Brüche. Entwicklungen feministischer Theorie. Freiburg i. Br.: Kore (Forum Frauenforschung, 6), S. 255–286.

Snape, Ed; Brinkworth, Keith (1989): The Law as Gamekeeper? Skills Poaching and Training in the UK. In: Management Research News 12 (3), S. 25–26. DOI: https://doi.org/10.1108/eb028033.

Solga, Heike (2010): Ohne Abschluss in die Bildungsgesellschaft. Die Erwerbschancen gering qualifizierter Personen aus soziologischer und ökonomischer Perspektive. Opladen: Budrich.

Soskice, David (1993): Social Skills from Mass Higher Education. Rethinking the Company-Based Initial Training Paradigm. In: Oxford Review of Economic Policy 9 (3), S. 101–113.

SPD; Bündnis 90/Die Grünen (1998): Aufbruch und Erneuerung – Deutschlands Weg ins 21. Jahrhundert. Koalitionsvereinbarung zwischen der Sozialdemokratischen Partei Deutschlands und BÜNDNIS 90/DIE GRÜNEN. Vom 20. Oktober 1998. Hg. v. Sozialdemokratische Partei Deutschlands und Bündnis 90/Die Grünen. Bonn. Online verfügbar unter https://www.spd.de/fileadmin/Dokumente/Beschluesse/Bundesparteitag/koalitionsvertrag_bundesparteitag_bonn_1998.pdf, zuletzt geprüft am 12.07.2019.

SPD; Bündnis 90/Die Grünen (2002): Koalitionsvertrag 2002–2006. Erneuerung – Gerechtigkeit – Nachhaltigkeit. Für ein wirtschaftlich starkes, soziales und ökologisches Deutschland. Für eine lebendige Demokratie. Berlin. Online verfügbar unter https://www.nachhaltigkeit.info/media/1248173898php7wc9Pc.pdf, zuletzt geprüft am 24.07.2019.

Stanat; Artelt; Baumert; Klieme; Neubrand; Prenzel et al. (2002): PISA 2000: Die Studie im Überblick. Grundlagen, Methoden und Ergebnisse. Berlin: Max-Planck-Institut für Bildungsforschung.

statista (2019a): Großbritannien: Altersstruktur von 2007 bis 2017. Online verfügbar unter https://de.statista.com/statistik/daten/studie/167292/umfrage/altersstruktur-in-grossbritannien/, zuletzt geprüft am 25.07.2019.

statista (2019b): Prognostizierte Entwicklung der Altersstruktur in Deutschland von 2010 bis 2050. Online verfügbar unter https://de.statista.com/statistik/daten/studie/163252/umfrage/prognose-der-altersstruktur-in-deutschland-bis-2050/, zuletzt geprüft am 25.07.2019.

Steedman, Hilary (2005): Apprenticeship in Europe. ‚Fading' or Flourishing? Centre for Economic Performance (CEP Discussion Paper, 70).

Stiensmeier-Pelster, J.; Heckhausen, Heinz (2010): Kausalattribution von Verhalten und Leistung. In: Jutta Heckhausen und Heinz Heckhausen (Hg.): Motivation und Handeln. 4., überarbeitete und erw. Aufl. Berlin, Heidelberg: Springer-Verlag, S. 389–426.

Streeck, Wolfgang; Thelen, Kathleen (2005): Introduction. Institutional Change in Advanced Political Economies. In: Wolfgang Streeck und Kathleen Ann Thelen (Hg.): Beyond continuity. Institutional change in advanced political economies. Oxford, New York: Oxford University Press, S. 1–39.

Sung, Johnny; Ng, Michael Chi Man; Loke, Fiona; Ramos, Catherine (2013): The nature of employability skills: empirical evidence from Singapore. In: International Journal of Training and Development 17 (3), S. 176–193. DOI: https://doi.org/10.1111/ijtd.12008.

TUC (1974): Work Experience for Schoolchildren. Hg. v. Trade Unions Congress (TUC). London.

TUC (1983): Action Education. A TUC guide for trade unionists. Hg. v. Trade Unions Congress (TUC). London.

TUC (1989): Skills 2000. Hg. v. Trade Unions Congress (TUC). London.

TUC (1995): Young people in the labour market in 1995. 1995 TUC youth conference. Hg. v. Trade Unions Congress (TUC). London.

UKCES (2010a): UK Employment and Skills Almanac 2009. Hg. v. UK Commission for Employment and Skills (UKCES). London.

UKCES (2010b): National Employer Skills Survey for England 2009. Main report. Evidence Report 23. Hg. v. UK Commission for Employment and Skills (UKCES). London.

UKCES (2011): The role of skills from worklessness to sustainable employment with progression. Evidence Report 38. Hg. v. UK Commission for Employment and Skills (UKCES). London.

UKCES (2012a): Why businesses should recruit young people. Briefing Paper. Hg. v. UK Commission for Employment and Skills (UKCES). London.

UKCES (2012b): UK Commission's Employer Skills Survey 2011: UK Results. Evidence Report 45. Hg. v. UK Commission for Employment and Skills (UKCES). London.

UKCES (2012c): UK Commission's Employer Skills Survey 2011. England Results. Evidence Report 46. Hg. v. UK Commission for Employment and Skills (UKCES). London.

UKCES (2014a): Growth through people. Hg. v. UK Commission for Employment and Skills (UKCES). London.
UKCES (2014b): UK Commission's Employer Skills Survey 2013. UK Results. UK Commission for Employment and Skills. London.
UKCES (2016a): Employer Skills Survey 2015. UK Results. Hg. v. UK Commission for Employment and Skills (UKCES). London.
UKCES (2016b): Working Futures 2014–2024. Evidence Report 100. Hg. V. UK Commission for Employment and Skills (UKCES). London.
Ulrich, Joachim Gerd (1996): Attributionstheoretische Anmerkungen zur Evaluierung beruflicher Lernorte und Beratungsinstitutionen durch Jugendliche. In: Karen Schober und Maria Gworek (Hg.): Berufswahl: Sozialisations- und Selektionsprozesse an der ersten Schwelle. Ein Workshop von BIBB, DJI und IAB. Nürnberg: Institution für Arbeitsmarkt- und Berufsforschung der Bundesanstalt für Arbeit (Beiträge zur Arbeitsmarkt- und Berufsforschung), S. 269–285.
Ulrich, Joachim Gerd (2004): Wer ist Schuld an der Ausbildungsmisere? Diskussion der Lehrstellenprobleme aus attributionstheoretischer Sicht. In: Berufsbildung in Wissenschaft und Praxis (BWP) 33 (3), 15–19.
unionlearn (2013): Skills for sustainable employment. Strategies to tackle youth unemployment. Hg. v. unionlearn with the TUC. London.
United Nations (2018): Human Development Reports (United Nations Development Programme). Online verfügbar unter http://www.hdr.undp.org/en/countries, zuletzt geprüft am 25.07.2019.
Vollmer, Günther Reinhard (1991): Ursachen von Erfolg und Misserfolg im Betrieb. Psychologie der Attribution. Heidelberg: I.H. Sauer-Verlag (Arbeitshefte Führungspsychologie, Bd. 17).
Vossiek, Janis (2015): Collecitve Skill Formation in Liberal Market Economies? The Politics of Training Reforms in the United Kingdom, Ireland and Australia. Konstanz (Dissertation).
Walsh, Anita (2006): Will Increasing Academic Recognition of Workplace Learning in the UK Reinforce Existing Gender Divisions in the Labour Market? In: Jounal of Vocational Education and Training 58 (4), S. 551–562.
Watts, A. G. (1983): Work experience and schools. London: Heinemann Educational Books.
Watts, A. G. (2013): False dawns, bleak sunset: the Coalition Government's policies on career guidance. In: British Journal of Guidance & Counselling 41 (4), S. 442–453. DOI: https://doi.org/10.1080/03069885.2012.744956.
Wefelmeyer, R.; Wefelmeyer, H. (1959): Lexikon der Berufsausbildung und Berufserziehung. Wiesbaden: Franz Steiner Verlag GmbH.
Weiß, Reinhold (2006): Demographische Herausforderung: Potenziale nutzten und Strukturen entwickeln. In: Wirtschaft und Berufserziehung 58 (7), S. 12–15.
Weller, Richard; Harrison, Neil; Hatt Sue; Farooq, Chudry (2014): Undergraduates' Memories of School-Based Work Experience and the Role of Social Class in Placement Choices in the UK. In: Journal of Education and Work 27 (3), S. 323–349.
Westerhuis, Anneke (2011): The meaning of competence. In: Michaela Brockmann, Linda Clarke und Christopher Winch (Hg.): Knowledge skills and competence in the European labour market. What's in a vocational qualification? New York: Routledge, S. 68–84.

Winch, Christopher; Hyland, Terry (2007): A guide to vocational education and training. New York: Continuum International Pub. Group (Essential FE toolkit series).
Wolf, Alison (2011): Review of Vocational Education. The Wolf Report. Department for Education & Department for Business, Innovation & Skills.
Wolf, Michael (2000): Von der „Konzertierten Aktion" zum „Bündnis für Arbeit". In: UTOPIE kreativ (117), S. 669–680.
Wood, Stewart (2001): Business, Government, and Patterns of Labor Market Policy in Britain and the Federal Republic of Germany. In: Peter A. Hall und David Soskice (Hg.): Varieties of Capitalism. The Institutional Foundations of Comparative Advantage: Oxford University Press, S. 247–274.
World Bank (2019): World Development Report 2019. The Changing Nature of Work. Hg. v. World Bank. Washington D. C. Online verfügbar unter http://documents.worldbank.org/curated/en/816281518818814423/pdf/2019-WDR-Report.pdf, zuletzt geprüft am 25.07.2019.
Zarnaq, Rahim Khodayari; Ravaghi, Hamid; Mosaddeghrad, Alimohammad; Sedaghat, Abbas; Fallahi, HOmeira; Ali Naghi, Ahmad Seyed et al. (2016): HIV/AIDS Policy Making Process in Iran: Analysis of HIV/AIDS Agenda Setting Based on Kingdon's Framework. In: Taṣvīr-i salāmat 7 (7), S. 1–14.
ZDH (1976): Handwerk 1976. Hg. v. Zentralverband des deutschen Handwerks. Bonn.
ZDH (1977): Handwerk 1977. Hg. v. Zentralverband des deutschen Handwerks. Bonn.
ZDH (1978): Handwerk 1978. Hg. v. Zentralverband des deutschen Handwerks. Bonn.
ZDH (1980): Handwerk 1980. Hg. v. Zentralverband des deutschen Handwerks. Bonn.
ZDH (1983): Handwerk 1983. Hg. v. Zentralverband des deutschen Handwerks. Bonn.
ZDH (1984): Handwerk 1984. Hg. v. Zentralverband des deutschen Handwerks. Bonn.
ZDH (1985): Handwerk 1985. Hg. v. Zentralverband des deutschen Handwerks. Bonn.
ZDH (1987): Handwerk 1987. Hg. v. Zentralverband des deutschen Handwerks. Bonn.
ZDH (1989): Handwerk 1989. Hg. v. Zentralverband des deutschen Handwerks. Bonn.
ZDH (1996): Handwerk 1996. Hg. v. Zentralverband des deutschen Handwerks. Bonn.
ZDH (1997): Handwerk 1997. Hg. v. Zentralverband des deutschen Handwerks. Bonn.
ZDH (1998): Handwerk 1998. Hg. v. Zentralverband des deutschen Handwerks. Bonn.
ZDH (2001): Handwerk 2001. Hg. v. Zentralverband des deutschen Handwerks. Berlin.
ZDH (2002): Handwerk 2002. Hg. v. Zentralverband des deutschen Handwerks. Berlin.
ZDH (2003): Handwerk 2003. Hg. v. Zentralverband des deutschen Handwerks. Berlin.
ZDH (2004): Handwerk 2004. Hg. v. Zentralverband des deutschen Handwerks. Berlin.
ZDH (2005): Handwerk 2005. Hg. v. Zentralverband des deutschen Handwerks. Berlin.
ZDH (2006): Handwerk 2006. Hg. v. Zentralverband des deutschen Handwerks. Berlin.
ZDH (2007): Handwerk 2007. Hg. v. Zentralverband des deutschen Handwerks. Berlin.
ZDH (2008): Handwerk 2008. Hg. v. Zentralverband des deutschen Handwerks. Berlin.
ZDH (2009): Handwerk 2009. Hg. v. Zentralverband des deutschen Handwerks. Berlin.
ZDH (2010): Handwerk 2010. Hg. v. Zentralverband des deutschen Handwerks. Berlin.
ZDH (2011): Handwerk 2011. Hg. v. Zentralverband des deutschen Handwerks. Berlin.
ZDH (2012): Handwerk 2012. Hg. v. Zentralverband des deutschen Handwerks. Berlin.
Zedler, Reinhard (1990): Veränderte Arbeitswelt, neue Anforderungen an die Schulen. Köln: Div (Thema Wirtschaft, 4).

Zedler, Reinhard (2004): Die Grundlagen der dualen Berufsausbildung. In: Günther Cramer (Hg.): Jahrbuch Ausbildungspraxis. Köln: Fachverlag Deutscher Wirtschaftsdienst, S. 187–192.

Zenner, Lea; Pilz, Matthias (2017): Vorberufliche Bildung in den USA, China und Indien im Vergleich zu Deutschland: eine oder diverse Disziplin(en)? In: Holger Arndt (Hg.): Perspektiven der Ökonomischen Bildung. Disziplinäre und fachübergreifende Konzepte, Zielsetzungen und Projekte. Schwalbach: Wochenschau Verlag (Didaktik der ökonomischen Bildung), S. 72–85.

CPSIA information can be obtained
at www.ICGtesting.com
Printed in the USA
LVHW080030041220
673343LV00018B/1105